"十三五"国家重点出版物出版规划项目
现代机械工程系列精品教材
普通高等教育新工科机器人工程系列教材

机器人机构学基础

主　编　朱大昌　张春良　吴文强
副主编　张　铁　苏　发　龙迎春　朱劲松
参　编　陈首彦　赵志甲　欧阳海滨　马　鸽
　　　　罗　欣　黎文博

机械工业出版社

本书全面介绍了机器人机构学基础理论知识。全书共7章。第1章介绍了必要的基础知识，如机器人的发展历史、机器人系统的组成、机器人机械结构、控制系统、机器人学研究前沿等。第2章和第3章分析了机器人的运动学，包括坐标系的建立、坐标变换、连杆参数和坐标系的建立、机器人运动学等。第4章分析了雅可比矩阵与速度运动学。第5章介绍了机器人动力学建模方法。第6章介绍了机器人在关节空间和操作空间的路径和轨迹规划。第7章介绍了MATLAB中机器人工具箱的应用。

本书可作为高等院校机器人工程、机械设计制造及自动化、自动化及计算机等专业本科教材或教学参考书，也可供从事机器人机构学领域的工程人员或研究人员参考。

本书配有PPT电子课件和习题参考答案，免费提供给选用本书作为教材的授课教师。需要者请登录机械工业出版社教育服务网（www.cmpedu.com）注册下载。

图书在版编目（CIP）数据

机器人机构学基础/朱大昌，张春良，吴文强主编. —北京：机械工业出版社，2020.4（2024.1重印）

“十三五”国家重点出版物出版规划项目　现代机械工程系列精品教材　普通高等教育新工科机器人工程系列教材

ISBN 978-7-111-65060-7

Ⅰ.①机…　Ⅱ.①朱…②张…③吴…　Ⅲ.①机器人机构-高等学校-教材　Ⅳ.①TP24

中国版本图书馆CIP数据核字（2020）第042521号

机械工业出版社（北京市百万庄大街22号　邮政编码100037）
策划编辑：刘　涛　责任编辑：刘　涛　李　乐　余　皞
责任校对：张　薇　封面设计：张　静
责任印制：常天培
固安县铭成印刷有限公司印刷
2024年1月第1版第5次印刷
184mm×260mm · 17.75印张 · 435千字
标准书号：ISBN 978-7-111-65060-7
定价：49.80元

电话服务	网络服务
客服电话：010-88361066	机　工　官　网：www.cmpbook.com
010-88379833	机　工　官　博：weibo.com/cmp1952
010-68326294	金　　书　　网：www.golden-book.com
封底无防伪标均为盗版	机工教育服务网：www.cmpedu.com

前　言

2013年12月，工业和信息化部出台的《关于推进工业机器人产业发展的指导意见》（工信部装〔2013〕511号）明确指出，到2020年，形成较为完善的工业机器人产业体系，培育35家具有国际竞争力的龙头企业和810个配套产业集群。2016年3月，工业和信息化部、国家发展改革委、财政部联合印发的《机器人产业发展规划（2016—2020）》（工信部联规〔2016〕109号）提出，加强人才队伍建设，组织实施机器人产业人才培养计划，加强大专院校机器人相关专业学科建设。

为加快机器人相关专业高层次人才培养，教育部近年增设了“机器人工程”专业。至今，有150多所高校的“机器人工程”本科新专业获教育部备案。本书面向新工科背景下的机器人工程专业及学科建设对专业人才培养的需求，阐释机器人机构学基础理论和技术，为机器人工程及相关专业的本科生和研究生，以及机器人研发人员提供系统性、基础性的知识。

本书主要讲解机器人运动中的数学计算，主要包括空间描述、运动学、轨迹规划。全书共7章，分为三部分：机器人机构学基础理论、运动学/动力学、机器人路径和轨迹规划。第一部分基础理论包括第1、2章，介绍机器人系统的组成、机器人位姿描述和齐次变换等内容。第二部分运动学/动力学包括第3章至第5章，系统介绍连杆参数与连杆坐标系，操作臂正、逆运动学，速度运动学，微分运动，雅可比矩阵，操作臂静力学，操作臂动力学等。操作臂动力学建模部分，采取微元的思想，系统介绍从微观领域向宏观领域的动力学方程推导方法。第三部分路径和轨迹规划，即第6章，系统介绍关节空间的轨迹规划方法、操作空间的轨迹规划方法等。基于理论知识讲解的基础上，第7章从实用角度介绍了MATLAB中的机器人工具箱应用。部分机器人工具箱的操作命令及算法程序实例在附录中给出。结合MATLAB中的机器人工具箱和机器人运动学/动力学建模算法程序实例，读者可以更为深入地了解机器人系统建模与仿真。

本书的特点是理论深度适当，易读易懂，理论和应用技术结合紧密。有关螺旋理论的内容可作为拓宽学生知识面的教学内容。

本书由广州大学朱大昌、张春良、吴文强任主编，编写分工如下：第1、2章由朱大昌、广州航海学院苏发共同编写，第3章由朱大昌、韶关学院龙迎春共同编写，第4、5章由朱大昌、吴文强共同编写，第6章由朱大昌、华南理工大学张铁共同编写，第7章由张春良、陈首彦、上海英特尔亚太研发有限公司朱劲松共同编写。附录A和附录B由广州大学赵志甲、欧阳海滨、马鸽共同编写，附录C算法编程示例由深圳众为兴科技股份有限公司罗欣和黎文博提供。

本书是广州大学优秀教材出版资助项目。

感谢深圳众为兴科技股份有限公司和上海英特尔亚太研发有限公司为本书提供的参考资料和案例资料，以及对本书编写给予的极大帮助。

机器人机构学是机器人工程专业的核心基础理论，涉及的内容范围较广泛。由于编者学术水平和实践经验有限，书中难免会有疏漏和谬误，欢迎读者批评指正。

编　者

目　录

第 1 章 绪论

机器人学（Robotics）是对一类能代替人类完成体力活动和决策的机器所包含的机构组成原理、控制、视觉、传感与通信等交叉技术领域开展研究的学科。因此，机器人学是一门涉及机械、控制、计算机、电子通信等领域的交叉学科。本书侧重于机器人机构的基本原理，包括机器人机构学、运动学、动力学、轨迹规划等。

本章主要介绍机器人学所涉及的共性基础理论及先进机器人学（Advanced Robotics）中的多学科交叉融合所带来的发展趋势与应用前景。并以机器人核心技术为主线，介绍了机器人机构组成原理、传感器、控制体系与控制方法、机器人应用与发展现状以及相关专业领域的研究热点。

1.1 机器人概述

多少世纪以来，人类坚持不懈地寻求自己的替身，这些替身可以在各种情况下模仿人类与周围环境进行互动。哲学、经济学、社会学以及科学定律等是激发并维持这种研究热情的几大动因。

1.1.1 机器人发展历程

普罗米修斯用黏土造人、赫费斯托斯铸造青铜奴隶巨人泰拉斯的传说，说明古希腊神话深受幻想已久的制造与人类自身功能相似的机器和装置的影响。我国早在很久之前就有关于机器人的传说。据《列子 · 汤问》记载，公元前 900 多年的西周时期，有一位巧匠偃师，造出了“千变万化，惟意所适”的机器人。据考证，618 年至 907 年间，四川能工巧匠杨行廉制作的能走会动的“木僧”、江苏神匠马待封制作的“酒山”等都是早期的机器人。在我国广为流传的诸葛亮制作的木牛流马，是一种能够负载奔走于崎岖山路的移动机器人。在国外，1768 年至 1774 年间，瑞士钟表匠德罗斯父子制造了三种拟人机器人：写字偶人、绘图偶人、弹风琴偶人。

“机器人”一词最早由捷克作家卡雷尔 · 恰佩克（Karel Capek）在 1920 年创作的剧本《罗素姆万能机器人》（*Rossum's Universal Robots*）中首次引入，robot 这个词在捷克语中是工作的意思。从此以后，机器人这个词被广泛应用到各种机械设备中，如水下机器人、服务机器人、焊接机器人等。基本上任何具备自主操作能力的东西（通常是在计算机控制下）都可被称作是机器人。在本书中，“机器人”一词特指工业机器人，即由计算机控制的工业操作臂。

“机器人学”这一概念在1950年由科幻小说作家艾萨克·阿西莫夫（Isaac Asimov）提出。他将机器人设想为徒有人类外形而完全不具备人类情感的机器，其行为完全听从于一个“正电子”大脑，该大脑由人类输入的程序控制，使机器人的行为能够遵从一定的伦理规则。阿西莫夫还提出了“机器人三原则”。后来，人们不断对机器人三原则进行补充、修正和发展，最终形成了以下机器人原则：

第一原则：机器人不得伤害人类，也不能坐视人类受到伤害而无所作为。

第二原则：机器人必须服从人类的命令，但不得违背第一原则。

第三原则：机器人必须保护自己，但不得违背第一原则和第二原则。

第四原则：机器人必须执行内置程序赋予的职能，但不得违反高阶原则。

繁殖原则：机器人不得参与机器人的设计和制造，除非新机器人行为符合机器人原则。

基于这些原则形成的行为规则后来成为机器人设计的规范，并成为工程师或技术专家设计制造产品的隐性规则。从工程角度而言，机器人是一个复杂的通用装置，所涉及的技术领域涵盖了力学、电气科学、自动控制、数字和计算机科学等。美国机器人学会（Robot Institute of America，RIA）给出了机器人的定义：机器人是一个可重复编程的多功能操纵器，为了执行不同的任务，通过不同的程序驱动可以用于移动材料、工具或者专业化装置。

20世纪60年代，恩格尔伯格（Engelberger）所制造的通用机械手成为第一个现代工业机器人，它是机器人市场中第一款机器人。因此，恩格尔伯格被称为机器人之父。这个机器人共有4个自由度，外形有点像坦克，基座上有一个大操作臂，大臂可绕轴在基座上转动，大臂上伸出一个小操作臂，它相对大臂可以伸出或缩回。小臂顶部有一个手腕，可绕小臂转动。这个机器人的功能和人手臂功能相似，手腕前侧是手，即机器人末端操作器。此后，恩格尔伯格和德沃尔（Devol）成立了Unimation公司，兴办了世界上第一家机器人制造工厂，第一批工业机器人被称为“UNIMATE”，意思是“万能自动”。

20世纪70年代，随着计算机、现代控制、传感技术、人工智能技术的发展，机器人得到了迅速发展。1979年，Unimation公司推出了PUMA机器人，它有6个自由度、全电动驱动、多CPU控制，可配置视觉、触觉、力觉传感器，是当时一种非常先进的工业机器人。现在的工业机器人结构基本上都是以此为基础的。但是，这一时期的机器人属于“示教再现”型机器人，即只具有记忆、存储能力，仅能按相应的程序重复作业，对周围环境基本没有感知与反馈控制能力。这种机器人被称作第一代机器人。

进入20世纪80年代，随着传感技术以及信息处理技术的发展，出现了第二代机器人，即具有感知能力的机器人。它能够获得作业环境和作业对象的部分信息，并进行一定的实时处理，引导机器人进行作业。第二代机器人现已成熟并进入了实用化，以工业机器人为主要代表，在汽车、飞机、电子、通信等工业生产中发挥了重要作用。

第三代机器人是目前正在研究与发展的“智能机器人”，以达·芬奇“内窥镜手术器械控制系统”手术机器人和iRobot扫地机器人等为代表，在医疗、康复、家庭服务等领域得到了成功应用。随着人工智能理论与技术的发展，第三代机器人具有比第二代机器人更加完善的环境感知能力，而且还具有逻辑思维、判断、学习、推理和决策能力，可根据作业要求与环境信息进行自主工作。以Bigdog、仿生机器人Atlas等为代表的智能机器人系统，可提升人类的生活质量，并能够在复杂危险的环境中代替人类进行作业。

1.1.2　机器人系统组成

机器人作为一种典型的机电一体化系统，集机械工程、电气工程、系统设计工程、计算机工程、自动控制理论、传感器技术、人工智能、仿生学等众多学科于一体。其中，机械工程用来设计机械零部件、操作臂、末端执行器（夹具），也负责机器人的运动学、动力学和控制系统建模分析等；电气工程主要负责机器人的驱动器、传感器、动力源和控制系统的实现等；系统设计工程负责机器人的感知和控制算法；计算机工程负责机器人的逻辑、智能、通信和联网。

机器人系统（Robotic system）是一个复杂系统，其功能由多个子系统来实现，一般具备机械本体、控制系统、传感器、驱动器四个组成部分，如图1-1所示。为对本体进行精确控制，传感器应提供机器人本体或其所处环境的信息，控制系统依据控制程序产生指令信号，通过控制各关节运动坐标的驱动器，使各臂杆端点按照要求的轨迹、速度和加速度，以一定的姿态达到空间指定位置。驱动器将控制系统输出的信号变换成大功率的信号，以驱动执行器工作。

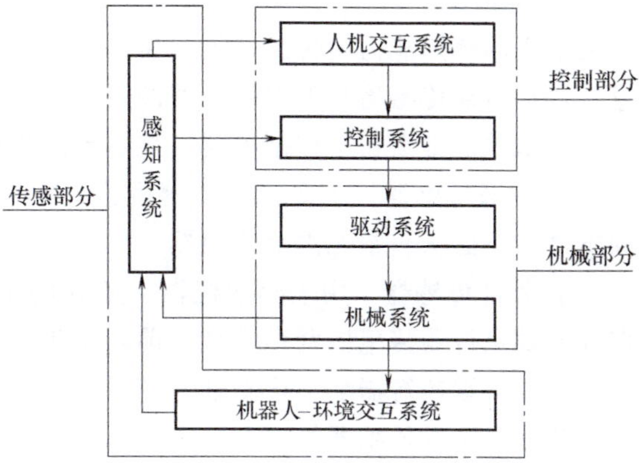

图1-1　机器人系统结构图

1. 机械系统

机器人系统最基本的组成部分是机械系统。机械系统（Mechanical system）通常是由一套运动装置（轮系、履带、机械腿）和操作装置［操作臂、末端执行器（夹具）、人工手］构成。典型工业机器人的机械本体多采用关节式机械结构，一般具有6个自由度，其中3个用来确定末端执行器的位置，另外3个则用来确定末端执行装置的方向（姿态）。操作臂上的末端执行装置可以根据操作需要换成焊枪、吸盘、扳手等作业工具。

2. 驱动系统

驱动系统是机器人的动力系统，可提供作用于机械上的动力，使机器人实现移动和操作行为。因此，驱动系统使机器人的机械组件具有运动能力。驱动系统一般由驱动装置和传动装置两部分组成。

（1）驱动装置　依据驱动方式的不同，驱动装置可以分为电动、液压、气动三种类型。一般而言，对于高精度机器人多采用电动，如交流伺服驱动；对于重载低速机器人多采用液压驱动；对精度要求不高、又要满足快速的场合则采用气动方式。驱动装置（液压缸、气缸、电动机）可以与操作机直接相连，也可以通过传动装置与操作机相连。

1）液压缸结构相对紧凑，能产生足够的力来驱动关节而无须减速系统，且液压系统的位置控制原理相对直观，因此早期工业机器人以及现代大型机器人一般采用液压系统驱动，液压系统主要存在泄漏、摩擦等不足之处。

2）气缸具有液压的各种优点，而且由于泄漏出的是气体而不是液体，所以比液压干净。然而，由于气体的可压缩性以及密封造成的高摩擦，使得气压驱动器很难实现精确控制。

3）电动机是操作臂上最常用的驱动。尽管它们不具有液压或气动那么好的功率-重量比特性，但电动机的可控性好而且接口简单，所以广泛用于中小型操作臂上。现在的工业机器人主要采用交流伺服电动机作为驱动器。

（2）传动装置 如果驱动器能够产生足够的力和力矩，那么可以把驱动器放在所驱动关节上或者其附近。然而，很多驱动器转速高、转矩低，所以需要安装减速系统。很多时候是把减速系统与传动系统的功能集成在一起。

传动装置通常有齿轮传动、链传动、谐波齿轮传动、螺旋传动、带传动等几种类型。

3. 传感系统

机器人的感知能力由传感系统（Sensor system）实现，可用于检测和收集内外环境状况信息，包括内部传感器和外部传感器两大类。集成在机器人中的传感器通过通信协议将每个连杆和关节的信息发送至控制单元，控制单元再决定机器人的运动状况。

（1）内部传感器 主要用来检测机器人本体的状态，可以为机器人的运动控制提供必要的本体状态信息，常见内部传感器有位置传感器、速度传感器等。

（2）外部传感器 用来感知机器人所处的工作环境或工作状况信息，又可分为环境传感器和末端执行器传感器两种类型。前者用于识别物体、检测物体与机器人的距离等信息，后者安装在末端执行器上，检测处理精巧作业的感觉信息。常见的外部传感器有力传感器、触觉传感器、视觉传感器等。

4. 控制系统

由感知到行为是由控制系统（Control system）实现的，控制系统能够在机器人自身及其环境因素约束下，根据任务规划技术设定的目标来指挥动作的执行。控制系统负责对指令信息、内外环境信息进行处理，并依据设定的模型和控制程序做出决策，产生相应的控制信号，通过驱动器驱动执行机构的各个关节按所需的顺序，沿确定的位置或轨迹运动，从而完成特定的作业。由此可见，控制器或控制单元有 3 个作用：①信息作用，即收集和处理由机器人传感器所提供的信息；②决策作用，即规划机器人机构的几何运动；③通信作用，即组织机器人及其环境之间的信息。

从控制系统的构成看，有开环控制系统和闭环控制系统之分；从控制方式看有程序控制系统、适应性控制系统和智能控制系统之分。

1.2 机器人机械结构

机器人四大系统组成中，机械结构是最基础的部分。机械结构的类型、布局、传动方式、驱动方式直接影响机器人的性能。由连杆、关节和其他结构零部件所构成的机器人主体称之为操作臂。当一个操作臂上装有传感器、夹具和控制系统时，该操作臂就变成了一个机器人。

1.2.1 连杆与运动副

机器人机械结构的基本元素为连杆和关节。连杆是机械系统中能够进行独立运动的单元体，机器人中的连杆多为刚性。两个连杆既保持接触又有相对运动的活动连接称之为关节，又称运动副或铰链，运动副决定了两相邻连杆之间的连接关系。若多个连杆通过运动副以串联的形式连接成首尾不封闭的机构，称为串联机构；若多个连杆连接成首尾封闭的机构则称为并联机构。

1. 连杆

机械系统中能够进行独立运动的单元体称为构件，机器人中的构件多为刚性连杆，如图1-2所示。

机器人连杆是一刚性构件，连杆与连杆之间通过运动副（关节）连接可产生相对运动。

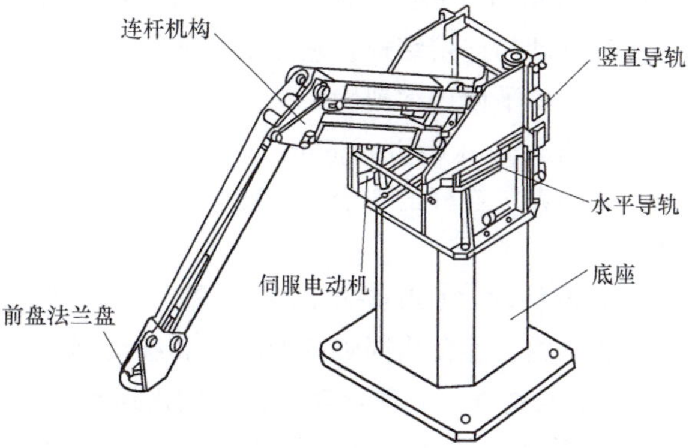

图1-2 机器人连杆示意图

2. 运动副

运动副又称关节，它决定了两相邻连杆之间的连接关系。刚体在三维空间有6个运动自由度，运动副通过不同形式对刚体运动进行约束。

通常把运动副分为两类：高副和低副。两连杆之间通过面接触相对运动时，接触面的压强低，这样的运动副称为低副；连杆之间通过线接触或点接触相对运动时，接触面的压强高，则称为高副。19世纪末期，Reuleaux发现并描述了6种运动低副：旋转（转动）副、移动副、螺旋副、圆柱副、平面副和球面副，如图1-3所示。其中，旋转副、移动副和螺旋副具有1个自由度；圆柱副具有2个自由度；平面副和球面副具有3个自由度。机器人的关节只选用低副，其中最常用的低副是旋转副和移动副。

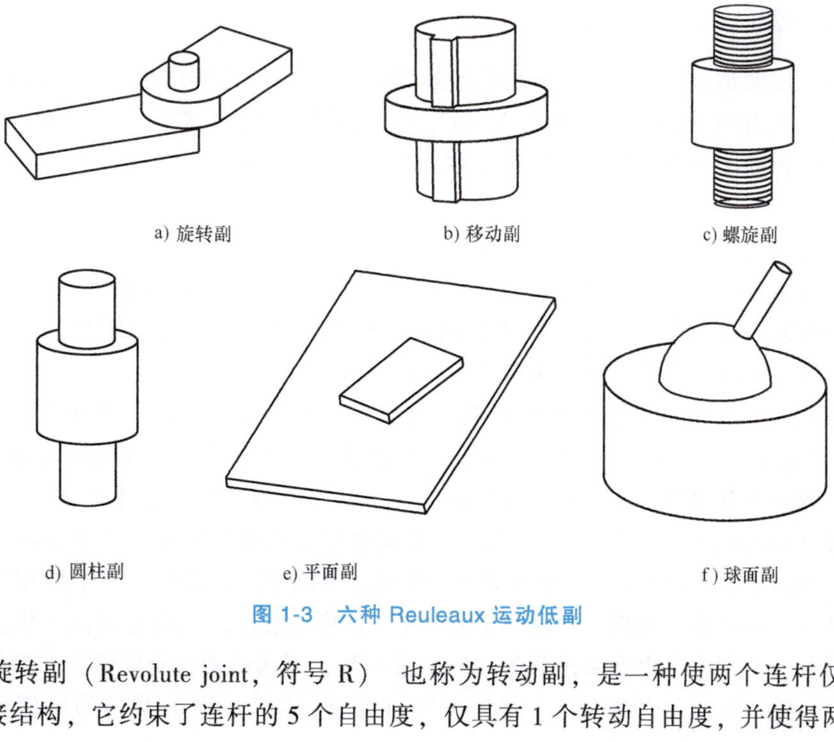

a) 旋转副　b) 移动副　c) 螺旋副

d) 圆柱副　e) 平面副　f) 球面副

图1-3 六种Reuleaux运动低副

（1）旋转副（Revolute joint，符号R） 也称为转动副，是一种使两个连杆仅发生相对转动的连接结构，它约束了连杆的5个自由度，仅具有1个转动自由度，并使得两个连杆在同一平面内运动。常用的胡克铰（Universal joint，符号 U）是一种特殊的低副机构，它是由 2 个轴线正交的旋转副连接而成的，具有 2 个相对转动的自由度，约束了刚体的其他 4 个运动，可使得两个连杆在空间内运动。

（2）移动副（Prismatic joint，符号 P） 移动副也称为平动副，是一种能使两个连杆仅发生相对移动的连接结构，它约束了连杆的 5 个自由度，仅具有 1 个移动自由度，并使得两个连杆在同一平面内运动。

（3）螺旋副（Helical joint，符号 H） 螺旋副是一种能使两个连杆发生螺旋运动的连接结构，它约束了连杆的 5 个自由度，仅具有 1 个自由度，并使得两个连杆在空间某一范围内运动。

（4）圆柱副（Cylindrical joint，符号 C） 圆柱副是一种能使两连杆发生同轴转动和移动的连接结构，通常由同轴的旋转副和移动副组合而成，它约束了连杆的 4 个自由度，具有 2 个独立的自由度，并使得连杆在空间内运动。

（5）平面副（Planar joint，符号 E） 平面副是一种允许两连杆在平面内任意移动和转动的连接结构，可以看成由 2 个独立的移动副和 1 个旋转副组成。它约束了连杆的 3 个自由度，只允许两个连杆在平面内运动。由于缺乏物理结构与之相对应，它在工程中并不常用。

（6）球面副（Spherical joint，符号 S） 球面副是一种能使两个连杆在三维空间内绕同一点做任意相对转动的运动副，可以看成由轴线汇交于一点的 3 个旋转副组成。它约束了刚体的三维移动，具有 3 个自由度。

运动副还可以有其他不同的分类方式，如根据运动副在机构运动过程中的作用可分为主动副［或称积极副（Active joint）、驱动副（Actuated joint）］和被动副（Passive joint）。根据运动副的结构组成还可分为简单副（Simple joint）和复杂副（Complex joint）。

1.2.2 操作臂

机器人操作臂是由一系列刚性连杆通过运动副（关节）连接组成的一个运动链（Kinematic chain）。操作臂的运动能力由关节保证，最常用的关节为旋转副（R）和移动副（P）。一个带有三个转动关节的三连杆操作臂可称为 RRR 型操作臂。

1. 基本概念

（1）位形与位形空间 操作臂的位形是指操作臂上各点位置，所有位形的集合称为位形空间（Configuration space）。如果已知转动关节的转角或平动关节的移动距离，就可以推断操作臂上任何一点的位置，这是因为我们假定操作臂的各连杆均为刚性，且底座是固定的。所以，通常采用关节变量值的集合来表示机器人的位形。

（2）自由度 如果一个物体的位形最少可以由 n 个参数来确定，则称这个物体具有 n 个自由度（Degree of Freedom，DOF）。因此，自由度的数目等于位形空间的维度。对于一个操作臂，它的关节数目决定了自由度的数目。一个处于三维空间的物体具有 6 个自由度：3 个对应位置（Positioning）的自由度（用于实现对目标点的定位）和 3 个对应姿态（Orientation）的自由度（用于实现在空间坐标系中对目标点的定向）。所以，一个操作臂通常最少具有 6 个独立的自由度。如果自由度小于 6，操作臂将无法以任意姿态到达工作空间中的每一点。如果系统可用的自由度超过任务中的变量个数，则从运动学角度而言，操作臂是冗余（Redundant）的。但冗余机器人可在实现预定轨迹的前提下，具有最佳的灵活性和避障能力。一般称自由度大于6的操作臂为运动学冗余（Kinematically Redundant）操作臂。

（3）状态空间 位形是对操作臂几何结构的瞬时描述，与动态响应无关。而操作臂的状态（State）是指这样一组变量：根据操作臂的动力学描述及未来输入，确定操作臂未来的时域响应。状态空间是所有可能的状态的集合。所以操作臂的状态可以由关节变量和关节速度来确定。

（4）工作空间 操作臂的工作空间（Workspace）是指当操作臂执行所有可能动作时，其末端执行器扫过的总体空间体积。工作空间受限于机器人的几何结构以及各关节上的机械限位。工作空间一般可以分为可达工作空间（Reachable Workspace）和灵活工作空间（Dexterous Workspace）。可达工作空间是指操作臂可以抵达的所有点的集合，而灵活工作空间是指操作臂可以以任意姿态抵达的所有点的集合。显然，灵活工作空间是可达工作空间的一个子集。

2. 手腕和末端执行器

（1）末端执行器 安装在运动链最后一个连杆上的元件被称为末端执行器（End-effector），用于完成机器人特定的工作要求。最简单的末端执行器就是夹具（手爪），它通常只有两个动作：张开和闭合，可以满足物料搬运、抓取简单工具的要求，但达不到其他诸如焊接、装配、研磨等任务的需求。因此特殊用途末端执行器、根据任务进行快速更换的夹具设计方法，以及仿人手的研发成为该技术领域的研究热点。

（2）手腕 在操作臂和末端执行器之间的运动链中的关节被称为手腕（Wrist），手腕关节几乎全都是转动关节。在操作臂设计中越来越普遍地使用球形手腕，其中手腕的三个旋转轴相交于同一点，这一点被称为手腕中心（Wrist Center Point），如图1-4所示。球形手腕大大简化了运动分析，可以对末端执行器的位置和姿态进行有效的解耦。

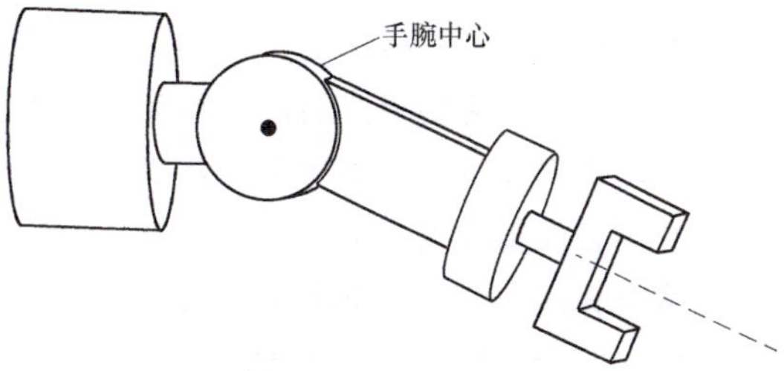

图1-4 球形手腕

根据功能的不同，运动可划分为定位（Positioning）和指向（Pointing）两类。通常定位功能由操作臂运动实现，指向功能由机械手腕运动实现。可见，机器人的运动是由手臂和手腕的运动组合而成的。通常操作臂部分有3个关节，用以改变手腕参考点的位置，称为定位机构；手腕部分也有3个关节，通常这3个关节轴线相交，用来改变末端执行器的姿态，称为定向机构。

3. 常见串联式操作臂

操作臂的任务是满足手腕的定位需求，进而由手腕满足末端执行器的定向需求。操作臂按照驱动方式不同，可以分为电力、液压或者气动式三种；按照控制方法不同，可以分为伺服和非伺服两种；按照应用领域的不同，可以分为装配式和非装配式两种；按照几何结构的不同，可以分为串联式和并联式两种。对于串联机器人（开链机构），每一个移动关节或转动关节都为机械结构提供一个自由度。移动关节可以实现两个连杆之间的相对平移，而转动关节可以实现两个连杆之间的相对转动。对于并联机器人（闭链机构），由于闭环所带来的约束，自由度要少于关节数。

串联式操作臂的3个关节连接3个连杆，形成定位机构。3个关节的种类决定了串联机器人不同的工作空间形式：常见的有笛卡儿型、圆柱型、球坐标型、SCARA型和关节型等几种典型类型，见表1-1。

表1-1　机器人工作空间的典型类型

机器人工作空间的类型	关节1	关节2	关节3	旋转关节数
笛卡儿(直角坐标)型	P	P	P	0
圆柱型	R	P	P	1
球坐标型	R	R	P	2
SCARA型	R	R	P	2
关节(拟人)型	R	R	R	3

根据国际机器人联合会（International Federation of Robotics，IFR）的最新报告，截至2017年，全世界安装的机器人操作臂中，78%为关节型，18%为笛卡儿型，4%为圆柱型及SCARA型。

（1）笛卡儿型操作臂（PPP）　笛卡儿型操作臂，也称为直角坐标型操作臂，它的外形轮廓与数控镗铣床相似，3个关节都是移动关节，关节轴线相互垂直，相当于笛卡儿坐标系的x、y和z轴，如图1-5所示。笛卡儿操作臂的运动描述是所有机器人中最简单的，在空间中能够很自然地完成直线运动。

笛卡儿结构能提供很好的机械刚性，多做成大型龙门式或框架式机器人。由于所有的关节都是移动关节，所以该结构虽然精确性高，但是灵活性差。

（2）圆柱型操作臂（RPP）　圆柱型操作臂与笛卡儿型操作臂的区别在于，其第一个关节是转动关节，产生一个围绕基座的旋转运动，如图1-6所示。它以r、θ和z为坐标，其中r是手臂的径向长度，θ是手臂绕轴的角位移，z是手臂在垂直轴上的高度。如果r不变，手臂的运动将形成一个圆柱表面，空间定位比较直观。手臂收回后，其后端可能与工作空间内的其他物体发生碰撞，移动副不易防护。

圆柱型结构提供了良好的机械刚性，其腕部的定位精度有所降低，而水平方向的动作能力有所提高。

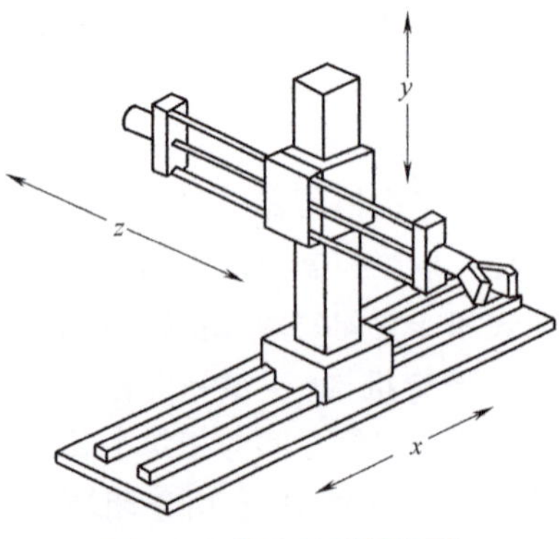

图1-5　笛卡儿型操作臂

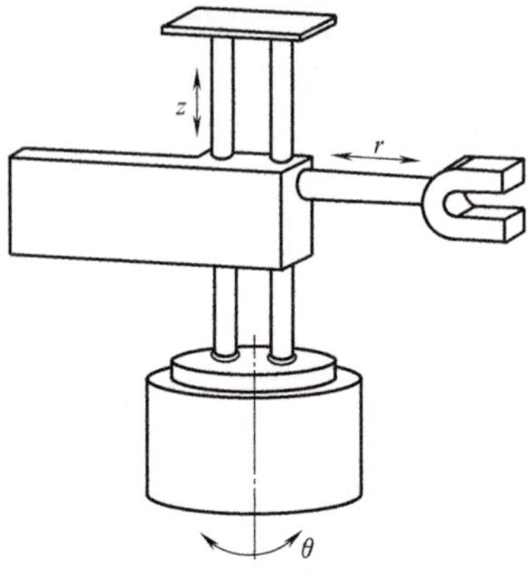

图1-6　圆柱型操作臂

（3）球坐标型操作臂（RRP） 球坐标型操作臂与圆柱型操作臂的不同点在于，其第二个移动关节被转动关节所代替，如图 1-7 所示。当工作任务用球坐标系描述时，其每一个自由度对应笛卡儿空间变量。球坐标型操作臂的机械刚性比上述两种类型要差，而其机械结构更复杂。径向操作能力较强，但腕部的定位精度较低。

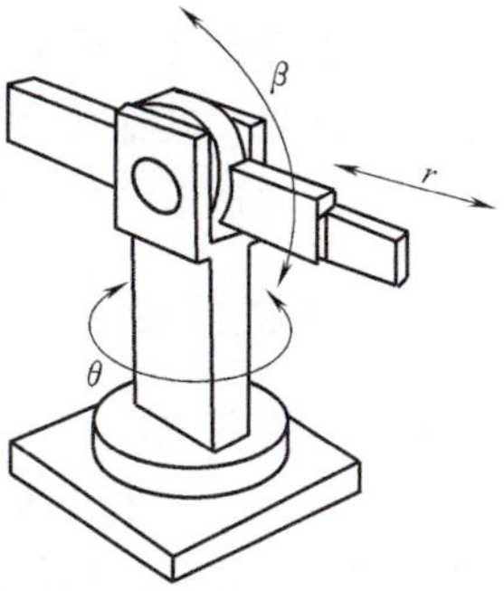

图 1-7 球坐标型操作臂

Stanford 机器人就属于这一类，这类机器人占地面积小，工作空间较大，移动关节不易防护。

（4）选择顺应性装配型操作臂（RRP） 选择顺应性装配（Selective Compliant Articulated Robot for Assembly，SCARA）型操作臂顾名思义，它专门从事装配操作。虽然 SCARA 机器人具有 RRP 结构，但它与球坐标型操作臂在外观和应用范围方面都有很大不同。球坐标型操作臂的运动轴是相互垂直的，而在 SCARA 型操作臂中，两个转动关节和一个移动关节通过特别的布置，使得所有的运动轴都是平行的，如图 1-8 所示。这种结构的机械特点在于结构轻便，响应快。例如 Adept 1 型 SCARA 机器人运动速度可达 10m/s，比一般关节式机器人速度快数倍。

SCARA 机器人在 x、y 方向上具有良好的顺应性，在 z 方向上具有良好的刚度，能够带来垂直方向装载的高度稳定性和水平方向装载的灵活性，此特性特别适合于装配工作。例如抓取元件时沿水平方向定位，沿竖直方向插入作业，插入元件时可顺应孔的位置做微小调整，适合于“上下”安装的装配作业。

（5）关节（拟人）型操作臂（RRR） 关节型操作臂也称为肘或仿人操作臂。其几何构型由三个转动关节实现，第一个关节的旋转轴与另外两个关节的旋转轴垂直，而另外两个关节的旋转轴是平行的，如图 1-9 所示。由于其结构和功能与人类的胳膊相似，相对应地称第二个关节为肩关节，第三个关节由于连接了胳膊和前臂，所以称为肘关节。

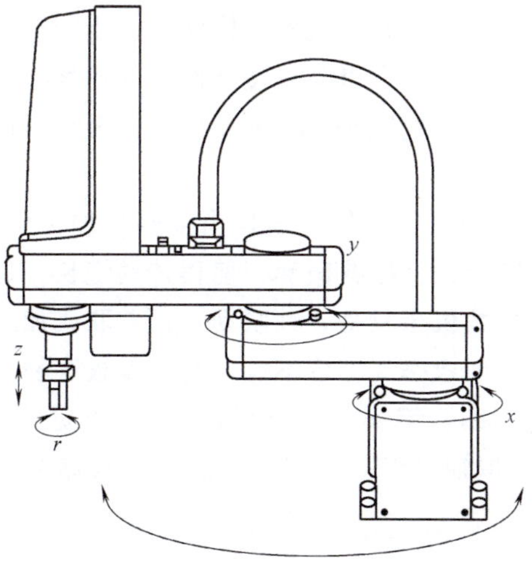

图 1-8 SCARA 型操作臂

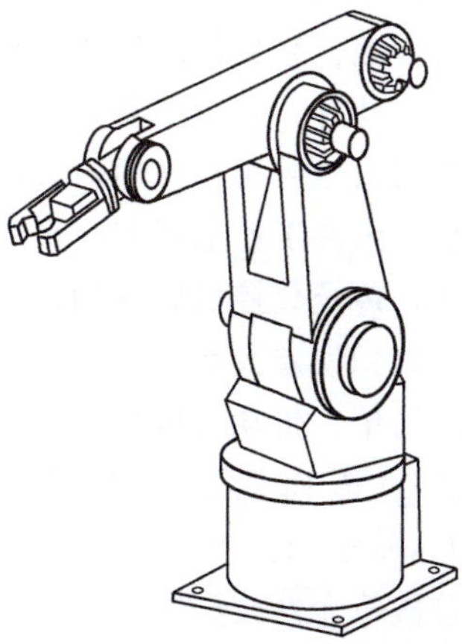
图 1-9 关节（拟人）型操作臂

关节型操作臂动作灵活、工作空间大，在作业空间内手臂的干涉小，结构紧凑，关节上运动部位容易密封防尘。其缺点是运动学求解复杂，确定末端执行器的位姿不直观。

ABB公司的IRB1400机器人就是一个六自由度的关节型操作臂。IRB1400机器人采用平行四边形连杆设计，驱动肘关节的电动机安装在第一个连杆处。由于电动机的重量主要由第一个连杆承载，其他两个连杆可以制作得更为轻便，因而也降低了对电动机驱动力的要求。另外，平行四边形操作臂的动力学比肘关节操作臂要简单，因而更加容易控制。

1.2.3 并联机器人

大多数工业机器人采用了开链机构，但也有部分采用的是闭链机构。闭链机构的典型代表为并联机构，一个并联机构由两个或多个运动链将其底座和末端执行器连接起来。与串联机器人相比，并联机构的闭式运动链可以极大提高结构刚度，因而精度更高。但并联机器人关节的活动范围受限，工作空间较小。同时，并联构型及自由度分析比串联机构要复杂得多。

1. 并联机器人的特点

并联机器人（Parallel Mechanism，PM），是由动平台和定平台通过至少两个独立的运动链相连接，具有两个或两个以上自由度，且以并联方式驱动的机械臂。与串联机器人相比较，并联机器人具有以下特点：

1）无累积误差，精度较高。

2）驱动装置可配置于定平台上或接近定平台的位置，运动部分重量轻，速度高，动态响应好。

3）结构紧凑，刚度高，承载能力大。

4）完全对称的并联机构具有较好的各向同性。

5）工作空间较小。

6）串联机器人正解容易，反解难；并联机器人反解容易，正解难。

由于串联、并联机器人在结构上和性能特点上的对偶关系，两者在应用上不是替代作用而是互补关系，且并联机器人有它的特殊应用领域。

工业上，并联机器人可以在汽车总装线上安装车轮。将并联机器人横向安装于能绕垂直线回转的转台上，它从侧面抓住从传送链送来的车轮，转过来以与总装线同步的速度将车轮装到车体上。此外，并联机器人还可以倒装在具有 x、y 两方向受控的天车上，用作大件装配。并联机器人也可用作飞船对接器的对接机构。

并联机器人在工业上还有一个特别突出的重要应用，就是作为5自由度数控加工中心，即并联机床。传统数控机床各构件是串联的，悬臂结构，且层叠嵌套，使得传动链长，传动系统复杂，累积误差大而精度低，成本昂贵，至今多数机床只是4轴联动。而并联式加工中心结构特别简单，传动链极短，刚度大、质量轻，切削效率高，成本低，特别是很容易实现“5轴联动”，因而能加工更复杂的三维曲面。1994年美国芝加哥IMTS博览会上，Giddings&Lewis公司推出新开发的并联VARIAX“虚拟轴机床”引起广泛关注，被称为“本世纪机床首次革命性改型”和“21世纪的机床”。

2. 典型并联机器人

Stewart平台（图1-10）和Delta机构（图1-11）是两种常见的并联机构。通过构型的演变，可以在Stewart平台和Delta机构的基础上衍生出多种不同构型的并联机器人。

（1）Stewart平台　Stewart并联机器人由上部的动平台，下部的静平台和连接动、静平台的 6 个完全相同结构的支链所组成。每个支链均由一个移动关节（移动副）驱动，工业上重载情况下常用液压缸来驱动，每个支链分别通过两个球型关节（球面副）与上、下两个平台相连接。动平台的位置和姿态由 6 个直线液压缸（驱动器）的行程长度所决定。这种操作臂将手臂的 3 个自由度和手腕的 3 个自由度集成在一起。由于载荷由 6 个支链共同承担，具有刚度高的特点，但动平台的运动范围有限。这种 Stewart 平台型并联机器人运动学反解特别简单，而运动学正解十分复杂，有时还不具备封闭的形式。目前，Stewart 平台型并联机器人已经在航空、航天、海底作业、地下开采、制造装配等行业有着广泛的应用。

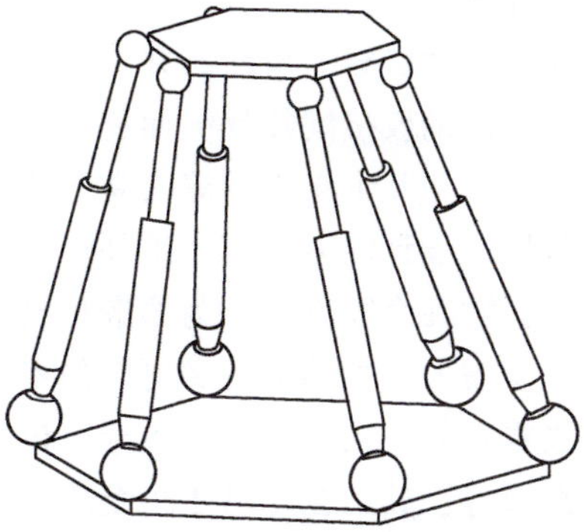

图 1-10　Stewart 并联机构

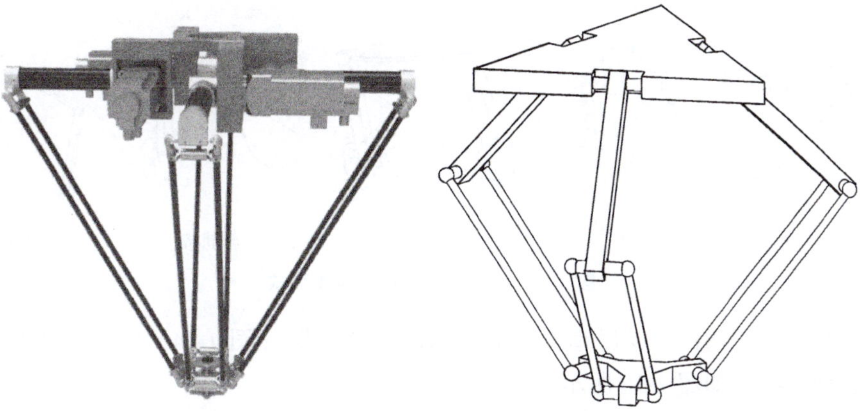

图 1-11　Delta 机构

（2）Delta 机构　Delta 并联机器人由上部的静平台与下部的动平台及 3 个结构完全对称的支链所组成。每个支链都由一个定长杆和一个平行四边形机构所组成，定长杆与上面的静平台用转动副连接，平行四边形机构与动平台及定长杆均以转动副连接，这三处的转动副轴线相互平行。不同于 Stewart 平台型并联机器人，Delta 并联机器人的驱动电动机安装在静平台上，因而 3 个支链具有非常小的质量，使得 Delta 并联机器人运动部分的转动惯量很小，适于高速和高精度作业的要求，广泛应用于轻工业生产线。

1.2.4　柔顺机构

除了上述的串联、并联机械结构之外，还有一种可以实现微米/纳米尺度超精密加工、定位的机构组成形式——柔顺机构。柔顺机构的一个典型例子是有着几千年历史的弓箭，如图 1-12 所示。利用弓臂的柔性存储能量，并利用能量的瞬间释放将箭射出去。早期的飞行器也采用了柔顺机构，例如莱特兄弟利用机翼的翘曲实现对早期飞行器的控制。

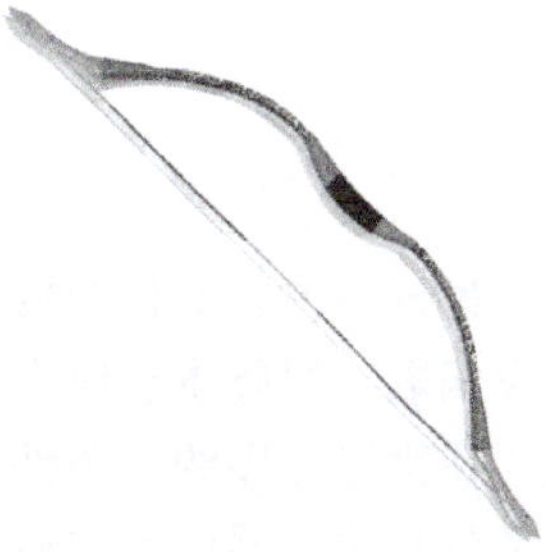

图 1-12　早期的柔顺机构构型

大自然能够实现这样的设计源于其设计方法，而人类使用的设计方法却大相径庭。人类转向了更容易设计的刚性机构（用铰链连接的刚性构件）领域而把柔性留给了自然，并在机构设计上取得了长足的进步。例如莱特飞行器最终还是用更容易控制的铰接副翼操纵面替代了在当时看来过于复杂的翘曲机翼设计。

过去的几十年里随着人类的认知能力飞速增长，新材料、计算能力得到极大提高，对复杂装置的设计能力也有所扩展。与此同时，某些新的需求难以靠传统机构来满足。将功能集成到少数几个零件上，为柔顺机构带来许多令人“难以抗拒”的优势。柔顺机构的优势之一在于需要更少的装配和更少的零件数、简化的制造过程，这些使得采用柔顺机构可显著降低成本；其二在于性能的提升，包括由于减少磨损和减小甚至消除间隙而带来的高精度、不需润滑等；其三在于易于小型化，使其成为构建纳米尺度机械的关键。

柔顺机构是一种通过其部分或全部具有柔性构件弹性变形来产生位移和传递运动、力或能量的机构。Shoup 和 McLarnan 于 1971 年提出数种带有柔性细长梁的柔顺机构设计方法，如图 1-13 所示。

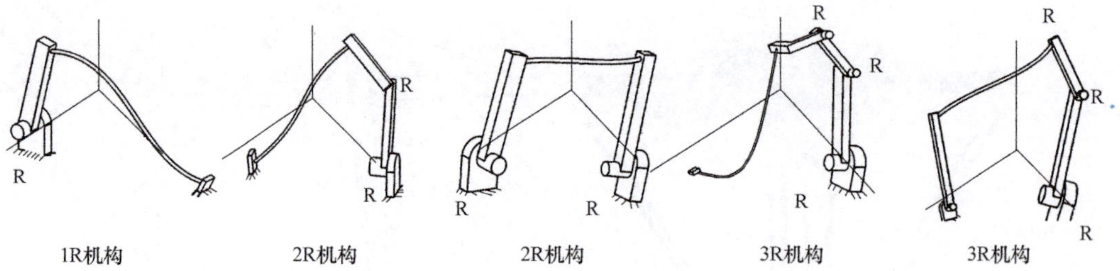

图 1-13 柔性细长梁的组成形式

根据传统刚性机构的传动原理，还可采用以柔性铰链（图 1-14）代替刚性铰链的柔顺机构构型设计方法，如图 1-15 所示。

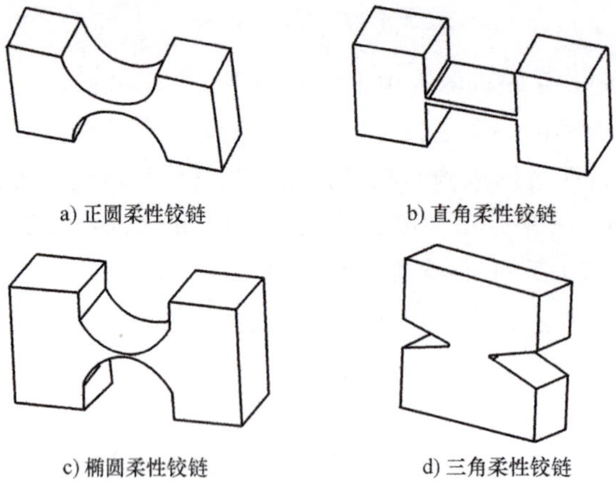

图 1-14 柔性铰链

另外一种柔顺机构构型设计是拓扑优化设计方法。连续体结构拓扑优化是以结构的某个响应函数，如质量、应力、刚度、频率等为目标函数，以机构所要求的运动和特性为约束函数，在给定边界约束条件下，利用优化算法对机构尺寸、形状进行设计。拓扑优化在柔性夹钳及位移放大器的柔顺机构设计中应用最为广泛，如图 1-16 所示。

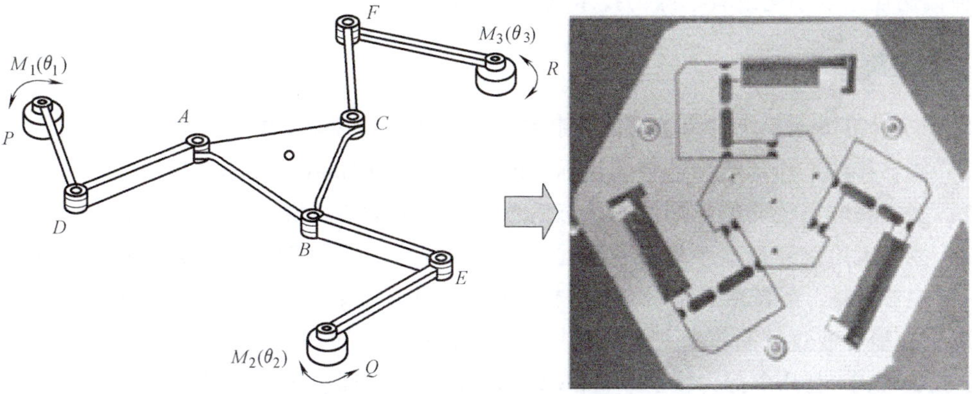

图 1-15　柔性铰链替代法所得到的平面柔性并联机构

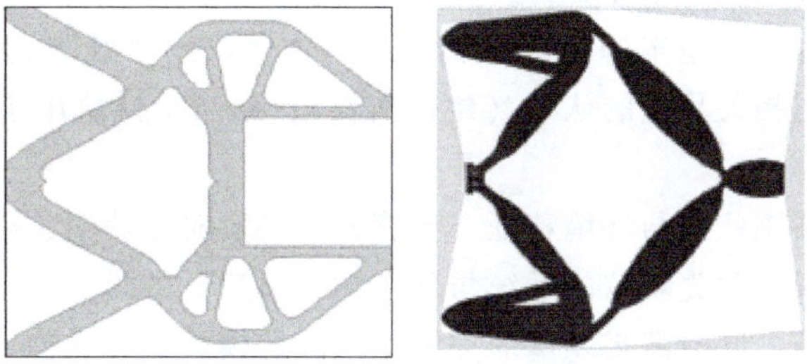

图 1-16　平面柔顺机构拓扑构型——柔性夹钳、位移放大器

以柔度最小为优化目标，可以得到平面三自由度柔顺机构（图 1-17a）和空间三自由度柔顺机构（图 1-17b）。

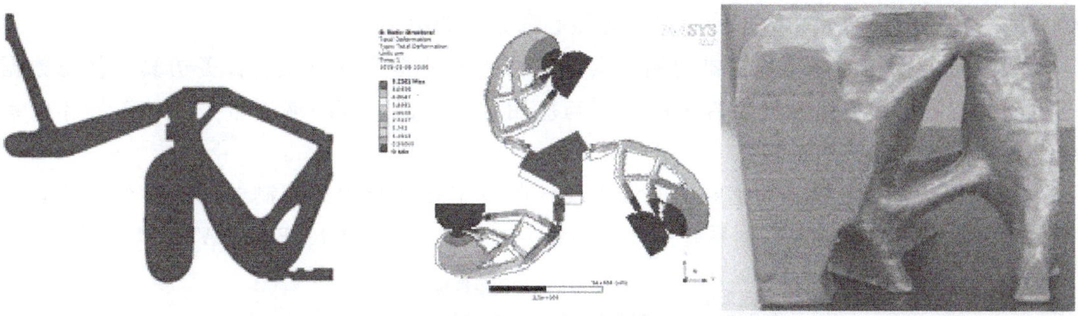

a) 平面三自由度柔顺机构　　b) 空间三自由度柔顺机构

图 1-17　基于拓扑优化设计方法的平面及空间柔顺机构构型

1.3　机器人控制系统

对于机器人末端执行器所期望的几何路径，可以利用运动学反解计算关节运动。将关节运动代人运动方程则可知执行器的指令，应用所得指令将使机器人沿着所期望的路径理想地移动末端执行器。然而，由于存在干扰和模型不准确等因素，机器人将偏离期望路径移动，

使这种偏离误差最小化或者消除的技术被称为控制技术。

1.3.1 控制体系

用于实现机器人系统行为管理的控制系统应具备以下基本功能：

1）能够移动工作环境中的物理目标，即具备操作（Manipulation）能力。

2）能够获取系统和工作环境的状态信息，即具备感知（Sensory）能力。

3）能够运用信息调整系统在预编程方式下的行为，即具备智能（Intelligence）能力。

4）能够存储、解释和提供系统运动相关数据，即具备数据处理（Data Processing）能力。

以上功能可通过控制体系有效实现。所谓控制体系，可以看作是一个分层结构（Hierarchical Structure）上几个行为级别（Activity Levels）的排列。不同级别之间通过数据流来连接，指向更高级别的数据流关注动作的测量与结果，而指向更低级别的数据流则关注方向的传递。各级别的数据传送统一遵循事先所设定的通信协议。

控制体系可划分为三个基本的组成模块：第一个模块用于管理测量数据（传感模块）；第二个模块用于提供对相关环境的认知（建模模块）；第三个模块用于决定动作策略（决策模块）。

为了识别和测量系统状态与环境特征，传感模块要实时地获取、解释、关联与整合测量数据。建模模块包含根据预先获取的系统与环境知识而建立的模型，这些模型由传感模块传来的信息进行实时更新，同时所需功能的分解是由决策模块来完成的。决策模块实现高层任务到低层行为的分解，任务分解需要考虑连续动作的时间分解与并行动作的空间分解，赋予每个决策模块的功能包括基本动作分配管理、任务规划与执行。控制体系的参考模型如图 1-18 所示。

机器人典型的控制系统通常包括任务控制终端、任务通信总线、中央运动控制、伺服通信总线、伺服驱动单元和数据传感采集等核心部分，如图 1-19 所示。

（1）任务控制终端　其主要功能是实现机器人任务指令的下发、任务仿真、状态数据显示与分析等，为使用者提供直观的控制与应用程序界面。该终端通常是一种软件界面系统，类似工业机器人的示教盒。

（2）任务通信总线　其主要功能是实现任务控制终端与中央控制器间的指令与状态数据交互。目前，在机器人控制系统中常用的任务通信总线有 CAN、EtherCAT、以太网等。

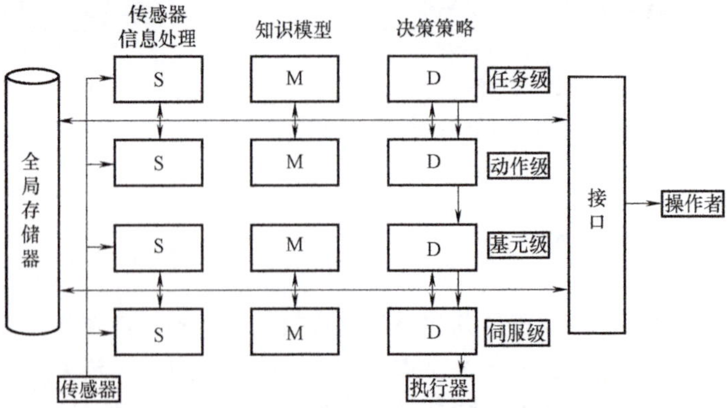

图 1-18　控制体系的各级模块组成

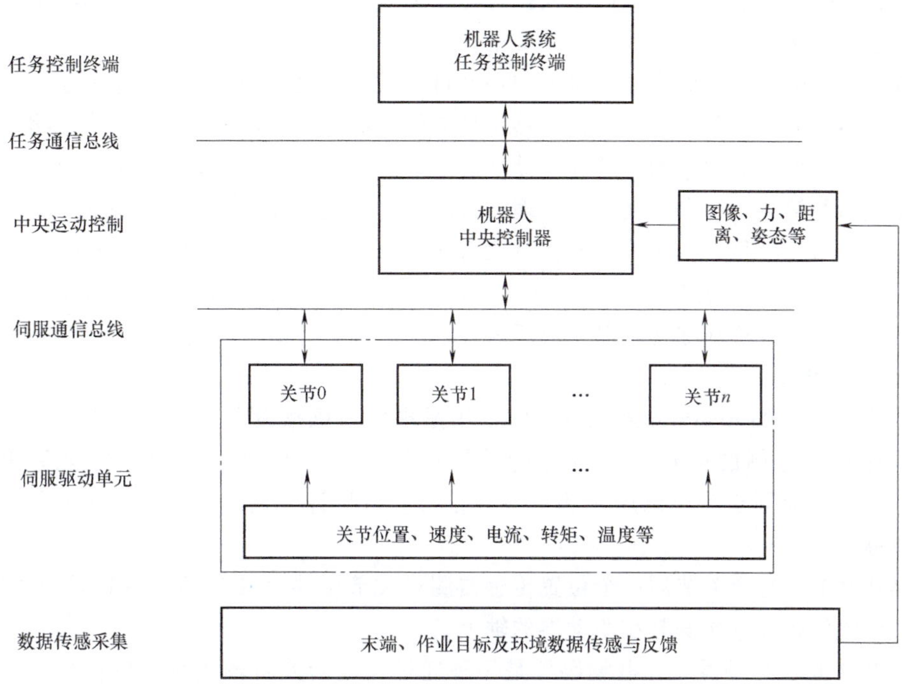

图 1-19 机器人控制系统与结构

(3) 中央运动控制 机器人的中央运动控制类似人类大脑，主要功能是实现机器人复杂传感数据计算、复杂运动控制与规划算法，如机器人的运动学、动力学、力控制、视觉引导等，是机器人的大脑。目前，用于机器人中央运动控制的硬件主要有工业控制计算机、数字信号处理（Digital Signal Processing，DSP）和现场可编程门阵列（Field Programmable Gate Array，FPGA）、ARM 等嵌入式控制器。操作系统主要有 Windows、Linux、Android 等。为了提高控制的实时性，出现了 Vxworks、QNX、RT-Linux、Xenomai 等实时操作系统。针对机器人控制，还有专门的 ROS 机器人操作系统。

(4) 伺服通信总线 其主要功能是实现机器人各运动关节与中央控制器间的控制与状态数据的交互。目前，在机器人控制系统中常用的伺服通信总线有 CAN、EtherCAT、以太网等。

(5) 伺服驱动单元 伺服驱动单元是实现机器人运动作业的核心单元。机器人运动关节一般由动力源、关节、位置/电流/扭矩传感器等核心部分组成。

(6) 数据传感采集系统 它是机器人系统自身定位和任务执行的导航器，类似于人的眼睛等各感觉器官。目前，在机器人控制系统中常用的传感数据有两种：一种是关节控制传感器，主要包括位置、电流、转矩、温度等传感器；一种是系统控制与作业传感器，主要有视觉、力/触觉、姿态等传感器。

1.3.2 传感器

为了获得高性能机器人系统，传感器的使用至关重要。传感器可分为测量机器人内部状态的本体（Proprioceptive）传感器和为机器人提供周围环境信息的外部（Exteroceptive）传感器两大类。

本体传感器对机器人内部状态变量进行在线测量，是为了将这些状态变量提供给模型参数辨识与智能控制算法，以确保机器人执行与任务规划相对应的运动轨迹。本体传感器包括关节位置、关节速度、关节力矩等不同类型。

外部传感器则用于提取表征机器人与环境目标交互作用的特征参数，以提高系统对环境的适应性和感知能力。典型的外部传感器包括力传感器、触觉传感器、距离传感器、视觉传感器等。目前，为了能像人的大脑综合处理信息的过程一样，研究人员将各种传感器进行多层次、多空间的信息互补和优化组合处理，最终产生对观测环境的一致性解释。这就逐步发展起来了一门新兴学科——多传感器信息融合技术。多传感器信息融合（Multi-Sensor Information Fusion，MSIF），就是利用计算机技术将来自多传感器或多源的信息和数据，在一定的准则下加以自动分析和综合，以完成所需要的决策和估计而进行的信息处理过程。

1. 位置传感器

位置传感器（Position transducers）的作用是提供与机械设备相对给定参考位置的线位移或角位移的成比例的电信号。位置传感器应用广泛，其中电位计、线性差动变换器（LVDT）以及感应同步器可以用来测量线性位移。电位计、编码器、旋转变换器可以用来测量角位移。

在操作臂中，每个关节用一个位置传感器测量关节位移（关节角度或直线距离），最常用的是把位置传感器直接安装在驱动器的轴上。

（1）旋转光电编码器　光电编码器是一种通过光电转换将输出轴上的机械位移转换成脉冲或数字量的传感器，是最常用的位置反馈装置，一般是由光栅盘和光电探测装置组成的。当编码器轴旋转时，刻有细线的圆盘会遮住光束，光电探测装置把这些光脉冲转化成二进制波形。轴的转角可以通过计算脉冲数得到，转动方向由这两个波形信号的相对相位决定。此外，编码器可以在某个位置发射标志脉冲，作为计算绝对角度的零位。

在伺服系统中，由于光栅盘与电动机同轴，电动机旋转时，光栅盘与电动机同速旋转，经发光二极管等电子元件组成的光电探测装置检测输出若干脉冲信号。通过计算每秒光电编码器输出脉冲的个数就能反映当前电动机的转速。此外，为判断旋转方向，光栅盘还可提供相位相差 90°的 2 个通道的光码输出，根据双通道光码的状态变化确定电动机的转向。

根据其刻度方法及信号输出形式，编码器可分为绝对式、增量式以及混合式 3 种。

1）绝对式光电编码器是直接输出数字量的传感器。在它的圆形码盘上沿径向有若干同心码道，每条码道上由透光和不透光的扇区相间组成。相邻码道的扇区数目是双倍关系，码盘上的码道数就是它的二进制数码的位数。在码盘的一侧是光源，另一侧对应每一码道有一光敏元件；当码盘处于不同位置时，各光敏元件根据受光照与否转换出相应的电压信号，形成二进制数。这种编码器的特点是不要计数器，在转轴的任意位置都可读出一个固定的与位置相对应的数字码。显然，码道越多，分辨率就越高，对于一个具有 N 位二进制分辨率的编码器，其码盘必须有 N 条码道。目前国内已有 21 位的绝对编码器产品。

绝对式光电编码器是利用自然二进制或循环二进制（格雷码）方式进行光电转换的，格雷码绝对编码器使用了 4 个轨道，允许分辨 16 个角位置，如图 1-20 所示。

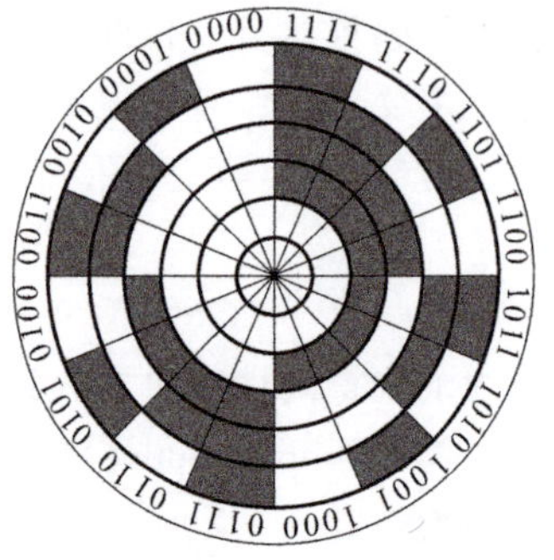

图 1-20　绝对编码器示意图

由于每次转换仅发生一次对比的变化（见表 1-2），因此可以避免在同时发生的两种扇区之间多重转换所带来的不准确测量。

表 1-2　格雷码码表

十进制码	自然二进制码	格雷码	十进制码	自然二进制码	格雷码
0	0000	0000	8	1000	1100
1	0001	0001	9	1001	1101
2	0010	0011	10	1010	1111
3	0011	0010	11	1011	1110
4	0100	0110	12	1100	1010
5	0101	0111	13	1101	1011
6	0110	0101	14	1110	1001
7	0111	0100	15	1111	1000

绝对编码器编码的设计可采用二进制码、循环码、二进制补码等，根据读出的编码，就可以检测绝对位置。它的特点是可以直接读出角度坐标的绝对值、没有累积误差、电源切除后位置信息不会丢失，但其分辨率是由二进制的位数来决定的，也就是说，其精度取决于位数。

2）增量式光电编码器由于结构简单，价格低廉，因此使用范围比绝对式编码器更为广泛。它是直接利用光电转换原理输出三组方波脉冲 A、B 和 Z 相。A、B 两组脉冲相位差 90°，从而可方便地判断出旋转方向。而 Z 相为每转一个脉冲，用于基准点定位。它的优点是原理结构简单，机械平均寿命可在几万小时以上，抗干扰能力强，可靠性高，适合于长距离传输。其缺点是无法输出轴转动的绝对位置信息。

增量式光电编码器与绝对式光电编码器不同之处在于圆盘上透光与不透光的线条图形。增量式编码器由一族两条轨道同心圆光盘所组成，透明扇区和不透明扇区在求积分过程中相互提供信息，如图 1-21 所示。另外，增量式编码器引入只有一个不透明扇区的第三条轨道，可以允许定义一个绝对位置作为测量参考。

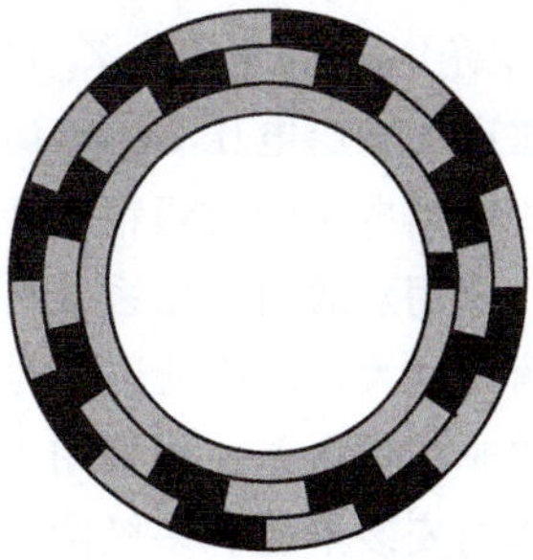

图 1-21　增量式编码器示意图

3）混合式绝对值光电编码器，它输出两组信息：一组信息用于检测磁极位置，带有绝对信息功能；另一组则完全与增量式光电编码器的输出信息一致。

（2）旋转变压器　旋转变压器一般比编码器可靠，但它的分辨率较低。通常，如果旋转变压器上没有附加齿轮机构以改善分辨率，则不能将其直接安装在关节上。旋转变压器是一种结构紧凑且具有鲁棒性的机电位置传感器，它的工作原理是基于两个电子电路之间的相互感应，输出两个模拟信号——一个是轴转角的正弦信号，另一个是余弦信号。轴的转角由这两个信号的相对幅值计算得到，通过一个适当的转角-数字转换器（Resolver-to-Digital Converter，RDC）的处理就可以获得与位置测量相对应的数字信息。具有跟踪型 RDC 函数表的旋转变压器的电路方案，如图 1-22 所示。

如图 1-23 所示，定子绕组 D_1-D_2 接交流电源激磁，转子绕组 Z_1-Z_2 接负载 ZL。当主轴带动转子转过 θ 角时，转子各绕组中产生感应电压。采用不同接线方式或不同的绕组结构，

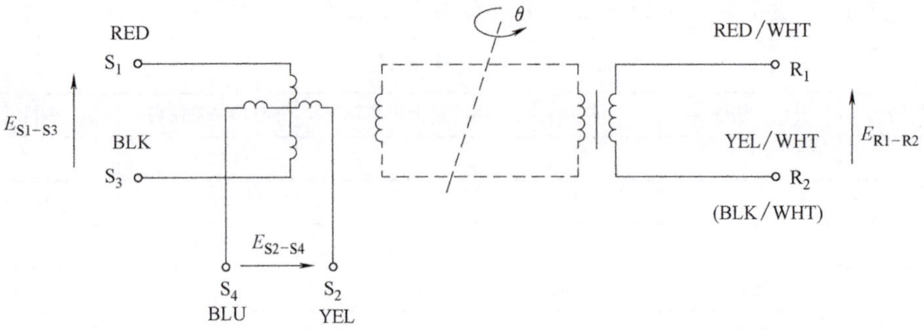

图 1-22　旋转变压器工作原理图

可以获得与转角成不同函数关系的输出电压。采用不同的结构还可以制成弹道函数、圆函数、锯齿波函数等特种用途的旋转变压器。

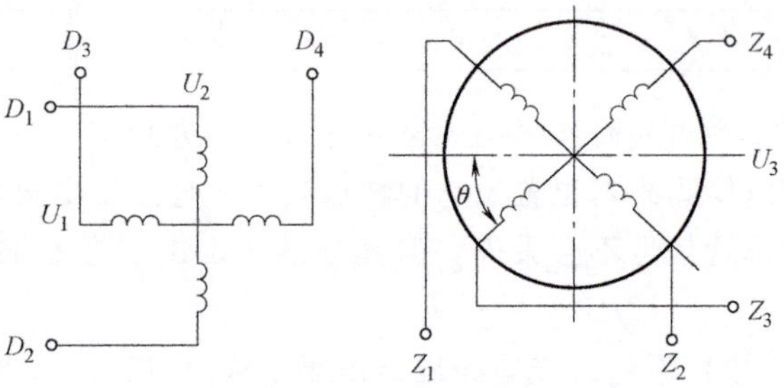

图 1-23　正、余弦旋转变压器单通道测角系统

利用两台相同的正、余弦旋转变压器可组成单通道测角系统。一台旋转变压器为发送机，另一台为控制变压器，发送机由交流电源激磁。旋转变压器的精度为 6′，单通道系统的精度不小于 6′。为了提高系统的控制精度，可采用双通道测角系统。用四台结构相同的旋转变压器，其中两台（Z_1 与 Z_2）组成粗通道测角系统，另外两台（Z_3 与 Z_4）组成精通道测角系统。Z_1 与 Z_3、Z_2 与 Z_4 分别通过升速比为 i（$i=15\sim30$）的升速器相连接。当主轴带动粗通道的 Z_1 转过 θ_1 角时，精通道的 Z_3 将转过 $i\theta_1$ 角。Z_2 与负载同轴，其转角为 θ_2 时，Z_4 的转角为 $i\theta_2$。粗通道的输出电压 $Uc_1=kUr\sin\delta$，精通道 Z_4 的输出电压为 $Uc_2=kUr\sin i\delta$。其中 $\delta=\theta_1-\theta_2$。二者的输出电压经过粗精转换器处理后再经放大装置驱动负载。

应用双通道测角系统可组成双通道伺服系统。当误差角 δ 较小时用精通道信号控制，误差角 δ 较大时用粗通道信号控制。系统的控制精度最高可达 7″。为了减少减速器齿轮间隙造成的非线性误差，可采用电气变速式双通道测角系统，即采用多极旋转变压器。它是在一个机体内安装单极和多极两台旋转变压器，而共用一根轴。用单极变压器组成粗通道系统，多极旋转变压器组成精通道系统。这样既能提高精度又能简化结构。

旋转变压器是一种精密的角度、位置、速度检测装置，适用于所有使用旋转编码器的场合，特别是高温、严寒、潮湿、高速、高振动等旋转编码器无法正常工作的场合。它被广泛应用在伺服控制系统、机器人系统、机械工具、汽车、电力、冶金等领域的角度或位置检测系统中。

2. 速度传感器

单位时间内位移的增量就是速度。速度包括线速度和角速度，与之对应的就有线速度传感器和角速度传感器，统称为速度传感器。

在机器人自动化技术中，旋转运动速度测量较多，而且直线运动速度也经常通过旋转速度间接测量。例如：测速发电机可以将旋转速度转变为电信号，就是一种速度传感器。测速发电机的绕组和磁路经精确设计，其输出电动势 E 和转速 n 呈线性关系，即 $E=Kn$，K 是常数。改变旋转方向时，输出电动势的极性即相应改变。在被测机构与测速发电机同轴连接时，只要检测出输出电动势，就能获得被测机构的转速。测速发电机要求输出电压陡度大，时间及温度稳定性好，一般可分为直流式和交流式两种。直流式测速发电机的励磁方式可分为他励式和永磁式两种，电枢结构有带槽的、空心的、盘式印刷电路等形式，其中带槽式最为常用。

传统的测速大多以旋转式运动速度测量和直线运动速度测量为主，例如运动员运动测速、交通车辆测速等。但现实工业自动化中有不少非规律性的测速，在这种情况下则采用雷达测速传感器。

3. 力-力矩传感器

力-力矩传感器是一种能将各种力和力矩信息转换成电信号输出的装置。在机器人力控制系统中，力-力矩传感器必不可少，是直接影响力控制系统性能的重要因素。在机器人系统中应用到的力-力矩传感器种类繁多，就工作原理而言，可分为电阻式（应变式、压阻式、电位器式）、电感式（压磁式）、电容式、磁电式（霍尔式）、压电式等；就安装部位而言，可分为关节式传感器、腕力传感器和手指式传感器；就所测力的维数而言，可分为单维和多维力传感器。

关节式传感器是安装在关节驱动器上，用于测量驱动器/减速器自身的力矩或者力的输出，但并不能很好地检测末端执行器与环境之间产生的接触力；安装在末端执行器与操作臂的最末关节之间的被称作是腕力传感器，可测量施加于末端执行器的 3~6 个力/力矩分量；安装在末端执行器“指尖”上的传感器称为手指式传感器，它是在“手指”内置了应变计，可以测量作用在指尖的 1~4 个力分量。

目前工业中常用关节式力矩传感器和六维力传感器。

(1) 关节式力矩传感器　机器人关节式力矩传感器是用于测量和记录机器人单关节力矩的装置。通常，静态力矩相对容易测量，而动态力矩难以测量，机器人力控制中应用较多的是动态力矩传感器。

应变片传感器的扭矩测量采用应变电测技术。在弹性轴上粘贴应变计组成测量电桥，弹性轴受扭矩产生微小变形后会引起电桥电阻值变化，电桥电阻值的变化转变为电信号的变化，从而实现扭矩测量。

(2) 六维力传感器　它能同时将三维力和三维力矩信号转换为电信号，用于监测方向和大小不断变化的力与力矩、测量加速度或惯性力以及检测接触力的大小和作用点，在机器人力控制领域有广泛的应用。

传统的六维力传感器多采用电阻应变片作为其中的敏感元件，将被测件上的应变转换成为一种电信号，并作为传感器的输出。例如，麻省理工学院 Draper 实验室研制的竖梁结构 Waston 六维力-力矩传感器，斯坦福大学设计的横梁结构 Scheinman 六维力-力矩传感器，中国科学院合肥智能机械所研制的 SAFMS 机器人六维力传感器，华中科技大学研制的非径向三梁结构六维力传感器等。应变片相对耐用，然而在满应变下只能输出一个很小的电阻变化。因此，为了使应变片具有好的动态测量范围，消除应力计的线缆和放大电路中的噪声则变得至关重要。ATI 公司基于传统电阻应变片式的传感器进行创新，采用硅应变计感受力（见图 1-24），其中的硅应变计可提供高抗噪比和允许高过载保护。

最近研发的六维力传感器包括日本 WACOM 公司的电容式传感器，采用静电电容式结构，不需要外接放大器等外接设备即可直接使用，结构简单，成本较低。匈牙利 Optoforce 公司的红外光六维力传感器，利用红外线探测被测表面微小的变形量，进而计算出相应的力。该类力传感器的设计可基于多种光学弹性体，而且外表弹性体与传感元件是隔离的。相对传统的基于应变片式的力学感应元件和传感器而言，该类力传感器会更加稳固、耐用。Kistler 压电式传感器施加机械载荷时，利用石英晶体的压电效应，可以产生与作用力成比例的电荷信号。由于石英晶体的刚度大，所以这种压电式力传感器适合在较大的温度范围和复杂的动力学环境下进行测量。

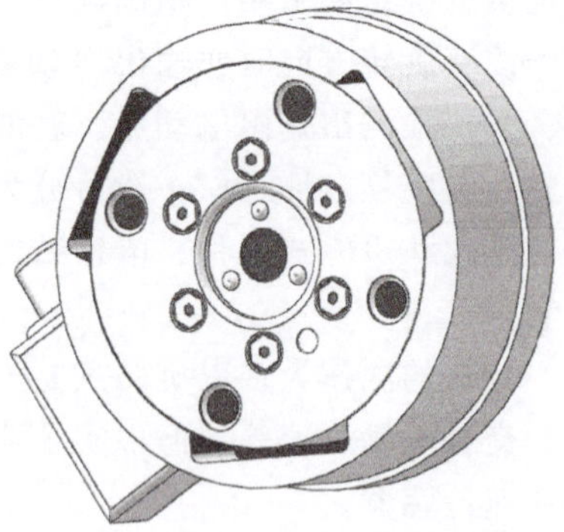

图 1-24　ATI 六维力传感器

对于应变片式力传感器，为了提高其精度，需要进行温度补偿，温度补偿方法如图 1-25 所示。温度将会使 4 个应变片的应变信号（电阻）在相同方向，以相同程度变化。因为两个正向应变和两个负向应变被列入等式，因此温度将不会产生输出信号。剩下微小的残余误差可以通过连接到惠斯通电桥上特殊的镍金属（阻值用 TK_{Zero} 表示）来进行修正。

除此以外，应变片还需要进行温度对灵敏度的补偿（TCS）。等温度变化时，材料的弹性模量 E 将会降低，导致产生应变。另外，应变片的灵敏度依赖于温度，在高温状况下电阻的补偿将产生更大的压降，这将降低惠斯通电桥的输出信号。在负载状态下，线性误差也将产生变化。一般可以通过对弹性体材料和结构的优化以及选择精确的测量点来降低误差。

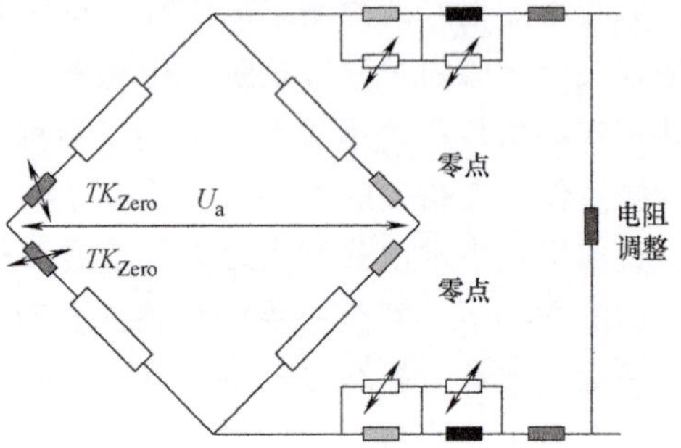

图 1-25　力传感器的温度补偿电路

4. 视觉传感器

视觉传感器是指通过对摄像机拍摄到的图像进行图像处理，来计算对象物体的特征量（面积、重心、长度、位置等），并输出数据和判断结果的传感器。其中，图像传感器可以使用激光扫描器、线阵和面阵 CCD 摄像机或 TV 摄像机，也可以是最新的数字摄像机等。目前，视觉传感技术大致可分为两类：3D 视觉传感技术和智能视觉传感技术。

从测量方式来看，光学测量可以分为主动测距法和被动测距法两种。

（1）主动测距法　主动测距法的基本思想是利用特定的、人为控制光源和声源对物体目标进行照射，根据物体表面的反射特性及光学、声学特性来获取目标的三维信息。其特点是具有较高的测距精度、抗干扰能力和实时性。

具有代表性的主动测距法有结构光法、飞行时间法和三角测距法。

1）结构光法。结构光法测量是基于光学三角法测量原理，结构光投射装置将一定模式的结构光投射到物体表面，在表面上形成由被测物体表面形状所调制的三维图像。该三维图像由处于另一位置的摄像机探测，从而获得光条二维畸变图像。光条的畸变程度取决于结构光投射装置与摄像机之间的相对位置和物体表面形状。当结构光投射装置与摄像机之间的相对位置一定时，由畸变的二维光条图像坐标便可重现物体表面三维形状。根据投影光束形态的不同，结构光法又可分为点结构光法、线结构光法和面结构光法三种，如图 1-26 所示。

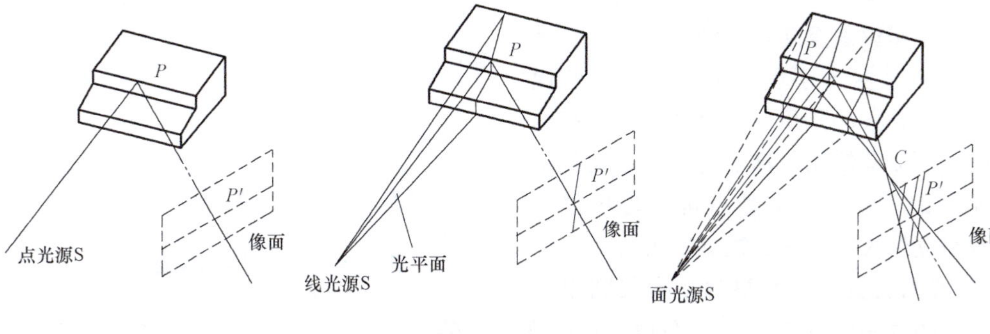

a) 点结构光法测量原理图　b) 线结构光法测量原理图　c) 面结构光法测量原理图

图 1-26　三种结构光法测量原理图

目前，应用较广，且在深度测量中具有明显优势的方法是面结构光法。面结构光测量将各种模式的面结构投影到被测物体上，例如将分布较密集的均匀光栅投影到被测物体上面，由于被测物体表面凹凸不平，具有不同的深度，所以表面反射回来的光栅条纹会随着表面不同的深度发生畸变，这个过程可以看作是由物体表面的深度信息对光栅的条纹进行调制。所以被测物体的表面信息也就被调制在反射回来的光栅之中。通过被测物体反射回来的光栅与参考光栅之间的几何关系，分析得到每一个被测点之间的高度差和深度信息。

结构光的优点是计算简单，测量精度较高，对于平坦的、无明显纹理和形状变化的表面区域都可进行精密的测量。其缺点是对设备和外界光线要求高，造价昂贵。目前，结构光法主要应用在条件良好的室内。

2）飞行时间法。飞行时间法，又称为激光雷达测距法。它将脉冲信号投射到物体表面，反射信号沿几乎相同路径反向传至接收器，利用发射和接收脉冲激光信号的时间差可实现被测量表面每个像素的距离测量，如图 1-27 所示。

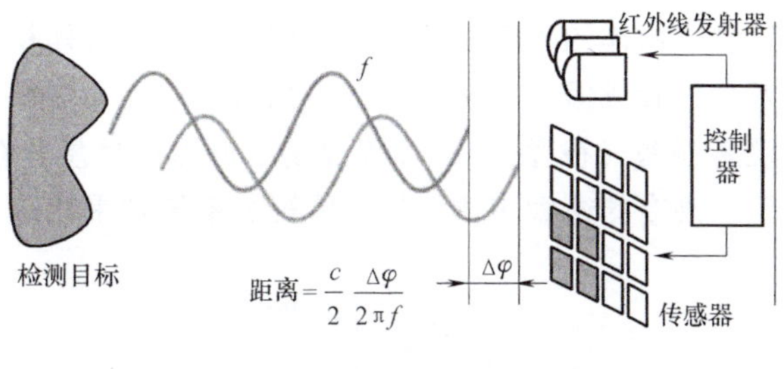

图 1-27　飞行时间法测量原理图

飞行时间法直接利用光传播特性，不需要进行灰度图像的获取与分析，因此距离的获取不受物体表面性质的影响，可快速准确地获取景物表面完整的三维信息。缺点则是需要较复杂的光电设备，价格偏贵。

3）三角测距法。三角测距法又称主动三角法，是基于光学三角原理，根据光源、物体和检测器三者之间的几何成像关系来确定空间物体各点的三维坐标。在实际测量过程中，它常用激光作为光源，用 CCD 相机作为检测器，如图 1-28 所示。

这种方式主要用于工业勘探、工件表面粗糙度检测、轮胎检测、飞机检测等工业、航空、军事领域。

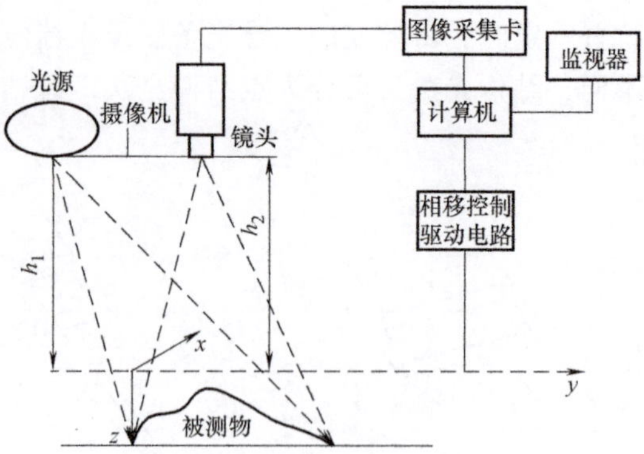

图 1-28 三角测距法测量原理图

(2) 被动测距法 被动测距技术不需要人为地设置辐射源，只利用场景在自然光照下的二维图像来重建景物的三维信息，具有适应性强、实现手段灵活、造价低的优点。但是这种方法是用低维信号来计算高维信号的，所以其使用的算法复杂。被动测距按照使用的视觉传感器数量可分为单目视觉、双目立体视觉和多目视觉三大类。

1) 单目视觉。单目视觉是指仅利用一台照相机拍摄一幅（或多幅）图像，从而恢复物体三维几何信息的方法。如图 1-29 所示。因仅需要一台相机，所以该方法的优点是结构简单、相机标定容易，同时还避免了立体视觉的小视场问题和匹配困难问题。

依据三维信息重建原理的不同，单目视觉可以分为图像亮暗形状恢复（Shape from Shading）法和光度立体视觉（Photometric Stereo）法两种，其中光度立体视觉法重建精度相对较高。

依据相机摆放位置的不同，单目视觉方法又可分聚焦法和离焦法两类。聚焦法是指首先使相机相对于被测点处于聚焦位置，然后根据透镜成像公式求得被测点相对于相机的距离。相机偏离聚焦位置会带来测量误差，因此寻求精确的聚焦位置是关键。而离焦法不要求相机相对于被测点处于聚焦位置，而是根据标定出的离焦模型计算被测点相对于相机的距离，这样就避免了由于寻求精确的聚焦位置而降低测量效率的问题，但离焦模型的准确标定是该方法的主要难点。

2) 双目立体视觉。人的双眼可以从不同角度观测三维空间的场景，根据小孔成像模型，距人眼不同深度的物点在左右视网膜上的相点处于不同位置，这种现象称为双目视差，它反映了物体的深度。基于视差理论的双目立体视觉，就是运用两个相同摄像机对同一场景从两个位置成像，以获取在不同视角下的感知图像，然后通过三角测量原理计算图像像素间的位置偏差（视差），从而恢复场景的深度信息并获取景物的三维信息，其原理图如图 1-30 所示。现有的绝大多数双目立体视觉系统均采用这一原理。

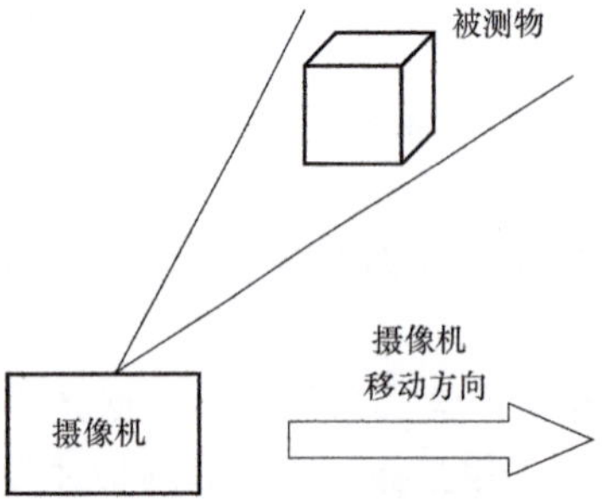

图 1-29 单目视觉测量示意图

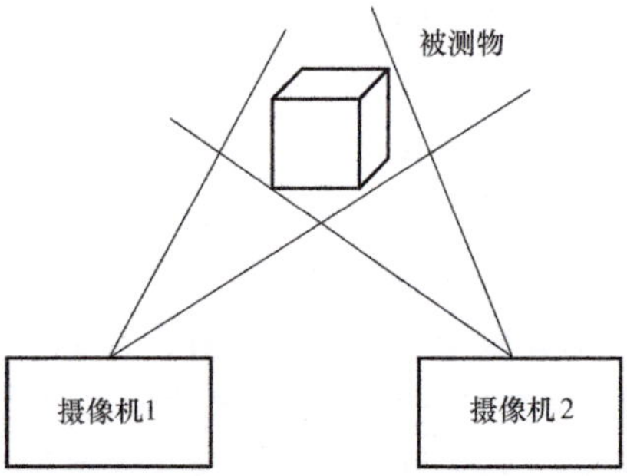

图 1-30 双目立体视觉测量示意图

在双目立体视觉系统的硬件结构中，通常采用两个摄像机作为视觉信号的采集设备，通过双输入通道图像采集卡与计算机连接，把摄像机采集到的模拟信号经过采样、滤波、强化、模数转换，最终向计算机提供图像数据。一个完整的双目立体视觉系统通常可分为数字图像采集、相机标定、图像预处理与特征提取、图像校正、立体匹配、三维重建六大部分。

3）多目立体视觉。多目立体视觉系统是对双目视觉系统的一种拓展。所谓多目立体视觉系统，就是采用多个摄像机设置于多个视点，或者由一个摄像机从多个视点观测三维景物的视觉系统，如图1-31所示。

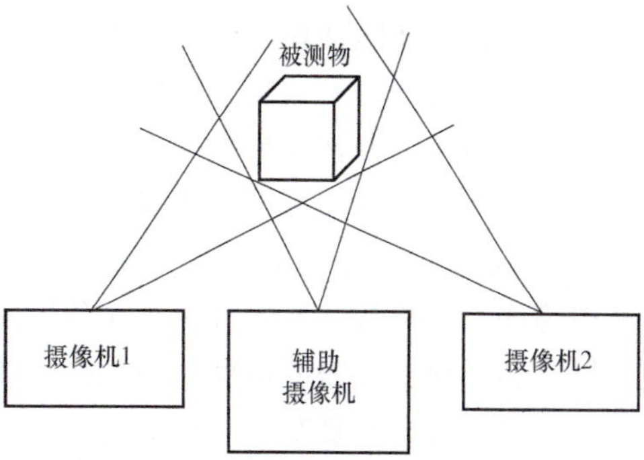

图1-31 多目立体视觉测量示意图

对多目立体视觉系统所采集到的景物图像进行感知、识别和理解的技术被称为多目立体视觉系统技术。对于给定的物体距离，视差与基线长度成正比，基线越长，对距离的计算越精确。但是当基线过长时，需要在相对较大的视觉范围内进行搜索，从而增加计算量。利用多基线立体匹配是消除误匹配、提高视差测量准确性的有效方法之一。基线数目的增加可以通过增加相机来实现。

视觉传感技术的另一个重要器件为感光元件。利用感光元件可以将光能量转化为电能量。根据实现能量转换的物理原理的不同，感光传感器的类型也有所不同，最常用的是CCD和CMOS传感器，它们都是基于半导体的光电效应工作的。

一个CCD（Charge Coupled Device）传感器由感光单元矩阵阵列组成。由于光电效应，当一个光子碰撞到半导体表面时，将会产生许多自由电子，在元件上积累的电荷为入射强度在光敏元件上对时间的积分。电荷通过电路被送到输出放大器中，同时感光单元放电恢复到初始状态。通过这一连续的过程可获得真实的视频信号。

一个CMOS（Complementary Metal Oxide Semiconductor）传感器由光电二极管矩形阵列组成。每一个光电二极管的交叉点都被预先充电，而当其被光子击中时就放电。在每个像素积分的放大器将电荷转换为电压或电流数值。CMOS传感器与CCD传感器的主要区别在于其像素为非积分装置，也就是说，在被激活之后所测量的是通过量，而不是积分量。通过这种方式，饱和像素永远不会溢出并影响相邻像素，从而防止了耀斑现象。

5. 机器视觉系统

对于完整的机器视觉系统而言，图像采集卡（图1-32）只是其一个部件，但却扮演着非常重要的角色。图像采集卡直接决定了摄像头的接口类型：黑白、彩色、模拟、数字等。比较典型的图像采集卡包括PCI或AGP兼容的捕获卡，它可以将图像迅速地传送到计算机存储器进行处理。有些采集卡有内置的多路开关，例如，可以连接8个不同的摄像机，然后告诉采集卡采用哪一个相机抓拍到

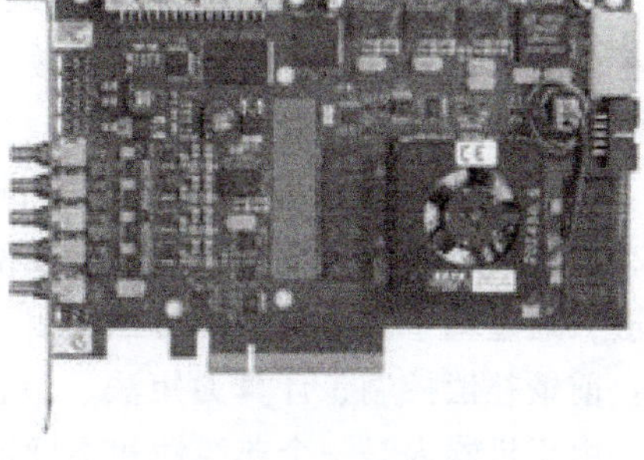
图1-32 视觉图像采集卡

的信息。有些采集卡有内置的数字输入以触发采集卡进行捕捉，当采集卡抓拍图像时，数字输出口就触发闸门。

机器视觉的应用主要有视觉检测和机器人视觉两个方面。

（1）视觉检测　又可分为高精度定量检测（例如显微照片的细胞分类、机械零部件的尺寸和位置测量）和不用量器的定性或半定量检测（例如产品的外观检查、装配线上的零部件识别定位、缺陷性检测与装配完全性检测）。

视觉检测的目的是从复杂背景中辨识出目标位姿，并分离背景，以完成跟踪、识别等任务。视觉检测的主要任务是去除不关注的背景，得到关注的前景目标。按处理对象的不同，视觉检测方法可以分为基于背景建模的方法和基于前景建模的方法。

（2）机器人视觉　用于指引机器人在大范围内的操作和行动，如从料斗送出的杂乱工件堆中拣取工件并按一定的方位放在传输带或其他设备上（即料斗拣取问题）。至于小范围内的操作和行动，还需要借助于触觉传感技术。

移动机器人要在复杂的环境下自主导航，首先要解决的问题就是自身的定位，即确定机器人相对于环境的位姿。目前常用的机器人定位传感器包括激光雷达、里程计、摄像机或者加速度计。基于视觉摄像机的定位方法信息量大、适用范围广，受到广泛重视。基于视觉的移动机器人定位方法依靠单目或多目相机得到图像序列，通过特征提取、特征匹配、跟踪和运动估计得出机器人的位姿。这种方法不需要先验知识，结构简单，目前受到了广泛关注，双目立体视觉方法应用更为广泛些。

目前，机器视觉已形成几个重要研究分支：①目标制导的图像处理；②图像处理和分析的并行算法；③从二维图像提取三维信息；④序列图像分析和运动参量求值；⑤视觉知识的表示；⑥视觉系统的知识库等。

1.3.3 控制方法

机器人的核心是机器人控制系统，从控制工程的角度来看，机器人是一个非线性和不确定性系统，机器人智能控制是近年来控制领域研究的前沿课题，包括机器人轨迹跟踪控制、机器人力控制、协调控制、视觉运动控制等。

常用的机器人控制方法，根据控制算法和控制量的不同可分为多种类型。下面分别针对不同的类型，介绍常用的机器人控制方法。

1. 根据控制算法分类

按照控制算法的不同，机器人控制方法可以分为基于模型的控制、PID 控制、自适应控制、鲁棒控制、神经网络和模糊控制、迭代学习控制、变结构控制、反演控制等。也有的文献将现有的控制算法分为逻辑门限控制、PID 控制、滑模变结构控制、神经网络控制和模糊控制等。这些控制方法并非孤立的，在一个控制系统之中常常结合在一起使用。

（1）基于模型的控制　与一般的机械系统一样，当机器人的结构及其机械参数确定后，其动态特性将由动力学方程即数学模型来描述。因此，可以采用自动控制理论所提供的设计方法，通过基于数学模型的方法设计机器人控制器。基于被控对象数学模型的控制方法包括：前馈补偿控制、计算力矩法、最优控制方法、非线性反馈控制方法等。但在实际工程中，由于机器人是一个非线性和不确定性系统，很难得到机器人精确的数学模型。因此，这些依赖数学模型的控制方法很难得到实际应用。

(2) PID 控制　PID 控制是根据系统的误差，利用比例、积分、微分计算出控制量进行控制的。PID 控制器问世至今已有近 70 年历史，它以其结构简单、稳定性好、工作可靠、调整方便而成为工业控制的主要技术之一。当被控对象的结构和参数不能完全掌握，或得不到精确的数学模型时，其他控制技术难以采用，系统控制器的结构和参数必须依靠经验和现场调试来确定，这时应用 PID 控制技术最为方便。即当我们不完全了解一个系统和被控对象，或不能通过有效的测量手段来获得系统参数时，最适合用 PID 控制技术，实际中也有 PI 和 PD 控制。

PID 控制，其优点是控制规律简单，易于实现，无须建模。但这类方法有两个明显的缺点：一是难以保证受控机器人具有良好的动态和静态品质；二是需要较大的控制能量。

(3) 自适应控制　自适应控制是根据要求的性能指标与实际系统的性能指标相比较所获得的信息来修正控制规律或控制器参数，使系统能够保持最优或次优工作状态的控制方法。具体而言，是当系统的输入或干扰发生大范围的变化时，所设计的系统能够自适应调节系统参数或控制策略，使输出仍能达到设计的要求，其基本结构如图 1-33 所示。自适应控制所处理的是具有“不确定性”的系统，通过对随机变量状态的观测和系统模型的辨识，设法降低这种不确定性。控制结果常常是达到一定的控制指标，即“最优的控制”被“有效的控制”所取代。

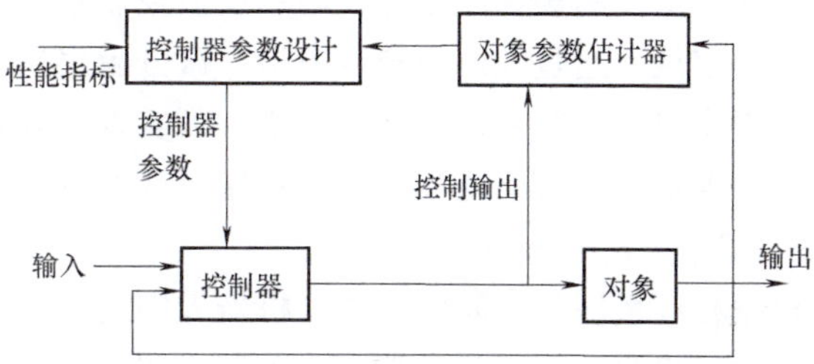

图 1-33　自适应控制系统的基本结构

自适应控制的缺点是在线辨识参数需要庞大的计算量、对实时性要求严格、实现比较复杂。特别是存在参数不确定性，自适应控制难以保证系统稳定和达到一定的控制性能指标。

(4) 鲁棒控制　鲁棒控制是一种保证不确定系统的稳定性，并达到满意控制效果的控制方法。鲁棒控制器设计时，仅需知道限制不确定性的最大可能值的边界即可。鲁棒控制可同时补偿结构和非结构不确定性的影响，这也正是鲁棒控制优于自适应控制之处。除此之外，与自适应控制方法相比，鲁棒控制还有实现简单，对时变参数以及非结构、非线性不确定性的影响具有更好的补偿效果，更易于保证稳定性等优点。

(5) 神经网络和模糊控制　神经网络控制是 20 世纪 80 年代末期发展起来的自动控制领域的前沿学科之一。由于神经网络和模糊系统具有高度的非线性逼近映射能力，因此神经网络和模糊系统技术的发展为解决复杂的非线性、不确定及不确知系统的控制开辟了新的途径。采用神经网络和模糊系统，可实现对机器人动力学方程中未知部分的在线精确逼近，从而可通过在线建模和前馈补偿，实现机器人的高精度跟踪。

(6) 迭代学习控制　迭代学习控制是智能控制中具有严格数学描述的一个分支，适合于解决具有强非线性、强耦合、模型难以建立、运动具有重复性等特征的对象的高精度控制问题。迭代学习控制方法不依赖于系统的精确数学模型，算法简单。与鲁棒控制一样，迭代学习控制也能处理实际系统中的不确定性，但它能实现完全跟踪，控制器形式更为简单且需要较少的先验知识。

机器人轨迹跟踪控制是迭代学习控制应用的典型代表。

(7) 变结构控制　所谓变结构控制，是指控制系统中具有多个控制器，根据一定的规则在不同的情况下采用不同的控制器。变结构控制本质上是一类特殊的非线性控制，其非线性表现为控制的不连续性。由于滑动模态可以进行设计且与对象参数及扰动无关，这就使得变结构控制具有快速响应、对参数变化及扰动不敏感、无须系统在线辨识、物理实现简单等优点。这种控制方法通过控制量的切换使系统状态沿着滑模面滑动，使系统在受到参数摄动和外干扰的时候具有不变性，正是这种特性使得变结构控制方法在机器人控制中得到广泛的应用。

(8) 反演控制　其基本思想是将复杂的非线性系统分解成不超过系统阶数的子系统，然后为每个子系统分别设计李雅普诺夫函数和中间虚拟控制量，一直“后退”到整个系统，直到完成整个控制规律的设计。利用反演控制技术设计机器人控制器，可以解决系统中的非匹配不确定性。通过在虚拟控制中引入微分阻尼项，可有效地改善系统的动态性能；通过在虚拟控制中引入模糊系统或神经网络，可实现无须建模的自适应反演控制；通过在虚拟控制中引入切换函数，可实现具有滑模控制特性的反演控制。

2. 根据控制量分类

根据控制量所处空间的不同，机器人控制可以分为关节空间的控制和笛卡儿空间的控制两种。对于串联式多关节机器人，关节空间的控制是针对机器人各个关节的变量进行控制；笛卡儿空间的控制是针对机器人末端的变量进行控制。按照控制量的不同，机器人控制可以分为：位置控制、速度控制、加速度控制、力/控制、力/位混合控制等，这些控制可以是关节空间的控制，也可以是末端笛卡儿空间的控制。

工业机器人以位置控制为主，例如喷漆、焊接等与外界环境无接触的作业，机器人通过路径规划和轨迹控制，即可实现位置跟踪。但当机器人运动过程中存在与外界环境接触的情况时，例如用刚性手爪抓取鸡蛋、在玻璃表面刮擦油漆等，如果不能十分精确地获得工件和机器人的相对位置关系，容易导致机器人接触不到工件或者过分接触导致工件损坏。这种情况下，比较好的解决方法是除了位置控制之外，将机器人和工件的接触力也控制在一定范围，也就是说，使机器人与环境柔顺接触。

由此可见，机器人在执行与环境接触的交互作业时，不但要有位置控制功能，而且要有力控制的功能，需要让机器人具有一定柔顺性，以顺应外力。机器人具备了力控制功能，就可以胜任更复杂的操作任务，例如完成零件装配、打磨等作业，也可作为人体增强设备用于康复、医疗等领域。

3. 位置控制

位置控制的目标是使被控机器人的关节或末端达到期望的位置。下面以关节空间位置控制为例，说明机器人的位置控制。

(1) 关节位置控制原理　将关节位置给定值与当前值比较得到的误差作为位置控制器的输入量，经过位置控制器的运算后，其输出作为关节速度控制的给定值，如图 1-34 所示。关节位置控制器常采用 PID 算法，也可以采用模糊控制算法。

一般情况下，工业机器人各关节的刚度很大，外界扰动对关节的精确定位影响很小，整个机器人在作业过程中时刻保持很强的刚性，从而保证了机器人的重复定位精度。好的工业机器人末端重复定位精度可达±0.02mm。技术成熟的工业机器人，都是刚性实时的纯位置控制型，而且一般为示教再现型。它们的使用方式通常就是手持示教器引导机器人经过各个

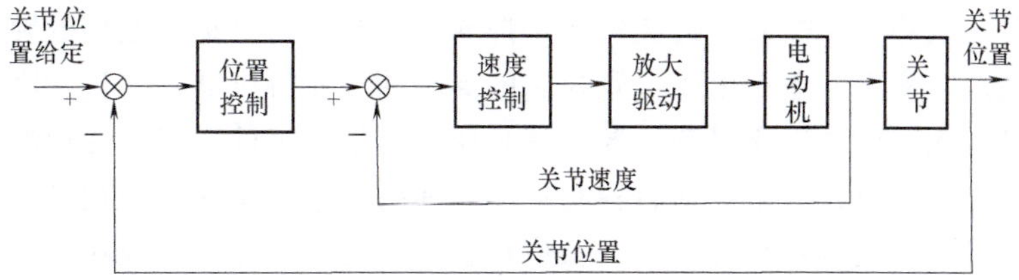

图 1-34 机器人关节位置控制示意图

关键点并记录，这是示教阶段。接下来编写简单的程序，主要是决定将关键点间通过何种方式连接，例如直线、圆弧等各种转接形式。程序编写完成后通常有核对过程，完成之后就可以让机器人精确地跟踪预定轨迹了。这种操作在工业生产领域非常常见，例如汽车车壳的焊接，就是要让固连于机器人末端的焊枪沿着焊缝走一遍，同一型号的汽车车壳每次都在固定工位等待焊接，于是编写一段合理的机器人位置控制程序即可一劳永逸地重复动作，连续生产；再如码垛机器人，要将货物搬来搬去，关键点一般为有限个，且比较有规律，同样可以用位置控制解决问题。

(2) 速度控制　在图 1-34 中，去掉位置外环，即为机器人关节速度控制框图。通常，在目标跟踪任务中采用机器人的速度控制。机器人上一般很少用到速度计或者其他速度传感器，速度信号是由关节控制器进行数值微分后得到的。

对于机器人末端笛卡儿空间的位置、速度控制，其基本原理与关节空间的位置和速度控制相类似。

(3) 加速度控制　图 1-35 所示为分解加速度运动控制示意图。首先，计算出末端工具的控制加速度，然后，根据末端的位置、速度和加速度期望值，结合当前的末端位置、关节位置与速度，分解出各关节相应的加速度，再利用动力学方程计算出控制力矩。

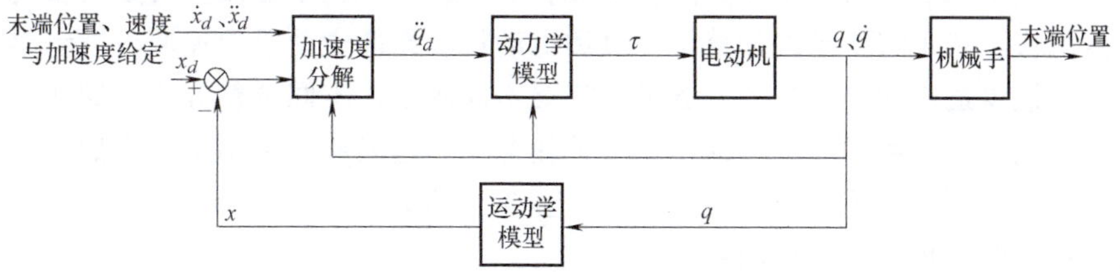

图 1-35 加速度控制示意图

4. 力控制

近年来，对机器人的研究越来越注重增强机器人系统的感知能力，这导致机器人的力控制成为热门的研究课题。拥有力觉、触觉、视觉等传感系统的机器人，更能适应复杂的非结构化作业环境。早期的遥操作臂是用力反馈来帮助操作员用操作臂操作远端的物体。现在更多的是采用多臂协作机器人系统，该系统中机器人之间的相互作用力被有效控制，以免在共同作业时因相互作用力挤压工件。相对单纯的位置控制，力控制使机器人在面对开放式环境时有更强的适应性与人机交互性。

(1) 力控制的概念　观察示教再现型工业机器人的各种作业活动，不难发现，这些机器人的末端要么是接近作业对象不直接接触，例如焊接、喷漆机器人，或是像下料机器人那样把料运送至指定位置附近，松开末端手爪让料自行下落，要么就是接触一些软的工件，例如码垛机器人转运纸箱子、抓袋子这类作业，抑或虽然抓取的是铝板这样的硬物，末端执行器却是软的吸盘。事实上，正是由于位置控制的高刚性，使得机器人一旦和刚性环境直接接触，要么导致机器人关节电动机过载，要么就是压坏、划坏工件。考虑使用海绵擦窗的操作臂，利用海绵的柔性可以控制末端执行器与玻璃之间的间距来调整施加在窗户上的力。如果海绵十分柔软并且知道玻璃的精确位置，操作臂就可以工作得很好。现在换一种工况：操作臂用刚性刮削工具从玻璃表面刮掉油漆，这就是不可避免的刚性接触。这种情况下，如果玻璃和机器人的位置关系测量不准，或者是机器人定位误差，都会导致任务失败：运动不足导致刮不到油漆，或者运动过分，直接压碎玻璃。回想人类在完成这项工作的过程是如何表现的，人也不能精确地控制手的位置，但很明显人在作业时是在控制着接触力。当感觉接触力小了就施加更大的正压力，接触力大了就松开一些。将这种方式移植到机器人身上，利用力传感器检测任务中发生的接触力，再根据接触力控制机器人的运动，以此将接触力控制在一定范围内，机器人就可以像人类一样完成任务了。另外，人类完成此任务时不必知道玻璃相对于手臂的精确位置，同样，机器人的力控制对环境参数的要求也简单些，可以应对一些不确定性。由于机器人的力控制能使机器人对外力有顺应性，因此机器人的力控制也称为顺应控制、柔顺控制等。

力控制有两种方案实现：被动柔顺和主动柔顺。

（2）被动柔顺　被动柔顺控制是利用机器人内在的柔性实现，例如连杆、关节、末端执行器等结构自身的，或是电动机伺服系统导致的。可以在系统设计时设计一种柔顺装置，做自适应调整，通常的做法是在刚性末端执行器和机器人操作臂间加装柔性手腕，例如Draper实验室开发的RCC柔性手腕广泛应用于轴孔装配作业，可以保证平滑、迅速地完成装配作业，避免卡住现象。RCC实际上是一个具有6自由度的弹性机构，它本身没有动力，在外力作用下自适应调整刚度，可以获得不同的柔顺性。

机器人的被动柔顺，由于不需要力传感器，成本较低，也不必改变既定的轨迹规划，而且响应速度很快，快于需要经过计算机计算和电动机动作的主动柔顺控制。被动柔顺也有它的缺点：一是缺少适应性，不同的任务可能需要不同刚度、不同调整方式，导致柔性手腕的结构不同，于是一种柔性手腕不容易适应多种任务；二是只能做微小调整，如果需要大范围柔顺的任务，例如顺应人手的牵引进行运动，显然不满足要求。另外，由于没有力传感器，也难以保证在作业中将接触力控制到某一范围。

（3）主动柔顺　控制机器人产生实时的顺应外力的运动，属于主动柔顺控制。这种方案是通过力传感器检测装配作业中产生的接触力并反馈到控制器中，再通过算法映射到机器人的关节控制中，使得机器人每个控制周期都根据当前检测的力/力矩调整机器人本体的运动轨迹，进而使机器人对接触力产生柔性。力传感器通常采用安装在机器人腕部和末端执行器之间的六维力传感器，并忽略末端执行器的重力和惯性力。主动柔顺控制，优势在于适应性强，范围可以很大，能够更精确地控制接触力的大小；缺点则是响应慢、成本高等。

1）主动柔顺力控制原理。当关节力/力矩不易直接测量，而关节电动机的电流又能够较好地反映关节电动机的力矩时，常采用关节电动机的电流表示当前关节力/力矩的测量值，其控制示意图如图1-36所示。力控制器根据力/力矩的期望值与测量值之间的偏差，控制关节电动机，使之表现出期望的力/力矩特性。

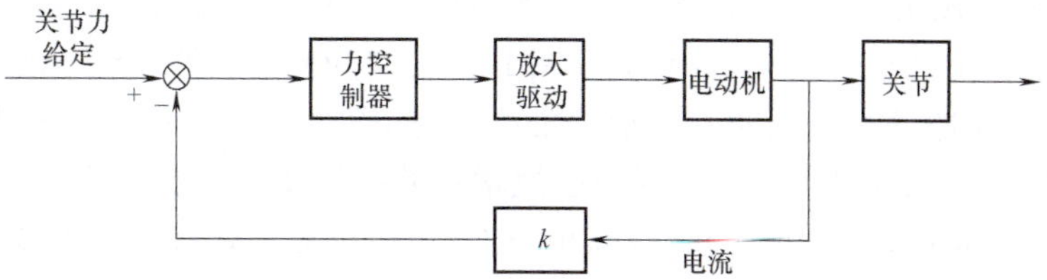

图 1-36　关节力/力矩控制示意图

2）按被控制的力所在空间不同，可分为关节空间的力控制和笛卡儿空间的力控制。关节空间的力控制主要通过控制关节刚度来实现，关节的刚度越低，对外力的顺应性越好，但位置控制精度也随之降低。由于机器人作业主要由末端在笛卡儿空间的运动和末端执行器完成，故笛卡儿空间的力控制更具生产应用价值。

3）按力柔顺控制的策略不同，可分为直接力控制和间接力控制。直接力控制是力的伺服，检测并控制接触力到期望值；间接力控制则是建立力和运动的函数关系，检测力后直接计算运动，以此实现机器人的柔顺控制，但不求将力控制到某一确定的值。直接力控制中，通常不需要所有方向均精确控制接触力，故常用于力/位混合控制。间接力控制的形式常为阻抗控制，Hogan 在 1985 年提出的阻抗控制成功地把运动轨迹和力控制容纳到一个动态框架中，避免了位置和力需要两套控制策略从而加重控制任务的情况，并且对环境变化和扰动有很强的稳定性。

5. 力/位混合控制

（1）力/位混合控制概念　机器人的力控制器会根据检测到的接触力调整机器人的运动，使得接触力的值稳定在期望值附近。但是，很多特定作业中，并不需要机器人末端 6 个方向全部有柔顺性，而是某些方向保持位置精度，另一些方向实施柔顺控制，因此直接力控制常用于力/位混合控制。例如打磨机器人，希望机器人沿着被打磨工件的表面的切线方向运动，并施加该表面法线方向的接触力。为此需要建立此任务的数学模型，清楚描述机器人作业中的运动和力的约束条件，即任务描述。控制机器人进行作业时，控制算法中就要考虑这些任务描述。显然，机器人作业场景越复杂，任务描述就越复杂，机器人控制器的负担也越重。可见，由于需要精确的任务描述，在实现柔顺控制的前提下，力/位混合控制的适应性不及阻抗控制。

（2）力/位混合控制原理　力/位混合控制是由位置控制和力控制两部分组成的，如图 1-37 所示。

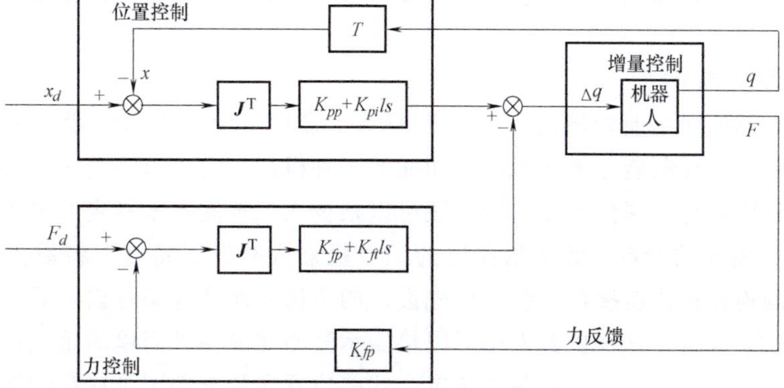

图 1-37　力/位混合控制示意图

位置控制为 PI 控制，给定为机器人末端的笛卡儿空间位置，末端的笛卡儿空间位置反馈由关节空间的位置经过运动学计算得到。图 1-37 中 T 为机器人的运动学模型，J 为机器人的雅可比矩阵。末端位置的给定值与当前值之差，利用雅可比矩阵的逆矩阵转换为关节空间的位置增量，再经过 PI 运算后，作为关节位置增量的一部分。力控制同样为 PI 控制，给定为机器人末端的笛卡儿空间力/力矩，反馈由力/力矩传感器测量获得。末端力/力矩的给定值与当前值之差，利用雅可比矩阵的转置矩阵转换为关节空间的力/力矩。关节空间的力/力矩经过 PI 运算后，作为关节位置增量的另一部分。位置控制部分和力控制部分的输出，相加后作为机器人关节的位置增量期望值。机器人利用增量控制，对其各个关节的位置进行控制。

近年来，以阻抗控制和力/位混合控制为中心，结合力学、现代控制理论和计算机科学的研究，机器人的力控制有了更为智能的算法。从控制策略上，广大学者提出的自适应控制、模糊控制、滑模控制和神经网络控制等智能控制方法，极大地丰富了柔顺控制的研究。从任务描述上，也有相当多的学者分析了工业生产中具体任务的几何学、力学特点，为工业机器人应用力控制完成此类工艺提供了更精确的模型。

1.4 机器人的应用与发展

从机器人应用场合来看，机器人可以分为三大类：工业机器人、服务机器人、极端环境作业机器人。

1.4.1 工业机器人

工业机器人最重要的应用领域是制造业，主要作业包括焊接、涂装、装配、搬运、检测、机械磨抛加工等。工业机器人在汽车、电子电气、航空航天、机械制造和食品药品等行业大量使用，组成柔性自动化生产线，在保证产品质量、提高生产效率、改善劳动条件、降低生产成本、快速响应市场等方面发挥了巨大作用。工业机器人在制造业的应用越来越广泛，其标准化、模块化、智能化和网络化的程度也越来越高。汽车及其零部件制造业是工业机器人的主要应用领域，占工业机器人总需求的 60%以上。工业机器人在汽车冲压、焊接、涂装、装配四大车间广泛应用。例如，大型轿车壳体冲压自动化系统技术和成套设备、大型车体焊接自动化系统技术和成套装备、电子电气等柔性自动化装配及检测技术和成套设备、发动机、变速箱装配自动化系统成套装备及板材激光拼焊成套装备等的制造，都大量采用了工业机器人。

1. 工业机器人简介

工业机器人是面向工业领域的多关节机械手或多自由度的机器装置。它能自动执行工作，是靠自身动力和控制能力来实现各种功能的一种机器。它可以接受人类指挥，也可以按照预先编排的程序运行。现代工业机器人还可以根据人工智能技术制定的原则纲领行动。

（1）工业机器人的特点　德沃尔提出的工业机器人有以下特点：将数控机床的伺服轴与遥控操纵器的连杆机构连接在一起，预先设定的机械手动作经编程输入后，系统就可以离开人的辅助而独立运行。这种机器人还可以接受示教而完成各种简单的重复动作。示教过程中，机械手可依次通过工作任务的各个位置，这些位置序列全部记录在存储器内。任务执行过程中，机器人的各个关节在伺服驱动下依次再现上述位置，故这种机器人的主要技术功能被称为“可编程”和“示教再现”。

工业机器人最显著的特点包括：可编程性、拟人化、通用性、多学科性。

1）工业机器人可随其工作环境变化的需要而再编程，因此，它在小批量多品种、具有均衡高效率的柔性制造过程中能发挥很好的功用，是柔性制造系统中的一个重要组成部分。

2）拟人化工业机器人在机械结构上有类似人的行走、腰转、大臂、小臂、手腕、手爪等部分，在控制上有计算机。此外，智能化工业机器人还有许多类似人类的“生物传感器”，如皮肤型接触传感器、力传感器、负载传感器、视觉传感器、声觉传感器、语言功能等。传感器提高了工业机器人对周围环境的自适应能力。

3）除了专门设计的专用的工业机器人外，一般工业机器人在执行不同的作业任务时具有较好的通用性。例如，更换工业机器人手部末端操作器（手爪、工具等）便可执行不同的作业任务。

4）工业机器人技术涉及的学科相当广泛，归纳起来是机械学和微电子学的结合——机电一体化技术。智能机器人不仅具有获取外部环境信息的各种传感器，而且还具有记忆能力、语言理解能力、图像识别能力、推理判断能力等人工智能，这些都是微电子技术的应用，特别是计算机技术的应用。因此，机器人技术的发展必将带动其他技术的发展，机器人技术的发展和应用水平也可以验证一个国家科学技术和工业技术的发展水平。

当今工业机器人技术正逐渐向着具有行走能力、具有多种感知能力、具有较强的对作业环境的自适应能力的方向发展。当前，对全球机器人技术的发展最有影响的国家是美国和日本。美国在工业机器人技术的综合研究水平上仍处于领先地位，而日本生产的工业机器人在数量、种类方面则居世界首位。

（2）工业机器人的结构组成 工业机器人由主体、驱动系统和控制系统三个基本部分组成。主体即机座和执行机构，包括臂部、腕部和手部，有的机器人还有行走机构。大多数工业机器人有3~6个运动自由度，其中腕部通常有1~3个运动自由度。驱动系统包括动力装置和传动机构，用以使执行机构产生相应的动作。控制系统是按照输入的程序对驱动系统和执行机构发出指令信号，并进行控制。

（3）工业机器人分类 按执行机构运动的控制机能不同，工业机器人可分为两种：点位型和连续轨迹型。点位型只控制执行机构由一点到另一点的准确定位，适用于机床上下料、点焊和一般搬运、装卸等作业；连续轨迹型可控制执行机构按给定轨迹运动，适用于连续焊接和涂装等作业。按照程序输入方式不同，工业机器人可区分为编程输入型和示教输入型两类。编程输入型是将计算机上已编好的作业程序文件，通过RS232串口或者以太网等通信方式传送到机器人控制柜。示教输入型的示教方法有两种：一种是由操作者用手动控制器（示教盒），将指令信号传给驱动系统，使执行机构按要求的动作顺序和运动轨迹操演一遍；另一种是由操作者直接操作执行机构，按要求的动作顺序和运动轨迹操演一遍。在示教过程的同时，工作程序的信息即自动存入程序存储器中。在机器人自动工作时，控制系统从程序存储器中检出相应信息，将指令信号传给驱动机构，使执行机构再现示教的各种动作。示教输入型的工业机器人称为示教再现型工业机器人。

具有触觉、力觉或简单的视觉的工业机器人，能在较为复杂的环境下工作；如具有识别功能或更进一步增加自适应、自学习功能，即成为智能型工业机器人。它能按照人们给定的

“宏指令”自选或自编程序去适应环境，并自动完成更为复杂的工作。

(4) 工业机器人的控制技术 机器人控制系统是机器人的大脑，是决定机器人功能和性能的主要因素。工业机器人控制技术的主要任务就是控制工业机器人在工作空间中的运动位置、姿态和轨迹、操作顺序及动作的时间等。

工业机器人控制技术中的关键技术包括：控制系统体系结构、控制器软件系统、故障诊断与安全维护技术、网络化控制技术。

1) 开放性模块化的控制系统体系结构采用分布式 CPU 计算机结构，分为机器人控制器 (RC)、运动控制器 (MC)、光电隔离 I/O 控制板、传感器处理板和编程示教盒等。机器人控制器 (RC) 和编程示教盒通过串口/CAN 总线进行通信。机器人控制器 (RC) 的主计算机完成机器人的运动规划、插补和位置伺服以及主控逻辑、数字 I/O、传感器处理等功能，而编程示教盒完成信息的显示和按键的输入。

2) 模块化层次化的控制器软件系统建立在基于开源的实时多任务操作系统 Linux 上，采用分层和模块化结构设计，以实现软件系统的开放性。整个控制器软件系统分为三个层次：硬件驱动层、核心层和应用层。三个层次分别面对不同的功能需求，对应不同层次的开发，系统中各个层次内部由若干个功能相对独立的模块组成，这些功能模块相互协作共同实现该层次所提供的功能。

3) 机器人的故障诊断与安全维护技术通过各种信息，对机器人故障进行诊断，并进行相应维护，是保证机器人安全性的关键技术。

4) 当前机器人的应用由单台机器人工作站向机器人生产线发展，机器人控制器的联网技术变得越来越重要。控制器上具有串口、现场总线及以太网的联网功能，可用于机器人控制器之间和机器人控制器同上位机的通信，便于对机器人生产线进行监控、诊断和管理。

2. 常见工业机器人

根据工业机器人作业环境的不同，可以将工业机器人划分为几个大类别：移动机器人、焊接机器人（点焊、弧焊机器人）、激光加工机器人、真空机器人、洁净机器人等。

(1) 移动机器人 (AGV) 移动机器人由计算机控制，具有移动、自动导航、多传感器控制、网络交互等功能，广泛应用于机械、电子、纺织、卷烟、医疗、食品、造纸等行业的柔性搬运、传输等；也用于自动化立体仓库、柔性加工系统、柔性装配系统（以 AGV 作为活动装配平台）；同时也可在车站、机场、邮局的物品分拣中作为运输工具。

国际物流技术发展的新趋势之一是用现代物流技术配合、支撑、改造、提升传统生产线，实现点对点自动存取及高架箱储、作业和搬运相结合，实现精细化、柔性化、信息化，缩短物流流程，降低物料损耗，减少占地面积，降低建设投资。而移动机器人正是其中的核心技术和设备。

(2) 焊接机器人 焊接机器人具有性能稳定、工作空间大、运动速度快和负荷能力强等特点，焊接质量明显优于人工焊接，大大提高了焊接作业的生产率。根据焊接方式的不同，焊接机器人可分为点焊与弧焊两类。

1) 点焊机器人主要用于汽车整车的焊接工作，生产过程由各大汽车主机厂负责完成。国际工业机器人企业凭借与各大汽车企业的长期合作关系，向各大型汽车生产企业提供各类点焊机器人单元产品，并以焊接机器人与整车生产线配套形式进入中国，在该领域占据市场主导地位。

随着汽车工业的发展，焊接生产线要求焊钳一体化，重量越来越大，165kg 点焊机器人是当前汽车焊接中最常用的一种机器人。2008 年 9 月，国内首台 165kg 点焊机器人研制完成，并成功应用于奇瑞汽车焊接车间。2009 年 9 月，经过优化和性能提升的第二台机器人完成并顺利通过验收，该机器人整体技术指标已经达到国外同类机器人水平。

2）弧焊机器人主要应用于各类汽车零部件的焊接生产。在该领域，国际大型工业机器人生产企业主要以向成套装备供应商提供单元产品为主。弧焊机器人领域的关键技术主要包括以下 3 个：

① 弧焊机器人系统优化集成技术。弧焊机器人采用交流伺服驱动技术以及高精度、高刚性的 RV 减速器和谐波减速器，具有良好的低速稳定性和高速动态响应，可实现免维护功能。

② 协调控制技术。控制多机器人及变位机协调运动，既能保持焊枪和工件的相对姿态以满足焊接工艺的要求，又能避免焊枪和工件的碰撞。

③ 精确焊缝轨迹跟踪技术。结合激光传感器和视觉传感器离线工作方式的优点，采用激光传感器实现焊接过程中的焊缝跟踪，提升焊接机器人对复杂工件焊接的柔性和适应性；结合视觉传感器的离线观察获得焊缝跟踪的残余偏差，基于偏差统计获得补偿数据并进行机器人运动轨迹的修正，以保证在各种工况下都能获得最佳的焊接质量。

（3）激光加工机器人　激光加工机器人是将机器人技术应用于激光加工中，通过高精度工业机器人实现更加柔性的激光加工作业。激光加工机器人领域的关键技术包括以下 5 个：

1）激光加工机器人结构优化设计技术。通常是采用大范围框架式本体结构，在增大作业范围的同时，保证机器人精度。

2）机器人系统的误差补偿技术。针对一体化加工机器人工作空间大、精度高等要求，并结合其结构特点，采取非模型方法与基于模型方法相结合的混合机器人补偿方法，完成几何参数误差和非几何参数误差的补偿。

3）高精度机器人检测技术。将三坐标测量技术和机器人技术相结合，以实现机器人高精度在线测量。

4）激光加工机器人专用语言实现技术。根据激光加工及机器人作业特点，完成激光加工机器人专用语言。

5）网络通信和离线编程技术。具有串口、CAN 等网络通信功能，实现对机器人生产线的监控和管理，并实现上位机对机器人的离线编程控制。

（4）真空机器人　真空机器人是一种在真空环境下工作的机器人，主要应用于半导体工业中，实现晶圆在真空腔室内的传输。真空机械手具有难进口、受限制、用量大、通用性强的特点，这使其成了制约半导体装备整机的研发进度和提升整机产品竞争力的关键部件。而且国外对中国买家严加审查，归属于禁运产品目录，因此，真空机械手已成为严重制约我国半导体设备整机装备制造的“卡脖子”问题。直驱型真空机器人技术目前属于国内原始创新技术。

真空机器人领域的关键技术包括以下 6 个：

1）真空机器人新构型设计技术。通过结构分析和优化设计，避开国际专利，设计新构型满足真空机器人对刚度和伸缩比的要求。

2）大间隙真空直接驱动电动机技术。针对大间隙真空直接驱动电动机和高洁净直接驱动电动机开展电动机理论分析、结构设计、制作工艺、电动机材料表面处理、低速大转矩控制、小型多轴驱动器等方面研究。

3）真空环境下的多轴精密轴系的设计。采用轴在轴中的设计方法，减小轴之间的不同心以及惯量不对称的问题。

4）动态轨迹修正技术。通过传感器信息和机器人运动信息的融合，检测出晶圆与手指间基准位置之间的偏移。通过动态修正运动轨迹，保证机器人准确地将晶圆从真空腔室中的一个工位传送到另一个工位。

5）符合 SEMI 标准的真空机器人语言。根据真空机器人搬运要求、机器人作业特点及 SEMI 标准，完成真空机器人专用语言。

6）可靠性系统工程技术。在 IC 制造中，设备故障会带来巨大的损失。根据半导体设备对 MCBF 的高要求，对各个部件的可靠性进行测试、评价和控制，提高机械手各个部件的可靠性，从而保证机械手满足 IC 制造的高要求。

（5）洁净机器人 洁净机器人是一种在洁净环境中使用的工业机器人。随着生产技术水平不断提高，对生产环境的要求也日益苛刻。很多现代工业产品生产都要求在洁净环境进行，洁净机器人是洁净环境下生产需要的关键设备。洁净机器人领域的关键技术包括以下 3 个：

1）洁净润滑技术通过。采用负压抑尘结构和非挥发性润滑脂，实现对环境无颗粒污染，满足洁净要求。

2）高速平稳控制技术。通过轨迹优化和提高关节伺服性能，实现洁净搬运的平稳性。

3）控制器的小型化技术。由于洁净室建造和运营成本高，可通过控制器小型化技术减小洁净机器人的占用空间。

3. 工业机器人应用领域

工业机器人的典型应用包括焊接、刷漆、组装、采集和放置（例如包装、码垛和 SMT）、产品检测和测试等。在美国，工业机器人的应用非常广泛。其中，汽车与汽车零部件制造业是最主要的应用领域，两个行业对工业机器人的需求占总份额的 60% 以上。在我国，工业机器人大规模应用的时机已经成熟。汽车行业的需求量持续快速增长，食品行业的需求也有所增加，电子行业则是工业机器人应用最快的行业。工业机器人行业正成为政府财政扶持的战略新兴产业之一。

工业机器人能替代越来越昂贵的劳动力，同时能提升工作效率和产品品质。例如，富士康机器人可以承接生产线精密零件的组装任务，更可替代人工在喷涂、焊接、装配等不良工作环境中工作，并可与数控超精密机床等工作母机结合模具加工生产，提高生产效率，替代部分非技术工人。此外，工业机器人可以降低废品率和产品成本，降低工人误操作带来的残次零件风险。工业机器人还具有执行各种任务特别是高危任务的能力，平均故障间隔期达 60000h 以上，比传统的自动化工艺更加先进。

下面介绍几种常见的机器人应用系统。

（1）机器人及输送线系统　机器人及输送线物流自动化系统广泛应用于建材、家电、电子、化纤、汽车、食品等行业，主要由如下几个部分组成：

1）自动化输送线。其作用是将产品自动输送，并将产品工装板在各装配工位精确定位，装配完成后能使工装板自动循环。一般设有电动机过载保护，驱动链与输送链采用直接啮合方式以实现平稳传递。

2）机器人系统。将机器人设置在特定的工位上可以准确、快速完成部件的装配，从而使生产线达到较高的自动化程度。机器人可遵照一定的原则相互调整，满足工艺点的节拍要求，同时备有与上层管理系统的通信接口。

3）自动化立体仓储供料系统。其作用是自动规划和调度装配原料，并将原料及时向装配生产线输送，同时能够实时对库存原料统计和监控。

4）全线主控制系统。常采用基于现场总线——Profibus DP 的控制系统，该系统不仅有极高的实时性，更有极高的可靠性。

5）条码数据采集系统。其作用是使各种产品制造信息具有规范、准确、实时、可追溯的特点，该系统一般采用高档文件服务器和大容量存储设备，可以快速采集和管理现场的生产数据。

6）产品自动化测试系统。其作用是测试最终产品性能指标，将不合格产品转入返修线。

7）生产线监控/调度/管理系统。一般采用管理层、监控层和设备层三级网络对整个生产线进行综合监控、调度、管理。要求能够接收车间生产计划，自动分配任务，完成自动化生产。

（2）自动装箱与码垛系统　机器人自动装箱、码垛工作站广泛应用于建材、家电、电子、化纤、汽车、食品等行业。它是一种集成化的系统，包括工业机器人、控制器、编程器、机器人手爪、自动拆/叠盘机、托盘输送及定位设备和码垛模式软件等。通常还配置自动称重、贴标签和检测及通信系统，并与生产控制系统相连接，以形成一个完整的集成化包装生产线。该系统适用的工件类型包括：箱体、板材、袋料、罐/纸类包装工件，一般可达到的重复精度为±0.1mm。

该系统可分为以下几种类型：

1）生产线末端码垛的简单工作站。这是一种柔性码垛系统，它从输送线上下料，并完成工件码垛、加层垫等工序，然后用输送线将码好的托盘送走。

2）码垛/拆垛工作站。这种柔性码垛系统可将三垛不同货物码成一垛，机器人还可抓取托盘和层垫，一垛码满后由输送线自动输出。

3）生产线中码垛。工件在输送线定位点被抓取并放到两个不同托盘上，层垫也由机器人抓取。托盘和满垛通过输送线自动输出或输入。

4）生产线末端码垛的复杂工作站。工件来自三条不同输送线，它们被抓取并放到三个不同托盘上，层垫也由机器人抓取。托盘和满垛由输送线上自动输出或输入。

（3）自动焊接系统　自动机器人焊接工作站可广泛地应用于铁路、航空航天、军工、冶金、汽车、电器等各个行业。自20世纪60年代用于生产以来，其技术已日益成熟，有以下优点：①稳定提高焊接质量；②提高劳动生产率；③改善工人劳动强度，机器人可在有害环境下工作；④降低了对工人操作技术的要求；⑤缩短了产品改型换代的准备周期（只需修改软件和必要的夹具即可），减少相应的设备投资。因此，自动焊接系统在各行各业已得到了广泛的应用。该系统一般多采用熔化极气体保护焊（MIG、MAG、CO_2焊）或非熔化极气体保护焊（TIG、等离子弧焊）方法。所需设备一般包括：焊接电源、焊枪和送丝机构、焊接机器人系统及相应的焊接软件和其他辅助设备等。

自动焊接系统焊接速度依据焊缝大小的不同，一般可达 5~50mm/s，机器人重复定位精度可达±0.05mm，移动机构重复定位精度可达±0.1mm，变位机重复定位精度可达±0.1mm。对于最常用的螺柱焊接，目前的焊接效率可达 5~8 个/min，可焊接的螺钉规格为直径 2~8mm、长度 10~40mm。

4. 工业机器人核心零部件与国内发展现状

工业机器人能否实现“国产化”的关键在于国产核心零部件的有效研发与生产。长久以来，核心零部件的缺失始终是横在工业机器人国产化道路上的一块大石，国产零部件厂家也一直是在夹缝中求生存。尽管发展缓慢，但近年来随着政府政策支持，以及资本的进入，国产核心零部件也取得了一些突破。

工业机器人核心零部件主要包括：伺服电动机、减速器、控制器。

（1）伺服电动机　这几年，国内企业在伺服电动机的相关技术上，已经取得了一定的突破。技术上的突破也使得汇川技术、英威腾等企业纷纷从变频器领域转战伺服市场。尽管我国伺服电动机规模化发展已经形成，但主要市场还是集中在中低端领域，要想实现真正的国产替代，国内企业还需要加快技术攻坚，才能实现品牌的突围和崛起。

国产主要伺服电动机厂家见表 1-3。

表 1-3　国产主要伺服电动机厂家一览表

企业简称	发展情况
埃斯顿	最早做日系品牌的代理，在看到伺服电动机广阔的前景后，投入资金开始研发，最早在国内推出总线数字伺服系统
汇川技术	2010 年开始进入市场，很快通过变频器渠道推入市场。汇川依靠其超强的机动性、快速的产品迭代与个性化需求定制，以及在细分市场，通过资本不断地开疆拓土，打造了注塑机伺服、纺织机械几大行业
广州数控	旗下伺服系统主要应用于机床、包装机械等方面
华中数控	具有自主知识产权的 GK6、GK7 全系列永磁同步交流伺服电动机和 GM7 系列交流伺服主轴实现了批量生产，成为目前国内少数拥有成套核心技术自主知识产权和自主配套能力的企业
众为兴	国内最早涉及伺服领域的企业之一，2014 年被新时达收购
英威腾	为纺织机械企业提供整体解决方案，是产品最全面的纺织系统生产商
北超伺服	拥有交流伺服电动机、主轴电动机以及伺服驱动器等产品，集中于数控机床、新能源汽车领域，工业机器人是其未来方向

影响机器人用伺服电动机整体性能及稳定性的因素包括：电动机低转矩波动、电动机高转矩密度、电动机高速性能、高过载能力等。

（2）减速器　随着科学技术的日益发展，各种极端应用环境对机器人的传动精度和承载能力的要求也越来越高。减速器作为工业机器人的核心部件，其精密承载能力严重影响着机器人的操作性能和负载能力。机器人的成本中 1/3 来自减速器，以六轴机器人为例，减速器的成本约占整个机器人成本的 34%。目前常用的关节精密减速器可分为 RV 减速器和谐波减速器。

1）RV 减速器是一种两级行星齿轮传动减速机构。第一级减速是通过渐开线太阳轮与行星轮的啮合实现的，按照太阳轮与行星齿轮的齿数比进行减速，第二级减速是通过摆线轮与针轮啮合实现的。

RV 减速器具有如下特点：①传动比范围大，只要改变渐开线齿轮的齿数比就可获得很多种传动比；②传动精度高，传动误差在 1′以下；③扭转刚度大，RV 齿轮和销同时啮合数多，承载能力大；④结构紧凑，传动效率高，可以用小的体积传递大的转矩。

2）谐波减速器是一种通过柔轮的弹性变形实现动力传递的传动装置，主要由波发生器、柔轮和刚轮组成。当波发生器装入柔轮后，迫使柔轮在长轴处产生径向变形，呈椭圆状。椭圆的长轴两端，柔轮外齿与刚轮内齿沿全齿高相啮合，短轴两端则处于完全脱开状态，其他各点处于啮合与脱开的过渡阶段。设刚轮固定，波发生器进行逆时针转动，当其转到进入啮合状态时，柔轮进行顺时针旋转。当波发生器不断旋转时，柔轮则啮入—啮出—脱出—啮入，周而复始，从而实现连续旋转。

谐波减速器具有如下特点：①传动比大，单级谐波减速器的减速比范围为 70～320，在某些装置中可达到 1000，多级传动速比可达 30000 以上，不仅可用于减速，也可用于增速；②承载能力高，谐波减速器中同时啮合的齿数多，双波传动时同时啮合的齿数可达总齿数的 30%以上，而且柔轮采用了高强度材料，齿与齿之间是面接触；③传动精度高，谐波减速器中同时啮合的齿数多，误差平均化，且传动空程小，适于反向转动；④传动效率高、运动平稳，即使输入速度很高，轮齿的相对滑移速度也极低，轮齿磨损小，效率高，无冲击现象，运动平稳；⑤结构简单、体积小、重量轻。谐波减速器仅有 3 个基本构件，零件数少，安装方便，与一般的减速器比较，输出力矩相同时，谐波减速器的体积可减小 2/3，重量可减轻 1/2。

3）国内发展现状。目前国内主要的减速器企业成立时间都不短，都有一定的历史积累，但减速器技术上取得突破都在近几年，一方面是技术要求比较高，需要一定的技术积累，另一方面则是由于近年来国内工业机器人整体市场的发展让企业看到了减速器发展前景，也加大了投入力度。

从应用层面来说，尽管市场份额依然较小，但相较之下还是有了一定的增长，技术的提升以及价格优势是一部分，国际巨头产能不足也是其中一个因素。但值得注意的是，产能不足不仅是国外减速器企业存在的问题，国产企业同样面临。而在性能方面，国产企业还是与国际厂商存在一定差距。

国产主要减速器厂家见表 1-4。

表 1-4 国产主要减速器厂家一览表

企业简称	主营产品	发展情况
武汉精华	RV 减速器	1997 年正式成立，2014 年研发出 RV 减速器，2018 年计划产能 10 万台 RV 减速器，近期获得湖北省及武汉市政府补助 200 万元
双环传动	RV 减速器	1980 年成立，2010 年上市，2013 年开始研制 RV 减速器。2015 年，公司募集 3 亿元用于 RV 减速器项目建设。目前，其 RV 减速器已形成 2 个系列：E 系列和 C 系列，共十几个型号产品。近期与埃夫特签订了 1 万套减速器采购订单
中大力德	RV 减速器	1998 年成立，2015 年取得了 RV 减速器技术突破，2017 年上市，近期与伯朗特签订不低于 3 万套 RV 减速器的产品购销合同
南通振康	RV 减速器	2010 年开始开发机器人 RV 减速器。目前有"ZKRV"品牌减速器 RV-E、RV-C、RD 三个系列共 10 种规格，具备年产 3 万台的生产能力
秦川机床	RV 减速器	2017 年年底减速器项目已达到了 1000 台/月的生产能力。2018 年通过工艺的持续优化和后续设备的逐步到位，产能将由 1000 台/月逐步提升为 2000 台/月

（续）

企业简称	主营产品	发展情况
恒丰泰	RV 减速器	2006 年开始研制第一台 CORT 活齿技术精密减速器，目前已开发出 3 大系列 CORT、HORT(RV)、KORT 型号 20 多种规格减速器
力克精密	RV 减速器	成立于 1998 年，2013 年开始研发 RV 减速器，2015 年正式推出 LKRV-E、LKRV-C、LKRV-N、LKRV-S 共 4 大系列精密控制减速器产品
绿的谐波	谐波减速器	率先实现谐波减速器规模化的国产企业，已经取得 40 多项国家专利。目前，绿的共有 17 个系列、近千种谐波减速器产品，可满足全系列低负载、轻量型工业机器人的需求
来福谐波	谐波减速器	2013 年成立，2017 年获得近亿元 Pre-A 轮融资，目前谐波减速器产品有五大系列，共计 100 多个规格
中技克美	谐波减速器	1994 年成立，是国家科技部批准的“国家谐波传动技术研究推广中心”和“谐波传动国家重点工业性试验基地”，目前年产已达万台

目前机器人用减速器生产制造领域需解决的技术问题包括：高精度、高可靠性的机器人谐波减速器的齿形啮合理论、材料及热处理、加工工装工艺；谐波减速器的齿形设计方法，包括齿形的修型方法、齿形啮合的仿真技术等；针对整机装配的轴向定位、力矩控制和部件装配同轴度等。

(3) 控制器 相较而言，控制器国内外差距最小，成熟机器人厂商一般自行开发控制器，以保证稳定性和维护技术体系。而由于控制器跟伺服系统关联紧密，用户选择的排序分别是可靠稳定性、价格、服务，从服务和性价比入手是国内企业突破的方向。但这需要对运动控制领域长期深入的研究、大量资金投入和长时间的市场验证，对技术、资金、人才要求都较高，国内一些规模较大的上市公司具备类似的条件。

国产主要控制器厂家见表 1-5。

表 1-5 国产主要控制器厂家一览表

企业简称	主营产品	发展情况
新松	SIASUN-GRC	SIASUN-GRC 机器人控制器采用 32 位计算机全数字控制，整个系统采用开放式和模块化结构。为通用机器人控制器，完全可以应用于其他的场合
固高科技	CUC 系列	2001 年就开始研发四轴机器人控制器，2006 年涉足六轴机器人控制器，是国内最早研究机器人控制器的企业之一。截至目前，固高科技的控制系统涵盖了从三轴到八轴的各类型号的机器人
英威腾	MTC/IMP 系列	引进国内外核心技术及人员，先后开发了 MTC、IMP 等标准型系列运动控制卡及 IMC 高性能运动控制器
新时达	—	该公司自主研发了基于工业以太网的机器人控制器，并已成功运用。且收购了众为兴，扩大了在运动控制领域的布局
广州数控	GSK-RC	GSK-RC 是广州数控自主研发生产，具有独立知识产权的机器人控制器
汇川技术	—	2013 年扩展到控制器领域，2014 年推出了基于 EtherCAT 总线的 IMC100 机器人控制器。目前主要针对的市场包括小型六轴、小型 SCARA 和并联机器人等新兴应用领域
雷赛智能	—	第一家通过 UL 认证的控制器生产企业
华中数控	CCR 系列	CCR 系列是华中数控自主研发的机器人控制系统

（续）

企业简称	主营产品	发展情况
卡诺普		卡诺普于2011年完成了第一代控制器的开发，陆续焊接、喷涂、码垛、视觉和跟踪等功能包。2015年推出了总线型控制系统
智昌集团		2017年，控制器在宁波首次公开发布。这款机器人控制器面向传统六轴和新式七轴单臂与双臂机器人的专用控制器

对中国工业机器人产业而言，还需在技术和产品上优化升级。若想要在核心零部件方面从本质上获得突破，需要付出更多的耐心和投入。

1.4.2 服务机器人

近年来，服务机器人，包括教育和医疗康复机器人，发展迅速，可以用于完成家庭服务、学校教育和健康服务等工作，例如维护保养、修理、运输、清洗、安保、救援、监护等。服务机器人依据服务领域不同，可分为个人/家庭服务机器人和专业服务机器人。

1. 个人/家庭服务机器人

个人/家庭服务机器人主要包括助老助残机器人、家庭作业机器人、娱乐休闲机器人、住宅安全和监视机器人等。以助老助残为例，中国有两亿多老年人、八千万残疾人，我国家庭以独生子女家庭为主，根本无法通过人力承担巨大的养老助残压力，必须通过服务机器人及相关医疗设备配套来解决相关问题。服务机器人将要带给我们的，不仅是巨大的经济价值，更有巨大的社会价值。

2. 专业服务机器人

目前来看，专业服务机器人将会率先发展起来，特别是医疗机器人。经过数十年的努力，医疗机器人已经开始在脑神经外科、心脏修复、胆囊摘除手术、人工关节置换、整形外科、泌尿科手术等方面广泛应用，大大提高了手术定位精度和治疗效果。可以预见，医疗机器人中的外科手术机器人、外骨骼机器人、个人护理机器人及康复机器人等将逐步得到市场的青睐，成为市场热点。

达芬奇机器人手术系统以麻省理工学院研发的机器人外科手术技术为基础。Intuitive Surgical 随后与 IBM、麻省理工学院和 Heartport 公司联手对该系统进行了进一步开发。FDA 已经批准将达芬奇机器人手术系统用于成人和儿童的普通外科、胸外科、泌尿外科、妇产科、头颈外科以及心脏手术。达芬奇外科手术系统是一种高级机器人平台，其设计的理念是通过使用微创的方法，实施复杂的外科手术。其结构组成如图1-38所示，具体包括：外科医生控制台、床旁操作臂系统、成像系统。

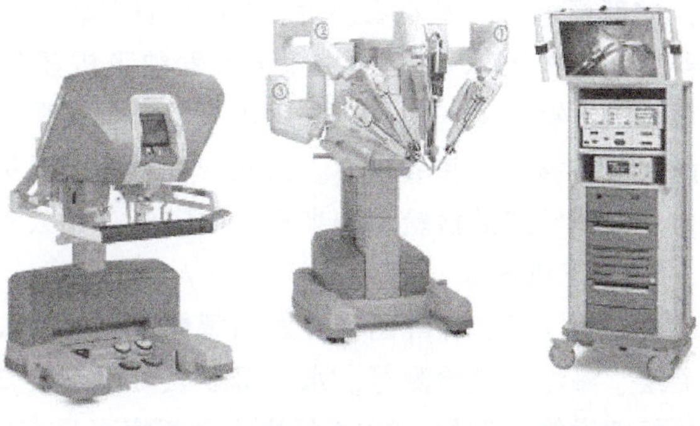

图1-38 达芬奇手术机器人系统组成

（1）外科医生控制台 主刀医生坐在控制台中，位于手术室无菌区之外，使用双手（通过操作两个主控制器）及脚（通过脚踏板）来控制器械和一个三维高清内窥镜。正如在立体目镜中看到的那样，手术器械尖端与外科医生的双手同步运动。

（2）床旁操作臂系统　床旁操作臂系统（Patient Cart）是外科手术机器人的操作部件，其主要功能是为器械臂和摄像臂提供支撑。助手医生在无菌区内的床旁操作臂系统边工作，负责更换器械和内窥镜，协助主刀医生完成手术。为了确保患者安全，助手医生比主刀医生对于床旁操作臂系统的运动具有更高优先控制权。

（3）成像系统（Video Cart）系统内装有外科手术机器人的核心处理器以及图像处理设备，在手术过程中位于无菌区外，可由巡回护士操作，并可放置各类辅助手术设备。外科手术机器人的内窥镜为高分辨率三维（3D）镜头，对手术视野具有 10 倍以上的放大倍数，能为主刀医生带来患者体腔内三维立体高清影像，使主刀医生较普通腹腔镜手术更能把握操作距离，更能辨认解剖结构，提升了手术精确度。

达芬奇机器人系统采用了高清晰的三维立体视频技术，镜下图像可进行数字放大，超越了人眼的局限；精致的机械手可以模拟人手腕的灵活操作，控制不必要的颤动，达到甚至超越人手的灵活度和精确度，适合在狭小的空间进行精细的手术操作，并支持在任何外科手术台上实现最快最精准的缝合、解剖及组织处置手术。

1.4.3　极端环境作业机器人

在极端环境下作业的机器人，例如海洋探测机器人、反恐防暴机器人、救援机器人、高空建筑机器人、核工业机器人、极地科考机器人等都属于极端环境作业机器人。

《21 世纪战争走向》一文中指出，“20 世纪地面作战的核心武器是坦克，21 世纪则很有可能是军用机器人”。在未来军队的编制中，将会出现“机器人部队”和“机器人兵团”，用以代替一线作战的士兵，避免人员伤亡和流血战争。例如战术侦察机器人，身上装有侦察雷达或红外、电磁、光学、音响传感器，以及无线电和光纤通信器材，可依靠自身的机动能力自主观察和侦察，还能被空投、抛射到敌人纵深部位，选择适当位置进行侦察，并及时汇报侦察结果。

1. 无人驾驶飞机

无人驾驶飞机是一种以无线电遥控或由自身程序控制为主的不载人飞机。它的研制成功和战场应用，揭开了以远距离攻击型智能化武器、信息化武器为主导的战争（非接触性战争）的新篇章。一些专家预言：“未来的空战，将是具有隐身特性的无人驾驶飞行器与防空武器之间的作战”。但是，由于无人驾驶飞机还是军事研究领域的新生事物，实战经验少，各项技术不够完善，其作战应用还只是局限于高空电子及照相侦察等，并未完全发挥出应有的巨大战场影响力和战斗力。因此，世界各主要军事国家都在加紧进行无人驾驶飞机的研制工作。根据实战的检验和未来作战的需要，无人驾驶飞机将在更多方面得到更快的发展。

2. 水下机器人

美、德、日、韩等国已开发出智能水下机器人，用于海底油气探测、矿石搜索、海底形貌测绘、海洋污染检测等。水下机器人可用于检查大坝或桥墩结构检测、海上救助打捞、近海目标搜索等。例如，2014 年澳大利亚海事局在印度洋投放了“蓝鳍金枪鱼”自主水下航行器，用于搜寻失踪的马航 MH370 波音 777 客机；2011 年伍兹霍尔海洋研究所提供的水下机器人在 $4000m^2$ 海域花了几天时间便搜索到了法航失事航班的残骸。此外，水下机器人将成为未来海洋战争中争夺信息优势、实施精确打击、完成特殊作战任务的重要设备之一。美国海军已开始研究用于潜艇侦察、鱼雷摧毁、反潜作战、水下运载、通信导航和电子干扰的水下机器人，预计其到2020年将拥有1000套水下机器人，可组建一支较强战斗能力的水下无人舰队。

蛟龙号载人潜水器是中国自行设计、自主集成研制的载人潜水器，也是863计划中的一个重大研究专项。2010年5月至7月，蛟龙号载人潜水器在中国南海进行了多次下潜任务，最大下潜深度达到了7020m。

1.5 机器人学研究前沿介绍

机器人学是一门课程，也是一门新型学科，是机械科学、物理科学、信息科学、控制科学和仿生学等交叉融合的学科，代表当代科学和技术发展的综合化趋势。维纳（Wiener）于1948年出版了*Cybernetics: or Control and Communication in Animal and the Machine*一书，开创了科学综合化新时代。钱学森于1954年出版了著作《工程控制论》（*Engineering Cybernetics*），该书成为工程科学（Engineering science）的范本，用于指导工程实践。这两部著作对机器人学和制造科学的发展产生了深远的影响。机器人学、制造科学与其他工程科学一样，将认知世界和改造世界两者融为一体，具有综合性、系统性和实践性等特点。当前，物质科学、生命科学和信息科学、制造科学的发展突飞猛进，使人类在研究物质结构和运动规律、探索宇宙的形成和演变、认知信息的物质性、阐明生命的起源、解析认知的本质等方面取得了重要成果。机器人学和制造科学的形成和发展是科学技术新的里程碑，标志着科学、技术与工程三者的有机结合，是客观世界与主观世界认知的深度融合。

1.5.1 重要研究方向

机器人学领域目前有以下5个重要研究方向需要深入研究，包括：机器人的机动性和操作性、智能驾驶与智能互联、感知与智能、人体模型与脑模型、人机共融。

1. 机动性和操作性

机动性（Mobility）和操作性（Manipulation）是用于衡量机器人实现所要求的运动功能和作业的能力，涉及操作臂的可达性与奇异性，多指手的灵巧性与抓取的封闭性，步行机器人的步态与步行的稳定性，多臂协调、多指协调、手—眼协调操作和顺应控制，移动机器人的视觉伺服、多传感器集成、信息融合和环境场景的建立等，内容十分广泛。机动性和操作性，使机器人可实现在非结构环境下的自律运动，具备在突变环境下的随机应变的运动能力。例如，移动机器人的爬坡、越障、涉水、转弯的能力；步行机器人的奔跑、跳跃、避障能力；飞行机器人的翻转、起降、对接能力等。

运动物体非完整约束动力学建模和控制问题，运动物体轻量化问题，使所消耗的能量最小的控制问题，使加速性能提升、灵巧性增加的最优控制问题都是与机动性有关的研究问题。精确的系统模型、多维操纵控制、敏捷多维感知等对提高机器人和飞行机器人等的机动性是不可缺少的要素。而智能汽车的机动性则应该解决多目标优化问题，协调整车驱动、制动、转向、悬挂等多系统，实现智能互联和协同。

机动性是衡量机器人运动功能的重要指标，不仅与机器人的机械系统和控制系统有关，而且与机器人的感知系统有关，与机械结构的自由度、构型、尺度以及材料的刚度、柔性和软体等有关。最近引起广泛关注的软体机器人可以视为增强机器人机动性的新的研究方向。

2. 智能驾驶与智能互联

非结构环境下的自主行驶是智能驾驶汽车的难题。现代控制理论，如极大值原理、动态规划和卡尔曼滤波等理论在航空航天中的应用十分成功，但在工厂自动化和智能驾驶的应用中会出现问题，其原因之一是环境和对象存在不确定性、随机性、模糊性和各种非线性因素。视觉感知、信息融合、移动通信、突发事件和非结构环境的实时建模等是汽车智能驾驶、民航飞机盲降的技术瓶颈。

智能汽车的初级阶段是辅助驾驶，最终目标是代替人，实现无人驾驶。智能汽车融合传感器、雷达、GPS 定位和人工智能等，使汽车具有环境感知能力，能自动分析自身运行状态、判断危险倾向、安全执行驾驶操作等。汽车智能化研究包括两大内容：智能驾驶和智能互联。用于实现智能驾驶的智能紧急制动 AEB 将作为汽车的标准配置，自适应巡航控制系统 ACC 也在研发中。世界主流车企都有智能互联产品，已经实现车、手机、智能穿戴设备之间的互联与控制。中、美、英、日和瑞典等国正在搭建模拟智能城市和智能化信息平台，为智能互联、智能驾驶建立试验验证环境。

SLAM（Simultaneous Localization And Mapping）是机器人在未知环境中实现定位、建图、导航、运动规划的整体流程。当前，激光雷达 SLAM 成为智能驾驶的研究热点。激光雷达 SLAM 虽然成本较高，但性能好、定位精度高，能自主规划路径，具有发展前景。智能汽车的另一个需解决的技术问题是人—车—路网在复杂环境中的多源交互信息，包括目标信息，如自车信息、邻车信息等，在时空上的互补性与冗余组合优化，特征提取、多源数据分析、多传感器信息融合等。

3. 感知与智能

著名机器人和人工智能专家 Brady 教授所编的《机器人科学》一书中，总结了机器人学当时所面临的 30 个难题，涉及的领域十分广泛，包括传感器、视觉、机动性、设计、控制、典型操作、推理、几何推理、系统集成等九个方面。实现机器人智能化的途径可以归结为人工智能和生物智能两种。两种智能相互融合，是认知科学的重要研究方向，也是推动智能机器人、共融机器人向前发展的动力。

人工智能（Artificial Intelligence，AI）是计算机科学、信息论、控制论、神经生理学、心理学、语言学等多个学科相互渗透、交叉融合发展起来的一门综合性学科。1956 年在美国达特茅斯学院召开的会议上，由人工智能之父麦卡锡（McCarthy）及一批数学家、信息学家、心理学家、神经生理学家、计算机科学家明确提出人工智能的概念。

传统人工智能属于符号主义学派的研究内容，它以 Newell 和 Simon 提出的物理符号系统假设为基础。物理符号系统是由一组符号实体组成的，它们都采用物理模式，可在符号结构的实体中作为组成部分出现，通过各种操作生成其他符号结构。物理符号系统假设认为：物理符号系统是智能行为的充分和必要条件。物理符号系统的主要工作是“通用问题求解程序”（General Problem Solrer，GPS）：通过抽象，将现实系统变成符号系统，基于此符号系统，使用动态搜索方法求解问题。连接主义学派是从人的大脑神经系统结构出发，研究非程序的、适应性的、大脑风格的信息处理的本质和能力，研究大量简单的神经元的信息处理能力及其动态行为。

人工智能的研究内容十分广泛，包括：分布式人工智能与多智能主体系统、人工思维模型、知识发现与数据挖掘、遗传与演化计算、机器学习模型和理论、不精确知识表示及其推理等。所谓深度学习，是指机器人模仿人脑构建神经网络，并通过收集信息、建立模型、解释数据、形成机器学习的功能，从而具备识别、分类、推理和预测能力。基于大数据的深度学习在智能驾驶研究中已取得显著进展。

谷歌公司与牛津大学的两支人工智能研究小组合作，研制能够思考的类人机器人。研究领域包括：超快量子芯片，以模拟人类大脑；图像识别和语言理解能力；人工智能与机器学习；智能感知与推理；智能交互，以使机器人理解用户的想法和意图等。类人机器人的研究是对人类智慧的真正挑战，人工智能已引起各领域的重视，事实上，微软、谷歌、Facebook和苹果等公司都在大力开发人工智能。

4. 人体模型与脑模型

机器人的发展使得机器人存在形式和工作方式在悄然发生着改变，人机共融是未来机器人技术的发展趋势。作为研究对象，其涉及的对象广泛，包括仿生机器人、类生机器人、拟人机器人、康复/医疗/微创机器人；教育、娱乐、救灾、生物机器人等。作为研究内容，不仅涉及机器人基础科学，也涉及人体模型的研究。人体模型包括人体骨架模型、人体运动模型、人体感知模型和人的认知模型等。

人体骨架由形态、功能各异的骨骼通过人体关节连接而成。不同于传统的球面副、旋转副和移动副等机械关节，人体关节具有转动中心漂移、接触面滑移等运动学特性，以及适应变化的刚度、阻尼、惯性、黏度等动力学特性。骨架式人体是人类得以运用工具改造自然的物质基础，特有的骨架形态赋予人体卓越的运动能力。如何运用工程科学的方法复现人体卓越的运动能力，实现机器人的功能仿生，是关于人体骨架模型的重要研究内容之一。开展人体骨架模型的研究，可以揭示人体骨架的进化原理，以及人体灵巧运动能力的生理学基础，为仿生机器人、类生机器人和拟人机器人的科学设计提供生物学依据。

人体运动模型研究旨在通过人体运动行为探索人体运动产生的生理学和神经科学基础，属于人体运动认知科学范畴，是集人体运动机能学、生物力学、多元统计分析、计算机科学、神经生理学、肌肉生理学等多学科于一体的交叉研究领域。开展人体运动模型研究，有助于从肢体运动学和动力学、肌肉协同、神经元活化与抑制的角度来认识人体运动的基本单元，揭示人体基本运动单元的遗传、变异、进化、筛选与优化组合原理，加深对人体灵巧运动生成机理的认识。如何将人体基本运动单元植入机器人的机械系统和运动控制系统，赋予机器人拟人的运动功能、感知功能、认知功能和思维功能等生物智能，在大幅降低机器人运动控制系统复杂度的情况下实现机器人在复杂环境下的灵巧运动和顺应运动，是人体运动模型所面临的挑战。人工肌肉比较接近自然生命体中驱动—感知—执行单元的结构和性能特征，已成为当前的研究热点。人工皮肤是人体运动模型中的触觉感知部分，柔性电子的发展为人工皮肤的研究提供了技术支撑。

人体主要通过视觉、听觉、触觉、味觉和嗅觉等感知外部世界，遍布人体全身的神经系统为感知的产生与传导提供了基本的物质基础。产生人体感知功能的源头为各类神经小体构成的感受器，感受器把外界环境的刺激信息转换为神经冲动，神经冲动沿传入神经通道向大脑中枢神经传递，传入大脑中枢神经的神经冲动在大脑皮层相应的感觉区转化为感觉。如何把医学和工程科学结合起来，特别是如何实现神经科学与骨科整合理论、柔性有机电子学等的结合，再造人体感知器及其功能，赋予机器人在复杂环境下的自律感知与决策能力，是人体感知模型所面临的具有挑战性的研究难题。

5. 从人机交互到人机共融

人机交互是指人与机器人之间的通信、控制、合作与协调，以及相互交流、相互影响、相互作用的耦合关系。无线网络（互联网、物联网、车联网等）连接，虚拟现实（VR）、增强现实（AR）等提供的强大技术支撑，促进了人机交互和自主协同控制（Man-machine interaction & autonomous cooperation control）的发展。

人与机器人之间的信息交换最初是单向的，例如穿孔带、示教再现、离线编程、鼠标键盘操作等是人将信息注入式交给机器人执行。机器人外部传感器功能的增强，特别是对视觉、听觉、力觉和触觉功能的研究，推动了人机交互理论与方法的迅猛发展。使用语言、动作、表情并通过视觉、听觉、触觉、味觉等多种自然感知功能与机器人进行自然交互是目前研究的趋势。针对制造任务日趋复杂、多样、个性化需求，急需研究机器人多模态感知、人机共融作业技术；人机共融协作过程中的动力学、可靠性和稳定性；自然语言、手势、体势、肌电信号、表情识别、脑电信号等多模态感知方法；机器人与人自然交互和快速示教方法；人体动作意识识别、机器人智能避障、碰撞检测等安全机制；机器人力/位耦合控制、人机协同作业等。

目前，工业机器人领域急需解决的前沿共性技术难点问题主要集中在机器人感知、人机协同、智能控制等方面。

- **复杂环境下人机协同作业中的安全技术**

复杂工业环境中作业目标主动视觉感知技术、基于深度学习的人体特征检测模型建立方法、基于时空特征的作业行为识别算法、复杂工业环境中作业目标主动准确感知与不规范行为辨识等；制造系统数字模型与现实实体实时交互与同步、工业制造过程中数字孪生仿真模型、基于机器学习的作业设备故障与运动预测方法等；制造过程中人机行为特征因子与碰撞风险程度的内在机理、全生命周期人机协作过程安全风险预测等。

- **机器人多机协同与智能控制技术**

面向工业机器人的多机协作和智能控制系统、多机器人高精度协同作业；多机器人感知、多机力/位耦合控制、多台工业机器人智能协同控制；复杂工况下视觉标定技术、多机器人协同轨迹规划、作业碰撞与干涉规避技术；面向焊接、打磨、喷涂等多种加工工艺的多机器人系统集成。

- **工业机器人远程运维与诊断系统平台**

工业机器人异构网络互联与云平台；基于电流、温度、振动等多传感器数据融合模型；基于大数据特征提取、识别、学习的预测性维护；工业机器人远程运维与诊断。

- **面向工业机器人生产线的智能支撑软件开发**

基于数据驱动的生产线三维设计与建模；构件专家工艺知识库及工艺的快速编程与数字孪生技术；生产制造流程和工艺规划的效率分析、故障检测与优化技术；面向工业机器人生产线的智能制造支撑软件。

1.5.2 专业科技期刊及会议

1. 专业科技期刊

(1) 国内期刊 《机器人》期刊的主办单位为中国自动化学会、中国科学院沈阳自动化研究所，双月刊。该期刊是CSCD中国科学引文数据库来源期刊、EI工程索引。

(2) 国外期刊 包括《Advanced Robotics》《Autonomous Robots》《IEEEE Robotics and Automation Magazine》《IEEEE Transactions on Robotics》《International Journal of Robotics Research》《Journal of Field Robotics》《Journal of Intelligent and Robotics Systems》《Robotica》《Robotics and Autonomous Systems》等。

2. 专业会议

(1) 国内会议 中国自动化大会，该专业会议是由中国自动化学会主办的国内最高层次的自动化、信息与智能科学领域的大型综合性学术会议，创建于2009年。

(2) 国际会议 包括IEEEE International Conference on Robotics and Automation、IEEE/RSJ International Conference on Intelligent Robots and Systems、International Conference on Advanced Robotics、International Symposium of Robotics Research、International Symposium on Experimental Robotics、Robotics: Science and Systems。

除了上述期刊和会议以外，还有很多其他的机器人学杂志和会议，它们致力于特定的主题，例如运动学、控制、视觉、计算方法、触觉、工业应用、空间和水下探测、人形机器人以及人机交互。其他领域如机械学、控制、传感器和人工智能等方面的期刊和会议，也为机器人学主题提供了广阔的交流与学习空间。

习 题

1.1 简述机器人定义。

1.2 机器人原则有哪些？如何理解其含义？

1.3 简述机器人系统组成及其相应功能。

1.4 简述串联机器人工作空间的几种常见形式及其特点。

1.5 简述串联机器人和并联机器人的区别。

1.6 简述机器人未来发展趋势和形式。

第 2 章 机器人位姿描述和齐次变换

机器人操作臂通常是由一系列连杆和相应的运动副组合而成的空间开链机构，用于实现复杂的运动，完成规定的操作。因此，研究机器人运动和操作的前提是描述这些连杆之间，以及连杆、末端执行器和操作对象之间的相对运动关系。机器人运动学的很大一部分内容涉及建立各种坐标系来表示刚体的位置和姿态，以及这些坐标系之间的转换。刚体的位置（position）和姿态（orientation）统称为刚体的位姿（Location），其描述方法较多，如齐次变换方法、矩阵指数方法和四元数方法等。

本章讲述刚体在空间的描述方法，以及不同坐标系相互间转化的齐次变换方法，为后续的机器人运动学、动力学提供理论基础。齐次变换方法的优点在于它将运动、变换和映射与矩阵的运算联系起来，具有明显的几何特征。

2.1 机器人坐标系定义

机器人程序中所有点的位置都和坐标系关联，同时一个坐标系也可能和另一个坐标系关联，不同坐标系适用于特定类型的控制或编程。因此，为了保证描述的规范性与通用性，有必要给机器人和工作空间命名专门的“标准”坐标系。按机器人末端执行器抓取工件并移动至指定位置的过程，可以将机器人坐标系划分为若干个坐标系，如图 2-1 所示。

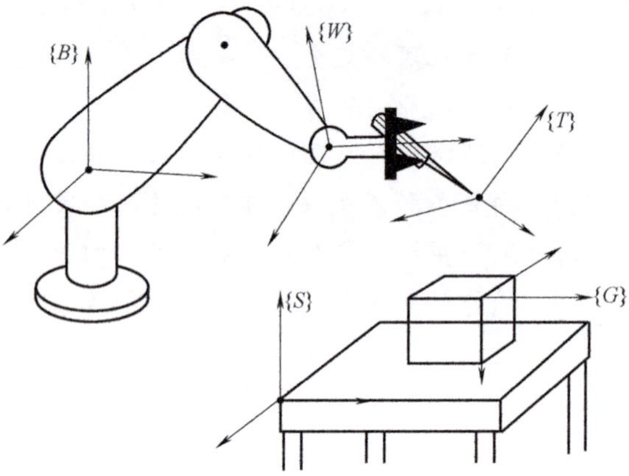

图 2-1 机器人坐标系

1. 基坐标系（$\{B\}$）

基坐标系又称为基座坐标系，位于机器人基座。基坐标系在机器人基座中有相应的零点，这使得固定安装的机器人的移动具有可预测性，因此是最便于描述机器人从一个位置移动到另一个位置的坐标系。在正常配置的机器人系统中，工人可通过控制杆进行该坐标系的移动。操纵杆向前和向后使机器人沿 x 轴移动，操纵杆向两侧使机器人沿 y 轴移动，旋转操纵杆使机器人沿 z 轴移动。

2. 大地坐标系（$\{U\}$）

大地坐标系也称为世界坐标系，常用于多台机器人的协调控制。如果机器人安装在地面上，在基坐标系下示教编程很容易，但当机器人吊装时，机器人末端移动直观性差，因而示教编程较为困难。另外，如果两台或多台机器人共同协作时，例如，一台安装于地面，另一台倒置，倒置机器人的基坐标系也将上下颠倒。当分别在两台机器人的基坐标系 $\{A\}$、$\{B\}$ 中进行运动控制时，很难预测相互协作运动的情况。此时，可以定义一个共同的世界坐标系取而代之。若无特殊说明，单台机器人的大地坐标系和基坐标系是重合的。

3. 工作台（固定、用户）坐标系（$\{S\}$）

机器人可以和不同的工作台或夹具配合工作，因此可以在每个工作台上建立一个用户坐标系。机器人大部分采用示教编程的方式，步骤烦琐，对于相同工件，若放置在不同工作台进行操作，不必重新编程，只需相应地变换到当前工作台坐标系下即可。工作台坐标系是在基坐标系或世界坐标系下建立。

4. 工件坐标系（$\{J\}$）

工件坐标系与工件有关，它定义工件相对于大地坐标系（或其他坐标系）的位置。工件坐标系拥有特定附加属性，是最适于对机器人进行编程的坐标系，主要用于简化编程。它拥有两个框架：用户框架（与大地基座相关）和工件框架（与用户框架相关）。机器人可以拥有若干工件坐标系，表示不同工件，或者表示同一工件在不同位置的若干状态。对机器人进行编程就是在工件坐标系中创建目标和路径，重新定位工作站中的工件时，只需更改工件坐标系的位置，所有路径将随之更新。

5. 腕坐标系（$\{W\}$）

腕坐标系和工具坐标系都是用来定义工具方向的。在简单应用中，腕坐标系可以定义为工具坐标系，两者重合。腕坐标系与操作臂的末端连杆固连，其原点位于操作臂的手腕中心（法兰盘中心）。

6. 工具坐标系（$\{T\}$）

安装在末端法兰盘上的工具需要在其中心点（Tool Center Point，TCP）定义一个工具坐标系，通过坐标系的转换，可以操作机器人在工具坐标系下运动，以方便操作。如果工具磨损或更换，只需重新定义工具坐标系，而不用更改程序。工具坐标系建立在腕坐标系下，即两者之间的相对位置和姿态是确定的。

由此可见，工具坐标系是将工具中心点设为零点，由此定义工具的位置和方向。所有机器人在六轴法兰盘原点处都有一个预定义工具坐标系，即 tool0。新工具坐标系的位置是预定义工具坐标系 tool0 的偏移值。

7. 目标坐标系（$\{G\}$）

目标坐标系是对机器人移动工具到达的位置描述。特指在机器人运动结束时，工具坐标系应当与目标坐标系重合。

根据以上定义，在机器人学中，可以在机器人的每个连杆（关节）、手腕、末端执行器以及工件上建立多个坐标系。这些坐标系由于与运动部件相连接，称之为相对坐标系；与此对应的基坐标系则称之为绝对坐标系。在机器人运动过程中，为了描述机器人连杆、关节、末端执行器、工件等实体位置，建立相对坐标系与绝对坐标系之间的一一映射关系则称之为坐标变换。

2.2 位姿描述和坐标变换

在机器人学的研究中，通常要考虑在三维空间中物体的位置和姿态。如上节所述，为了描述空间物体的位姿，一般先在物体上设置一个坐标系（绝对坐标系），然后在所需描述的物体上建立相对坐标系，通过建立两者之间的映射关系来描述物体位姿的变化情况。

2.2.1 位置描述

一旦建立了坐标系，坐标系中的任意一点的位置矢量可以用该点的坐标值来表示，如图 2-2 所示，用三个相互正交的带有箭头的单位矢量来表示一个坐标系 $\{A\}$，用一个矢量 ${}^{A}\boldsymbol{p}$ 来确定空间中的一个点或（一个位置）。

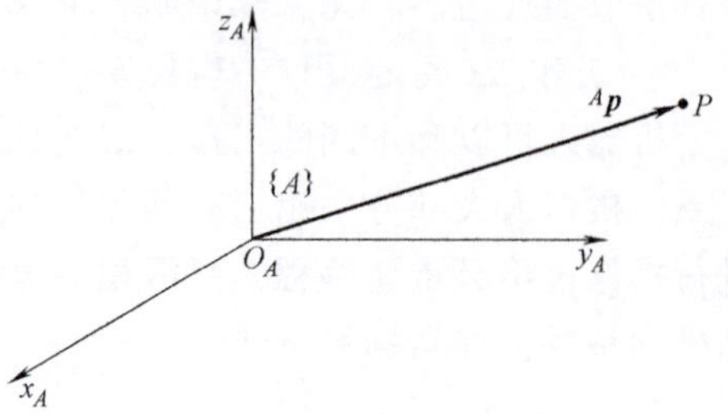

图 2-2 空间点在坐标系中的矢量表示

对于选定的直角坐标系 $\{A\}$，空间任一点 P 的位置可用 3×1 的列矢量 ${}^{A}\boldsymbol{p}$ 表示，即用位置矢量表示：

$$ {}^{A}\boldsymbol{p}=(p_x,p_y,p_z)^{\mathrm{T}} \tag{2-1}$$

式中，p_x、p_y、p_z 是点 P 在坐标系 $\{A\}$ 中的三个坐标分量；${}^{A}\boldsymbol{p}$ 的上标 A 代表选定的参考坐标系 $\{A\}$。总之，空间任一点 P 的位置在直角坐标系中表示为三维矢量，即 ${}^{A}\boldsymbol{p}\in\mathbf{R}^3$。除了直角坐标系外，还可采用圆柱坐标系或球（极）坐标系来描述点的位置。

2.2.2 姿态描述

空间的一个点在坐标系中的位置矢量，可以确定该点在坐标系中的位置。对于刚体而言，可以用刚体的质心坐标来描述刚体在空间中的位置。但确定刚体中除质心点以外其他点的位置则需要用刚体的姿态（也就是刚体的方位）来描述。

如图 2-3 所示，为了描述空间某刚体 B 的方位，以刚体质心 O_B 作为坐标原点，建立固定在刚体上的坐标系 $\{B\}$，则用坐标系 $\{B\}$ 相对于坐标系 $\{A\}$ 的描述就足以表示出刚体的**姿态**。

坐标系 $\{B\}$ 的三个坐标分量相对于坐标系 $\{A\}$ 的变化表示了刚体姿态在两个坐标系中的映射关系，这种映射关系表示了坐标系 $\{B\}$ 主轴方向的单位矢量在坐标系 $\{A\}$ 主轴方向的投影关系，并组成一个 3×3 的方向余弦矩阵形式，称之为**旋转矩阵**（R）。

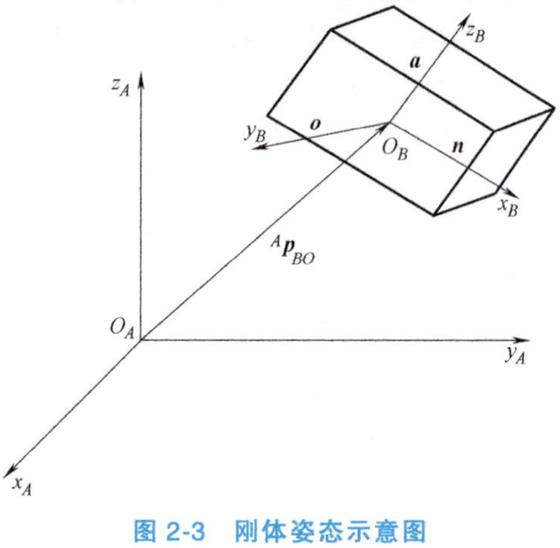

图 2-3 刚体姿态示意图

也就是说，用坐标系 $\{B\}$ 的三个单位主矢量 x_B、y_B、z_B 相对于坐标系 $\{A\}$ 的方向余弦组成的 3×3 的余弦矩阵来表示刚体 B 相对于坐标系 $\{A\}$ 的方位：

$$ {}_{B}^{A}\boldsymbol{R}=({}^{A}\boldsymbol{x}_{B},\quad {}^{A}\boldsymbol{y}_{B},\quad {}^{A}\boldsymbol{z}_{B}) $$

或

$$ {}_{B}^{A}\boldsymbol{R}=\begin{pmatrix} r_{11} & r_{12} & r_{13} \\ r_{21} & r_{22} & r_{23} \\ r_{31} & r_{32} & r_{33} \end{pmatrix} \tag{2-2} $$

式中，${}_{B}^{A}\boldsymbol{R}$ 称为旋转矩阵；上标 A 代表参考坐标系（基坐标系）$\{A\}$；下标 B 代表被描述的、与刚体固结的坐标系 $\{B\}$；r_{ij} 可用每个矢量在其参考坐标系中轴线方向上投影的分量来表示。

因此，${}_{B}^{A}\boldsymbol{R}$ 的各个分量可用一对单位矢量的点积来表示，即

$$ {}_{B}^{A}\boldsymbol{R}=({}^{A}\boldsymbol{x}_{B},\quad {}^{A}\boldsymbol{Y}_{B},\quad {}^{A}\boldsymbol{z}_{B})=\begin{bmatrix} \boldsymbol{x}_{B}\cdot\boldsymbol{x}_{A} & \boldsymbol{y}_{B}\cdot\boldsymbol{x}_{A} & \boldsymbol{z}_{B}\cdot\boldsymbol{x}_{A} \\ \boldsymbol{x}_{B}\cdot\boldsymbol{y}_{A} & \boldsymbol{y}_{B}\cdot\boldsymbol{y}_{A} & \boldsymbol{z}_{B}\cdot\boldsymbol{y}_{A} \\ \boldsymbol{x}_{B}\cdot\boldsymbol{z}_{A} & \boldsymbol{y}_{B}\cdot\boldsymbol{z}_{A} & \boldsymbol{z}_{B}\cdot\boldsymbol{z}_{A} \end{bmatrix} \tag{2-3} $$

由两个单位矢量的点积可得到二者之间夹角的余弦，因此旋转矩阵的各分量常被称作是**方向余弦**，旋转矩阵也可表示为

$$ {}_{\mathrm{B}}^{\mathrm{A}}\boldsymbol{R}=\begin{pmatrix} \cos\langle\boldsymbol{x}_{A},\boldsymbol{x}_{B}\rangle & \cos\langle\boldsymbol{x}_{A},\boldsymbol{y}_{B}\rangle & \cos\langle\boldsymbol{x}_{A},\boldsymbol{z}_{B}\rangle \\ \cos\langle\boldsymbol{y}_{A},\boldsymbol{x}_{B}\rangle & \cos\langle\boldsymbol{y}_{A},\boldsymbol{y}_{B}\rangle & \cos\langle\boldsymbol{y}_{A},\boldsymbol{z}_{B}\rangle \\ \cos\langle\boldsymbol{z}_{A},\boldsymbol{x}_{B}\rangle & \cos\langle\boldsymbol{z}_{A},\boldsymbol{y}_{B}\rangle & \cos\langle\boldsymbol{z}_{A},\boldsymbol{z}_{B}\rangle \end{pmatrix} \tag{2-4} $$

进一步观察式（2-3），记${}_{B}^{A}\boldsymbol{R}$ 为坐标系 $\{A\}$ 相对于坐标系 $\{B\}$ 的描述，则${}_{B}^{A}\boldsymbol{R}$ 可用式（2-3）的转置来得到，即

$$ {}_{A}^{B}\boldsymbol{R}={}_{B}^{A}\boldsymbol{R}^{\mathrm{T}} $$

这表明旋转矩阵${}_{B}^{A}\boldsymbol{R}$ 的逆矩阵等于它的转置，${}_{B}^{A}\boldsymbol{R}$ 是正交的，并且满足以下条件：

$$ \begin{cases} {}_{B}^{A}\boldsymbol{R}^{-1}={}_{B}^{A}\boldsymbol{R}^{\mathrm{T}} \\ \det({}_{B}^{A}\boldsymbol{R})=1 \end{cases} \tag{2-5} $$

式中，上标 T 表示转置矩阵；det（　）是矩阵的行列式符号。

总之，我们采用位置矢量 $\boldsymbol{p}\in\mathbf{R}^{3}$ 描述点的位置，而用旋转矩阵 $\boldsymbol{R}$ 描述物体的方位，即姿态。

2.2.3　位姿描述

为了完整描述刚体在空间的位姿，需要规定它的位置和姿态。在机器人学中，位置和姿态经常成对出现，于是我们将此二者组合称作位姿。一个位姿可以等价地用一个位置矢量和一个旋转矩阵来描述，4 个矢量成一组，表示了位置和姿态信息。

以刚体 B 为例，将刚体与坐标系 $\{B\}$ 固连，坐标系 $\{B\}$ 的原点通常选择在刚体的质心或对称中心等特征点上，相对于参考坐标系 $\{A\}$，用位置矢量${}^{A}\boldsymbol{p}$ 来描述坐标系 $\{B\}$ 的原点位置，用旋转矩阵${}_{B}^{A}\boldsymbol{R}$ 描述坐标系 $\{B\}$ 的姿态，则坐标系 $\{B\}$ 的位姿完全可以由${}^{A}\boldsymbol{p}$ 和${}_{B}^{A}\boldsymbol{R}$ 来描述：

$$ \boldsymbol{B}=({}_{B}^{A}\boldsymbol{R},\quad {}^{A}\boldsymbol{p}) \tag{2-6} $$

坐标系的描述概括了刚体位置和姿态的描述。当表示位置时，式（2-6）中的旋转矩阵 ${}_B^A\boldsymbol{R}=\boldsymbol{I}$（单位矩阵）；当表示姿态时，式（2-6）中的位置矢量 ${}^A\boldsymbol{p}=\boldsymbol{0}$。

机器人的末端手爪可以看成刚体，其位姿描述与坐标系相同。选定一个参考坐标系 $\{A\}$，另规定一坐标系与手爪固连，称手爪坐标系（工具坐标系）$\{T\}$。其 z 轴设在手爪接近物体的方向，z 轴单位矢量称为**接近**（Approach）**矢量**，用 $\boldsymbol{a}$ 表示；y 轴设在两手指的连线方向，y 轴单位矢量称为**方位**（Orientation）**矢量**，用 $\boldsymbol{o}$ 表示；x 轴方向由右手法则确定，其单位矢量称为**法向**（Normal）**矢量**，用 $\boldsymbol{n}$ 表示，$\boldsymbol{n}=\boldsymbol{o}\times\boldsymbol{a}$。这样，手爪的方位就可由旋转矩阵 $\boldsymbol{R}$ 描述：

$$\boldsymbol{R}=(\boldsymbol{n},\ \boldsymbol{o},\ \boldsymbol{a}) \tag{2-7}$$

由于 $\boldsymbol{n}$、$\boldsymbol{o}$ 和 $\boldsymbol{a}$ 是单位正交矢量，且两两相互垂直，所以满足以下 6 个约束条件（正交条件）：

$$\boldsymbol{n}\cdot\boldsymbol{o}=\boldsymbol{a}\cdot\boldsymbol{o}=\boldsymbol{n}\cdot\boldsymbol{a}=0,\ \boldsymbol{n}\cdot\boldsymbol{n}=\boldsymbol{o}\cdot\boldsymbol{o}=\boldsymbol{a}\cdot\boldsymbol{a}=1 \tag{2-8}$$

三个单位正交矢量 $\boldsymbol{n}$、$\boldsymbol{o}$ 和 $\boldsymbol{a}$ 描述了手爪的姿态，而手爪的位置由位置矢量 $\boldsymbol{p}$ 描述，它代表手爪坐标系的原点。因此，手爪的位姿由四个矢量（$\boldsymbol{n}$，$\boldsymbol{o}$，$\boldsymbol{a}$，$\boldsymbol{p}$）来描述，记为

$$\boldsymbol{T}=(\boldsymbol{n},\ \boldsymbol{o},\ \boldsymbol{a},\ \boldsymbol{p})$$

总之，**位姿**可以用两个坐标系的相对关系来描述，位姿包括了位置和姿态两个概念。位置可以用一个特殊的位姿来表示，它的旋转矩阵是单位阵，并且这个位置矢量的分量确定了被描述点的位置；同样，如果位姿的位置矢量是零矢量，那么它表示的就是姿态。

2.2.4 坐标变换

在机器人学的许多问题中，需要在不同的参考坐标系中表达同一个量。前面介绍了空间中任一点 P 在坐标系中的描述，下面讨论点 P 从一个坐标系的描述到另一个坐标系的描述之间的映射关系，即**坐标变换**。

1. 坐标平移

设坐标系 $\{B\}$ 与 $\{A\}$ 具有相同的方位，但 $\{B\}$ 的坐标原点与 $\{A\}$ 的不重合，用位置矢量 ${}^A\boldsymbol{p}_{BO}$ 描述坐标系 $\{B\}$ 的原点相对于 $\{A\}$ 的位置，如图 2-4 所示。把 ${}^A\boldsymbol{p}_{BO}$ 称为 $\{\boldsymbol{B}\}$ 相对于 $\{\boldsymbol{A}\}$ 的平移矢量。现在考虑一点 P，它在坐标系 $\{B\}$ 中的位置为 ${}^B\boldsymbol{p}$，该点在坐标系 $\{\boldsymbol{A}\}$ 中的位置为 ${}^A\boldsymbol{p}$，则位置矢量 ${}^A\boldsymbol{p}$ 可由矢量相加得出，即

$${}^A\boldsymbol{p}={}^B\boldsymbol{p}+{}^A\boldsymbol{p}_{BO} \tag{2-9}$$

式（2-9）右端表示的操作称为**坐标平移**，或平移映射。需注意的是，不同坐标系中的矢量只有在坐标系的姿态相同时才可以相加。

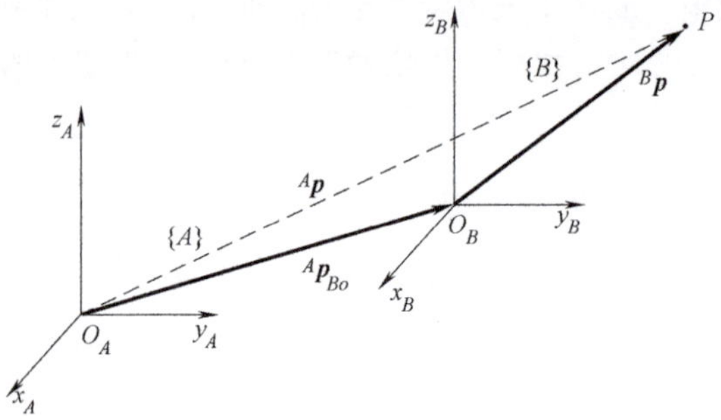

图 2-4 坐标平移

图 2-4 说明了如何将矢量从一个坐标系映射到另一个坐标系。所谓映射，是描述一个坐标系到另一坐标系的变换。空间中的点 P 并没有改变，只是它的描述改变了。通常我们会

说矢量${}^{A}\boldsymbol{p}_{BO}$定义了这个映射，因为${}^{A}\boldsymbol{p}_{BO}$包含了进行变换所需的所有信息。

2. 坐标旋转

设坐标系 $\{B\}$ 与 $\{A\}$ 有共同的原点，但两者的姿态不同，如图 2-5 所示。用旋转矩阵${}_{B}^{A}\boldsymbol{R}$来描述坐标系 $\{B\}$ 相对于 $\{A\}$ 的姿态。同一点 P 在两个坐标系 $\{A\}$ 和 $\{B\}$ 中的描述为${}^{A}\boldsymbol{p}$和${}^{B}\boldsymbol{p}$，则点 P 在两个坐标系中的描述存在下列变换关系：

$$
{}^{A}\boldsymbol{p}={}_{B}^{A}\boldsymbol{R}\,{}^{B}\boldsymbol{p} \tag{2-10}
$$

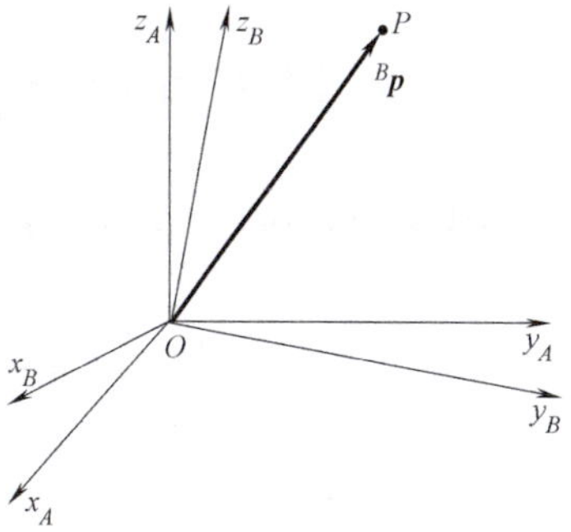

图 2-5　坐标旋转

式 (2-10) 右端表示的操作称为**坐标旋转**，或旋转映射。

同样，可用${}_{A}^{B}\boldsymbol{R}$来描述坐标系 $\{A\}$ 相对于 $\{B\}$ 的姿态。${}_{A}^{B}\boldsymbol{R}$和${}_{B}^{A}\boldsymbol{R}$都是正交矩阵，两者互逆。根据正交矩阵的性质，得出

$$
{}_{A}^{B}\boldsymbol{R}={}_{B}^{A}\boldsymbol{R}^{-1}={}_{B}^{A}\boldsymbol{R}^{T},\ {}_{B}^{A}\boldsymbol{R}={}_{A}^{B}\boldsymbol{R}^{-1}={}_{A}^{B}\boldsymbol{R}^{T} \tag{2-11}
$$

式 (2-11) 也可表达为

$$
{}_{B}^{A}\boldsymbol{R}=\left({}^{A}\boldsymbol{x}_{B},\ {}^{A}\boldsymbol{y}_{B},\ {}^{A}\boldsymbol{z}_{B}\right)=\begin{pmatrix}{}^{B}\boldsymbol{x}_{A}^{\mathrm{T}}\\ {}^{B}\boldsymbol{y}_{A}^{\mathrm{T}}\\ {}^{B}\boldsymbol{z}_{A}^{\mathrm{T}}\end{pmatrix}
$$

假设坐标系 $\{B\}$ 相对于坐标系 $\{A\}$ 的 z_A 轴旋转 θ 角，如图 2-6 所示，根据式 (2-4) 和式 (2-7) 可以得到

$$
\boldsymbol{n}=\begin{pmatrix}\cos\theta\\ \sin\theta\\ 0\end{pmatrix},\ \boldsymbol{o}=\begin{pmatrix}-\sin\theta\\ \cos\theta\\ 0\end{pmatrix},\ \boldsymbol{a}=\begin{pmatrix}0\\ 0\\ 1\end{pmatrix}
$$

因此，绕 z 轴旋转 θ 角的旋转矩阵为

$$
\boldsymbol{R}(z,\theta)=\begin{pmatrix}\cos\theta & -\sin\theta & 0\\ \sin\theta & \cos\theta & 0\\ 0 & 0 & 1\end{pmatrix} \tag{2-12}
$$

同理，绕 x、y 轴旋转 θ 角的旋转矩阵分别为

$$
\boldsymbol{R}(x,\theta)=\begin{pmatrix}1 & 0 & 0\\ 0 & \cos\theta & -\sin\theta\\ 0 & \sin\theta & \cos\theta\end{pmatrix} \tag{2-13}
$$

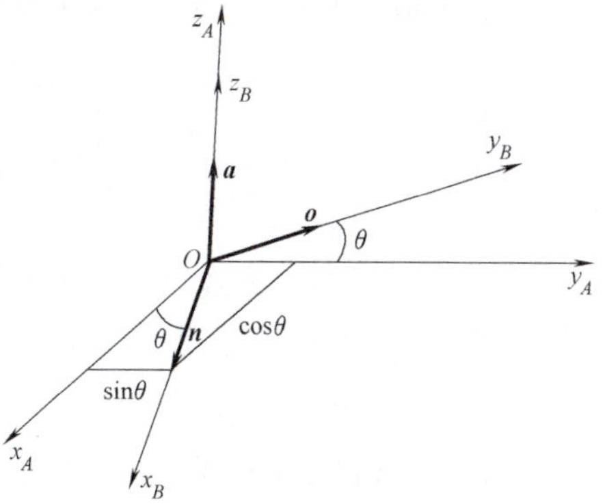

图 2-6　绕 z_A 轴旋转 θ 角

$$
\boldsymbol{R}(y,\theta)=\begin{pmatrix}\cos\theta & 0 & \sin\theta\\ 0 & 1 & 0\\ -\sin\theta & 0 & \cos\theta\end{pmatrix} \tag{2-14}
$$

【例 2-1】　已知坐标系 $\{B\}$ 的初始位姿与坐标系 $\{A\}$ 重合，$\{B\}$ 相对于坐标系 $\{A\}$ 的 z_A 轴旋转 30°，试求旋转矩阵${}_{B}^{A}\boldsymbol{R}$。假设点 P 在坐标系 $\{B\}$ 中的描述为${}^{B}\boldsymbol{p}=(0,\ 2,\ 0)^{\mathrm{T}}$，求它在坐标系 $\{\boldsymbol{A}\}$ 中的描述${}^{A}\boldsymbol{p}$。

解：根据式（2-12）可得${}^A_B\boldsymbol{R}$为

$$ {}^A_B\boldsymbol{R}=\boldsymbol{R}(z_A,30°)=\begin{pmatrix}\cos30° & -\sin30° & 0\\ \sin30° & \cos30° & 0\\ 0 & 0 & 1\end{pmatrix}=\begin{pmatrix}0.866 & -0.5 & 0\\ 0.5 & 0.866 & 0\\ 0 & 0 & 1\end{pmatrix} $$

根据式（2-10），可求出${}^A\boldsymbol{p}$为

$$ {}^A\boldsymbol{p}={}^A_B\boldsymbol{R}{}^B\boldsymbol{p}=\begin{pmatrix}0.866 & -0.5 & 0\\ 0.5 & 0.866 & 0\\ 0 & 0 & 1\end{pmatrix}\begin{pmatrix}0\\2\\0\end{pmatrix}=\begin{pmatrix}-1\\ 1.732\\ 0\end{pmatrix} $$

3. 一般变换（复合变换）

一般情况下，坐标系｛B｝与｛A｝不但原点不重合，而且姿态也不相同。用位置矢量${}^A\boldsymbol{p}_{BO}$描述坐标系｛B｝的原点相对于｛A｝的位置，同时用旋转矩阵${}^A_B\boldsymbol{R}$来描述｛B｝坐标系相对于｛A｝的姿态。任一点P在两坐标系｛A｝和｛B｝中的描述${}^A\boldsymbol{p}$和${}^B\boldsymbol{p}$具有以下变换关系：

$$ {}^A\boldsymbol{p}={}^A_B\boldsymbol{R}{}^B\boldsymbol{p}+{}^A\boldsymbol{p}_{BO} \tag{2-15} $$

式（2-15）右端所表示的操作可以看成是坐标旋转和坐标平移的**复合变换**。也就是说，规定一个过渡坐标系｛C｝，｛C｝的坐标原点与｛B｝的原点重合，而｛C｝的方位与｛A｝的相同。以上过程可以等效为两个过程：首先是坐标系｛B｝经过旋转变换后的｛C｝与｛A｝具有一致的姿态，但两坐标系原点不重合；其次，是将坐标系｛C｝经过平移之后与｛A｝具有相同的原点（重合）。两个变换过程的矢量变换形式可表示为

$$ \begin{cases}{}^C\boldsymbol{p}={}^C_B\boldsymbol{R}{}^B\boldsymbol{p}={}^A_B\boldsymbol{R}{}^B\boldsymbol{p}\\ {}^A\boldsymbol{p}={}^C\boldsymbol{p}+{}^A\boldsymbol{p}_{BO}={}^A_B\boldsymbol{R}{}^B\boldsymbol{p}+{}^A\boldsymbol{p}_{BO}\end{cases} \tag{2-16} $$

【例 2-2】 已知坐标系｛B｝的初始位姿与坐标系｛A｝重合，首先｛B｝相对于坐标系｛A｝的z_A轴旋转 30°，再沿｛A｝的x_A轴移动 10 个单位，并沿｛A｝的y_A轴移动 5 个单位。试求位置矢量${}^A\boldsymbol{p}_{BO}$和旋转矩阵${}^A_B\boldsymbol{R}$。假设点P在坐标系｛B｝中的描述为${}^B\boldsymbol{p}=(3,\ 7,\ 0)^{\mathrm{T}}$，求它在坐标系｛$A$｝中的描述${}^A\boldsymbol{p}$。

解：根据式（2-12）可得${}^A_B\boldsymbol{R}$为

$$ {}^A_B\boldsymbol{R}=\boldsymbol{R}(z_A,30°)=\begin{pmatrix}\cos30° & -\sin30° & 0\\ \sin30° & \cos30° & 0\\ 0 & 0 & 1\end{pmatrix}=\begin{pmatrix}0.866 & -0.5 & 0\\ 0.5 & 0.866 & 0\\ 0 & 0 & 1\end{pmatrix} $$

根据已知条件可得${}^A\boldsymbol{p}_{BO}$为

$$ {}^A\boldsymbol{p}_{BO}=\begin{pmatrix}10\\5\\0\end{pmatrix} $$

则由式（2-15）可得

$$
{}^{A}\boldsymbol{p}={}_{B}^{A}\boldsymbol{R}\,{}^{B}\boldsymbol{p}+{}^{A}\boldsymbol{p}_{BO}=\begin{pmatrix}0.866 & -0.5 & 0\\ 0.5 & 0.866 & 0\\ 0 & 0 & 1\end{pmatrix}\begin{pmatrix}3\\7\\0\end{pmatrix}+\begin{pmatrix}10\\5\\0\end{pmatrix}=\begin{pmatrix}9.098\\12.562\\0\end{pmatrix}
$$

2.3 齐次坐标和齐次变换

齐次坐标是将一个原本是 n 维的矢量用一个 $n+1$ 维矢量来表示，用于投影几何里的坐标系统。齐次变换则用来表示同一点在两个坐标系中的映射关系。

2.3.1 齐次坐标

齐次坐标的提出来源于一个问题：两条平行线可以相交于一点。在欧氏几何空间中，同一平面的两条平行线不能相交。然而，在透视空间里，两条平行线可以相交，例如，火车轨道随着视线越来越窄，最后两条平行线在无穷远处相交于一点。因此，欧氏空间（笛卡儿空间）描述 2D/3D 几何非常合适，但却不适合处理透视空间的问题。例如，二维笛卡儿坐标可以表示为（x，y），如果一个点在无穷远处，这个点的坐标将表示为（∞，∞），在欧氏空间，这变的没有意义。平行线在透视空间的无穷远处交于一点，但在欧氏空间却不能。

可以在一个 2D 笛卡儿坐标末尾加一个变量 ω 来形成 2D 齐次坐标，这样一个点（x，y）在齐次坐标系中就变成了（x，y，ω）。依据定义，将齐次坐标内的数值乘上同一个非零实数，可得到同一点的另一组齐次坐标。例如，笛卡儿坐标上的点（1，2）在齐次坐标中即可表示成（1，2，1）或（2，4，2）。原来的笛卡儿坐标可透过将前两个数值除以第三个数值取回。因此，与笛卡儿坐标不同，一个点可以有无限多个齐次坐标表示法，这称为齐次坐标的不变性。下面以空间中一个点 P 为例，进一步说明齐次坐标的概念。

若空间一点 P 的直角坐标用其位置矢量表示为

$$
\boldsymbol{p}=\begin{pmatrix}x\\y\\z\end{pmatrix}
$$

则它的齐次坐标可以表示为

$$
\boldsymbol{p}=\begin{pmatrix}x\\y\\z\\1\end{pmatrix}
$$

值得注意的是，齐次坐标的表示不是唯一的。将其各元素同乘一非零的因子 ω 后，仍然代表同一点 P，即

$$
\boldsymbol{p}=\begin{pmatrix}x\\y\\z\\1\end{pmatrix}=\begin{pmatrix}a\\b\\c\\\omega\end{pmatrix}
$$

式中，$a=\omega x$；$b=\omega y$；$c=\omega z$。

例如，点 P 的位置矢量 $\boldsymbol{p}=2\boldsymbol{i}+3\boldsymbol{j}+4\boldsymbol{k}$ 的齐次坐标可以表示为

$$\boldsymbol{p}=(2,\ 3,\ 4,\ 1)^{\mathrm{T}}$$
$$\boldsymbol{p}=(4,\ 6,\ 8,\ 2)^{\mathrm{T}}$$
$$\boldsymbol{p}=(-16,\ -24,\ -32,\ -8)^{\mathrm{T}}$$
$$\vdots$$

需注意的是 $(0,\ 0,\ 0,\ 0)^{\mathrm{T}}$ 没有意义。

列矢量 $(a,\ b,\ c,\ 0]^{\mathrm{T}}$ $(a^2+b^2+c^2\neq 0)$ 表示空间的无穷远点，包括无穷远点的空间称为扩大空间，第 4 个元素不为零的点称为非无穷远点。

无穷远点 $(a,\ b,\ c,\ 0)^{\mathrm{T}}$ 的三个元素 a、b、c 称为该点的方向数。下面三个无穷远点：$(1,\ 0,\ 0,\ 0)^{\mathrm{T}}$、$(0,\ 1,\ 0,\ 0)^{\mathrm{T}}$、$(0,\ 0,\ 1,\ 0)^{\mathrm{T}}$ 分别代表 x、y、z 轴上的无穷远点，可用它们分别表示这三个坐标轴的方向。而非无穷远点 $(0,\ 0,\ 0,\ 1)^{\mathrm{T}}$ 代表坐标原点。

这样，利用齐次坐标不仅可以规定点的位置，还可以规定矢量的方向。当第四个元素非零时，齐次坐标代表点的位置；第四个元素为零时，齐次坐标代表方向。

2.3.2 齐次变换

复合变换式（2-15）对点 P 而言是非齐次的，但是可以将其表示成等价的齐次变换形式：

$$\begin{pmatrix} {}^{A}\boldsymbol{p} \\ 1 \end{pmatrix}=\begin{pmatrix} {}^{A}_{B}\boldsymbol{R} & {}^{A}\boldsymbol{p}_{BO} \\ \boldsymbol{0} & 1 \end{pmatrix}\begin{pmatrix} {}^{B}\boldsymbol{p} \\ 1 \end{pmatrix} \tag{2-17}$$

或表示成矩阵的形式：

$$ {}^{A}\boldsymbol{p}={}^{A}_{B}\boldsymbol{T}\,{}^{B}\boldsymbol{p} \tag{2-18}$$

式中，位置矢量 ${}^{A}\boldsymbol{p}$ 和 ${}^{B}\boldsymbol{p}$ 是 4×1 的列矢量。与式（2-15）中的维数不同，其中加入了第四个分量 1，构成点 P 的齐次坐标。

变换矩阵 ${}^{A}_{B}\boldsymbol{T}$ 是 4×4 的方阵，具有如下的形式：

$$ {}^{A}_{B}\boldsymbol{T}=\begin{pmatrix} {}^{A}_{B}\boldsymbol{R} & {}^{A}\boldsymbol{p}_{BO} \\ \boldsymbol{0} & 1 \end{pmatrix} \tag{2-19}$$

${}^{A}_{B}\boldsymbol{T}$ 称为**齐次变换矩阵**，其特点是最后一行元素为 $(0,\ 0,\ 0,\ 1)$，综合表现了平移和旋转两种变换的复合形式。也就是说，齐次变换矩阵 ${}^{A}_{B}\boldsymbol{T}$ 描述了坐标系 $\{B\}$ 相对于 $\{A\}$ 的位置和姿态。${}^{A}_{B}\boldsymbol{T}$ 的第四个列矢量 ${}^{A}\boldsymbol{p}_{BO}$ 描述了 $\{B\}$ 的坐标原点相对于 $\{A\}$ 的位置；其他三个列矢量分别代表 $\{B\}$ 的三个坐标轴相对于 $\{A\}$ 的姿态。

对照式（2-17）和式（2-15）可以看出，两者是等价的。齐次变换式（2-18）的优点在于书写简单紧凑，表达方便，但是用它来编写程序并不简便，因为乘 1 和 0 会耗费大量无用机时。所以，这种形式主要是便于公式推导。

位置矢量 ${}^{A}\boldsymbol{p}$ 和 ${}^{B}\boldsymbol{p}$ 究竟是 3×1 的列矢量（直角坐标），还是 4×1 的列矢量（齐次坐标），应根据与它相乘的矩阵是 3×3 的还是 4×4 的而定。

齐次变换在计算机视觉、计算机图学等方面有广泛的应用，只是所采用的齐次变换矩阵形式与式（2-19）稍有不同。

【例 2-3】　齐次变换矩阵

$$ {}_B^A\boldsymbol{T}=\begin{pmatrix}0&0&1&1\\1&0&0&-3\\0&1&0&4\\0&0&0&1\end{pmatrix} $$

描述坐标系 $\{B\}$ 相对于 $\{A\}$ 的位姿。可解释如下：

(1) $\{B\}$ 的坐标原点相对于 $\{A\}$ 的位置是 $(1,\ -3,\ 4,\ 1)^{\mathrm{T}}$。

(2) $\{B\}$ 的三个坐标轴相对于 $\{A\}$ 的方向分别是：

$\{B\}$ 的 x 轴与 $\{A\}$ 的 y 轴同向，用齐次坐标表示为 $(0,\ 1,\ 0,\ 0)^{\mathrm{T}}$；

$\{B\}$ 的 y 轴与 $\{A\}$ 的 z 轴同向，用齐次坐标表示为 $(0,\ 0,\ 1,\ 0)^{\mathrm{T}}$；

$\{B\}$ 的 z 轴与 $\{A\}$ 的 x 轴同向，用齐次坐标表示为 $(1,\ 0,\ 0,\ 0)^{\mathrm{T}}$。

【例 2-4】　对于例 2-2 所述问题，试用齐次变换的方法求 ${}^A\boldsymbol{p}$。

解：由例 2-2 求得的旋转矩阵 ${}_B^A\boldsymbol{R}$ 和位置矢量 ${}^A\boldsymbol{p}_{BO}$，可以得到齐次变换矩阵

$$ {}_B^A\boldsymbol{T}=\begin{pmatrix}{}_B^A\boldsymbol{R} & {}^A\boldsymbol{p}_{BO}\\ \boldsymbol{0} & 1\end{pmatrix}=\begin{pmatrix}0.866&-0.5&0&10\\0.5&0.866&0&5\\0&0&1&0\\0&0&0&1\end{pmatrix} $$

再由齐次变换式（2-18）得

$$ {}^A\boldsymbol{p}={}_B^A\boldsymbol{T}\,{}^B\boldsymbol{p}=\begin{pmatrix}0.866&-0.5&0&10\\0.5&0.866&0&5\\0&0&1&0\\0&0&0&1\end{pmatrix}\begin{pmatrix}3\\7\\0\\1\end{pmatrix}=\begin{pmatrix}9.098\\12.562\\0\\1\end{pmatrix} $$

和例 2-2 对照可以看出，用齐次变换所得的结果与例 2-2 是一致的。所不同的是，在例 2-2 中，我们用 3×1 的列矢量（直角坐标）描述点 P 的位置矢量 ${}^A\boldsymbol{p}$，而在例 2-4 中，用 4×1 的列矢量（齐次坐标）描述点 P 的位置矢量 ${}^A\boldsymbol{p}$。

2.4 位姿变换

刚体可由固定该刚体的坐标系内的六个点来表示，那么可以通过点的位姿复合变换来实现刚体的变换过程。本节重点介绍位姿复合变换与逆变换的运算。

2.4.1 运动算子

用于坐标系间点的映射的通用数学表达式称为**算子**，包括点的平移算子、矢量旋转算子和平移加旋转的算子。本节对前面已给出的数学描述用算子的形式进行解释说明。

在坐标系 $\{A\}$ 中，点 P 的初始位置是 ${}^A\boldsymbol{p}_1$，经平移或旋转后到达位置 ${}^A\boldsymbol{p}_2$。下面讨论从 ${}^A\boldsymbol{p}_1$ 到 ${}^A\boldsymbol{p}_2$ 的运动算子。

1. 平移算子

因为平移是相对于坐标系 $\{A\}$ 描述的，移动矢量用${}^{A}\boldsymbol{p}$ 表示，因此，平移前后的位置矢量${}^{A}\boldsymbol{p}_1$ 与${}^{A}\boldsymbol{p}_2$ 之间的关系可用矢量相加来表示，即

$$ {}^{A}\boldsymbol{p}_2={}^{A}\boldsymbol{p}_1+{}^{A}\boldsymbol{p} \tag{2-20}$$

这一关系可以写成算子的形式，即

$$ {}^{A}\boldsymbol{p}_2=\mathbf{Trans}({}^{A}\boldsymbol{p})\,{}^{A}\boldsymbol{p}_1 \tag{2-21}$$

移动矢量${}^{A}\boldsymbol{p}$ 代表平移的大小和方向。

2. 旋转算子

在坐标系 $\{A\}$ 中，某点旋转前的位置用${}^{A}\boldsymbol{p}_1$ 表示，旋转后用${}^{A}\boldsymbol{p}_2$ 表示，两者之间的关系有两种表示方法。

(1) 用旋转矩阵 $\boldsymbol{R}$ 表示　将 $\boldsymbol{R}$ 作为旋转算子，作用于矢量${}^{A}\boldsymbol{p}_1$ 就得到新矢量${}^{A}\boldsymbol{p}_2$，即

$$ {}^{A}\boldsymbol{p}_2=\boldsymbol{R}\,{}^{A}\boldsymbol{p}_1 \tag{2-22}$$

旋转矩阵 $\boldsymbol{R}$ 作为算子解释时，不用带上、下标，因为两矢量${}^{A}\boldsymbol{p}_1$ 和${}^{A}\boldsymbol{p}_2$ 是相对同一坐标系 $\{A\}$ 而言的，位置矢量${}^{A}\boldsymbol{p}_1$ 和${}^{A}\boldsymbol{p}_2$ 具有相同的上标。

(2) 用齐次变换 $\mathbf{Rot}$ $(\boldsymbol{k},\ \theta)$ 表示　用 $\mathbf{Rot}$ $(\boldsymbol{k},\ \theta)$ 作为旋转算子时，明确地表示出了转轴 $\boldsymbol{k}$ 和转角 θ。例如，绕 z 轴转 θ 的齐次变换算子是

$$\mathbf{Rot}(\boldsymbol{k},\theta)=\begin{pmatrix}\cos\theta & -\sin\theta & 0 & 0\\ \sin\theta & \cos\theta & 0 & 0\\ 0 & 0 & 1 & 0\\ 0 & 0 & 0 & 1\end{pmatrix} \tag{2-23}$$

$\mathbf{Rot}$ $(\boldsymbol{k},\ \theta)$ 的左上角 3×3 的子块对应的旋转矩阵是 $\boldsymbol{R}$ $(z,\ \theta)$，如式 (2-12) 所示。

因此，两位置矢量${}^{A}\boldsymbol{p}_1$ 和${}^{A}\boldsymbol{p}_2$ 之间的算子关系也可以写成

$$ {}^{A}\boldsymbol{p}_2=\mathbf{Rot}(\boldsymbol{k},\theta)\,{}^{A}\boldsymbol{p}_1 \tag{2-24}$$

式 (2-22) 和式 (2-24) 的不同之处仅在于齐次变换矩阵 $\mathbf{Rot}$ $(\boldsymbol{k},\ \theta)$ 是 4×4 的矩阵，而旋转矩阵 $\boldsymbol{R}$ 是 3×3 的矩阵，但二者本质上是相同的。

3. 运动算子的一般形式

齐次变换矩阵作为算子使用时，描述了点在某一坐标系内移动和（或）转动的情况。利用位置矢量可以描述点在平移前、后的位置关系；旋转矩阵可以描述点在旋转前、后的位置关系。齐次变换矩阵的优点是综合了位置矢量和旋转矩阵的作用，同时表示平移和旋转两种运动。在坐标系 $\{A\}$ 中，点 P 经转动和平移，令其前、后的位置为${}^{A}\boldsymbol{p}_1$ 和${}^{A}\boldsymbol{p}_2$，两者的关系可用齐次变换 $\boldsymbol{T}$ 来表示：

$$ {}^{A}\boldsymbol{p}_2=\boldsymbol{T}\,{}^{A}\boldsymbol{p}_1 \tag{2-25}$$

齐次变换 $\boldsymbol{T}$ 作为算子使用时，不带上、下标，因为是相对同一坐标系而言的。

质点 P 在坐标系 $\{A\}$ 中的运动轨迹为时间 t 的函数${}^{A}\boldsymbol{p}$ (t)，初始位置为${}^{A}\boldsymbol{p}$ (0)，则该质点在坐标系 $\{A\}$ 中的运动轨迹可用齐次变换 $\boldsymbol{T}(t)$ 来表示：

$$ {}^{A}\boldsymbol{p}(t)=\boldsymbol{T}(t)\,{}^{A}\boldsymbol{p}(0) \tag{2-26}$$

【例 2-5】 在坐标系 $\{A\}$ 中，点 P 的运动轨迹如下：首先绕 z_A 轴旋转 30°，再沿 x_A 轴

平移 10 个单位，最后沿 y_A 轴平移 5 个单位。已知点 P 原来的位置是 ${}^A\boldsymbol{p}_1=(3,\ 7,\ 0)^{\mathrm{T}}$，求运动后的位置 ${}^A\boldsymbol{p}_2$。

解：实现上述旋转和平移的运动算子 $\boldsymbol{T}$ 为

$$\boldsymbol{T}=\begin{pmatrix}0.866 & -0.5 & 0 & 10\\ 0.5 & 0.866 & 0 & 5\\ 0 & 0 & 1 & 0\\ 0 & 0 & 0 & 1\end{pmatrix}$$

已知

$${}^A\boldsymbol{p}_1=\begin{pmatrix}3\\ 7\\ 0\\ 1\end{pmatrix}$$

利用齐次变换 $\boldsymbol{T}$ 算子，可以得到

$${}^A\boldsymbol{p}_2=\boldsymbol{T}\,{}^A\boldsymbol{p}_1=\begin{pmatrix}0.866 & -0.5 & 0 & 10\\ 0.5 & 0.866 & 0 & 5\\ 0 & 0 & 1 & 0\\ 0 & 0 & 0 & 1\end{pmatrix}\begin{pmatrix}3\\ 7\\ 0\\ 1\end{pmatrix}=\begin{pmatrix}9.098\\ 12.562\\ 0\\ 1\end{pmatrix}$$

和例 2-4 相对照可以看出，两例所得运算结果是相同的，但是对结果的解释完全不同。

【例 2-6】 对于例 2-5 所述问题，请用平移算子和旋转算子将运动算子 $\boldsymbol{T}$ 表达并计算。

解：依据平移算子定义，沿 x_A 轴平移 10 个单位，再沿 y_A 轴平移 5 个单位，可以描述为

$$\mathbf{Trans}(10,5,0)=\begin{pmatrix}1 & 0 & 0 & 10\\ 0 & 1 & 0 & 5\\ 0 & 0 & 1 & 0\\ 0 & 0 & 0 & 1\end{pmatrix}$$

依据旋转算子定义，绕 z_A 轴旋转 30°，可以描述为

$$\mathbf{Rot}(z_A,30)=\begin{pmatrix}0.866 & -0.5 & 0 & 0\\ 0.5 & 0.866 & 0 & 0\\ 0 & 0 & 1 & 0\\ 0 & 0 & 0 & 1\end{pmatrix}$$

因此运动算子 $\boldsymbol{T}$ 可以描述为

$$\begin{aligned}\boldsymbol{T}&=\mathbf{Trans}(10,5,0)\,\mathbf{Rot}(z_A,30)\\ &=\begin{pmatrix}1 & 0 & 0 & 10\\ 0 & 1 & 0 & 5\\ 0 & 0 & 1 & 0\\ 0 & 0 & 0 & 1\end{pmatrix}\begin{pmatrix}0.866 & -0.5 & 0 & 0\\ 0.5 & 0.866 & 0 & 0\\ 0 & 0 & 1 & 0\\ 0 & 0 & 0 & 1\end{pmatrix}=\begin{pmatrix}0.866 & -0.5 & 0 & 10\\ 0.5 & 0.866 & 0 & 5\\ 0 & 0 & 1 & 0\\ 0 & 0 & 0 & 1\end{pmatrix}\end{aligned}$$

和例 2-5 相对照可以看出，两例所得运动算子 $\boldsymbol{T}$ 结果是相同的，运动算子 $\boldsymbol{T}$ 可以根据运动描述直接写出，也可由旋转算子和平移算子计算得出。

2.4.2 变换矩阵的计算

作为表示坐标系的一般工具——齐次变换矩阵，是一个包括姿态和位置信息的 4×4 矩阵。

1. 齐次变换矩阵的物理解释

对比例 2-3 与例 2-4 可知，4×4 的齐次变换矩阵 $\boldsymbol{T}$ 具有不同的物理解释。

（1）坐标系的描述 ${}_{B}^{A}\boldsymbol{T}$ 描述坐标系｛B｝相对于参考系｛A｝的位姿。其中${}_{B}^{A}\boldsymbol{R}$ 的各列分别描述｛B｝的三个坐标主轴的方向；${}^{A}\boldsymbol{p}_{BO}$ 描述｛B｝的坐标原点的位置。齐次变换矩阵${}_{B}^{A}\boldsymbol{T}$ 的前三列表示坐标系｛B｝相对于参考系｛A｝的三个坐标轴的方向；最后一列表示｛B｝的坐标原点。

（2）坐标映射 ${}_{B}^{A}\boldsymbol{T}$ 代表同一点 P 在两个坐标系｛A｝和｛B｝之间的映射关系。${}_{B}^{A}\boldsymbol{T}$ 将 ${}^{B}\boldsymbol{p}$ 映射为${}^{A}\boldsymbol{p}$。其中，${}_{B}^{A}\boldsymbol{R}$ 称为旋转映射，${}^{A}\boldsymbol{p}_{BO}$ 称为平移映射。

（3）运动算子 $\boldsymbol{T}$ 表示在同一坐标系中，点 P 运动前、后的算子关系。算子 $\boldsymbol{T}$ 作用于 $\boldsymbol{p}_1$ 得出 $\boldsymbol{p}_2$。任一算子均可分解为平移算子和旋转算子。

可以根据齐次变换矩阵在运算中的作用来判别它在其中的物理意义：是描述、映射，还是算子。下面进一步讨论变换矩阵的运算及其含义。

2. 变换矩阵相乘

对于给定的坐标系｛A｝、｛B｝和｛C｝，已知｛B｝相对于｛A｝的描述为${}_{B}^{A}\boldsymbol{T}$，｛C｝相对于｛B｝的描述为${}_{C}^{B}\boldsymbol{T}$，则变换矩阵${}_{C}^{B}\boldsymbol{T}$ 将${}^{C}\boldsymbol{p}$ 映射为${}^{B}\boldsymbol{p}$，即${}^{B}\boldsymbol{p}={}_{C}^{B}\boldsymbol{T}{}^{C}\boldsymbol{p}$。变换矩阵${}_{B}^{A}\boldsymbol{T}$ 又将${}^{B}\boldsymbol{p}$ 映射为${}^{A}\boldsymbol{p}$，即${}^{A}\boldsymbol{p}={}_{B}^{A}\boldsymbol{T}{}^{B}\boldsymbol{p}$。合并这两次映射的结果，得

$$ {}^{A}\boldsymbol{p}={}_{B}^{A}\boldsymbol{T}{}_{C}^{B}\boldsymbol{T}{}^{C}\boldsymbol{p} \tag{2-27}$$

由此定义

$$ {}_{C}^{A}\boldsymbol{T}={}_{B}^{A}\boldsymbol{T}{}_{C}^{B}\boldsymbol{T} \tag{2-28}$$

由于已知｛B｝和｛C｝的描述，利用式（2-19），可求得｛C｝相对于｛A｝的描述为

$$ {}_{C}^{A}\boldsymbol{T}={}_{B}^{A}\boldsymbol{T}{}_{C}^{B}\boldsymbol{T}=\begin{pmatrix} {}_{B}^{A}\boldsymbol{R}{}_{C}^{B}\boldsymbol{R} & {}_{B}^{A}\boldsymbol{R}{}^{B}\boldsymbol{p}_{CO}+{}^{A}\boldsymbol{p}_{BO} \\ \boldsymbol{0} & 1 \end{pmatrix} \tag{2-29}$$

3. 坐标系的相对变换和绝对变换

动坐标系在固定坐标系中发生连续的齐次变换有 2 种情况：①如果齐次变换是相对于固定坐标系中各坐标轴旋转或平移，则齐次变换为左乘，称为**绝对变换**；②如果动坐标系相对于自身坐标系的当前坐标轴旋转或平移，则齐次变换为右乘，称为**相对变换**。

下面以例 2-3 中的齐次变换矩阵为例具体说明相对变换、绝对变换的概念。

我们可以将例 2-3 中的齐次变换矩阵${}_{B}^{A}\boldsymbol{T}=\begin{pmatrix} 0 & 0 & 1 & 1 \\ 1 & 0 & 0 & -3 \\ 0 & 1 & 0 & 4 \\ 0 & 0 & 0 & 1 \end{pmatrix}$写成旋转变换和平移变换的复合：

$$ {}_{B}^{A}\boldsymbol{T}=\textbf{Trans}(1,-3,4)\,\textbf{Rot}(\boldsymbol{k},\theta) \tag{2-30}$$

即

$$\begin{pmatrix}0&0&1&1\\1&0&0&-3\\0&1&0&4\\0&0&0&1\end{pmatrix}=\begin{pmatrix}1&0&0&1\\0&1&0&-3\\0&0&1&4\\0&0&0&1\end{pmatrix}\begin{pmatrix}0&0&1&0\\1&0&0&0\\0&1&0&0\\0&0&0&1\end{pmatrix}$$

我们还可以将式（2-30）中的旋转变换 **Rot**（$\boldsymbol{k}$，θ）进一步表示成二次旋转变换的复合：

$$\textbf{Rot}(\boldsymbol{k},\theta)=\textbf{Rot}(y,\ 90°)\,\textbf{Rot}(z,\ 90°) \tag{2-31}$$

即

$$\begin{pmatrix}0&0&1&0\\1&0&0&0\\0&1&0&0\\0&0&0&1\end{pmatrix}=\begin{pmatrix}0&0&1&0\\0&1&0&0\\-1&0&0&0\\0&0&0&1\end{pmatrix}\begin{pmatrix}0&-1&0&0\\1&0&0&0\\0&0&1&0\\0&0&0&1\end{pmatrix}$$

因此，齐次变换矩阵${}_{B}^{A}\boldsymbol{T}$ 可以看成是经过三次变换复合而成的，即

$$ {}_{B}^{A}\boldsymbol{T}=\textbf{Trans}(1,-3,4)\,\textbf{Rot}(y,\ 90°)\,\textbf{Rot}(z,\ 90°) \tag{2-32}$$

式（2-32）描述了${}_{B}^{A}\boldsymbol{T}$（坐标系｛B｝相对于｛A｝的位置和姿态）的含义。特别需注意的是，因为矩阵的乘法不满足交换，故变换的次序不能随意更改。即

$$\textbf{Trans}(1,-3,4)\,\textbf{Rot}(\boldsymbol{k},\theta)\neq\textbf{Rot}(\boldsymbol{k},\theta)\,\textbf{Trans}(1,-3,4)$$
$$\textbf{Rot}(y,\ 90°)\,\textbf{Rot}(z,\ 90°)\neq\textbf{Rot}(z,\ 90°)\,\textbf{Rot}(y,\ 90°)$$

只有几种特殊情况例外，如两变换都是平移变换，或两变换都是绕同一轴的旋转变换时两变换的次序可以变换。

根据前述绝对变换和相对变换的概念，式（2-32）所描述的坐标系｛B｝可以通过以下两种运动方式得到。

第一种方式：坐标系｛B｝可以认为是经过三次变换得到的：首先绕 z_A 轴转 90°，再绕 y_A 轴转 90°，最后相对｛A｝移动$(1,\ -3,\ 4)^{\mathrm{T}}$。运动是相对坐标系｛$A$｝进行的，齐次变换为左乘，称为绝对变换。

第二种方式：坐标系｛B｝最初与坐标系｛A｝相重合，从左至右依次进行以下变换：首先｛B｝相对于｛A｝移动 $1\boldsymbol{i}-3\boldsymbol{j}+4\boldsymbol{k}$，然后绕 y_B 轴转 90°，最后绕 z_B 轴转 90°，旋转运动是相对坐标系｛B｝的轴进行的，齐次变换为右乘，称为相对变换。

【例 2-7】 已知坐标系｛B｝最初与坐标系｛A｝相重合，坐标系｛B｝绕 z_A 轴转−90°，再绕 x_B 轴转 90°，最后沿 y_A 轴平移−7 个单位，求此时坐标系｛B｝相对于坐标系｛A｝的齐次变换矩阵。坐标系｛B｝上固连一矢量${}^{B}\boldsymbol{p}=(1,\ 2,\ 3)^{\mathrm{T}}$，求此时点 P 在坐标系｛A｝下的位置。

解： 记坐标系｛B｝绕 z_A 轴转−90°对应的齐次变换矩阵为 $\boldsymbol{T}_1$，绕 x_B 轴转 90°对应的齐次变换矩阵为 $\boldsymbol{T}_2$，沿 y_A 轴平移−7 个单位的齐次变换矩阵为 $\boldsymbol{T}_3$，其中

$$T_1=\begin{pmatrix}\cos(-90°) & -\sin(-90°) & 0 & 0\\ \sin(-90°) & \cos(-90°) & 0 & 0\\ 0 & 0 & 1 & 0\\ 0 & 0 & 0 & 1\end{pmatrix}=\begin{pmatrix}0 & 1 & 0 & 0\\ -1 & 0 & 0 & 0\\ 0 & 0 & 1 & 0\\ 0 & 0 & 0 & 1\end{pmatrix}$$

$$T_2=\begin{pmatrix}1 & 0 & 0 & 0\\ 0 & \cos90° & -\sin90° & 0\\ 0 & \sin90° & \cos90° & 0\\ 0 & 0 & 0 & 1\end{pmatrix}=\begin{pmatrix}1 & 0 & 0 & 0\\ 0 & 0 & -1 & 0\\ 0 & 1 & 0 & 0\\ 0 & 0 & 0 & 1\end{pmatrix}$$

$$T_3=\begin{pmatrix}1 & 0 & 0 & 0\\ 0 & 1 & 0 & -7\\ 0 & 0 & 1 & 0\\ 0 & 0 & 0 & 1\end{pmatrix}$$

根据齐次变换的顺序，首先坐标系 $\{B\}$ 绕 z_A 轴转-90°，因为是第一次变换直接写 T_1；再绕 x_B 轴转 90°，该变换为相对变换，因此是 T_1 右乘 T_2；最后沿 y_A 轴平移-7 个单位，该变换为绝对变换，因此再左乘 T_3，可以得到

$${}^A_BT=T_3T_1T_2=\begin{pmatrix}0 & 0 & -1 & 0\\ -1 & 0 & 0 & -7\\ 0 & 1 & 0 & 0\\ 0 & 0 & 0 & 1\end{pmatrix}$$

点 P 在坐标系 $\{A\}$ 下的位置为

$${}^Ap=\begin{pmatrix}0 & 0 & -1 & 0\\ -1 & 0 & 0 & -7\\ 0 & 1 & 0 & 0\\ 0 & 0 & 0 & 1\end{pmatrix}\begin{pmatrix}1\\ 2\\ 3\\ 1\end{pmatrix}=\begin{pmatrix}-3\\ -8\\ 2\\ 1\end{pmatrix}$$

【例 2-8】 刚体可由固定该刚体的坐标系内的六个点来表示，已知在参考坐标系中某刚体（见图 2-7a）六个点的坐标分别为(1，0，0，1)、(-1，0，0，1)、(-1，0，2，1)、(1，0，2，1)、(1，4，0，1)、(-1，4，0，1)。如果首先让刚体绕 z 轴旋转 90°，接着绕 y 轴旋转 90°，再沿 x 轴方向平移 4 个单位，请用齐次变换矩阵来描述该变换过程，并绘图描述。

解：该变换过程均为绝对变换，因此齐次变换矩阵可描述为

$$T=\mathbf{Trans}(4,0,0)\,\mathbf{Rot}(y,90°)\,\mathbf{Rot}(z,90°)$$

$$=\begin{pmatrix}1 & 0 & 0 & 4\\ 0 & 1 & 0 & 0\\ 0 & 0 & 1 & 0\\ 0 & 0 & 0 & 1\end{pmatrix}\begin{pmatrix}0 & 0 & 1 & 0\\ 0 & 1 & 0 & 0\\ -1 & 0 & 0 & 0\\ 0 & 0 & 0 & 1\end{pmatrix}\begin{pmatrix}0 & -1 & 0 & 0\\ 1 & 0 & 0 & 0\\ 0 & 0 & 1 & 0\\ 0 & 0 & 0 & 1\end{pmatrix}=\begin{pmatrix}0 & 0 & 1 & 4\\ 1 & 0 & 0 & 0\\ 0 & 1 & 0 & 0\\ 0 & 0 & 0 & 1\end{pmatrix}$$

这个变换矩阵表示相对原参考坐标系进行旋转和平移变换。对图中的楔形刚体上的六个点及原参考坐标系原点进行变换，如图 2-7b 所示，计算如下：

$$\begin{pmatrix}0&0&1&4\\1&0&0&0\\0&1&0&0\\0&0&0&1\end{pmatrix}\begin{pmatrix}1&-1&-1&1&1&-1&0\\0&0&0&0&4&4&0\\0&0&2&2&0&0&0\\1&1&1&1&1&1&1\end{pmatrix}=\begin{pmatrix}4&4&6&6&4&4&4\\1&-1&-1&1&1&-1&0\\0&0&0&0&4&4&0\\1&1&1&1&1&1&1\end{pmatrix}$$

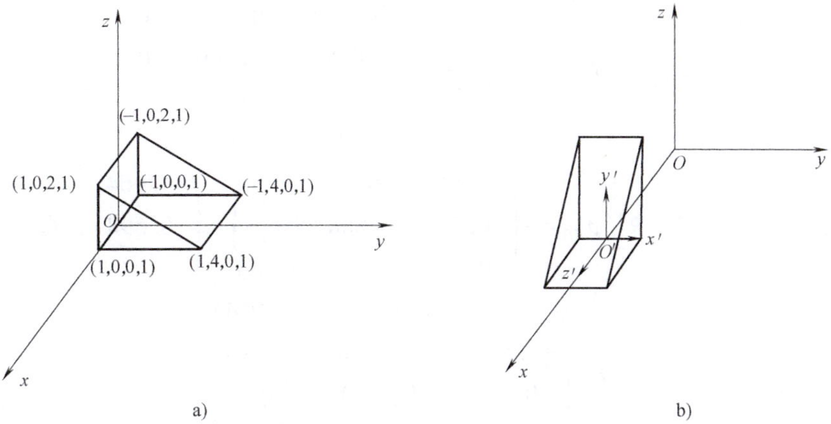

图 2-7　刚体位姿变化示意图

由图 2-7b 可知，这个用数字描述的刚体与描述其位置和姿态的坐标系具有确定的关系。

4. 变换矩阵求逆（逆变换）

如果已知坐标系 {B} 相对坐标系 {A} 的齐次变换矩阵为 ${}^{A}_{B}\boldsymbol{T}$，希望得到 {A} 相对于 {B} 的描述 ${}^{B}_{A}\boldsymbol{T}$，是**齐次变换求逆**问题。一种求解方法是直接对 4×4 的齐次变换矩阵 ${}^{A}_{B}\boldsymbol{T}$ 求逆；另一种是利用齐次变换矩阵的特点，简化矩阵求逆运算。下面首先介绍这种方法。

对于给定的 ${}^{A}_{B}\boldsymbol{T}$ 求 ${}^{B}_{A}\boldsymbol{T}$，只需根据 ${}^{A}_{B}\boldsymbol{R}$ 和 ${}^{A}\boldsymbol{p}_{BO}$，计算 ${}^{B}_{A}\boldsymbol{R}$ 和 ${}^{B}\boldsymbol{p}_{AO}$ 即可。首先，利用旋转矩阵的正交性质，可以得出

$${}^{B}_{A}\boldsymbol{R}={}^{A}_{B}\boldsymbol{R}^{-1}={}^{A}_{B}\boldsymbol{R}^{\mathrm{T}} \tag{2-33}$$

然后利用复合映射公式（2-15），求出原点 ${}^{A}\boldsymbol{p}_{BO}$ 在坐标系 {B} 中的描述

$${}^{B}({}^{A}\boldsymbol{p}_{BO})={}^{B}_{A}\boldsymbol{R}\,{}^{A}\boldsymbol{p}_{BO}+{}^{B}\boldsymbol{p}_{AO} \tag{2-34}$$

${}^{B}({}^{A}\boldsymbol{p}_{BO})$ 表示 {B} 的原点相对于 {B} 的描述，表示同一点的齐次变换，因而式（2-34）的左边为 **0** 矢量，从而可得

$${}^{B}\boldsymbol{p}_{AO}=-{}^{B}_{A}\boldsymbol{R}\,{}^{A}\boldsymbol{p}_{BO}=-{}^{A}_{B}\boldsymbol{R}^{\mathrm{T}}\,{}^{A}\boldsymbol{p}_{BO} \tag{2-35}$$

综合式（2-33）和式（2-35），可以写出 ${}^{B}_{A}\boldsymbol{T}$ 的表达式，即

$${}^{B}_{A}\boldsymbol{T}=\begin{pmatrix}{}^{A}_{B}\boldsymbol{R}^{\mathrm{T}} & -{}^{A}_{B}\boldsymbol{R}^{\mathrm{T}}\,{}^{A}\boldsymbol{p}_{BO}\\ \boldsymbol{0} & 1\end{pmatrix} \tag{2-36}$$

容易验证，这样求得的 ${}^{B}_{A}\boldsymbol{T}$ 满足

$${}^{B}_{A}\boldsymbol{T}={}^{A}_{B}\boldsymbol{T}^{-1} \tag{2-37}$$

式（2-36）为计算齐次变换的逆矩阵提供了一种非常简便有效的方法。

【例 2-9】 已知坐标系 $\{B\}$ 和 $\{A\}$，${}_{B}^{A}\boldsymbol{T}$ 表示坐标系 $\{B\}$ 相对坐标系 $\{A\}$ 绕 z_A 轴转 30°，再沿 x_A 轴移动 4 个单位，沿 y_A 轴移动 3 个单位，试求 ${}_{A}^{B}\boldsymbol{T}$。

解：根据已知变换条件和绝对变换定义，可以得出

$$
{}_{B}^{A}\boldsymbol{T}=\mathbf{Trans}(4,3,0)\,\mathbf{Rot}(z_A,30)=\begin{pmatrix}0.866 & -0.5 & 0 & 4\\ 0.5 & 0.866 & 0 & 3\\ 0 & 0 & 1 & 0\\ 0 & 0 & 0 & 1\end{pmatrix}
$$

利用式（2-36），和 $-{}_{B}^{A}\boldsymbol{R}^{\mathrm{T}\,A}\boldsymbol{p}_{BO}=-\begin{pmatrix}0.866 & 0.5 & 0\\ -0.5 & 0.866 & 0\\ 0 & 0 & 1\end{pmatrix}\begin{pmatrix}4\\3\\0\end{pmatrix}=\begin{pmatrix}-4.964\\-0.598\\0\end{pmatrix}$，得出

$$
{}_{A}^{B}\boldsymbol{T}=\begin{pmatrix}0.866 & 0.5 & 0 & -4.964\\ -0.5 & 0.866 & 0 & -0.598\\ 0 & 0 & 1 & 0\\ 0 & 0 & 0 & 1\end{pmatrix}
$$

2.4.3 变换方程

要表示机器人各关节、连杆以及机器人与周围环境之间的位姿、运动等关系，来实现机器人的操作，要建立多个坐标系来描述这种相对位姿关系。如图 2-8a 所示，$\{B\}$ 代表基坐标系，$\{T\}$ 是工具坐标系，$\{S\}$ 是工作台坐标系，$\{G\}$ 是目标坐标系，它们之间的位姿关系可以用相应的齐次变换矩阵来描述。

${}_{S}^{B}\boldsymbol{T}$ 表示工作台坐标系 $\{S\}$ 相对于基坐标系 $\{B\}$ 的位姿描述，${}_{G}^{S}\boldsymbol{T}$ 表示目标坐标系 $\{G\}$ 相对于工作台坐标系 $\{S\}$ 的位姿描述，${}_{T}^{B}\boldsymbol{T}$ 表示工具坐标系 $\{T\}$ 相对于基坐标系 $\{B\}$ 的位姿描述等。

机器人操作时，工具坐标系 $\{T\}$ 相对目标坐标系 $\{G\}$ 的位姿 ${}_{T}^{G}\boldsymbol{T}$ 直接影响操作效果。

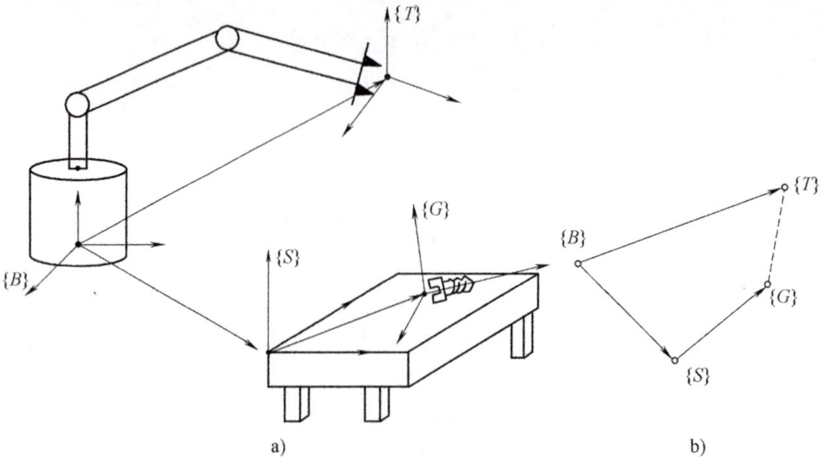

图 2-8 变换方程及其有向变换图

它是机器人控制和规划的目标，与其他变换之间的关系可用空间尺寸链（变换图）来表示，如图 2-8b 所示。

工具坐标系 $\{T\}$ 相对于基坐标系 $\{B\}$ 的描述可用下列变换矩阵的乘积来表示：

$$ {}_T^B\boldsymbol{T} = {}_S^B\boldsymbol{T}\,{}_G^S\boldsymbol{T}\,{}_T^G\boldsymbol{T} \tag{2-38}$$

变换方程式（2-38）中的任一变换矩阵都可用其余的变换矩阵来表示。

2.4.4　通用旋转变换

前面已讨论了旋转矩阵的三种特殊情况，即绕 x、y 和 z 轴的旋转矩阵，现在讨论绕过原点的任意轴 $\boldsymbol{k}$ 旋转 θ 角的变换矩阵。

1. 旋转变换通式

令

$$\boldsymbol{k} = (k_x, k_y, k_z)^{\mathrm{T}} \tag{2-39}$$

是通过原点的单位矢量，我们讨论绕轴 $\boldsymbol{k}$ 旋转 θ 角的情况。k_x、k_y、k_z 分别为 $\boldsymbol{k}$ 矢量在固定参考坐标系 $\{C\}$ 中三个坐标轴分量，且 $k_x^2+k_y^2+k_z^2=1$，如图 2-9 所示。

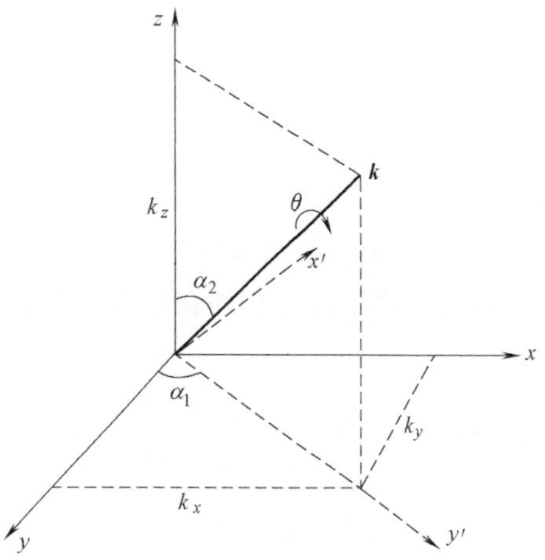

图 2-9　旋转变换通式的变换顺序

变换步骤如下：①绕 z 轴旋转 α_1 角度；②绕 x'轴旋转 α_2 角度；③绕 z''轴旋转 θ 角度。则绕任意过原点的单位矢量 $\boldsymbol{k}$ 旋转 θ 角的旋转齐次变换矩阵为

$$\mathbf{Rot}(\boldsymbol{k},\theta) = \begin{pmatrix} \cos\alpha_1 & -\sin\alpha_1 & 0 \\ \sin\alpha_1 & \cos\alpha_1 & 0 \\ 0 & 0 & 1 \end{pmatrix}\begin{pmatrix} 1 & 0 & 0 \\ 0 & \cos\alpha_2 & -\sin\alpha_2 \\ 0 & \sin\alpha_2 & \cos\alpha_2 \end{pmatrix}\begin{pmatrix} \cos\theta & -\sin\theta & 0 \\ \sin\theta & \cos\theta & 0 \\ 0 & 0 & 1 \end{pmatrix}$$

式中，α_1、α_2 根据几何特征，并采用半角公式，用给定转轴的各个分量来表示。

运用旋转矩阵的正交性质

$$\boldsymbol{n}\cdot\boldsymbol{o}=\boldsymbol{a}\cdot\boldsymbol{o}=\boldsymbol{n}\cdot\boldsymbol{a}=0,\ \boldsymbol{n}\cdot\boldsymbol{n}=\boldsymbol{o}\cdot\boldsymbol{o}=\boldsymbol{a}\cdot\boldsymbol{a}=1,\ \boldsymbol{a}=\boldsymbol{n}\times\boldsymbol{o}$$

进行化简整理，可以得到

$$\mathbf{Rot}(\boldsymbol{k},\theta) = \begin{pmatrix} k_xk_x(1-\cos\theta)+\cos\theta & k_yk_x(1-\cos\theta)-k_z\sin\theta & k_zk_x(1-\cos\theta)+k_y\sin\theta & 0 \\ k_xk_y(1-\cos\theta)+k_z\sin\theta & k_yk_y(1-\cos\theta)+\cos\theta & k_zk_y(1-\cos\theta)-k_x\sin\theta & 0 \\ k_xk_z(1-\cos\theta)-k_y\sin\theta & k_yk_z(1-\cos\theta)+k_x\sin\theta & k_zk_z(1-\cos\theta)+\cos\theta & 0 \\ 0 & 0 & 0 & 1 \end{pmatrix} \tag{2-40}$$

式中，$k_x=a_x$；$k_y=a_y$；$k_z=a_z$。

式（2-40）称为**一般旋转齐次变换通式**，它包括了旋转齐次变换的各种特殊情况，例如：当 $k_x=1$，即 $k_y=k_z=0$ 时，可得式（2-13）；当 $k_y=1$，即 $k_x=k_z=0$ 时，可得式（2-14）；当 $k_z=1$，即 $k_y=k_x=0$ 时，可得式（2-12）。

【例 2-10】 已知坐标系 {B} 原来和 {A} 重合，将坐标系 {B} 绕过原点 O 的轴线 ${}^{A}\boldsymbol{k}=\left(\frac{1}{\sqrt{3}}, \frac{1}{\sqrt{3}}, \frac{1}{\sqrt{3}}\right)^{\mathrm{T}}$ 转动 120°，试求旋转矩阵 $\boldsymbol{R}({}^{A}\boldsymbol{k}, 120°)$。

解：由已知条件可得

$$k_x=k_y=k_z=\frac{1}{\sqrt{3}}$$

将其代入式（2-40），得

$$\boldsymbol{R}({}^{A}\boldsymbol{k},120°)=\begin{pmatrix}0&0&1&0\\1&0&0&0\\0&1&0&0\\0&0&0&1\end{pmatrix}$$

2. 等效转轴和等效转角

前面解决了根据转轴和转角建立相应旋转变换矩阵的问题，反之，若给出某个旋转齐次变换矩阵 $\boldsymbol{R}=\begin{pmatrix}n_x&o_x&a_x&0\\n_y&o_y&a_y&0\\n_z&o_z&a_z&0\\0&0&0&1\end{pmatrix}$，则可根据式（2-40）求出其**等效转轴**矢量 $\boldsymbol{k}$ 及**等效转角** θ。公式如下：

$$\left.\begin{aligned}\sin\theta&=\pm\frac{1}{2}\sqrt{(o_z-a_y)^2+(a_x-n_z)^2+(n_y-o_x)^2}\\ \tan\theta&=\pm\frac{\sqrt{(o_z-a_y)^2+(a_x-n_z)^2+(n_y-o_x)^2}}{n_x+o_y+a_z-1}\\ k_x&=\frac{o_z-a_y}{2\sin\theta}\\ k_y&=\frac{a_x-n_z}{2\sin\theta}\\ k_z&=\frac{n_y-o_x}{2\sin\theta}\end{aligned}\right\}\tag{2-41}$$

式中，当 θ 取 0°～180°之间的值时，式中的符号取+号，否则取负号；当转角 θ 很小时，式（2-41）很难确定转轴；当 θ 接近 0°或 180°时，转轴完全不确定。

【例 2-11】 求复合旋转矩阵 ${}^{A}_{B}\boldsymbol{R}=\boldsymbol{R}(y, 90°)\boldsymbol{R}(z, 90°)$ 的等效转轴 $\boldsymbol{k}$ 和转角 θ。

解：首先计算旋转矩阵

$${}^{A}_{B}\boldsymbol{R}=\boldsymbol{R}(y,90°)\boldsymbol{R}(z,90°)=\begin{pmatrix}0&0&1\\0&1&0\\-1&0&0\end{pmatrix}\begin{pmatrix}0&-1&0\\1&0&0\\0&0&1\end{pmatrix}=\begin{pmatrix}0&0&1\\1&0&0\\0&1&0\end{pmatrix}$$

再根据式（2-41），得出

$$\sin\theta=\frac{1}{2}\sqrt{(1-0)^2+(1-0)^2+(1-0)^2}=\frac{\sqrt{3}}{2},\ \tan\theta=-\sqrt{3}$$

于是，得出等效转角

$$\theta=120°$$

根据式（2-41），得出

$$k_x=\frac{1-0}{\sqrt{3}}=\frac{1}{\sqrt{3}}$$

$$k_y=\frac{1-0}{\sqrt{3}}=\frac{1}{\sqrt{3}}$$

$$k_z=\frac{1-0}{\sqrt{3}}=\frac{1}{\sqrt{3}}$$

$$\boldsymbol{k}=(k_x,k_y,k_z)=\left(\frac{1}{\sqrt{3}},\frac{1}{\sqrt{3}},\frac{1}{\sqrt{3}}\right)^{\mathrm{T}}$$

可以证明，任何一组绕过原点的轴线的复合转动总是等价于绕某一过原点的轴线的转动 $\boldsymbol{R}(\boldsymbol{k},\ \theta)$（欧拉定理）。

3. 齐次变换通式

式（2-40）给出了绕任一过原点的轴线 $\boldsymbol{k}$ 转 θ 角的旋转矩阵 $\boldsymbol{R}(\boldsymbol{k},\ \theta)$，现在推广这一结果，讨论轴线 $\boldsymbol{k}$ 不通过原点的情况。

假定单位矢量 $\boldsymbol{k}$ 通过点 P（其位置矢量为 $\boldsymbol{p}$），并且有

$$\boldsymbol{k}=(k_x,\ k_y,\ k_z)^{\mathrm{T}} \tag{2-42}$$

$$\boldsymbol{p}=(p_x,\ p_y,\ p_z)^{\mathrm{T}} \tag{2-43}$$

为了求出绕 $\boldsymbol{k}$ 轴旋转 θ 角的齐次变换 ${}^{A}_{B}\boldsymbol{T}$，可再定义两坐标系 $\{A'\}$ 和 $\{B'\}$，分别与 $\{A\}$ 和 $\{B\}$ 固连，坐标轴分别与 $\{A\}$ 和 $\{B\}$ 的坐标轴平行，原点取在点 P，在旋转之前 $\{B\}$ 和 $\{A\}$ 重合，$\{B'\}$ 和 $\{A'\}$ 重合。可通过推导得出

$${}^{A}_{B}\boldsymbol{T}=\begin{pmatrix}\boldsymbol{R}(\boldsymbol{k},\theta) & -\boldsymbol{R}(\boldsymbol{k},\theta)\boldsymbol{p}+\boldsymbol{p}\\ \boldsymbol{0} & 1\end{pmatrix} \tag{2-44}$$

【例 2-12】 已知坐标系 $\{B\}$ 原来和 $\{A\}$ 重合，将坐标系 $\{B\}$ 绕矢量 ${}^{A}\boldsymbol{k}=\left(\frac{1}{\sqrt{3}},\frac{1}{\sqrt{3}},\frac{1}{\sqrt{3}}\right)$ 转动 120°，该矢量经过点 P，其位置矢量为 ${}^{A}\boldsymbol{p}=(1,\ 2,\ 3)^{\mathrm{T}}$，求坐标系 $\{B\}$ 的位姿。

解： 根据例 2-10 的结果，即

$$\boldsymbol{R}({}^{A}\boldsymbol{k},\theta)=\begin{pmatrix}0&0&1\\1&0&0\\0&1&0\end{pmatrix},\boldsymbol{R}({}^{A}\boldsymbol{k},\theta)\,{}^{A}\boldsymbol{p}=\begin{pmatrix}0&0&1\\1&0&0\\0&1&0\end{pmatrix}\begin{pmatrix}1\\2\\3\end{pmatrix}=\begin{pmatrix}3\\1\\2\end{pmatrix}$$

$$-\boldsymbol{R}({}^{A}\boldsymbol{k},\theta)\,{}^{A}\boldsymbol{p}+{}^{A}\boldsymbol{p}=-\begin{pmatrix}0&0&1\\1&0&0\\0&1&0\end{pmatrix}\begin{pmatrix}1\\2\\3\end{pmatrix}+\begin{pmatrix}1\\2\\3\end{pmatrix}=\begin{pmatrix}-2\\1\\1\end{pmatrix}$$

由此得出

$$
{}_B^A\boldsymbol{T}=\begin{pmatrix}0&0&1&-2\\1&0&0&1\\0&1&0&1\\0&0&0&1\end{pmatrix}
$$

反之，为了求出转轴上的一点 P，可利用下式：

$$
{}_B^A\boldsymbol{p}=-\boldsymbol{R}(\boldsymbol{k},\theta)\boldsymbol{p}+\boldsymbol{p}
$$

2.5 其他姿态描述

前面介绍了采用旋转变换矩阵 $\boldsymbol{R}$ 来描述刚体的姿态。由于旋转矩阵 $\boldsymbol{R}$ 的 9 个元素应满足 6 个约束条件，只有 3 个独立的元素，下面介绍欧拉角和 RPY 角方法，将旋转矩阵用 3 个独立的参数表示。欧拉角和 RPY 角方法广泛应用在航海和天文学中，以描述刚体方位。

2.5.1 绕固定轴 xyz 旋转（RPY 角）

1. RPY 角

RPY 角是描述船舶在海中航行时方位（姿态）的一种方法。将船的行驶方向取为 z 轴方向，则绕 z 轴的旋转（α 角）称为回转（Roll），绕 y 轴的旋转（β 角）称为俯仰（Pitch），绕 x 轴的旋转（γ 角）称为偏转（Yaw）。操作臂末端手爪姿态的规定方法与之类似，如图 2-10a 所示。习惯上将这种方法称为 RPY 角方法。

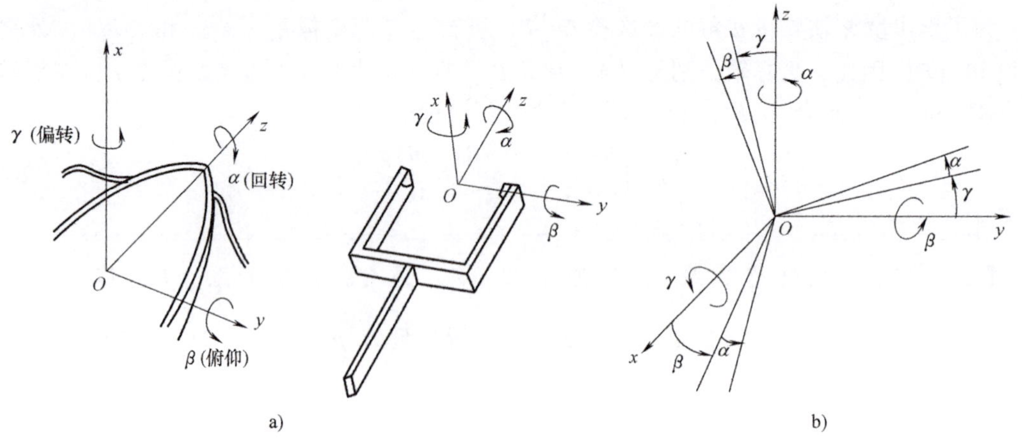

图 2-10 RPY 角

这种描述坐标系 $\{B\}$ 的方位的规则如下：$\{B\}$ 的初始方位与参考坐标系 $\{A\}$ 重合。首先将 $\{B\}$ 绕 x_A 轴转 γ 角，再绕 y_A 轴转 β 角，最后绕 z_A 轴转 α 角，如图 2-10b 所示。

因为三次旋转变换都是相对固定坐标系 $\{A\}$ 而言的，按照“从右向左”的原则，得到相应的旋转变换矩阵：

$$
{}_B^A\boldsymbol{R}_{xyz}(\gamma,\beta,\alpha)=\boldsymbol{R}(z_A,\alpha)\boldsymbol{R}(y_A,\beta)\boldsymbol{R}(x_A,\gamma)
=\begin{pmatrix}\cos\alpha & -\sin\alpha & 0\\ \sin\alpha & \cos\alpha & 0\\ 0 & 0 & 1\end{pmatrix}\begin{pmatrix}\cos\beta & 0 & \sin\beta\\ 0 & 1 & 0\\ -\sin\beta & 0 & \cos\beta\end{pmatrix}\begin{pmatrix}1 & 0 & 0\\ 0 & \cos\gamma & -\sin\gamma\\ 0 & \sin\gamma & \cos\gamma\end{pmatrix} \tag{2-45}
$$

则得

$$
{}_B^A\boldsymbol{R}_{xyz}(\gamma,\beta,\alpha)=\begin{pmatrix}\cos\alpha\cos\beta & \cos\alpha\sin\beta\sin\gamma-\sin\alpha\cos\gamma & \cos\alpha\sin\beta\cos\gamma+\sin\alpha\sin\gamma\\ \sin\alpha\cos\beta & \sin\alpha\sin\beta\sin\gamma+\cos\alpha\cos\gamma & \sin\alpha\sin\beta\cos\gamma-\cos\alpha\sin\gamma\\ -\sin\beta & \cos\beta\sin\gamma & \cos\beta\cos\gamma\end{pmatrix} \tag{2-46}
$$

式（2-46）表示绕固定坐标系的三个轴依次旋转得到的旋转矩阵，因此称该方法为“绕固定轴 xyz 旋转”的 **RPY 角法**。

2. RPY 角反解（逆问题）

现在来讨论 RPY 角法的逆问题（RPY 角反解）。从给定的旋转矩阵中求出等价的绕固定轴 xyz 的转角 γ、β 和 α。令

$$
{}_B^A\boldsymbol{R}_{xyz}(\gamma,\beta,\alpha)=\begin{pmatrix}r_{11} & r_{12} & r_{13}\\ r_{21} & r_{22} & r_{23}\\ r_{31} & r_{32} & r_{33}\end{pmatrix} \tag{2-47}
$$

这是一组超越方程，有 3 个未知数，共有 9 个方程，其中有 6 个方程不独立。因此可以利用其中的 3 个方程解出 3 个未知数。

由式（2-46），通过计算 r_{11} 和 r_{21} 的平方和的平方根，可求得 $\cos\beta$。然后用 $-r_{31}$ 除以 $\cos\beta$，再求其反正切可求得 β。那么，只要 $\cos\beta\neq 0$，就可以用 $r_{21}/\cos\beta$ 除以 $r_{11}/\cos\beta$ 再求其反正切得到角 α，用 $r_{32}/\cos\beta$ 除以 $r_{11}/\cos\beta$ 再求其反正切得到 γ 角，即

$$
\left.\begin{aligned}
\beta &= \mathrm{Atan2}\left(-r_{31},\ \sqrt{r_{11}^2+r_{21}^2}\right)\\
\alpha &= \mathrm{Atan2}(r_{21}/\cos\beta,\ r_{11}/\cos\beta)\\
\gamma &= \mathrm{Atan2}(r_{32}/\cos\beta,\ r_{11}/\cos\beta)
\end{aligned}\right\} \tag{2-48}
$$

式中，Atan2（y，x）是一个双参变量的反正切函数。计算 $\arctan(y/x)$ 时，根据 x 和 y 的符号可判别求得的角所在的象限。例如

$$
\mathrm{Atan2}(-2,\ -2)=-135°,\ \mathrm{Atan2}(2,\ 2)=45°
$$

为了在各种姿态表示法之间定义一一对应的映射函数，在式（2-48）中取 β 的正根以得到单一解，并满足 $-90°\leqslant\beta\leqslant 90°$。如果 $\beta=\pm 90°$，则仅能求出 α 和 γ 的和或差。在这种情况下一般取 $\alpha=0°$，结果如下：

当 $\beta=90°$ 时，解得

$$
\alpha=0°,\ \gamma=\mathrm{Atan2}(r_{12},r_{22}) \tag{2-49}
$$

当 $\beta=-90°$ 时，解得

$$
\alpha=0°,\ \gamma=-\mathrm{Atan2}(r_{12},r_{22}) \tag{2-50}
$$

2.5.2 *zyx* 欧拉角

这种描述坐标系 $\{B\}$ 的方位规则如下：$\{B\}$ 的初始方位与坐标系 $\{A\}$ 相同，首先使

$\{B\}$ 绕 z_B 轴转 α 角，然后绕 y_B 轴转 β 角，最后绕 x_B 轴转 γ 角。

这种描述法中的各次转动都是相对于运动坐标系的某轴进行的，而不是相对于固定坐标系 $\{A\}$ 进行的。这样的描述法称为**欧拉角方法**，又因转动是依次绕 z 轴、y 轴和 x 轴进行的，故称这种描述法为 zyx 欧拉角方法。

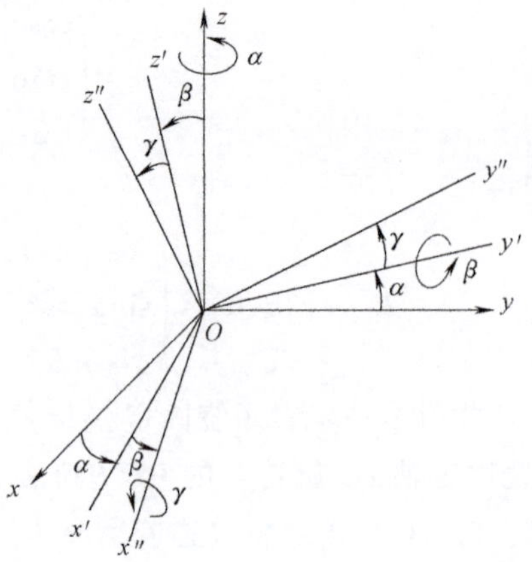

图 2-11 欧拉角

图 2-11 所示为坐标系 $\{B\}$ 沿欧拉角转动的情况。首先绕 z_B 轴转 α 角，x 轴转动至 x'轴，y 轴转至 y'轴，然后绕 y_B 轴（y'轴）转 β 角，z 轴转至 z'轴，x'轴转至 x''轴，如此类推。用 ${}^A_B\boldsymbol{R}_{xyz}(\alpha,\ \beta,\ \gamma)$ 表示 zyx 欧拉角等价的旋转矩阵。由于所有的转动都是相对运动坐标系进行的，根据“从左到右”的原则来安排各次旋转变换对应的矩阵，从而得到表达式

$$
\begin{aligned}
{}^A_B\boldsymbol{R}_{xyz}(\alpha,\beta,\gamma) &= \boldsymbol{R}(z,\alpha)\boldsymbol{R}(y,\beta)\boldsymbol{R}(x,\gamma) \\
&= \begin{pmatrix} \cos\alpha & -\sin\alpha & 0 \\ \sin\alpha & \cos\alpha & 0 \\ 0 & 0 & 1 \end{pmatrix}\begin{pmatrix} \cos\beta & 0 & \sin\beta \\ 0 & 1 & 0 \\ -\sin\beta & 0 & \cos\beta \end{pmatrix}\begin{pmatrix} 1 & 0 & 0 \\ 0 & \cos\gamma & -\sin\gamma \\ 0 & \sin\gamma & \cos\gamma \end{pmatrix}
\end{aligned} \tag{2-51}
$$

则得

$$
{}^A_B\boldsymbol{R}_{xyz}(\gamma,\beta,\alpha) = \begin{pmatrix} \cos\alpha\cos\beta & \cos\alpha\sin\beta\sin\gamma-\sin\alpha\cos\gamma & \cos\alpha\sin\beta\cos\gamma+\sin\alpha\sin\gamma \\ \sin\alpha\cos\beta & \sin\alpha\sin\beta\sin\gamma+\cos\alpha\cos\gamma & \sin\alpha\sin\beta\cos\gamma-\cos\alpha\sin\gamma \\ -\sin\beta & \cos\beta\sin\gamma & \cos\beta\cos\gamma \end{pmatrix} \tag{2-52}
$$

这一结果与绕固定轴 xyz 旋转的结果完全相同。这是因为绕固定轴旋转的顺序与绕运动轴旋转的顺序相反，旋转的角度也对应相等，所得到的变换矩阵是相同的。因此，用 zyx 欧拉角与用固定轴 xyz 转角描述坐标系 $\{B\}$ 是完全等价的。

2.5.3 *zyz* 欧拉角

这种描述坐标系 $\{B\}$ 的方位规则是：最初坐标系 $\{B\}$ 与参考坐标系 $\{A\}$ 重合，首先使 $\{B\}$ 绕 z_B 轴转 α 角，然后绕 y_B 轴转 β 角，最后绕 z_B 轴转 γ 角。

因为转动都是相对运动坐标系 $\{B\}$ 来描述的，而且这三次转动的顺序是先绕 z_B 轴，然后绕 y_B 轴，最后又绕 z_B 轴，所以这种描述法称为 ***zyz* 欧拉角方法**。

根据“从左向右”的原则，可以求得与之等价的旋转变换矩阵：

$$
\begin{aligned}
{}^A_B\boldsymbol{R}_{zyz}(\alpha,\beta,\gamma) &= \boldsymbol{R}(z,\alpha)\boldsymbol{R}(y,\beta)\boldsymbol{R}(z,\gamma) \\
&= \begin{pmatrix} \cos\alpha\cos\beta\cos\gamma-\sin\alpha\sin\gamma & -\cos\alpha\cos\beta\sin\gamma-\sin\alpha\cos\gamma & \cos\alpha\sin\beta \\ \sin\alpha\cos\beta\cos\gamma+\cos\alpha\sin\gamma & -\sin\alpha\cos\beta\sin\gamma+\cos\alpha\cos\gamma & \sin\alpha\sin\beta \\ -\sin\beta\cos\gamma & \sin\beta\sin\gamma & \cos\beta \end{pmatrix}
\end{aligned} \tag{2-53}
$$

下面介绍由旋转变换矩阵求解等价的 zyz 欧拉角方法。设

$$ {}_B^A\boldsymbol{R}_{zyz}(\gamma,\beta,\alpha)=\begin{pmatrix} r_{11} & r_{12} & r_{13} \\ r_{21} & r_{22} & r_{23} \\ r_{31} & r_{32} & r_{33} \end{pmatrix} \tag{2-54} $$

如果 $\sin\beta\neq 0$，则

$$ \left.\begin{aligned} \beta &= \mathrm{Atan2}(\sqrt{r_{31}^2+r_{32}^2},\ r_{33}) \\ \alpha &= \mathrm{Atan2}(r_{23}/\sin\beta,\ r_{13}/\sin\beta) \\ \gamma &= \mathrm{Atan2}(r_{32}/\sin\beta, -r_{31}/\sin\beta) \end{aligned}\right\} \tag{2-55} $$

虽然 $\sin\beta=\sqrt{r_{31}^2+r_{32}^2}$ 有两个解存在，但总是取［0，180°）范围内的一个解。当 $\beta=0°$ 或 $\beta=180°$ 时，式（2-55）是退化的，此时只能得到 α 与 γ 的和或差。通常取 $\alpha=0°$，所得结果如下：

当 $\beta=0°$ 时，解得

$$ \alpha=0,\ \gamma=\mathrm{Atan2}(-r_{12},\ r_{11}) \tag{2-56} $$

当 $\beta=180°$ 时，解得

$$ \alpha=0,\ \gamma=\mathrm{Atan2}(r_{12},\ -r_{11}) \tag{2-57} $$

在 RPY 角方法中是相对固定坐标系旋转的，在欧拉角方法中是相对运动坐标系旋转的，都是以一定的顺序绕坐标主轴旋转三次得到姿态的描述。总共有 24 种排列，其中 12 种为绕固定轴 RPY 设定法，12 种为欧拉角设定法。因为 RPY 角与欧拉角对偶，实质上只有 12 种不同的旋转矩阵。前面已经给出 2 种，其余 10 种作为练习可自行推导。

习　题

2.1　矩阵

$$ \begin{pmatrix} ? & 0 & -1 & 0 \\ ? & 0 & 0 & 1 \\ ? & -1 & 0 & 2 \\ ? & 0 & 0 & 1 \end{pmatrix} $$

代表齐次坐标变换，求其中“?”处的未知元素值。

2.2　写出齐次变换矩阵 ${}_B^A\boldsymbol{T}$，它表示相对固定坐标系 $\{A\}$ 做以下变换：(1) 绕 z_A 轴旋转 60°；(2) 再绕 x_A 轴转 90°；(3) 最后做移动，移动矢量为 $(3,\ 7,\ 8)^{\mathrm{T}}$。

2.3　写出齐次变换矩阵 ${}_B^A\boldsymbol{T}$，它表示相对运动坐标系 $\{B\}$ 做如下变换：(1) 沿矢量 $(3,\ 7,\ 8)^{\mathrm{T}}$ 移动；(2) 再绕 x_B 轴转 60°；(3) 绕 z_B 轴转 45°。

2.4　求齐次变换矩阵

$$ \boldsymbol{T}=\begin{pmatrix} 0 & 1 & 0 & -1 \\ 0 & 0 & -1 & 2 \\ -1 & 0 & 0 & 0 \\ 0 & 0 & 0 & 1 \end{pmatrix} $$

的逆变换矩阵。

2.5　设工件相对参考系 $\{A\}$ 的描述为 ${}_P^A\boldsymbol{T}$，机器人基座相对参考系的描述为 ${}_B^A\boldsymbol{T}$，并已知

$$
{}_P^A\boldsymbol{T}=\begin{pmatrix}0&1&0&-1\\0&0&-1&2\\-1&0&0&0\\0&0&0&1\end{pmatrix},\quad {}_B^A\boldsymbol{T}=\begin{pmatrix}1&0&0&1\\0&1&0&5\\0&0&1&9\\0&0&0&1\end{pmatrix}
$$

希望机器人手爪坐标系 $\{H\}$ 与工件坐标系 $\{P\}$ 重合，试求变换矩阵 ${}_B^H\boldsymbol{T}$。

2.6　证明绕某轴的旋转变换与沿同一轴的移动变换的次序可交换，两移动变换也可交换，两同轴转动变换可交换。

2.7　如图 2-12 所示的各坐标系，试求各齐次变换矩阵 ${}_i^{i-1}\boldsymbol{T}$ 和 ${}_i^0\boldsymbol{T}$（$i=1, 2, 3, 4$）。

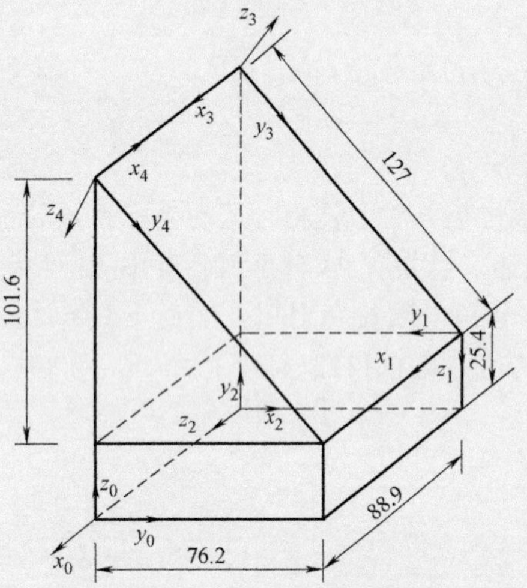

图 2-12　多面体各顶点坐标系

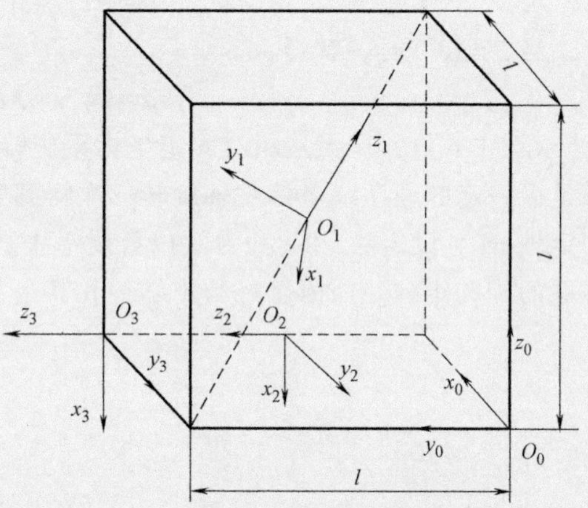

图 2-13　正方体各顶点与中点坐标系

2.8　如图 2-13 所示的各坐标系，试求各齐次变换矩阵 ${}_i^{i-1}\boldsymbol{T}$ 和 ${}_i^0\boldsymbol{T}$（$i=1, 2$）。图中 l 是正方体的边长，O_1 是正方体的质心，O_2 是棱边的中点。

2.9　如图 2-14 所示，一个机器人被设置到距离桌子 1m 远的地方。桌子的顶面距离地面 1m 高，桌子边角处固连一坐标系 $O_1x_1y_1z_1$。一个边长为 20cm 的立方体被放置在桌面中心，并且在立方体中心设置体系 $O_2x_2y_2z_2$。相机位于立方体中心上方距桌顶 2m 高处，坐标系为 $O_3x_3y_3z_3$，试求出各坐标系相对于基础坐标系 $O_0x_0y_0z_0$ 的齐次变换，以及坐标系 $O_2x_2y_2z_2$ 与相机坐标系 $O_3x_3y_3z_3$ 之间的齐次变换。

2.10　在习题 2.9 中，当相机标定之后，假设它绕 z_3 轴转动了 90°，重新计算上述坐标变换。

2.11　在习题 2.9 中，如果桌子上的方块绕 z_2 轴转动了 90°后再被移动，使得方块中心相对于坐标系 $O_1x_1y_1z_1$ 的坐标为$(0, 0.8, 0.1)^{\mathrm{T}}$。试计算方块坐标系和相机坐标系之间的齐次变换，以及方块坐标系与基础坐标系之间的齐次变换。

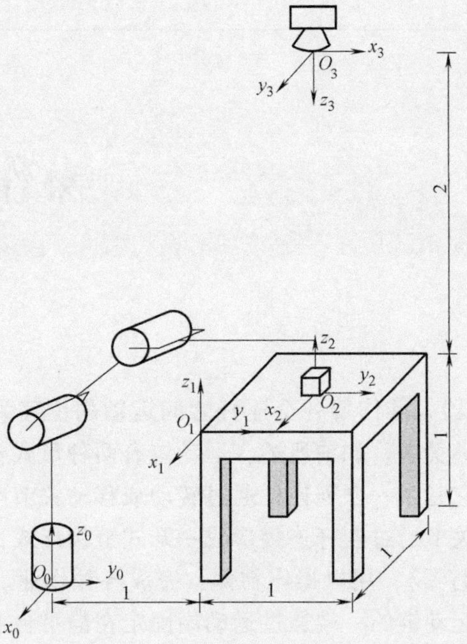

图 2-14

2.12　已知旋转矩阵

$$R(k,\theta)=\begin{pmatrix}0 & 1 & 0\\0 & 0 & -1\\-1 & 0 & 0\end{pmatrix}$$

试求其等效转轴 k 和等效转角 θ。

2.13　假设 R 表示以下操作：绕 y_0 轴旋转 90°后，再绕 z_1 轴旋转 45°，试求 R 的等效转轴与转角。

第3章 操作臂运动学

机器人运动学研究机器人操作臂各个连杆之间运动的位移关系、速度关系和加速度关系，本章讨论最基本的位移关系。如前所述，运动链有两种形式：开链和闭链。机器人操作臂通常视为开式运动链，它是由一系列连杆通过转动或移动关节串联而成的。开链的一端固定在基座上，中间由多个关节通过连杆连接形成一开式链接形式，末端是自由的，安装有工具（也称为夹具或末端执行器），用以操作物体，完成各种作业。闭链的操作臂由多个开式运动链组成，所有的开式运动链的一端通过运动副固定在静平台上，另外一端均通过运动副连接在动平台上，开式运动链经静、动平台两两形成闭链结构，在动平台上安装有工具，用于操作物体完成作业。关节由驱动器驱动，关节参数的变化导致连杆的运动，使末端执行器到达所需的位姿。在轨迹规划时，人们最感兴趣的是操作臂末端执行器相对于固定参考坐标系的空间描述。

为了研究操作臂各连杆之间的位移关系，在每个连杆上固接一个坐标系，然后描述这些坐标系之间的关系。Denavit 和 Hartenberg（1955）提出了一种通用方法，以建立操作臂运动学方程。Paul（1981）用 4×4 的齐次变换矩阵描述相邻两连杆的空间关系，从而推导出工具坐标系相对参考坐标系的等价齐次变换矩阵，即运动学方程。机器人的运动特性可分为正运动和逆运动。正运动是建立机器人连杆坐标系，把机器人关节变量作为自变量，建立机器人正运动学模型，描述机器人末端执行器的位置和姿态与机器人基座之间的运动关系。机器人逆运动是正运动的逆过程，是在已知末端位姿矩阵的条件下求解满足条件的关节角度的问题。逆运动学求解（运动学反解）是对机器人进行轨迹规划、运动控制的基础，一般是一个非线性超越方程组，求解复杂，存在可解性、多解性等问题，因此求解方法是本章讨论的重点之一。

本章介绍了自由度与约束的概念，以及基于螺旋理论的并联机构自由度分析方法、操作臂运动学方程与运动学正解、反解等。此外，还讨论了并联机构的运动学方程、运动学反解和位姿正解等问题，与串联结构的操作臂不同，并联机构的运动学反解是唯一确定的，而位姿正解十分复杂，已引起广泛注意。

3.1 自由度与约束

自由度与约束是机构学研究中最重要的概念之一。机构具有确定运动时所必须给定的独立运动参数的数目（即为了使机构的位置得以确定，必须给定的独立的广义坐标的数目），称为机构自由度（Degree of freedom of mechanism），其数目常以 F 表示。如果一个构件组合体的自由度 F 大于 0，则称之为**机构**，表明各构件有相对运动；如果 F 等于 0，则称之为**结构**（Structure），即已退化为一个构件。需注意的是，以上定义适用于刚性机构，对于柔性机构则有不同的定义方式。

3.1.1 空间机构的自由度

1. 自由度和约束的概念

（1）自由度　刚体的自由度是指刚体能够对坐标系进行独立运动的数目，是确定机构位形所需独立参数的数目。一个刚体最多具有 6 个自由度：相对于坐标系三个坐标轴的三个移动（位置）和绕三个轴线的旋转（姿态）。因此，一个刚体具有 6 个自由度。

（2）约束　刚体如果受到约束的作用，其运动会受到限制，其自由度相应变少，被约束的自由度数称为**约束度**（Degree of Constraint，DoC）。根据麦克斯韦（Maxwell）理论，任何物体如果在空间运动，其自由度 F 和约束度 C 都满足

$$F+C=6$$

如果在平面运动，则满足

$$F+C=3$$

对机构而言，约束在物理上通常表现为运动副的形式。同样，约束对机构的运动会产生重要的影响，无论是其构型设计还是运动设计以及动力学设计都必然要考虑到约束。对刚性机构而言，运动副的本质就是约束。

（3）运动副　**运动副**是两构件直接接触并能产生相对运动的活动连接。运动副（关节）引入约束进而限制 6 个自由度中的某些自由度。例如：移动副（移动关节）为平面构件，它限制了除沿移动方向移动的其他所有自由度，因而只剩下一个移动自由度；转动副（转动关节）限制了沿转动副轴线转动以外的所有自由度，因而只剩下一个转动自由度；复合运动副本质是由移动副和转动副通过满足特殊的几何要求连接的运动副，如球面副是由三个两两正交的转动副连接而成的，因此具有三个转动自由度。常见运动副的类型与自由度见表 3-1。

表 3-1　常见运动副的类型与自由度

名称	符号	自由度	类型	图形	基本符号
转动副	R	$1R$	平面 V 级低副		
移动副	P	$1T$	平面 V 级低副	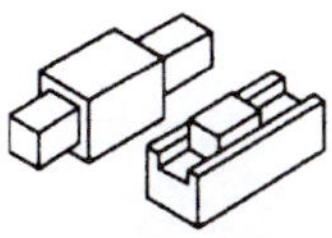	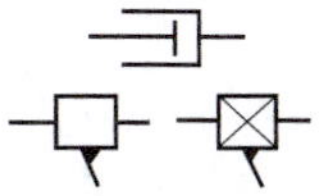
螺旋副	H	$1R$ 或 $1T$	空间 V 级低副	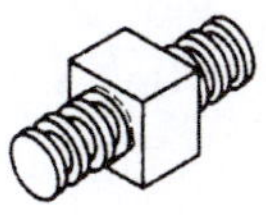	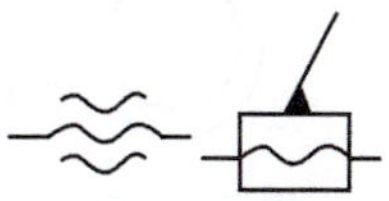

（续）

名称	符号	自由度	类型	图形	基本符号
圆柱型	C	1*R*1*T*	空间Ⅳ级低副	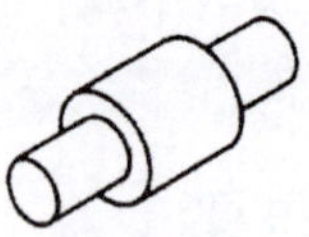	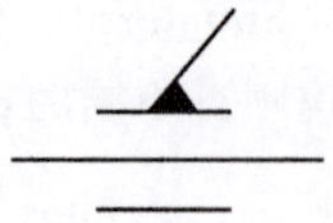
胡克铰	U	2*R*	空间Ⅳ级低副	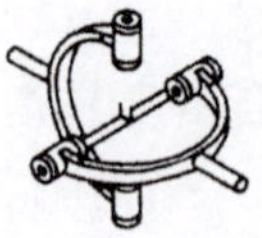	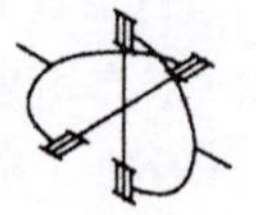
平面副	E	1*R*2*T*	平面Ⅲ级低副		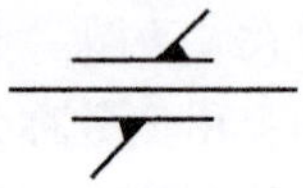
球面副	S	3*R*	空间Ⅲ级低副		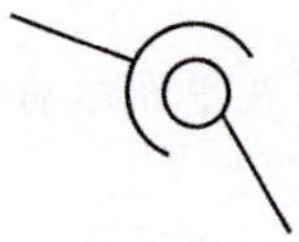

2. 与自由度和约束相关的几个概念

（1）局部自由度　某些构件中存在的、局部的，并不影响其他构件尤其是输出构件运动的自由度称为**局部**自由度或消极自由度（Passive DoF 或 Idle DoF）。在计算机构自由度时，应将机构中的局部自由度除去不计，如图 3-1 所示。平面机构中，典型的局部自由度出现在滚子构件中；在空间机构中，如由 2 个球面副串联而成的运动链 S-S、由球面副和平面副串联而成的运动链 S-E、由平面副和平面副串联而成的运动链 E-E 等，均存在 1 个局部自由度。

局部自由度的出现会导致机构的自由度数增加。例如 S-S 的运动副连接形式，理论上它有 6 个自由度，但实际上通过构件的连接，导致了其中一个自由度（移动自由度）的缺失，从而只有 5 个自由度。

（2）冗余约束　若机构中的部分运动副之间满足某种特殊的几何约束条件，这些约束关系对机构的运动不产生作用，则称这部分约束为**冗余约束**，又称**虚约束**，如图 3-2 所示。冗余约束都是在特定的几何条件下出现的，如果这些几何条件不被满足，则冗余约束就成为

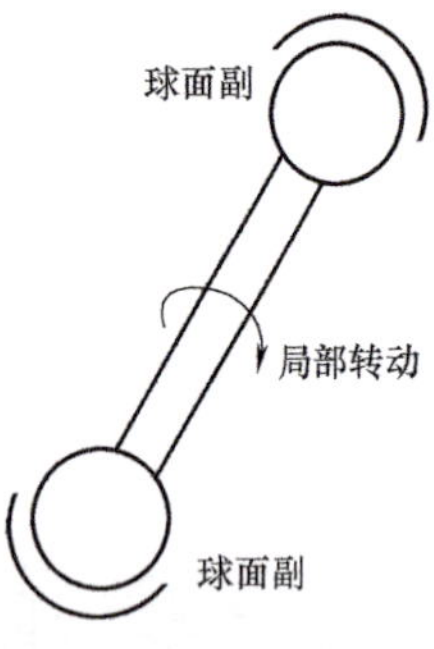

图 3-1　局部自由度示例

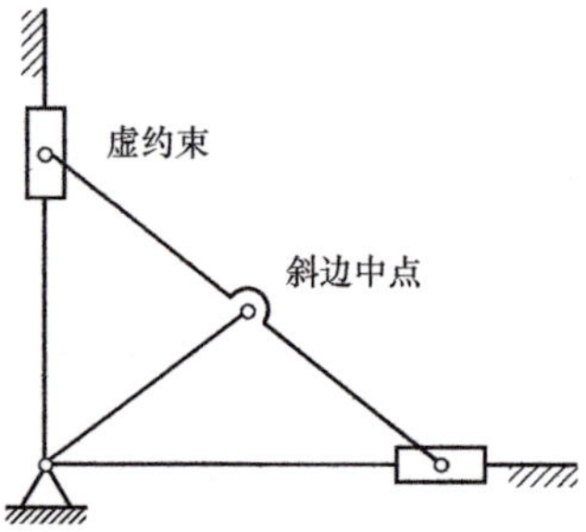

图 3-2　冗余约束示例

有效约束，机构将不能正常运动。机构设计中冗余约束往往是根据某些实际需要采用的，如为了增强支承刚度，或为了改善受力，或为了传递较大功率等需要，只是在计算机构自由度时应去除冗余约束。

冗余约束与公共约束（其概念见下节）统称为过约束（Overconstraint），相应的机构称之为过约束机构（Overconstraint mechanism）。

（3）满自由度/冗余自由度/少自由度机构　可实现空间任意给定运动的六自由度机构称为满自由度机构；当机构自由度大于 6 时，称此类机构为冗余自由度机构；当机构的自由度小于 6 时，称此类机构为少自由度机构或欠自由度机构。

（4）串联机器人自由度　机器人机构能够独立运动的关节数目，但一般不包括手部（末端执行器）的开合自由度，称为机器人机构的运动自由度，可用来反映机器人动作的灵活性。对串联机器人而言，自由度一般是指机器人末端执行器相对基座的自由度。

（5）并联机器人自由度　对并联机器人而言，自由度是指动平台相对静平台的自由度。

3. 自由度的计算

若在三维空间中有 n 个完全不受约束的物体，并且任选其中一个为固定参考物，这时，每个物体相对参考物都有 6 个运动自由度，则 n 个物体相对参考物共有 $6(n-1)$ 个运动自由度。若将所有的物体用运动副连接起来，便构成了一个空间运动链。该运动链中含有 $(n-1)$ 个活动构件，连接构件的运动副用来限制构件间的相对运动。设第 i 个运动副的约束为 u_i，此约束可以是 1 到 5 之间的任何数，如果所有 n 个物体之间的运动副数目为 g，那么这时的运动自由度应减去所有的约束数目的总和即为机构的自由度，即

$$F = 6(n-1) - \sum_{i=1}^{g} u_i \tag{3-1}$$

式中，F 表示机构的自由度。

在一般情况下，若机构不存在虚约束和局部自由度，式中的 u_i 用 $(6-f_i)$ 代替，f_i 为第 i 个运动副的自由度数，则可采用 Chebyshev-Grübler-Kutzbach（CGK）公式来计算机构的自由度：

$$F = d(n-g-1) + \sum_{i=1}^{g} f_i \tag{3-2}$$

式中，F 为机构的自由度数；n 为连杆数（包括基座）；g 为关节（运动副）总数；f_i 为第 i 个运动副的自由度数；d 为机构的阶数，对于平面机构 $l=3$，对于空间机构 $l=6$。

对于多环空间机构（如并联机构），式（3-2）还可以表达为更加简便的形式：

$$F = \sum_{i=1}^{g} f_i - dl \tag{3-3}$$

式中，l 为独立的环路数目。

如果考虑冗余约束和局部自由度对机构的影响，式（3-2）进一步修正为

$$F = d(n-g-1) + \sum_{i=1}^{g} f_i + \nu - \xi \tag{3-4}$$

式中，ν 表示机构的冗余约束数；ξ 表示机构的局部自由度数。

【例 3-1】 试求图 1-10、图 1-11 中的 Stewart 并联机构和 Delta 机构的自由度数目。

解：图 1-10 中的 Stewart 并联机构有 18 个关节（每条支链有 2 个球面副和 1 个移动副，共 6 条支链），14 个连杆（每条支链有 2 个连杆，整个机构有 1 个动平台、1 个基座），18 个关节共有 42 个自由度（每条支链的自由度为 3+1+3=7），6 个局部自由度（每条支链存在 1 个局部自由度），没有虚约束，机构的阶数为 6。根据式（3-2），有

$$F=6\times(14-18-1)+42+0-6=6$$

因此，Stewart 并联机构有 6 个自由度。

图 1-11 中的 Delta 机构有 21 个关节（每条支链有 3 个旋转副和 4 个球面副，共 3 条支链），有 17 个连杆（每条支链有 5 个连杆，整个机构有 1 个动平台，1 个基座），21 个关节总共有 45 个自由度（每条支链有 3 个旋转副和 4 个球面副，即 15 个自由度），12 个局部自由度（每条支链有 4 个局部自由度：由 4 个球面副组成的闭环存在 4 个局部自由度），没有虚约束，机构的阶数为 6。根据式（3-2），有

$$F=6\times(17-21-1)+45+0-12=3$$

因此，Delta 机构有 3 个自由度。

3.1.2 旋量理论概述

从例 3-1 中可以看到，计算正确的机构自由度数，其公共约束、虚约束、局部自由度的确定是真正关键所在。通常这类问题采用的是旋量理论。采用该理论不仅可以计算机构的自由度，还可以对机构的自由度进行定性地分析。本小节以并联机构为例，介绍旋量理论在自由度分析中的应用。

并联机构是由基座、动平台，以及连接它们的若干分支所组成的多闭环机构。它是机器人机构族中一种复杂的结构类型。并联机构的公共约束、虚约束和局部自由度情况复杂多变，缺少直观性，因此对它的自由度分析也比较困难。相对而言，采用旋量理论可以有效地解决此类机构的自由度分析问题。

1. 旋量的基本概念

旋量是分析空间机构的一种十分有效的数学工具，涉及的主要概念包括主旋量、运动旋量、力旋量等。通常它集 6 个标量于一体，或者说是 2 个三维矢量于一体。这样一个旋量就可以同时表示矢量的方向和位置；表示刚体运动中的速度与角速度；表示刚体力学中的力和力矩等。因此，在复杂的空间机构的运动分析和动力分析时，运用旋量理论可以把问题的描述和解决变得十分简洁，而且易于和其他方法如矢量法、矩阵法等进行相互置换。

（1）旋量的定义 我们知道，点、直线和平面是描述欧氏几何空间的三种基本元素，而作为另外一种几何元素，旋量（Screw quantity 或 Screw），是由直线引申而来的。根据 Ball 的定义：“**旋量**是一条具有节距的直线”。简单而言，可直观地视之为一个机械螺旋。

（2）旋量的一般通式 以转动运动副在欧氏空间中的位姿表示为例，转动运动副的中心点 O 的位置矢量为 ${}^{A}\boldsymbol{o}_{O}=(o_x, o_y, o_z)^{\mathrm{T}}$，表示该转动副的位置。该转动副的姿态则根据转动副的轴线与参考坐标系的矢量投影 ${}_{O}^{A}\boldsymbol{R}$ 确定。将位置和姿态用齐次变换矩阵 ${}_{O}^{A}\boldsymbol{T}=\begin{pmatrix} {}_{O}^{A}\boldsymbol{R} & {}^{A}\boldsymbol{o}_{O} \\ 0 & 1 \end{pmatrix}$ 表示，则可以完全确定该转动副在空间的位姿。这是我们在第 2 章中学习过的内

容。由于旋量可以同时表示矢量的方向和位置，因此对于该转动副，可以用螺旋来表示。

设 $\boldsymbol{s}$ 与 $\boldsymbol{s}^0$ 是三维空间的两个对偶矢量，其中，$\boldsymbol{s}$ 为单位矢量（即 $\boldsymbol{s}\cdot\boldsymbol{s}=1$），$\boldsymbol{s}^0=\boldsymbol{r}\times\boldsymbol{s}+h\boldsymbol{s}$，则 $\boldsymbol{s}$ 与 $\boldsymbol{s}^0$ 共同构成一个单位旋量，如图 3-3 所示，记为

$$\$=(\boldsymbol{s};\boldsymbol{s}^0)=(\boldsymbol{s};\boldsymbol{s}_0+h\boldsymbol{s})=(\boldsymbol{s};\boldsymbol{r}\times\boldsymbol{s}+h\boldsymbol{s})=(L,M,N;P^*,Q^*,R^*) \tag{3-5}$$

式（3-5）是旋量的 plücker 坐标表示形式。$\boldsymbol{s}$ 为旋量的**原部**，是表示方向（姿态）的矢量；$\boldsymbol{s}^0$ 为旋量的**对偶部**，是表示位置的矢量。一般情况下，原部与对偶部不是正交的。因此，也可以说，不正交的对偶矢量称为**旋量**，记为$(\boldsymbol{s};\ \boldsymbol{s}^0)$，$\boldsymbol{s}\cdot\boldsymbol{s}^0\neq0$。旋量的两部分也可以用对偶标记 ϵ 结合起来，记为 $\$=\boldsymbol{s}+\epsilon\boldsymbol{s}^0$。

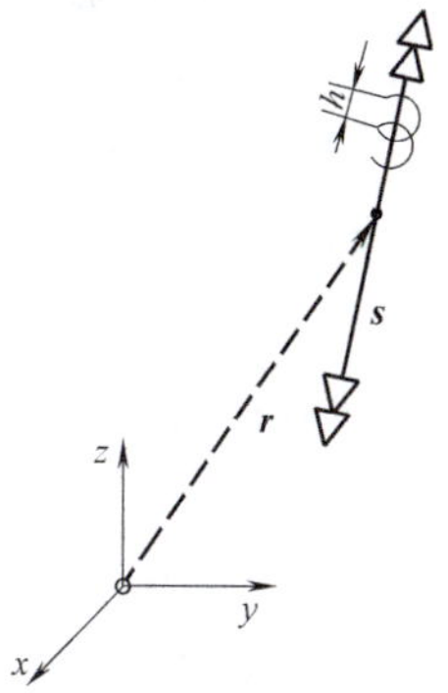

图 3-3 单位旋量

从式（3-5）可以看出，$\boldsymbol{r}\times\boldsymbol{s}=\boldsymbol{s}^0-h\boldsymbol{s}$，它表示旋量的轴线位置。

$\boldsymbol{s}$ 为表示旋量轴线方向的单位矢量，可用 3 个方向余弦表示，即

$$\boldsymbol{s}=(L,\ M,\ N),\ L^2+M^2+N^2=1$$

$\boldsymbol{s}_0$ 称为**线矩**，具有长度单位，$\boldsymbol{s}_0=\boldsymbol{r}\times\boldsymbol{s}$。

$\boldsymbol{r}$ 是由参考坐标系原点至该旋量轴线上任一点的**矢径**（即 $\boldsymbol{r}$ 在 $\$$ 上可以任意选定）。可推导出任一单位旋量的 $\boldsymbol{r}=\dfrac{\boldsymbol{s}\times\boldsymbol{s}^0}{\boldsymbol{s}\cdot\boldsymbol{s}}=\boldsymbol{s}\times\boldsymbol{s}^0$。

$\boldsymbol{s}^0$ 为旋量的对偶部矢量，$\boldsymbol{s}^0$ 可以表示为 $\boldsymbol{s}^0=(P^*,\ Q^*,\ R^*)=(P+hL,\ Q+hM,\ R+hN)$。

h 是原点不变值，称为旋量的**节距**（Pitch），具有长度单位。可推导出任一单位旋量的节距 $h=\dfrac{\boldsymbol{s}\cdot\boldsymbol{s}^0}{\boldsymbol{s}\cdot\boldsymbol{s}}=\boldsymbol{s}\cdot\boldsymbol{s}^0$。

$h\boldsymbol{s}$ 表示在矢量方向 $\boldsymbol{s}$ 上的**螺距**，$\boldsymbol{s}_0=\boldsymbol{r}\times\boldsymbol{s}=\boldsymbol{s}^0-h\boldsymbol{s}$ 为作用线位置，表示该旋量的轴线位置。

1）当节距 h 为零，即 $\boldsymbol{s}\cdot\boldsymbol{s}^0=0$ 时，单位旋量退化为单位线矢量（或称直线旋量）。如果空间一个矢量（具有位置和姿态）被约束在一条空间位置确定的直线上，这个被直线约束的矢量称为**线矢量**（Line vector），如图 3-4 所示，记为

$$\$_0=(\boldsymbol{s};\ \boldsymbol{s}_0)=(\boldsymbol{s};\ \boldsymbol{r}\times\boldsymbol{s}) \tag{3-6}$$

可以看出，线矢量中，原部矢量与对偶部矢量相互正交。

2）当节距 h 为无穷大时，单位旋量退化为**单位偶量**（Couple）或自由矢量，如图 3-5 所示，记为

$$\$_\infty=(0;\ \boldsymbol{s}) \tag{3-7}$$

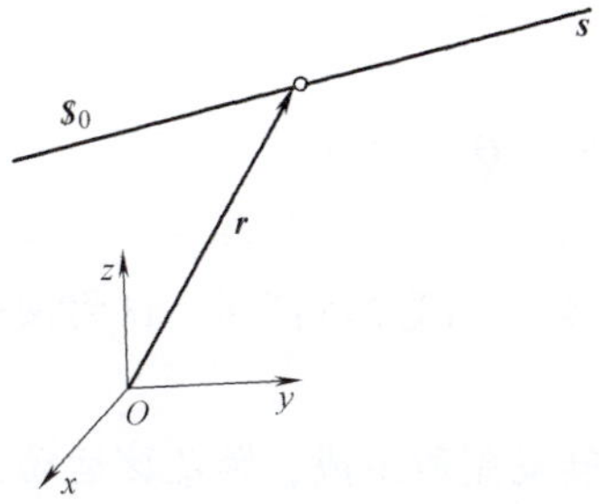

图 3-4 线矢量

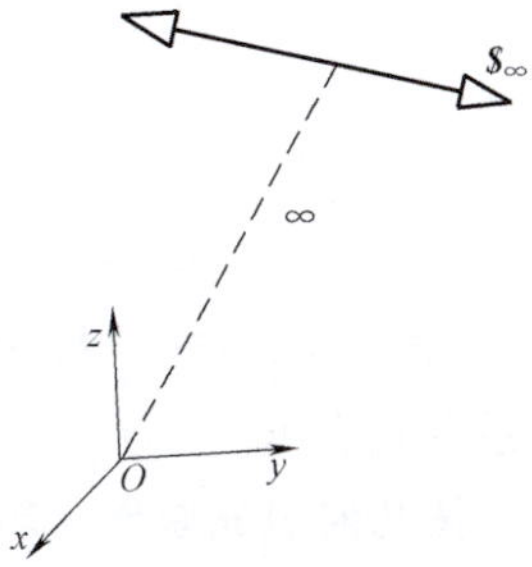

图 3-5 偶量

很显然，由于单位旋量满足 $\boldsymbol{s}\cdot\boldsymbol{s}=1$（归一化条件），这样，6 个 plücker 坐标中只需要 5 个独立的参数来确定。

【例 3-2】 试求单位旋量 $\$=(1,\ 0,\ 0;\ 1,\ 0,\ 1)$ 的节距与轴线。

解：首先根据 $h=\boldsymbol{s}\cdot\boldsymbol{s}^0$ 计算旋量的节距：

$$h=\boldsymbol{s}\cdot\boldsymbol{s}^0=1\times1+0\times0+0\times1=1$$

然后根据 $\boldsymbol{r}=\boldsymbol{s}\times\boldsymbol{s}^0$ 计算轴线位置：

$$\boldsymbol{r}=\boldsymbol{s}\times\boldsymbol{s}^0=(0,\ -1,\ 0)^{\mathrm{T}}$$

(3) 转动副和移动副的旋量表示　根据以上分析，转动副和移动副在空间坐标系中的位姿也可以用旋量来表示。

1) 当 $h=0$ 时，表示该旋量在线矢量方向上没有位移，此时沿该线矢量方向的移动自由度被约束，则 $(\boldsymbol{s},\ \boldsymbol{s}_0)$ 表示为转动副的位姿。也就是说，此时运动旋量退化为一个线矢量，刚体运动退化成纯转动，相应的运动旋量可以表示该转动的转轴，即 $\boldsymbol{s}$ 是运动副轴线的单位矢量，$\boldsymbol{s}_0$ 是直线的线矩，等于从原点到该轴线的矢径与 $\boldsymbol{s}$ 的矢量积（或叉乘）。

2) 当 $h=\infty$ 时，$h\left(\dfrac{\boldsymbol{s}}{h};\ \dfrac{\boldsymbol{s}_0}{h}+\boldsymbol{s}\right)=h\ (0;\ \boldsymbol{s})$ 表示该旋量在线矢量方向上姿态不变（$\lim\limits_{h\to\infty}\dfrac{\boldsymbol{s}}{h}=0$），此时沿该线矢量方向的转动自由度被约束，则 $(\boldsymbol{0},\ \boldsymbol{s})$ 表示为移动副的位姿。也就是说，此时运动旋量退化为一个偶量，刚体运动退化成移动运动，相应的运动旋量可以表示移动线的方向。

如果节距为有限的非零值，则整个运动旋量可以表示为该旋量轴线的移动与转动的**耦合运动**。

(4) 运动链的旋量表示　由于机构所有的运动副均可以用旋量表示，例如转动副是节距为零的旋量；移动副是节距为无穷大的旋量；旋量副具有有限节距；圆柱副是共轴的转动副和移动副；球面副则是共点不共面的 3 个转动副。所以，一个机构就构成了一个旋量系。

机器人的运动支链是由一系列转动和移动运动副所组成的，每个运动副均可用旋量来表示，并组成旋量系。旋量系的矩阵形式可表示为

$$(\$_1,\ \$_2,\cdots,\ \$_n)^{\mathrm{T}}=\begin{pmatrix} L_1 & M_1 & N_1 & P_1 & Q_1 & R_1 \\ L_2 & M_2 & N_2 & P_2 & Q_2 & R_2 \\ \vdots & \vdots & \vdots & \vdots & \vdots & \vdots \\ L_n & M_n & N_n & P_n & Q_n & R_n \end{pmatrix}$$

【例 3-3】 已知机器人一运动支链的组成形式为 URU 型，如图 3-6 所示，试将该运动链用旋量系方式表示。

解：按几何组成原理，胡克铰由两个轴线相互正交的转动副所组成，因此该运动支链可等价于 5 个转动副所组成。

以 $\boldsymbol{s}_1$ 为 x 轴线方向建立参考坐标系 $\{O\}$，则 URU 型运动支链所组成的旋量系可表示为

$$(\$_1, \$_2, \cdots, \$_5)=\begin{pmatrix}1 & 0 & 0 & 0 & 0 & 0\\ 0 & 1 & 0 & 0 & 0 & 0\\ 0 & 1 & 0 & -z_1 & 0 & x_1\\ 0 & 1 & 0 & -z_2 & 0 & x_2\\ 1 & 0 & 0 & 0 & z_2 & -y_2\end{pmatrix}$$

式中，$\boldsymbol{s}_2/\!/\boldsymbol{s}_3/\!/\boldsymbol{s}_4$；$\boldsymbol{s}_1/\!/\boldsymbol{s}_5$；$(x_1, y_1, z_1)$ 为 $\boldsymbol{s}_3$ 上任一点与坐标原点的矢径；(x_2, y_2, z_2) 为 $\boldsymbol{s}_4$ 上任一点与坐标原点的矢径。

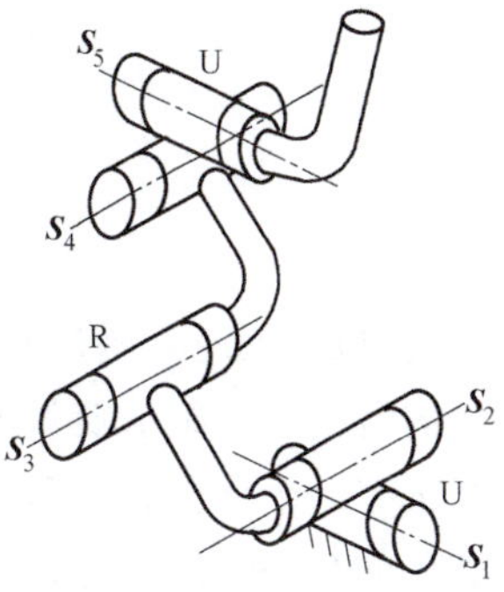

图 3-6　URU 型运动支链

【例 3-4】　如图 3-7 所示，当坐标系如图选择，4 个转动副表示为旋量，其旋量系为

$$\$_1=(0,\ 0,\ 1;\ 0,\ 0,\ 0)$$
$$\$_2=(0,\ 0,\ 1;\ a_2,\ b_2,\ 0)$$
$$\$_3=(0,\ 0,\ 1;\ a_3,\ b_3,\ 0)$$
$$\$_4=(0,\ 0,\ 1;\ 0,\ b_4,\ 0)$$

其中 a_i、b_i 为不同的实数，且在 4 杆机构运动过程中仅是 a_i、b_i 的数值发生变化。

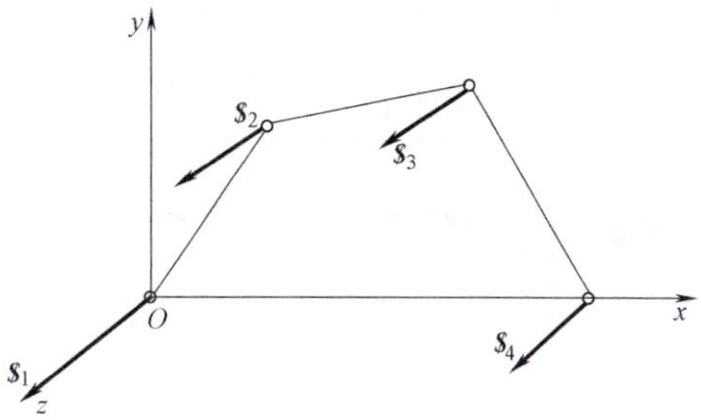

图 3-7　平面四杆机构

【例 3-5】　空间 4P 机构由空间 4 个移动副构成，则有

$$\$_i=(0,0,0;\ a_i,\ b_i,\ c_i)\quad (i=1,2,3,4)$$

2. 旋量系（$\$_1$，$\$_2$，…，$\$_n$）的线性相关性

满足正交性（即 $\boldsymbol{s}\cdot\boldsymbol{s}^0=0$）的对偶矢量称之为旋量。根据 plücker 坐标表示形式，旋量可表示为

$$\$=(L,\ M,\ N;\ P,\ Q,\ R) \tag{3-8}$$

当旋量线性相关时，必可找到一组不全为零的数 ω_i，$i=1$，2，…，n，使得

$$\sum_n \omega_i \quad \$_i=0,\quad \$_i=s_i+\in s_i^0$$

当坐标系由点 O 移至点 A，各旋量变为$(\boldsymbol{s}_i;\ \boldsymbol{s}_i^A)$，可证明

$$\sum_n \omega_i \quad \$_i^A=0$$

这说明对原坐标为线性相关的旋量系，对新坐标系仍保持线性相关；原为线性无关的旋量系，经坐标变换后仍为线性无关。这表明旋量系的相关性与坐标系的选择无关。因此可以在具体分析中选取最方便分析的坐标系，但各旋量的建立均需与所选择的坐标系相对应。

如前所述，旋量是两个矢量的对偶组合，有 6 个标量。旋量系的相关性，就可由旋量系的 plücker 坐标表示的矩阵的秩来分析。

$$J=\begin{pmatrix} L_1 & M_1 & N_1 & P_1 & Q_1 & R_1 \\ L_2 & M_2 & N_2 & P_2 & Q_2 & R_2 \\ \vdots & \vdots & \vdots & \vdots & \vdots & \vdots \\ L_n & M_n & N_n & P_n & Q_n & R_n \end{pmatrix} \tag{3-9}$$

旋量的 plücker 坐标有 6 个分量，显然三维空间线性无关的旋量最多有 6 个。线矢量是旋量的特例，当组成旋量的两个对偶矢量的点积为零时，退化为线矢量。线矢量的 plücker 坐标也有 6 个分量，所以三维空间线性无关的线矢量也有 6 个。下面给出一些特殊几何条件下旋量的相关性的结论，见表 3-2。

表 3-2 线矢量和旋量在不同几何空间下的最大线性无关数

序号	几何特点	图示	线矢量	旋量
1	共轴条件		1	2
2	共面平行		2	3
3	平面汇交	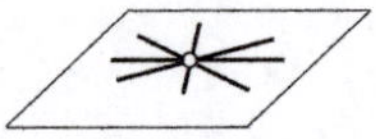	2	4
4	空间平行	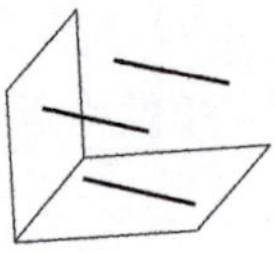	3	4
5	共面	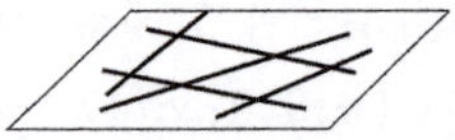	3	5
6	空间共点	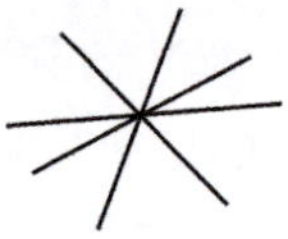	3	(6)
7	汇交点在两面交线上的两平面汇交线束	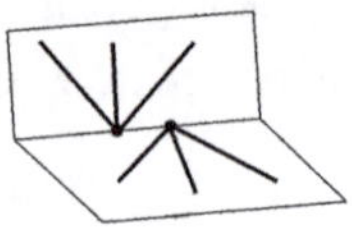	(3)	—
8	共面共点，汇交点在平面上		(4)	—
9	a. 有一公共交线，且交角为直角 b. 有一条公共交线 c. 有两条公共交线 d. 有三条公共交线		4 5 4 3	4 (6) — —
10	交公共线矢量 ***a***		5	—
11	平行平面，且无公垂线		5	5

（续）

序号	几 何 特 点	图 示	线矢量	旋量
12	无公共交线，空间交错（如 6-SPS 转 90°位形）	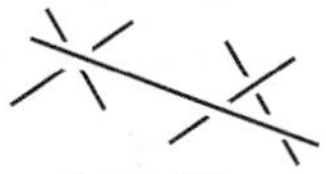 非奇异线族	5	5
13	三维空间任意情况		6	6

注：1. 表中带（）者表示在该空间下线性组合可能超出该空间。
2. 表中旋量具有不同的节距。

（1）共轴条件　任何两个线矢量它们共轴则必为线性相关。而共轴条件下最大线性无关的螺旋（$h\neq0$）数为 2，共轴两旋量的任何组合的合旋量仍在该轴线上。

（2）共面平行　使各旋量同置于 y-z 平面内，且平行 z 轴，这样旋量必有如下形式：

$$\$=(0,\ 0,\ N;\ P,\ 0,\ R)$$

式中，第 5 个分量为零，是因为皆交于 y 轴，对 y 无线矩；第 6 个分量不分零，因为 $h\neq0$；矩阵中 3 列元素为零，因此最大线性无关数为 3。

对于共面平行的线矢量，第 6 个分量也为零，所以最大线性无关数为 2。

（3）共面共点（平面汇交）此时将所有旋量置于 x-y 面内，且原点为汇交点，旋量形如

$$\$=(L,\ M,\ 0;\ P,\ Q,\ 0)$$

式中，P、Q 不为 0 是因为 $h\neq0$，又因过原点则 $R=0$，因此共面共点条件下最大线性无关的旋量数为 4。任何过汇交点位于该平面上的旋量都可由此 4 旋量线性组合得到；而该平面上不过汇交点的旋量不可能由此 4 旋量线性组合得到，因为所有 4 个旋量它们的第 6 个分量都为 0。

对于平面汇交的线矢量，其 plücker 坐标的后 3 项也都为零，所以最大线性无关数为 2。

（4）空间平行　使坐标系的 z 轴与旋量平行，其 plücker 坐标中第 1、2 两元素为零，秩为 4。

对于线矢量，plücker 坐标的第 6 项也为零，对 z 轴无线矩，因此秩为 3。广泛使用的全铰链平面机构，就是这种类型，最大线性无关的线矢量数为 3，因此有 3 个反旋量，公共约束则为 3。

（5）共面情况　共面条件下，将各旋量置于坐标系的 x-y 面内，这样旋量的 plücker 坐标的第 3 个分量必为零，矩阵的秩为 5，所以共面下最大线性无关数为 5。同时，对比平面汇交情况，可以看到至少有一个旋量不过原点，因而平面上任何旋量都可由此 5 个旋量经线性组合得到。

同样选取坐标系，可以看到最大线性无关的线矢量数为 3。

（6）空间共点　三维空间共点条件下最大线性无关的旋量数等于 6。任何过公共点的旋量总可以由该 6 个旋量的线性组合得到。同时，空间不过该点的旋量也可由该 6 个旋量线性组合得到。

三维空间共点条件下最大线性无关的线矢量数是 3。因为将原点选为公共点，线矢量为

$$\$=(L,\ M,\ N;\ 0,\ 0,\ 0)$$

(7) 汇交点在两面交线上的两平面汇交线束　这样的线矢量构成的旋量系的最大线性无关数为 3。可以这样理解：两平面上各有一个共点线束，且两汇交点均在两平面的交线 1 上，平面共点线矢量之和仍为线矢量，过交点，所以可以经线性组合线矢量 $\$_1$和 $\$_2$，使合线矢量 $\$$沿直线 1，而合线矢量 $\$$的大小可以由 ω_1 及 ω_2 决定：

$$\$=\omega_1\ \$_1+\omega_2\ \$_2$$

调节 ω_1 及 ω_2 的大小，使 $\$_4=\$+\omega_3\$_3$，这样 $\$_4$也过汇交点，也是线矢量，说明线性无关的线矢量有 3 个。

(8) 共面与共点线矢量（点在面上）　这种线矢量构成的旋量系的最大线性无关的线矢量数为 4。可以取原点在汇交点处建立坐标系，显然平面上的线矢量其 N、P、Q 三项为零，空间共点线矢量 P、Q、R 三项为零，因而矩阵两列为零，其秩为 4。

(9) 交公共轴线　三维空间下所有旋量交同一轴线，最大线性无关的旋量数仍为 6，任何过此轴线的旋量皆为由上述 6 个线性无关的旋量组合得到。当所有旋量皆与 z 轴正交，旋量的 plücker 坐标的第 3 个、第 6 个分量皆为零，即（L，M，0；P，Q，0），最大线性无关数为 4。

三维空间下交同一直线 $\boldsymbol{a}$ 的线矢量，其最大线性无关数是 5（不包括 $\boldsymbol{a}$）。因为选该公共轴线为 z 轴时，过 z 的线矢量对 z 的线矩为零。当所有线矢量正交同一直线时，最大线性无关数为 4。

由于相交两线矢量一定互逆，当所有线矢量同时与两条直线相交，即有两条公共交线时，最大线性无关数为 4；当所有线矢量同时与 3 条直线相交，有 3 条公共直线时，最大线性无关数为 3，4 条线矢量同时与 3 条直线相交，这 4 条线矢量一定相关。

(10) 交公共线矢量　三维空间中若干线矢量同时与另一条线矢量 $\boldsymbol{a}$ 相交，最大线性无关的线矢量是 5，即最多可以有 4 条线矢量与同一线矢量 $\boldsymbol{a}$ 相交，它们线性无关。当 5 条线矢量同时交一线矢量 $\boldsymbol{a}$ 时，这 6 条线矢量是线性相关的。当两条线矢量同时交第 3 条线矢量时，就是表 3-2 中的第 7 项。

(11) 平行平面且无公共垂线　当所有旋量分布在互相平行的平面中时，相互间无公共垂线。当取平面法线为 z 轴时，则其 plücker 坐标的第 3 项为零，所以最大线性无关数是 5。

(12) 6-SPS 转 90°位形　6-SPS 机构其 6 条线矢量空间相错，无任何公共交线，也不平行。在绕 z 轴转 90°时发生线性相关，而其秩为 5。此时任何 5 条线矢量是线性无关的，第 6 条线矢量是此 5 个的线性组合。理论上 6 轴串联式机器人也可能发生此种情况的特殊位形。注意，在这种特殊位形下，并没有任何直线能同时与这 6 条直线都相交，而以上其他所有情况都至少有一条公共直线。

3. 反旋量与约束

(1) 旋量的互易积　两旋量的**互易积**（Reciprocal product）是指将两旋量 $\$_1$和 $\$_2$的原部矢量与对偶矢量交换后作点积之和，即

$$M_{12}=\$_1^{\mathrm{T}}\boldsymbol{\Delta}\ \$_2=\$_2^{\mathrm{T}}\boldsymbol{\Delta}\ \$_1=M_{21} \tag{3-10}$$

式中，

$$\boldsymbol{\Delta}=\begin{pmatrix}\mathbf{O} & \boldsymbol{I}\\ \boldsymbol{I} & \mathbf{O}\end{pmatrix}$$

对式（3-10）进行展开，得到

$$\begin{aligned} M_{12} &= \$_1{}^{\mathrm{T}} \boldsymbol{\Delta}\, \$_2 \\ &= \boldsymbol{s}_1 \cdot (\boldsymbol{r}_2 \times \boldsymbol{s}_2 + h_2 \boldsymbol{s}_2) + \boldsymbol{s}_2 \cdot (\boldsymbol{r}_1 \times \boldsymbol{s}_1 + h_1 \boldsymbol{s}_1) \\ &= (h_1 + h_2)(\boldsymbol{s}_1 \cdot \boldsymbol{s}_2) + (\boldsymbol{r}_2 - \boldsymbol{r}_1) \cdot (\boldsymbol{s}_2 \times \boldsymbol{s}_1) \end{aligned} \tag{3-11}$$

式中，M_{12} 称为两旋量 $\$_1$和 $\$_2$的互矩（Mutual moment）。

若取两个旋量为同一旋量，则式（3-11）退化为

$$M_{11} = 2h_1$$

根据以上分析，设 $\$_1 = (L_1, M_1, N_1; P_1, Q_1, R_1)$ 和 $\$_2 = (L_2, M_2, N_2; P_2, Q_2, R_2)$，则其互易积运算为

$$M_{12} = L_1 P_2 + M_1 Q_2 + N_1 R_2 + L_2 P_1 + M_2 Q_1 + N_2 R_1 \tag{3-12}$$

（2）反旋量　当两个旋量 $\$_1$与 $\$_2$的互易积为零，即 $\$_1 \circ \$_2 = 0$，则此两旋量互为**反旋量**，“∘”表示互易积。如果一个旋量 $\$$ 与其自身的互易积为零，则称 $\$$ 为自**互易旋量**，可以证明，只有线矢量和偶量是自互易旋量。

当 $\$_2$是 $\$_1$的反旋量时，$\$_1$也必是 $\$_2$的反旋量，它们是互逆的，这里反旋量用 $\$^r$ 表示。

当旋量的秩为 6 时，不存在反旋量，当旋量系的秩（最大线性无关数）少于 6 时，机构就有 $6-r$ 个反旋量，并构成含 $6-r$ 个旋量的反旋量系。例如，单旋量的反旋量系有 5 个旋量，双旋量的反旋量系有 4 个旋量，3 旋量的反旋量系有 3 个旋量等。

（3）公共约束　机构所有的运动副均以旋量表示，构成一个旋量系，若存在与该旋量系中每一个旋量均相逆的反旋量，这就是该机构的一个公共约束。因此，旋量系的反旋量的数目就是公共约束数目。

具有公共约束的机构都有一定的特殊几何条件。当机构具有公共约束之后机构的自由度多了，本来是不能动的杆系变成了能动的机构，而且这个特殊的几何条件要稳定，要机构运动中不改变，机构才能做一定范围的运动，否则就只是瞬时自由度。

（4）反旋量的物理意义　从其物理意义上看，互易积为零的两旋量，一个表示刚体运动，一个表示刚体所受到的力，则互易积就是力旋量对运动旋量所做的功。两旋量的互易积为零时，力旋量对运动旋量的功为零，则意味着该力必然限制了沿着运动旋量轴线方向的运动，即为约束。

对应机器人末端执行器，它是通过许多连杆和关节最后才连接到基座上，其运动决定于含有 n 个旋量的运动支链旋量系。当螺旋系存在反旋量时，则不论该旋量系如何线性组合，都存在

$$\$^r \circ \sum_i^n \omega_i \, \$_i = 0 \tag{3-13}$$

这个反旋量系就反映了末端执行器所处姿态下被约束的状态，根据式（3-13）可知，这种被约束的状态是所有运动副在空间坐标中位姿的综合表现。

约束旋量表现为两种类型：力约束旋量和力矩约束旋量。其形式表示为：$\$^r = (\boldsymbol{s}, \boldsymbol{s}_0)$ 表示力约束旋量，约束的移动矢量方向为 $\boldsymbol{s}$；$\$^r = (\boldsymbol{0}, \boldsymbol{s})$ 表示力矩约束旋量，约束的转动方向矢量为转动的法线方向，根据右手旋量法则确定。

3.1.3 并联机器人自由度分析

并联机器人（Parallel Manipulator，PM），是由动平台和定平台通过至少两个独立的运动链相连接，机构具有两个或两个以上自由度，且以并联方式驱动的一种闭环机构。

并联机器人的单个运动支链由转动副和移动副组合而成，并构成一组旋量系。对该旋量系求反旋量，则可得到此运动支链对动平台的约束类型，再根据并联机器人每个运动支链所提供的多个约束在空间中的线性相关性确定动平台的约束类型，最终确定并联机器人的自由度。

下面以 3-RPS 并联机构为例，介绍并联机器人自由度分析。

如图 3-8 所示，该机构是由 3 个 RPS 型运动支链组成，3 个运动链同时将运动平台连到机架，每个支链由一个转动副 R、一个移动副 P 和一个球面副 S 组成。

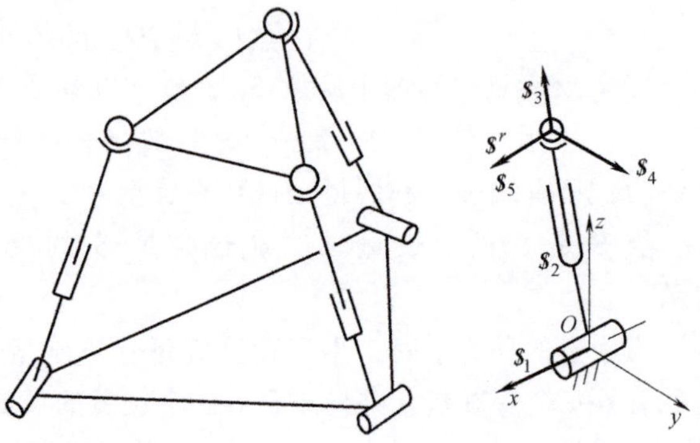

图 3-8　3-RPS 并联机构

为分析这个机构的运动，首先取出一个分支，该分支是由转动副（R）、移动副（P）和球面副（S）组成的串联运动链。在分析的过程中，球面副可以用 3 个轴线共点且两两正交的转动副（详见表 3-1）来代替。这样，相当于有 5 个运动副，则该支链的运动旋量系表示为

转动副：$\$_1=(1,\ 0,\ 0;\ 0,\ 0,\ 0)$

移动副：$\$_2=(0,\ 0,\ 0;\ \alpha,\ 0,\ \beta)$，$\alpha^2+\beta^2=1$

转动副：$\$_3=(\alpha,\ 0,\ \beta;\ 0,\ 0,\ 0)$

转动副：$\$_4=(0,\ 1,\ 0;\ -\beta,\ 0,\ \alpha)$

转动副：$\$_5=(\beta,\ 0,\ -\alpha;\ 0,\ 1,\ 0)$

式中，α、β 分别为矢量 $\boldsymbol{s}_3$ 与 x 轴和 z 轴夹角的余弦。为求与此 5 个旋量相逆的反旋量，设

$$\$^r=(a,\ b,\ c,\ d,\ e,\ f)$$

由互易积 $\$^r\circ\$_i=0$，得到

$$\left.\begin{aligned}&d=f=b=0\\&a\alpha+c\beta=0\\&e-\alpha\beta+c\alpha=0\end{aligned}\right\}\tag{3-14}$$

求解上述方程，可得该运动支链的反旋量为

$$\$^r=(\beta,\ 0,\ -\alpha;\ 0,\ 1,\ 0)$$

该反旋量的原部与对偶部两矢量的点积为零，表示是一个力约束形式；根据 $\boldsymbol{s}=(\beta,\ 0,\ -\alpha)$ 可知该约束力过球面副的中心、方向垂直于移动副轴线。

综合 RPS 型并联机构的其他两个运动支链所提供的约束可知，三个运动支链所提供的约束组为两两相交、不共点的约束力。

3.2 连杆参数与连杆坐标系

如前所述，机器人运动学是研究操作臂的运动特性，即研究操作臂的位置、速度、加速度等。本章只研究静止状态下操作臂连杆的位置和姿态，第 4 章和第 5 章将研究操作臂运动时的速度和加速度。

为了便于处理操作臂的复杂几何形状，首先需要在操作臂的每个连杆上分别设置一个连杆坐标系，描述这些坐标系之间的关系，当各个连杆通过关节连接起来后，再描述连杆坐标系之间的相对关系。本节重点研究把操作臂关节变量作为自变量，描述操作臂末端执行器的位姿与操作臂基座之间的函数关系。

3.2.1 连杆参数

通常，操作臂是由转动关节和移动关节构成的，每个关节具有一个自由度。因此，6 个自由度的操作臂由 6 个连杆和 6 个关节组成。图 3-9 所示的 PUMA 560 机器人就是由 6 个连杆和 6 个关节组成，具有 6 个自由度。连杆 0 是操作臂的基座，静止不动，不包含在这 6 个连杆中。连杆 1 与基座通过关节 1 相连接，连杆 2 与连杆 1 通过关节 2 相连接，…，以此类推。操作臂的末端执行器与连杆 6 固接在一起，从而构成单开链运动结构。具有 n 个自由度的关节被等价为由 n 个单自由度的关节和 $n-1$ 个长度不为零的连杆顺序连接而成。而并联机器人操作臂则包含封闭运动链（闭链）结构。

连杆的运动学功能是使其两端的关节轴线保持固定的几何关系，连杆的特征也是由这两条关节轴线所决定的。如图 3-10 所示，连杆 $i-1$ 可以用两个量来描述：一个是关节轴线 $i-1$ 和关节轴线 i 的公法线长度 a_{i-1}；另一个是两个关节轴线的夹角 α_{i-1}。a_{i-1} 称为连杆 $i-1$ 的**长度**；α_{i-1} 称为连杆 $i-1$ 的**扭角**，这两个参数称为连杆的尺寸参数。

扭角 α_{i-1} 的指向规定为从轴线 $i-1$ 绕公法线转至轴线 i 的平行线；而公法线 a_{i-1} 是由关节 $i-1$ 指向关节 i。当两关节 $i-1$ 和 i 的轴线平行时，$\alpha_{i-1}=0$；当两轴线相交时，$a_{i-1}=0$，这时扭角 α_{i-1} 的指向不定，可以任意规定。

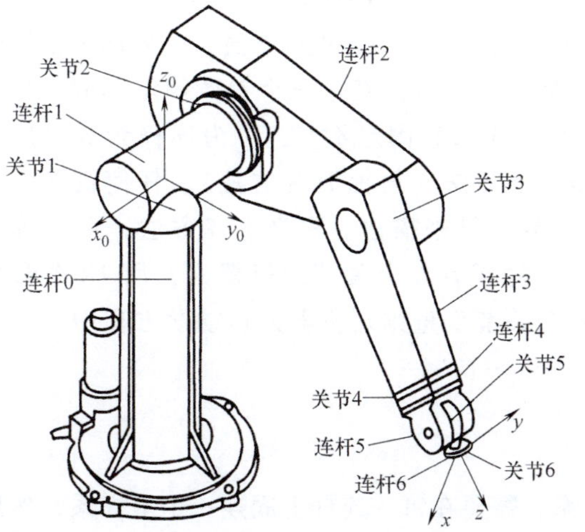

图 3-9 PUMA 560 机器人连杆和关节组成示意图

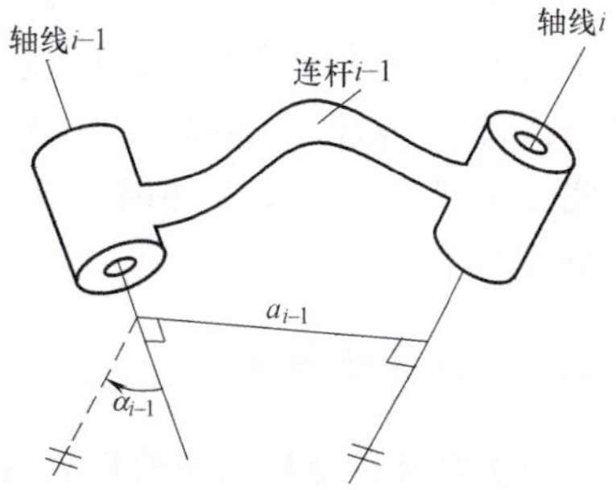

图 3-10 连杆的结构示意图

通常用连杆长度 a_{i-1} 和扭角 α_{i-1} 来规定连杆 $i-1$ 的特征。实际上，公法线长度和扭角可以用来规定任意两条空间直线之间的相对位置。

3.2.2 连杆连接的描述

1. 中间连杆的描述

相邻两连杆之间有一条关节轴线，因此每一关节轴线有两条公法线与它垂直，每条公法线对应于一条连杆。这两条公法线（连杆）的距离称为**连杆**偏距，记为 d_i，它代表连杆 i 相对连杆 $i-1$ 的偏距。这两条公法线（连杆）之间的夹角称为**关节角**，记为 θ_i，它表示连杆 i 相对连杆 $i-1$ 绕该轴线 i 的旋转角度。

图 3-11 所示为连杆 $i-1$ 和连杆 i 的连接关系。a_{i-1} 是连接连杆 $i-1$ 的两关节轴线的公垂线，a_i 是连接连杆 i 的两关节轴线的公垂线。表示连杆 $i-1$ 和连杆 i 连接关系的第一个参数是连杆偏距 d_i，第二个参数是关节角 θ_i。d_i 和 θ_i 都带正负号。d_i 表示 a_{i-1} 与轴线 i 的交点到 a_i 与该轴线交点的距离，沿轴线 i 测量。如果关节 i 是移动关节，则偏距 d_i 是关节变量。θ_i 表示 a_{i-1} 与 a_i 的延长线间的夹角，可绕关节 i 的轴线测量。如果关节 i 是旋转关节，则 θ_i 是关节变量，d_i 固定不变。

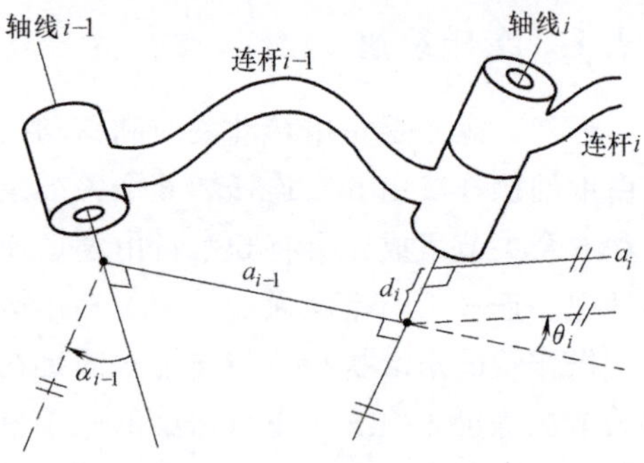

图 3-11 两连杆连接的描述

2. 首端连杆和末端连杆的描述

连杆的长度 a_i 和连杆扭角 α_i 取决于关节轴线 i 和关节轴线 $i+1$。因此，a_1 到 a_{n-1} 以及 α_1 到 α_{n-1} 按照图 3-11 所示规则确定，而在运动链的两端，我们习惯约定 $a_0=a_n=0$。

同样，d_2 到 d_{n-1} 以及 θ_2 到 θ_{n-1} 按照上面讨论的方法规定。如果关节 1 是旋转关节，则 θ_1 是关节变量，θ_1 的零位可以任意选择，d_1 固定不变，通常习惯规定 $d_1=0$；如果关节 1 是移动关节，则 d_1 是关节变量，d_1 的零位可以任意选择，θ_1 固定不变，通常习惯规定 $\theta_1=0$。

上面的规定完全适用于关节 n。这样规定的目的是为了使计算简便。显然，一个量任意选定，另一个量取为 0，可使连杆坐标系相应的齐次变换尽可能简单。

由上所述，每个连杆可以由四个参数来描述：其中两个描述连杆本身，另外两个描述连杆与相邻连杆的连接关系。对于转动关节，θ_n 是关节变量，其他三个参数固定不变，称为连杆参数；对于移动关节，d_n 是关节变量，其他三个参数固定不变，称为连杆参数。这种描述机构运动关系的规则称为 **Denavit-Hartenberg 方法**（简称 D-H 方法）。任何机器人各连杆之间的运动关系均可以通过连杆参数和关节变量来描述。根据上述方法，可以确定机器人的 Denavit-Hartenberg 参数（**D-H 参数**）。对于有 6 个关节的机器人，用 18 个参数可完全描述它的运动学的固定部分，而其他 6 个关节变量则是机器人运动学方程中的变量部分。

3.2.3 连杆坐标系

为了研究各连杆之间的相对运动和位姿关系，需要在每一连杆上固连一个坐标系，然后描述这些连杆坐标系之间的关系。通常与基座（连杆 0）固连的称为**基坐标系**，与连杆 1 固

连的称为坐标系 {1}，与连杆 i 固连的坐标系称为坐标系 {i}。下面结合图 3-12 讨论连杆坐标系建立的方法。

1. 中间连杆 i 的坐标系

坐标系 {i} 的 z_i 轴与关节轴线 i 共线。坐标系 {i} 的 x_i 轴与 a_i 重合，由关节 i 指向关节 i+1；当 $a_i=0$ 时，x_i 垂直于 z_i 和 z_{i+1} 所在的平面，即 $x_i=\pm z_{i+1}\times z_i$。坐标系 {$i$} 的 y_i 轴按右手法则规定。

坐标系 {i} 的原点 O_i 取在 x_i 和 z_i 的交点上；当 z_i 与 z_{i+1} 相交时，原点取在两轴交点上，当 z_i 与 z_{i+1} 平行时，原点取在使 $d_{i+1}=0$ 的地方。图 3-12 所示为连杆 $i-1$ 的坐标系 {$i-1$} 和连杆 i 的坐标系 {i} 的设定位姿。

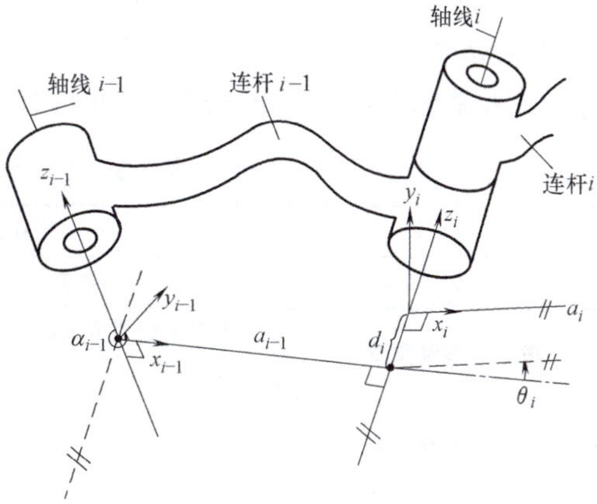

图 3-12　连杆坐标系的设定

2. 首端连杆和末端连杆的坐标系

坐标系 {0} 即基坐标系，与机器人基座固连，固定不动，可作为参考系，用来描述操作臂其他连杆坐标系的位姿。

基坐标系可任意规定，但为了简单方便起见，一般选择 z 轴方向为沿关节轴线 1 的方向，并且当关节变量 1 为零时，设定参考坐标系 {0} 与坐标系 {1} 重合。这种规定隐含了条件 $\alpha_0=0$、$\alpha_0=0$。另外，当关节 1 是转动关节时，$d_1=0$；当关节 1 是移动关节时，$\theta_1=0$。

末端连杆坐标系 {n} 的规定与基坐标系相似。对于转动关节 n，设定 $\theta_n=0$，此时 x_n 与 x_{n-1} 轴的方向相同，选取坐标系 {n} 的原点位置使之满足 $d_n=0$；对于移动关节 n，设定 x_n 轴的方向使之满足 $\theta_n=0$，当 $d_n=0$ 时，选取坐标系 {n} 的原点位于 x_n 与 x_{n-1} 轴的交点位置。

3. 连杆参数在连杆坐标系中的表示

如果按照上述方法将连杆坐标系固连于连杆上时，可以明确定义相应的连杆参数：

a_i：沿 x_i 轴，从 z_i 移动到 z_{i+1} 的距离；

α_i：绕 x_i 轴，从 z_i 旋转到 z_{i+1} 的角度；

d_i：沿 z_i 轴，从 x_{i-1} 移动到 x_i 的距离；

θ_i：绕 z_i 轴，从 x_{i-1} 旋转到 x_i 的角度。

通常选择 $a_i\geqslant 0$，因为它代表连杆长度，而 α_i、d_i 和 θ_i 的值可正可负。

前面所述有关连杆坐标系的规定，并不能保证坐标系的唯一性。首先，当选取 z_i 轴与关节轴 i 重合时，z_i 轴的指向有两种选择。此外，在关节轴相交的情况下（此时 $a_i=0$），由于 x_i 轴垂直于 z_i 轴与 z_{i+1} 轴所在的平面，因此 x_i 轴的指向也有两种选择。当关节轴 i 与 i+1 平行时，坐标系 {i} 的原点位置可以任意选择（通常选取原点使之满足 $d_i=0$）。另外，当关节为移动关节时，坐标系的选取也有一定的任意性。

4. 建立连杆坐标系的步骤

对于给定的机器人，可以按照下面的步骤建立连杆坐标系：

1）找出各关节轴，并画出这些轴线的延长线。

2）找出关节轴 i 和 $i+1$ 之间的公垂线或关节轴 i 和 $i+1$ 的交点，以关节轴 i 和 $i+1$ 的交点或公垂线与关节轴 i 的交点作为连杆坐标系 $\{i\}$ 的原点。

3）规定 z_i 轴沿关节轴 i 的指向。

4）规定 x_i 轴沿公垂线的指向，如果关节轴 i 和 $i+1$ 相交，则规定 x_i 轴垂直于关节轴 i 和 $i+1$ 所在的平面。

5）按照右手法则确定 y_i 轴。

6）当第一个关节变量为零时，规定坐标系 $\{0\}$ 与 $\{1\}$ 重合。对于末端坐标系 $\{n\}$，原点和 x_n 的方向可任意选取。但是在选取时，通常尽量使连杆参数为 0。

上面介绍了各连杆坐标系和确定连杆参数的一般方法，即 D-H 方法（归纳于表 3-3 中），在此基础上可以导出连杆变换和机器人运动学方程。

表 3-3　连杆参数及坐标系配置总结

连杆的参数				
名称		含义	正负号	性质
θ_n	转动角度	连杆 n 绕关节 n 的 z_n 轴的转动角度	右手法则	转动关节为变量移动关节为常量
d_n	移动距离	连杆 n 绕关节 n 的 z_n 轴的移动距离	与 z_n 正向一致	移动关节为变量 转动关节为常量
a_n	连杆长度	沿 x_n 方向上，连杆 n 的长度，尺寸参数	与 x_n 正向一致	常量
α_n	连杆扭角	连杆 n 两关节轴线之间的扭角，尺寸参数	右手法则	常量
连杆 n 的坐标系 $O_nx_ny_nz_n$				
原点 O_n		轴 z_n	轴 x_n	轴 y_n
关节 n 与关节 $n+1$ 两轴线的公垂线与关节 n 轴线的交点处		与关节 n 轴线重合	沿连杆 n 两关节轴线的公垂线，并指向 $n+1$ 关节	按右手法则确定

【例 3-6】 图 3-13a 所示为一个平面三连杆操作臂，其三个关节均为转动关节，因此称

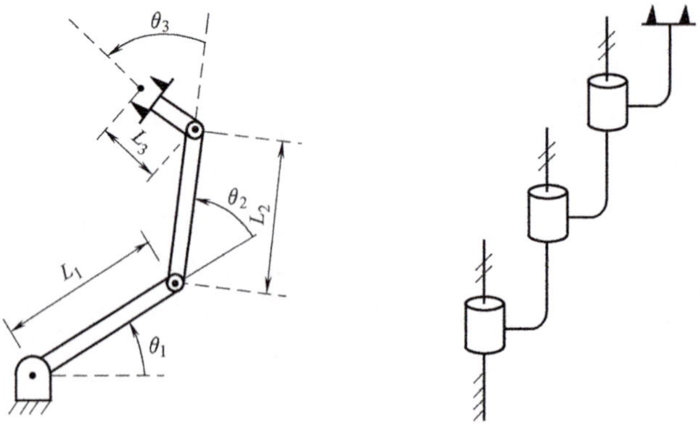

a)　　b)

图 3-13　3R 机构

其为 RRR 或 3R 机构，图 3-13b 所示是该操作臂的简图。注意在三个关节轴上均标有双斜线，表示这些关节轴线平行。试在操作臂上建立连杆坐标系并写出 D-H 参数。

解：首先定义参考坐标系 {0}，它固定在基座上。当第一个关节变量值 θ_1 为 0 时，坐标系 {0} 与坐标系 {1} 重合。因此我们建立坐标系 {0} 如图 3-14 所示，z_0 轴与关节 1 轴线重合。这个操作臂所有的关节轴线都与操作臂所在的平面垂直。由于该操作臂位于一个平面上，因此所有的 z 轴相互平行，没有连杆偏距，即所有的 d_i 都为 0。由于所有关节都是旋转关节，因此当转角都为 0 时，所有的 x 轴一定在一条直线上。

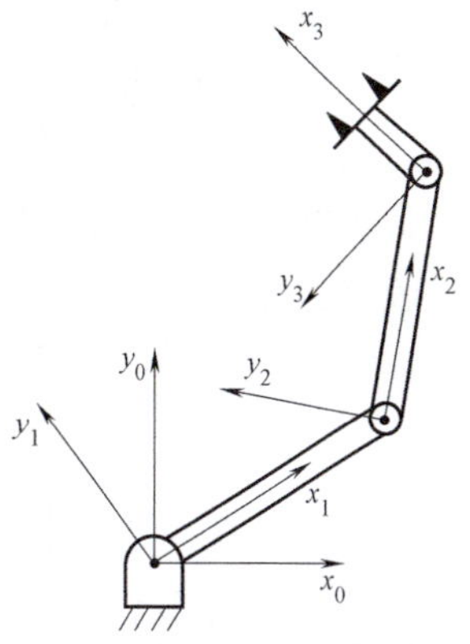

图 3-14　连杆坐标系的配置

由上面的分析很容易确定各坐标系如图 3-14 所示，相应的连杆参数详见表 3-4。由于所有的关节轴都是平行的，且所有的 z 轴都垂直纸面向外，因此 α_i 都为 0。

表 3-4　3R 机构操作臂的连杆参数

i	α_{i-1}	a_{i-1}	d_i	θ_i
1	0	0	0	θ_1
2	0	L_1	0	θ_2
3	0	L_2	0	θ_3

3.3 连杆变换和运动学方程

本节首先推导相邻两连杆坐标系之间的变换矩阵，然后将这些变换矩阵依次相乘，得到操作臂的运动学方程。该方程表示末端连杆相对于基座的位姿关系，是各关节变量的函数。

3.3.1 连杆的齐次变换

连杆坐标系 $\{i\}$ 与 $\{i-1\}$ 通过四个参数 a_i、α_i、d_i 和 θ_i 联系起来，因此坐标系 $\{i\}$ 相对于 $\{i-1\}$ 的齐次变换矩阵 ${}^{i-1}_{i}\boldsymbol{T}$ 通常也是连杆的这四个参数的函数。对机器人而言，这个变换只是一个变量（关节变量）的函数，其他三个参数由机器人的结构所确定。显然，我们可以把连杆齐次变换矩阵 ${}^{i-1}_{i}\boldsymbol{T}$ 分解为四个基本的子变换矩阵，其中每一个子变换矩阵都仅依赖于一个关节变量，并且能够直接写出子变换公式。

坐标系 $\{i\}$ 相对于坐标系 $\{i-1\}$ 的齐次变换矩阵 ${}^{i-1}_{i}\boldsymbol{T}$ 可以看成是以下四个子变换矩阵的乘积：

① 绕 x_{i-1} 轴转动 α_{i-1} 角；

② 沿 x_{i-1} 轴移动 a_{i-1}；

③ 绕 z_i 轴转动 θ_i 角；

④ 沿 z_i 轴移动 d_i。

因为以上变换都是相对动坐标系来描述的，按照“从左向右”的原则，可以得到

$$ {}^{i-1}_{i}\boldsymbol{T}=\mathbf{Rot}(x,\alpha_{i-1})\mathbf{Trans}(x,a_{i-1})\mathbf{Rot}(z,\theta_i)\mathbf{Trans}(z,d_i) \tag{3-15}$$

将齐次旋转和平移矩阵变换基本公式代入式（3-15），可以得到连杆齐次变换矩阵${}^{i-1}_{i}\boldsymbol{T}$的一般表达式：

$$ {}^{i-1}_{i}\boldsymbol{T}=\begin{pmatrix} \cos\theta_i & -\sin\theta_i & 0 & a_{i-1} \\ \sin\theta_i\cos\alpha_{i-1} & \cos\theta_i\cos\alpha_{i-1} & -\sin\alpha_{i-1} & -d_i\sin\alpha_{i-1} \\ \sin\theta_i\sin\alpha_{i-1} & \cos\theta_i\sin\alpha_{i-1} & \cos\alpha_{i-1} & d_i\cos\alpha_{i-1} \\ 0 & 0 & 0 & 1 \end{pmatrix} \tag{3-16}$$

从式（3-16）可以看出，连杆变换矩阵${}^{i-1}_{i}\boldsymbol{T}$取决于四个参数 a_i、α_i、d_i 和 θ_i，其中只有一个参数是变动的。对于旋转关节 i，θ_i 是关节变量；对于移动关节 i，d_i 是关节变量。

按照右乘法则，将式（3-16）所表示的各连杆齐次变换矩阵${}^{i-1}_{i}\boldsymbol{T}$（$i=1, 2, \cdots, n$）顺序相乘，便得到末端连杆坐标系 $\{n\}$ 相对于基坐标系 $\{0\}$ 的齐次变换矩阵

$$ {}^{0}_{n}\boldsymbol{T}={}^{0}_{1}\boldsymbol{T}{}^{1}_{2}\boldsymbol{T}\cdots{}^{n-1}_{n}\boldsymbol{T} \tag{3-17}$$

设关节变量统一表示为 q_i，对于移动关节 i 有 $q_i=d_i$；对于转动关节 i 有 $q_i=\theta_i$。则式（3-17）可改写为

$$ {}^{0}_{n}\boldsymbol{T}(q_1,q_2,\cdots,q_n)={}^{0}_{1}\boldsymbol{T}(q_1){}^{1}_{2}\boldsymbol{T}(q_2)\cdots{}^{n-1}_{n}\boldsymbol{T}(q_n) \tag{3-18}$$

通常${}^{0}_{n}\boldsymbol{T}$称为操作臂的**齐次变换矩阵**。根据式（3-18）可知，${}^{0}_{n}\boldsymbol{T}$是 n 个关节变量 q_1，q_2，…，q_n 的函数。如果给定 n 个关节变量的值，那么就可以计算出末端连杆相对于基坐标系的位姿，称为操作臂位姿正解问题；按照手爪位姿的描述方法，用位置矢量 $\boldsymbol{p}$ 表示末端连杆的位置，用旋转矩阵 $\boldsymbol{R}=(\boldsymbol{n},\ \boldsymbol{o},\ \boldsymbol{a})$ 代表末端连杆的姿态，则式（3-18）可写成

$$ \begin{pmatrix} {}^{0}_{n}\boldsymbol{n} & {}^{0}_{n}\boldsymbol{o} & {}^{0}_{n}\boldsymbol{a} & {}^{0}_{n}\boldsymbol{p} \\ 0 & 0 & 0 & 1 \end{pmatrix}=\begin{pmatrix} {}^{0}_{n}\boldsymbol{R} & {}^{0}_{n}\boldsymbol{p} \\ \boldsymbol{0} & 1 \end{pmatrix}={}^{0}_{1}\boldsymbol{T}(q_1){}^{1}_{2}\boldsymbol{T}(q_2)\cdots{}^{n-1}_{n}\boldsymbol{T}(q_n) \tag{3-19}$$

式（3-19）称为操作臂的**运动学方程**，它表示末端连杆的位姿（$\boldsymbol{n}$，$\boldsymbol{o}$，$\boldsymbol{a}$，$\boldsymbol{p}$）与关节变量（q_1，q_2，…，q_n）之间的关系。当末端连杆的位姿给定，需解出各个关节变量（q_1，q_2，…，q_n），则称之为操作臂位姿的**反解**问题。

3.3.2 关节空间、操作空间和驱动空间

1. 关节空间

具有 n 个自由度的操作臂的末端位姿由 n 个关节变量所决定，这 n 个关节变量统称为 n 维关节矢量，所有关节矢量构成的空间称为**关节空间**（Joint space）。

如果用 $\boldsymbol{q}=(q_1,\ q_2,\ \cdots,\ q_n)$ 来表示关节空间，则对于转动关节，$q_i=\theta_i$；对于移动关节，$q_i=d_i$。

2. 操作空间

通常把末端手爪位姿构成的空间称为操作空间。末端手爪的位姿 x 是在直角坐标空间中描述的，即用操作空间或作业定向空间来表示，其中位置用直角坐标表示，姿态可以根据描述末端执行器坐标系相对基坐标系的旋转矩阵表示。这样，就可以通过（$m\times1$）矢量来描

述末端执行器的位姿，其中 $m \leq 6$。

$$\boldsymbol{x}_e = \begin{pmatrix} p_e \\ \phi_e \end{pmatrix} \tag{3-20}$$

式中，p_e 描述末端执行器的位置；ϕ_e 描述其姿态（方位）。

这种位置和方位的表达形式可以根据很多本质上独立的变量来描述末端执行器的任务。矢量 $\boldsymbol{x}_e$ 定义在指定机械手任务的空间中，因此将这一空间称为**操作空间**（Operational space）。

运动学方程可以看成是由关节空间变量的信息来计算操作空间变量，即可以看成是由关节空间向操作空间的映射；而运动学反解（位姿反解）则是由其映像求其在关节空间中的原像。

3. 驱动空间

上述关系是在假定机器人每个关节都由一个驱动器直接驱动的前提下建立的。例如，Adept 机器人等称为直接驱动式机器人（Direct Drive Robot，DDR），不经过任何传动机构，消除了间隙，可获得良好的动态特性。但是，目前大多数工业机器人的关节不是直接驱动的，要经过减速机构、差动机构等传动机构带动关节运动，从驱动器到各关节需要经过一次运动转换。各驱动器的位置统称为驱动矢量 $\boldsymbol{s}$。因此，在分析机器人运动学时，首先还要描述关节矢量 $\boldsymbol{q}$ 和驱动矢量 $\boldsymbol{s}$ 之间的关系。图 3-15 表示操作臂在驱动空间、关节空间和操作空间之间的关系。

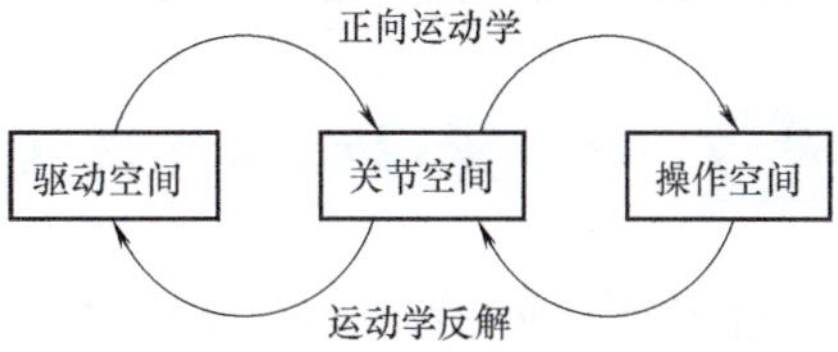

图 3-15　三种描述空间

4. 标准坐标系

机器人的各个连杆，工作空间的各个部分通常都采用了标准坐标系（标准坐标系的定义详见第 2 章），以便于机器人的编程与控制。图 3-16 表示机器人抓住某种工具，并将工具的端部对准所规定的目标位置的情景。我们规定以下标准坐标系，用来描述机器人的运动。

（1）基坐标系 $\{B\}$　$\{B\}$ 与操作臂的基座固接，也称坐标系 $\{0\}$，与连杆 0 固接。

（2）工作台坐标系 $\{S\}$　如图 3-17 所示，$\{S\}$ 固接在工作台的角点上，用户用来规定机器人完成任务的位姿，因此也称为作业坐标系。作业坐标系相对基坐标系的位姿用 ${}_S^B\boldsymbol{T}$ 表示。

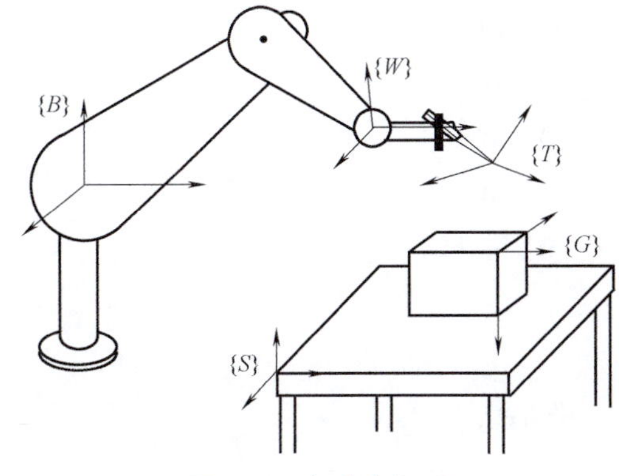

图 3-16　标准坐标系

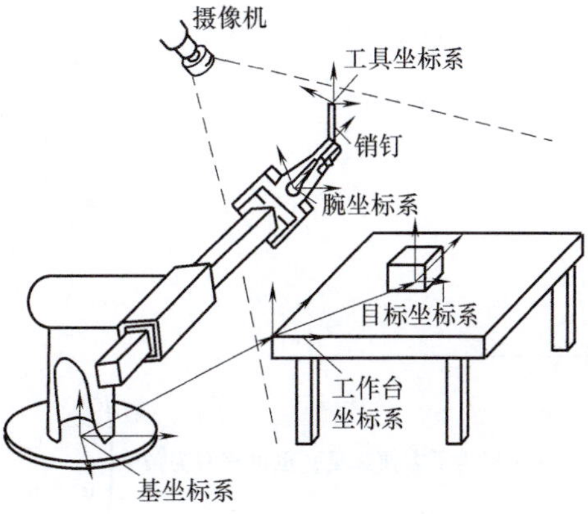

图 3-17　各标准坐标系之间的联系

(3) 腕坐标系 $\{W\}$　$\{W\}$ 固定在机器人操作臂的末端连杆 n 上，也称连杆 n 坐标系 $\{N\}$。通常，$\{W\}$ 的原点选在手腕的参考点上。它是相对基坐标系定义的，即 $\boldsymbol{W}={}_{W}^{B}\boldsymbol{T}={}_{N}^{0}\boldsymbol{T}$。

(4) 工具坐标系 $\{T\}$　$\{T\}$ 固接在末端执行器的端部。对于末端执行器为手爪的机器人，当手爪空着的时候，$\{T\}$ 的原点设在两手指的中点。工具坐标系 $\{T\}$ 总是相对腕坐标系来定义的。如图 3-17 所示，工具坐标系的原点设在所握销钉的顶点。

(5) 目标坐标系 $\{G\}$　$\{G\}$ 用来描述机器人移动工具所应达到的位姿。即用来表示运动结束时工具坐标系 $\{T\}$ 应和 $\{G\}$ 重合。$\{G\}$ 总是相对 $\{S\}$ 来定义的。如图 3-17 所示，$\{G\}$ 位于工件的孔上，表示要将销钉插在孔内。

规定标准坐标系的目的在于为规划和编程提供标准符号。例如，为了将销钉插入孔内，首先应该知道工具坐标系 $\{T\}$ 相对于工作坐标系 $\{S\}$ 的位姿，利用变换方程得到

$$ {}_{T}^{S}\boldsymbol{T}={}_{S}^{B}\boldsymbol{T}^{-1}\,{}_{W}^{S}\boldsymbol{T}\,{}_{T}^{W}\boldsymbol{T} \tag{3-21} $$

一些机器人的控制系统具有求解式 (3-21) 的功能（称为 “where” 功能），用来计算工具的位姿。式 (3-21) 也称为广义运动学方程，因为它不仅包含各个连杆的几何参数，还与基座、工作台的相对位姿、工具坐标系有关。机器人系统通常还具有 “solve” 功能，也称为广义运动学反解功能。对于给定的目标坐标系，计算出各个关节变量 $\boldsymbol{q}_1$，$\boldsymbol{q}_2$，…，$\boldsymbol{q}_n$。

3.4 操作臂运动学方程实例

常用的工业机器人可以有很多不同的运动学构型，本节将分析几种典型工业机器人的运动学问题。

如例 3-6 中的平面 3 连杆操作臂，有 3 个转动关节，该机构的连杆 D-H 参数已计算列于表 3-4 中，则可根据 D-H 参数表计算出各相邻两坐标系之间的变换矩阵 ${}_{1}^{0}\boldsymbol{T}$、${}_{2}^{1}\boldsymbol{T}$、${}_{3}^{2}\boldsymbol{T}$，最后由 ${}_{3}^{0}\boldsymbol{T}={}_{1}^{0}\boldsymbol{T}{}_{2}^{1}\boldsymbol{T}{}_{3}^{2}\boldsymbol{T}$ 即可计算出该机构的运动学方程。计算过程如下：

将表 3-4 中的 D-H 参数代入式 (3-16)，可分别得到

$$ {}_{1}^{0}\boldsymbol{T}=\begin{pmatrix}\cos\theta_1 & -\sin\theta_1 & 0 & 0\\ \sin\theta_1 & \cos\theta_1 & 0 & 0\\ 0 & 0 & 1 & 0\\ 0 & 0 & 0 & 1\end{pmatrix}^{㊀} $$

$$ {}_{2}^{1}\boldsymbol{T}=\begin{pmatrix}\cos\theta_2 & -\sin\theta_2 & 0 & L_1\\ \sin\theta_2 & \cos\theta_2 & 0 & 0\\ 0 & 0 & 1 & 0\\ 0 & 0 & 0 & 1\end{pmatrix} $$

㊀ 有时为了方便起见，也可简写为 ${}_{1}^{0}\boldsymbol{T}=\begin{pmatrix}c_1 & -s_1 & 0 & 0\\ s_1 & c_1 & 0 & 0\\ 0 & 0 & 1 & 0\\ 0 & 0 & 0 & 1\end{pmatrix}$。——作者注

$$
{}_{3}^{2}\boldsymbol{T}=\begin{pmatrix}\cos\theta_3 & -\sin\theta_3 & 0 & L_2\\ \sin\theta_3 & \cos\theta_3 & 0 & 0\\ 0 & 0 & 1 & 0\\ 0 & 0 & 0 & 1\end{pmatrix}
$$

由${}_{3}^{0}\boldsymbol{T}={}_{1}^{0}\boldsymbol{T}{}_{2}^{1}\boldsymbol{T}{}_{3}^{2}\boldsymbol{T}$，可计算出该机构的运动学方程，即末端坐标系到基坐标系的变换矩阵为

$$
{}_{3}^{0}\boldsymbol{T}=\begin{pmatrix}\cos(\theta_1+\theta_2+\theta_3) & -\sin(\theta_1+\theta_2+\theta_3) & 0 & L_1\cos\theta_1+L_2\cos(\theta_1+\theta_2)\\ \sin(\theta_1+\theta_2+\theta_3) & \cos(\theta_1+\theta_2+\theta_3) & 0 & L_1\sin\theta_1+L_2\sin(\theta_1+\theta_2)\\ 0 & 0 & 1 & 0\\ 0 & 0 & 0 & 1\end{pmatrix}
$$

3.4.1　串联机器人（PUMA560）运动学方程

PUMA560 是六自由度关节型机器人，其 6 个关节都是转动副，属于 6R 型操作臂。前 3 个关节 1、2 和 3 主要是用于确定手腕参考点的位置；后 3 个关节 4、5 和 6 用于确定手腕的方位。和大多数工业机器人一样，关节 4、5 和 6 的轴线交于一点，将该点选作手腕的参考点，也作为连杆坐标系 {4}、{5} 和 {6} 的原点。如图 3-18 所示，关节 1 的轴线沿竖直方向，关节 2 和 3 的轴线水平，并相互平行，距离为 a_2（连杆 2 的长度）。关节 4 和 5 的轴线垂直相交，关节 3 和 4 的轴线垂直交错，距离为 a_3（连杆 3 的长度）。各连杆坐标系如图 3-18、图 3-19 所示，连杆参数见表 3-5。

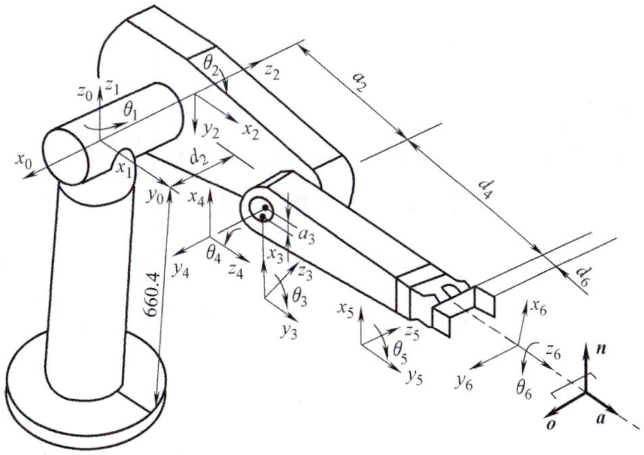

图 3-18　PUMA560 机器人的各连杆坐标系

表 3-5　PUMA560 机器人的连杆参数

i	a_{i-1}	α_{i-1}	d_i	θ_i	关节变量取值范围	各连杆长度
1	0	0°	0	θ_1(90°)	-160°~160°	a_2(431.80mm)
2	0	-90°	d_2	θ_2(0°)	-225°~45°	a_3(20.32mm)
3	a_2	0°	0	θ_3(-90°)	-45°~225°	d_2(149.09mm)
4	a_3	-90°	d_4	θ_4(0°)	-110°~170°	d_4(433.07mm)
5	0	90°	0	θ_5(0°)	-100°~100°	
6	0	-90°	0	θ_6(0°)	-266°~266°	

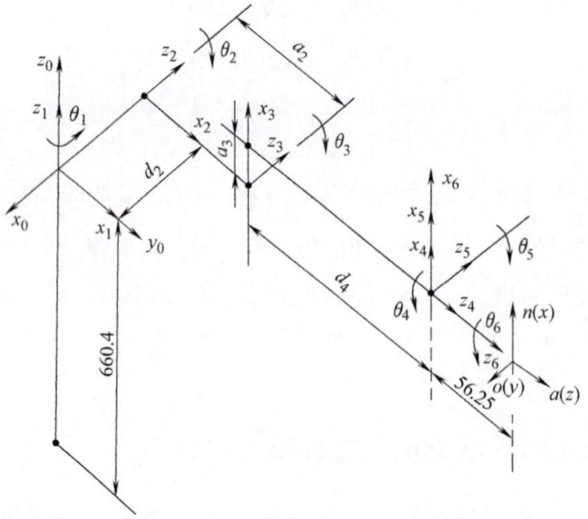

图 3-19 PUMA560 机器人各坐标系的原点和坐标轴

按 D-H 方法建立操作臂运动学方程，实质上要利用连杆齐次变换矩阵。将这些矩阵依次相乘得到操作臂的变换矩阵，它表示手爪坐标系相对于基坐标系的齐次变换矩阵。建立 PUMA560 机器人运动学方程的步骤如下：

1）设定各个连杆坐标系，列出相应的连杆参数。

2）写出各个连杆齐次变换矩阵。利用式（3-16），可以计算出各个连杆齐次变换矩阵如下：

$$
{}_1^0\boldsymbol{T}=\begin{pmatrix}\cos\theta_1 & -\sin\theta_1 & 0 & 0\\ \sin\theta_1 & \cos\theta_1 & 0 & 0\\ 0 & 0 & 1 & 0\\ 0 & 0 & 0 & 1\end{pmatrix},\quad
{}_2^1\boldsymbol{T}=\begin{pmatrix}\cos\theta_2 & -\sin\theta_2 & 0 & 0\\ 0 & 0 & 1 & d_2\\ -\sin\theta_2 & -\cos\theta_2 & 0 & 0\\ 0 & 0 & 0 & 1\end{pmatrix},\quad
{}_3^2\boldsymbol{T}=\begin{pmatrix}\cos\theta_3 & -\sin\theta_3 & 0 & a_2\\ \sin\theta_3 & \cos\theta_3 & 0 & 0\\ 0 & 0 & 1 & 0\\ 0 & 0 & 0 & 1\end{pmatrix}
$$

$$
{}_4^3\boldsymbol{T}=\begin{pmatrix}\cos\theta_4 & -\sin\theta_4 & 0 & a_3\\ 0 & 0 & 1 & d_4\\ -\sin\theta_4 & -\cos\theta_4 & 0 & 0\\ 0 & 0 & 0 & 1\end{pmatrix},\quad
{}_5^4\boldsymbol{T}=\begin{pmatrix}\cos\theta_5 & -\sin\theta_5 & 0 & 0\\ 0 & 0 & -1 & 0\\ \sin\theta_5 & \cos\theta_5 & 0 & 0\\ 0 & 0 & 0 & 1\end{pmatrix},\quad
{}_6^5\boldsymbol{T}=\begin{pmatrix}\cos\theta_6 & -\sin\theta_6 & 0 & 0\\ 0 & 0 & 1 & 0\\ -\sin\theta_6 & -\cos\theta_6 & 0 & 0\\ 0 & 0 & 0 & 1\end{pmatrix}
$$

3）将以上连杆齐次变换依次相乘得到 PUMA560 的操作臂齐次变换矩阵

$$
{}_6^0\boldsymbol{T}(q)={}_1^0\boldsymbol{T}(q_1)\,{}_2^1\boldsymbol{T}(q_2)\,{}_3^2\boldsymbol{T}(q_3)\,{}_4^3\boldsymbol{T}(q_4)\,{}_5^4\boldsymbol{T}(q_5)\,{}_6^5\boldsymbol{T}(q_6) \tag{3-22}
$$

式（3-22）是 6 个关节变量（q_1，q_2，…，q_6）的函数。式中 $\boldsymbol{q}=(q_1, q_2, \cdots, q_6)\in\mathbf{R}^6$ 是六维关节矢量。为了运动学反解，需计算某些中间结果：

$$
{}_6^4\boldsymbol{T}={}_5^4\boldsymbol{T}\,{}_6^5\boldsymbol{T}=\begin{pmatrix}\cos\theta_5\cos\theta_6 & -\cos\theta_5\sin\theta_6 & -\sin\theta_5 & 0\\ \sin\theta_6 & \cos\theta_6 & 0 & 0\\ \sin\theta_5\cos\theta_6 & -\sin\theta_5\cos\theta_6 & \cos\theta_5 & 0\\ 0 & 0 & 0 & 1\end{pmatrix} \tag{3-23}
$$

$$ {}^3_6\boldsymbol{T}={}^3_4\boldsymbol{T}{}^4_6\boldsymbol{T}=\begin{pmatrix} \cos\theta_4\cos\theta_5\cos\theta_6-\sin\theta_4\sin\theta_6 & -\cos\theta_4\cos\theta_5\sin\theta_6-\sin\theta_4\cos\theta_6 & -\cos\theta_4\sin\theta_5 & a_3 \\ \sin\theta_5\cos\theta_6 & -\sin\theta_5\sin\theta_6 & \cos\theta_5 & d_4 \\ -\sin\theta_4\cos\theta_5\cos\theta_6-\cos\theta_4\sin\theta_6 & \sin\theta_4\cos\theta_5\sin\theta_6-\cos\theta_4\cos\theta_6 & \sin\theta_4\sin\theta_5 & 0 \\ 0 & 0 & 0 & 1 \end{pmatrix} \tag{3-24} $$

根据 PUMA560 机器人的结构特点，关节 2 和关节 3 相互平行，${}^1_2\boldsymbol{T}(q_2)$ 和${}^2_3\boldsymbol{T}(q_3)$ 相乘比较简单，因为两个转动轴线平行时，应用“和角公式”处理，可以得到齐次变换矩阵：

$$ {}^1_3\boldsymbol{T}={}^1_2\boldsymbol{T}{}^2_3\boldsymbol{T}=\begin{pmatrix} \cos(\theta_2+\theta_3) & -\sin(\theta_2+\theta_3) & 0 & a_2\cos\theta_2 \\ 0 & 0 & 1 & d_2 \\ -\sin(\theta_2+\theta_3) & -\cos(\theta_2+\theta_3) & 0 & -a_2\sin\theta_2 \\ 0 & 0 & 0 & 1 \end{pmatrix} \tag{3-25} $$

在以上计算过程中，我们利用了和角公式：

$$ \sin(\theta_2+\theta_3)=\cos\theta_2\sin\theta_3+\sin\theta_2\cos\theta_3,\ \cos(\theta_2+\theta_3)=\cos\theta_2\cos\theta_3-\sin\theta_2\sin\theta_3 $$

将式（3-25）与式（3-24）相乘，则得

$$ {}^1_6\boldsymbol{T}={}^1_3\boldsymbol{T}{}^3_6\boldsymbol{T}=\begin{pmatrix} {}^1n_x & {}^1o_x & {}^1a_x & {}^1p_x \\ {}^1n_y & {}^1o_y & {}^1a_y & {}^1p_y \\ {}^1n_z & {}^1o_z & {}^1a_z & {}^1p_z \\ 0 & 0 & 0 & 1 \end{pmatrix} \tag{3-26} $$

式中，

$$ {}^1n_x=\cos(\theta_2+\theta_3)(\cos\theta_4\cos\theta_5\cos\theta_6-\sin\theta_4\sin\theta_6)-\sin(\theta_2+\theta_3)\sin\theta_5\cos\theta_6 $$
$$ {}^1n_y=-\sin\theta_4\cos\theta_5\cos\theta_6-\cos\theta_4\sin\theta_6 $$
$$ {}^1n_z=-\sin(\theta_2+\theta_3)(\cos\theta_4\cos\theta_5\cos\theta_6-\sin\theta_4\sin\theta_6)-\cos(\theta_2+\theta_3)\sin\theta_5\cos\theta_6 $$
$$ {}^1o_x=-\cos(\theta_2+\theta_3)(\cos\theta_4\cos\theta_5\sin\theta_6+\sin\theta_4\cos\theta_6)+\sin(\theta_2+\theta_3)\sin\theta_5\sin\theta_6 $$
$$ {}^1o_y=\sin\theta_4\cos\theta_5\sin\theta_6-\cos\theta_4\cos\theta_6 $$
$$ {}^1o_z=\sin(\theta_2+\theta_3)(\cos\theta_4\cos\theta_5\sin\theta_6+\sin\theta_4\cos\theta_6)+\cos(\theta_2+\theta_3)\sin\theta_5\sin\theta_6 $$
$$ {}^1a_x=-\cos(\theta_2+\theta_3)\cos\theta_4\sin\theta_5-\sin(\theta_2+\theta_3)\cos\theta_5 $$
$$ {}^1a_y=\sin\theta_4\sin\theta_5 $$
$$ {}^1a_z=\sin(\theta_2+\theta_3)\cos\theta_4\sin\theta_5-\cos(\theta_2+\theta_3)\cos\theta_5 $$
$$ {}^1p_x=a_2\cos\theta_2+a_3\cos(\theta_2+\theta_3)-d_4\sin(\theta_2+\theta_3) $$
$$ {}^1p_y=d_2 $$
$$ {}^1p_z=-a_3\sin(\theta_2+\theta_3)-a_2\sin\theta_2-d_4\cos(\theta_2+\theta_3) $$

最后，求出 6 个连杆变换之积：

$$ {}^0_6\boldsymbol{T}={}^0_1\boldsymbol{T}{}^1_6\boldsymbol{T}=\begin{pmatrix} n_x & o_x & a_x & p_x \\ n_y & o_y & a_y & p_y \\ n_z & o_z & a_z & p_z \\ 0 & 0 & 0 & 1 \end{pmatrix} \tag{3-27} $$

式中，

$$n_x=\cos\theta_1[\cos(\theta_2+\theta_3)(\cos\theta_4\cos\theta_5\cos\theta_6-\sin\theta_4\sin\theta_6)-\sin(\theta_2+\theta_3)\sin\theta_5\cos\theta_6]+\sin\theta_1(\sin\theta_4\cos\theta_5\cos\theta_6+\cos\theta_4\sin\theta_6)$$

$$n_y=\sin\theta_1[\cos(\theta_2+\theta_3)(\cos\theta_4\cos\theta_5\cos\theta_6-\sin\theta_4\sin\theta_6)-\sin(\theta_2+\theta_3)\sin\theta_5\cos\theta_6]-\cos\theta_1(\sin\theta_4\cos\theta_5\cos\theta_6+\cos\theta_4\sin\theta_6)$$

$$n_z=-\sin(\theta_2+\theta_3)(\cos\theta_4\cos\theta_5\cos\theta_6-\sin\theta_4\sin\theta_6)-\cos(\theta_2+\theta_3)\sin\theta_5\cos\theta_6$$

$$o_x=\cos\theta_1[\cos(\theta_2+\theta_3)(-\cos\theta_4\cos\theta_5\sin\theta_6-\sin\theta_4\cos\theta_6)+\sin(\theta_2+\theta_3)\sin\theta_5\sin\theta_6]+\sin\theta_1(\cos\theta_4\cos\theta_6-\sin\theta_4\cos\theta_5\sin\theta_6)$$

$$o_y=\sin\theta_1[\cos(\theta_2+\theta_3)(-\cos\theta_4\cos\theta_5\sin\theta_6-\sin\theta_4\cos\theta_6)+\sin(\theta_2+\theta_3)\sin\theta_5\sin\theta_6]-\cos\theta_1(\cos\theta_4\cos\theta_6-\sin\theta_4\cos\theta_5\sin\theta_6)$$

$$o_z=-\sin(\theta_2+\theta_3)(-\cos\theta_4\cos\theta_5\sin\theta_6-\sin\theta_4\cos\theta_6)+\cos(\theta_2+\theta_3)\sin\theta_5\sin\theta_6$$

$$a_x=-\cos\theta_1[\cos(\theta_2+\theta_3)\cos\theta_4\sin\theta_5+\sin(\theta_2+\theta_3)\cos\theta_5]-\sin\theta_1\sin\theta_4\sin\theta_5$$

$$a_y=-\sin\theta_1[\cos(\theta_2+\theta_3)\cos\theta_4\sin\theta_5+\sin(\theta_2+\theta_3)\cos\theta_5]+\cos\theta_1\sin\theta_4\sin\theta_5$$

$$a_z=\sin(\theta_2+\theta_3)\cos\theta_4\sin\theta_5-\cos(\theta_2+\theta_3)\cos\theta_5$$

$$p_x=\cos\theta_1(a_2\cos\theta_2+a_3\cos(\theta_2+\theta_3)-d_4\sin(\theta_2+\theta_3))-d_2\sin\theta_1$$

$$p_y=\sin\theta_1(a_2\cos\theta_2+a_3\cos(\theta_2+\theta_3)-d_4\sin(\theta_2+\theta_3))+d_2\cos\theta_1$$

$$p_z=-a_3\sin(\theta_2+\theta_3)-a_2\sin\theta_2-d_4\cos(\theta_2+\theta_3)$$

式（3-27）给出了 PUMA560 机器人的运动学方程，它完整地描述了机器人末端连杆坐标系｛6｝相对基坐标系｛0｝的位姿，是 PUMA560 机器人运动分析和综合的基础。

为了校核所得结果${}^0_6\boldsymbol{T}$的正确性，令 $\theta_1=90°$，$\theta_2=0°$，$\theta_3=-90°$，$\theta_4=\theta_5=\theta_6=0°$，则齐次变换矩阵${}^0_6\boldsymbol{T}$为

$$ {}^0_6\boldsymbol{T}=\begin{pmatrix}0&1&0&-d_2\\0&0&1&a_2+d_4\\1&0&0&a_3\\0&0&0&1\end{pmatrix}$$

这一计算结果与图 3-18 所示的坐标系｛6｝完全一致。

图 3-20 所示为手爪坐标系的规定方法。手爪的三个单位矢量，即法向矢量 $\boldsymbol{n}$、姿态矢量 $\boldsymbol{o}$、接近矢量 $\boldsymbol{a}$ 代表坐标系的主轴，而位置矢量 $\boldsymbol{p}$ 代表坐标系的原点。

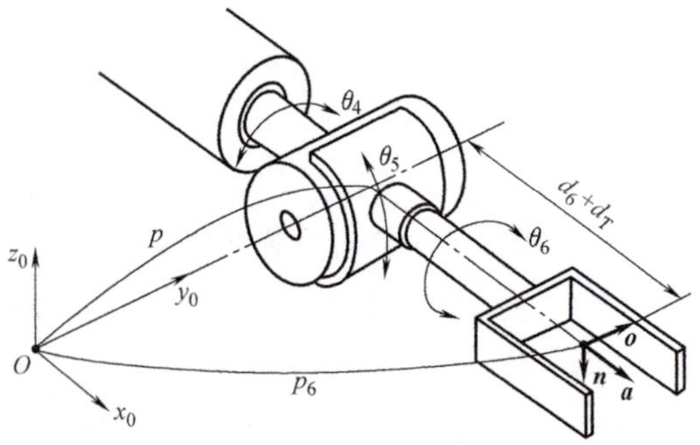

图 3-20　手腕结构和手爪坐标系

如果机器人基坐标系｛0｝相对于参考系（工作站）｛S｝的变换矩阵为${}^S_0\boldsymbol{T}$，而手爪中所握工具相对于末端连杆变换矩阵为${}^6_T\boldsymbol{T}$，那么，工具坐标系｛T｝相对于参考系｛S｝的位姿为

$$ {}^S_T\boldsymbol{T}(q_1,q_2,q_3,q_4,q_5,q_6)={}^S_0\boldsymbol{T}{}^0_6\boldsymbol{T}(q_1,q_2,q_3,q_4,q_5,q_6){}^6_T\boldsymbol{T} $$

根据关节变量的值，利用运动学方程，便可计算出手臂变换矩阵的各个元素，得到手爪相对基座的位姿。

3.4.2　串联机器人（ABB IRB120）运动学方程

ABB IRB120 是六自由度串联机器人，属于 ABB 公司的第四代机器人产品。它具有出色的便携性与集成性，具备了 ABB 机器人产品的全部功能，重量只有 25kg，小巧轻便，几乎适用于所有场合，并且控制精度与路径精度高，在许多行业发挥着重要作用。IRB120 的坐标系如图 3-21 所示，D-H 参数见表 3-6。

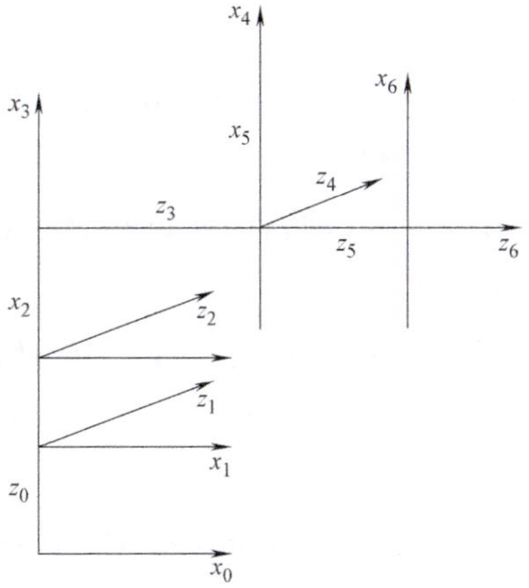

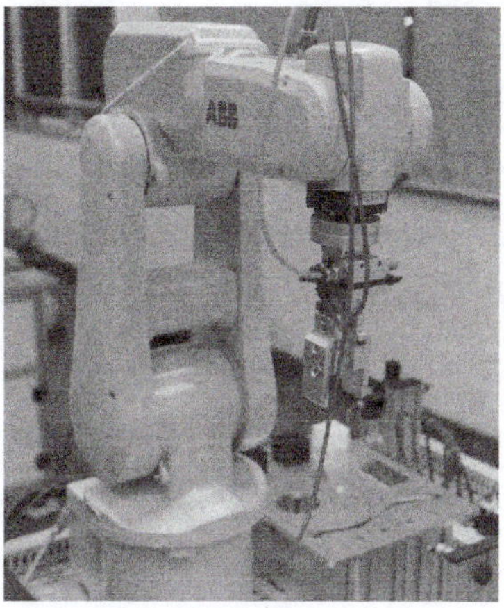

图 3-21　IRB120 机器人及其 D-H 坐标系

表 3-6　IRB120 的 D-H 参数表

关节	关节角 θ_i	距离 d_i	扭角 α_i	连杆长度 a_i
1	θ_1	d_1	90°	0
2	θ_2	0	0°	a_2
3	θ_3	0	90°	a_3
4	θ_4	d_4	-90°	0
5	θ_5	0	90°	0
6	θ_6	0	0°	0

由表 3-6 可知，各变换矩阵分别为

$$ {}^0_1\boldsymbol{T}=\begin{pmatrix}\cos\theta_1 & 0 & \sin\theta_1 & 0\\ \sin\theta_1 & 0 & -\cos\theta_1 & 0\\ 0 & 1 & 0 & d_1\\ 0 & 0 & 0 & 1\end{pmatrix},\quad {}^1_2\boldsymbol{T}=\begin{pmatrix}\cos\theta_2 & -\sin\theta_2 & 0 & a_2\cos\theta_2\\ \sin\theta_2 & \cos\theta_2 & 0 & a_2\sin\theta_2\\ 0 & 0 & 1 & 0\\ 0 & 0 & 0 & 1\end{pmatrix}, $$

$$ {}^2_3\boldsymbol{T}=\begin{pmatrix}\cos\theta_3 & 0 & \sin\theta_3 & a_3\cos\theta_3\\ \sin\theta_3 & 0 & -\cos\theta_3 & a_3\sin\theta_3\\ 0 & 1 & 0 & 0\\ 0 & 0 & 0 & 1\end{pmatrix},\quad {}^3_4\boldsymbol{T}=\begin{pmatrix}\cos\theta_4 & 0 & -\sin\theta_4 & 0\\ \sin\theta_4 & 0 & \cos\theta_4 & 0\\ 0 & -1 & 0 & d_4\\ 0 & 0 & 0 & 1\end{pmatrix} $$

$$
{}_5^4\boldsymbol{T}=\begin{pmatrix}\cos\theta_5 & 0 & -\sin\theta_5 & 0\\ \sin\theta_5 & 0 & \cos\theta_5 & 0\\ 0 & -1 & 0 & 0\\ 0 & 0 & 0 & 1\end{pmatrix},\quad {}_6^5\boldsymbol{T}=\begin{pmatrix}\cos\theta_6 & -\sin\theta_6 & 0 & 0\\ \sin\theta_6 & \cos\theta_6 & 0 & 0\\ 0 & 0 & 1 & 0\\ 0 & 0 & 0 & 1\end{pmatrix}
$$

因此，机械手末端相对于固定坐标系的齐次变换矩阵为

$$
{}_6^0\boldsymbol{T}={}_1^0\boldsymbol{T}{}_2^1\boldsymbol{T}{}_3^2\boldsymbol{T}{}_4^3\boldsymbol{T}{}_5^4\boldsymbol{T}{}_6^5\boldsymbol{T}=\begin{pmatrix}n_x & o_x & a_x & p_x\\ n_y & o_y & a_y & p_y\\ n_z & o_z & a_z & p_z\\ 0 & 0 & 0 & 1\end{pmatrix}
$$

式中，

$$
\begin{aligned}
n_x &= \sin\theta_6(\cos\theta_4\sin\theta_1-\sin\theta_4\cos\theta_1\cos(\theta_2+\theta_3))+\cos\theta_6(\cos\theta_5(\sin\theta_1\sin\theta_4+\\
&\quad \cos\theta_4\cos\theta_1\cos(\theta_2+\theta_3))-\sin\theta_6\cos\theta_1\sin(\theta_2+\theta_3))\\
n_y &= -\sin\theta_6(\cos\theta_1\cos\theta_4+\sin\theta_4\sin\theta_1\cos(\theta_2+\theta_3))-\cos\theta_6(\cos\theta_5(\cos\theta_1\sin\theta_4-\\
&\quad \cos\theta_4\sin\theta_1\cos(\theta_2+\theta_3))+\sin\theta_5\sin\theta_1\sin(\theta_2+\theta_3))\\
n_z &= \cos\theta_6(\sin\theta_5\cos(\theta_2+\theta_3)+\cos\theta_4\cos\theta_5\sin(\theta_2+\theta_3)-\sin\theta_4\sin\theta_6\sin(\theta_2+\theta_3)\\
o_x &= \cos\theta_6(\cos\theta_4\sin\theta_2-\sin\theta_4\cos\theta_1\cos(\theta_2+\theta_3))-\sin\theta_6(\cos\theta_5(\sin\theta_1\sin\theta_4+\\
&\quad \cos\theta_4\cos\theta_1\cos(\theta_2+\theta_3))-\sin\theta_5\cos\theta_1\sin(\theta_2+\theta_3))\\
o_y &= \sin\theta_6(\cos\theta_5(\cos\theta_1\sin\theta_4-\cos\theta_4\sin\theta_1\cos(\theta_2+\theta_3))+\sin\theta_5\sin\theta_1\sin(\theta_2+\theta_3))-\\
&\quad \cos\theta_6(\cos\theta_1\cos\theta_4+\sin\theta_4\sin\theta_1\cos(\theta_2+\theta_3))\\
o_z &= -\sin\theta_6(\sin\theta_5\cos(\theta_2+\theta_3)+\cos\theta_4\cos\theta_5\sin(\theta_2+\theta_3))-\sin\theta_4\cos\theta_6\sin(\theta_2+\theta_3)\\
a_x &= \sin\theta_5(\sin\theta_1\sin\theta_4+\cos\theta_4\cos\theta_1\cos(\theta_2+\theta_3)+\cos\theta_5\cos\theta_1\sin(\theta_2+\theta_3))\\
a_y &= \cos\theta_5(\sin\theta_1\sin(\theta_2+\theta_3)-\sin\theta_5(\cos\theta_1\sin\theta_4-\cos\theta_4\sin\theta_1\cos(\theta_2+\theta_3)))\\
a_z &= \cos\theta_4\sin\theta_5\sin(\theta_2+\theta_3)-\cos\theta_5\cos(\theta_2+\theta_3)\\
p_x &= d_4\cos\theta_1\sin(\theta_2+\theta_3)+a_2\cos\theta_1\cos\theta_2+a_3\cos\theta_1\cos(\theta_2+\theta_3)\\
p_y &= d_4\sin\theta_1\sin(\theta_2+\theta_3)+a_2\cos\theta_2\sin\theta_1+a_3\sin\theta_1\cos(\theta_2+\theta_3)\\
p_z &= a_2\sin\theta_2-d_4\cos(\theta_2+\theta_3)+a_3\cos(\theta_2+\theta_3)
\end{aligned}
$$

3.4.3 并联机器人运动学方程

1. 概述

并联机器人的结构与串联机器人的开链结构的差别在于不仅有闭链存在，而且常常采用球面副和胡克铰。因此，为了研究并联结构的运动学特征，首先应将多自由度运动副等效转化为单自由度运动副（移动副和转动副）的组合。例如，球面副 S 等效于三个两两正交且轴线交于一点的转动副（RRR）；胡克铰 U 等效于两个相互正交且轴线交于一点的转动副（RR）；圆柱副 C 等效于一个转动副和一个以转动副轴线为移动方向的移动副（RP）。

三支链为实际中常见的并联机器人结构形式。图 3-22 所示的两种 3-RPS（由三个对称支链组成，每个支链由转动副（R）、移动副（P）和球面副（S）所组成）机构中：一种为

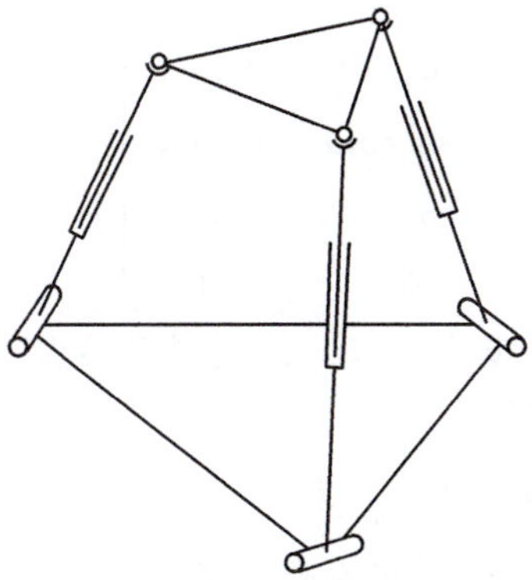

a) 3-RPS三角平台式并联机构

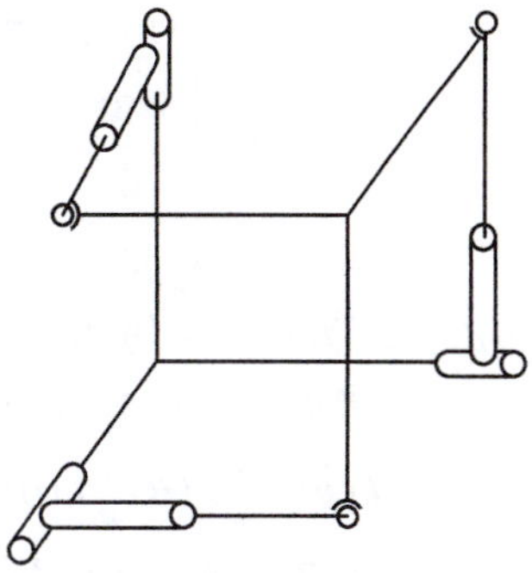

b) 3-RPS立方体并联机构

图 3-22　三支链并联机构

三角平台式并联机构（图 3-22a）；另一种是黄真教授（1998 年）提出的三支链欠自由度并联机构（图 3-22b），与平台相连的三个转动轴线相互垂直，并交于一点，其外形为一立方体，称为立方体并联机构。

并联机器人单个支链结构示意图如图 3-23 所示，相当于一开链串联机器人结构，根据操作臂运动学公式，可得支链变换矩阵

$$ {}^{0}_{n}\boldsymbol{T}(\boldsymbol{\theta}) = {}^{0}_{1}\boldsymbol{T}(\theta_1)\,{}^{1}_{2}\boldsymbol{T}(\theta_2)\cdots{}^{n-1}_{n}\boldsymbol{T}(\theta_n) $$

式中，n 为关节数；$\boldsymbol{\theta}$ 为 n 维关节变量，$\boldsymbol{\theta}=(\theta_1,\ \theta_2,\ \cdots,\ \theta_n)^{\mathrm{T}}$；${}^{i-1}_{i}\boldsymbol{T}(\theta_i)$ 为支链中第 i 个连杆齐次变换矩阵。

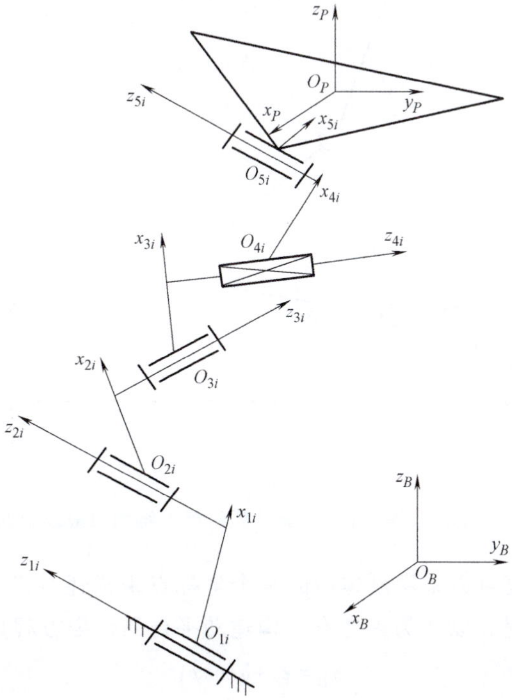

图 3-23　并联机器人单个支链结构及坐标系示意图

采用 D-H 标准参数表示，有

$$
{}^{i-1}_{i}\boldsymbol{T}(\theta_i)=\begin{pmatrix}\cos\varphi_i & -\sin\varphi_i\cos\alpha_i & \sin\varphi_i\sin\alpha_i & a_i\sin\varphi_i\\ \sin\varphi_i & \cos\varphi_i\cos\alpha_i & -\cos\varphi_i\sin\alpha_i & a_i\cos\varphi_i\\ 0 & \sin\alpha_i & \cos\alpha_i & d_i\\ 0 & 0 & 0 & 1\end{pmatrix} \tag{3-28}
$$

式中，a_i、α_i、d_i、φ_i 为连杆 i 的四个参数。对于转动关节，φ_i 是关节变量；对于移动关节，d_i 是关节变量。因而，支链齐次变换矩阵方程为

$$
{}^{A}_{B}\boldsymbol{T}(\boldsymbol{\theta})={}^{0}_{n}\boldsymbol{T}(\boldsymbol{\theta})\,{}^{A}_{B}\boldsymbol{T}(0)={}^{0}_{1}\boldsymbol{T}(\theta_1)\,{}^{1}_{2}\boldsymbol{T}(\theta_2)\cdots{}^{n-1}_{n}\boldsymbol{T}(\theta_n)\,{}^{A}_{B}\boldsymbol{T}(0) \tag{3-29}
$$

式中，${}^{A}_{B}\boldsymbol{T}(0)$、${}^{A}_{B}\boldsymbol{T}(\boldsymbol{\theta})$ 分别表示 $\{B\}$ 相对于 $\{A\}$ 的起始位姿和瞬时位姿。

通常并联机构的运动学正解十分复杂，但是，其运动学反解并不像开链机构那么难以获得，可以利用球面机构原点和胡克铰铰点的几何性质简化来求解。

2. 平面 3-RRR 型并联机器人运动学方程

3-RRR 并联机器人是一种典型的平面少自由度并联机器人，在精密加工、电子制造装备等领域具有良好的应用前景，以 3-RRR 并联机器人为基础，还可以构建具有打磨、拾放功能的新型机器人。

3-RRR 并联机器人是由动平台 ABC、定平台 PQR，以及连接两平台的三个对称支链所组成。支链由主动连杆 PD、RF、QE 及从动连杆 DA、FC、EB 通过转动副连接构成。3-RRR 平面并联机器人的结构组成及参数如图 3-24 所示。

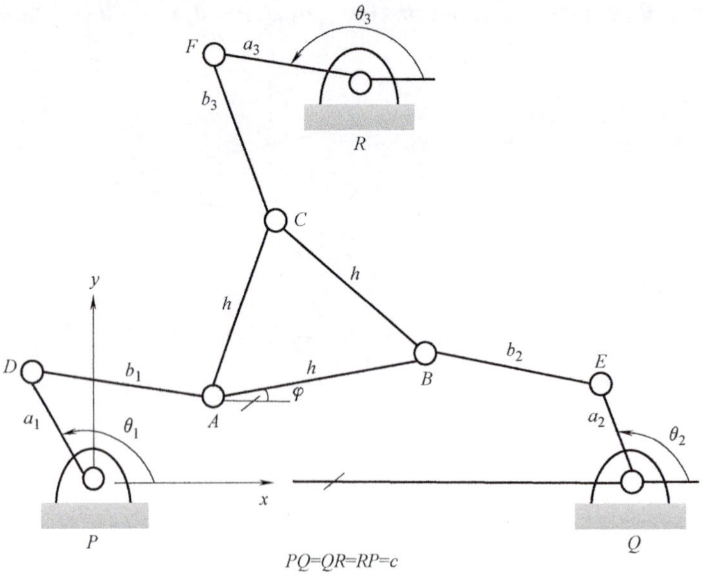

图 3-24 3-RRR 型平面并联机器人结构组成及参数

刚体在空间中的位姿可以采用刚体中的三个坐标点来描述（三点确定一平面），我们先建立支链 1 的运动学方程。以 A 为参考点，构建动平台的位姿方程如下：

$$
\left.\begin{aligned} x_B&=x_A+h\cos\varphi\\ y_B&=y_A+h\sin\varphi\end{aligned}\right\} \tag{3-30}
$$

$$\left.\begin{aligned} x_C &= x_A + h\cos\left(\varphi + \frac{\pi}{3}\right) \\ y_C &= y_A + h\sin\left(\varphi + \frac{\pi}{3}\right) \end{aligned}\right\} \tag{3-31}$$

式中，φ 为动平台的姿态角。

对于支链 1，基坐标 {0} 建立在点 P（$x_P=0$，$y_p=0$）上，如图 3-25 所示。因此，可以得到如下矢量方程：

$$\overrightarrow{OA} = \overrightarrow{OP} + \overrightarrow{PD} + \overrightarrow{DA} \tag{3-32}$$

代入支链 1 的结构参数，可以得到

$$\left.\begin{aligned} x_A - a_1\cos\theta_1 &= b_1\cos(\theta_1 + \psi_1) \\ y_A - a_1\sin\theta_1 &= b_1\sin(\theta_1 + \psi_1) \end{aligned}\right\} \tag{3-33}$$

式中，a_1、b_1 分别是主动连杆和从动连杆的长度；θ_1 是两连杆之间的转角夹角；ψ_1 是中间变量。

将式（3-33）平方相加，消去中间变量 ψ_1，可以得到

$$x_A^2 + y_A^2 - 2x_A a_1\cos\theta_1 - 2y_A a_1\sin\theta_1 + a_1^2 - b_1^2 = 0 \tag{3-34}$$

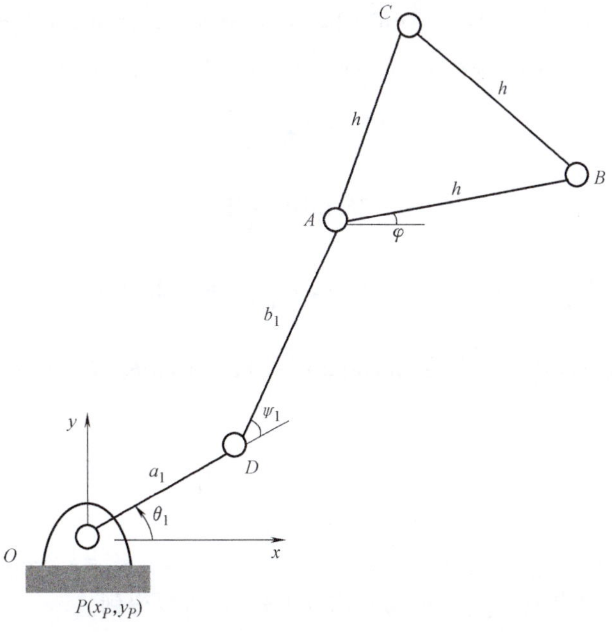

图 3-25　3-RRR 型机器人单支链坐标系及结构参数

按照以上的方法，可以分别得到支链 2、3 的运动学方程：

$$x_A^2 + y_A^2 - 2x_A x_Q - 2y_A y_Q + x_Q^2 + y_Q^2 + h^2 + a_2^2 - b_2^2 + 2x_A h\cos\varphi + 2y_A h\sin\varphi - 2x_A a_2\cos\theta_2 - 2y_A a_2\sin\theta_2 - 2a_2 h\cos\varphi\cos\theta_2 - 2x_Q h\cos\varphi - 2y_Q h\sin\varphi + 2x_Q a_2\cos\theta_2 + 2y_Q a_2\sin\theta_2 - 2a_2 h\sin\varphi\sin\theta_2 = 0 \tag{3-35}$$

$$x_A^2 + y_A^2 - 2x_A x_R - 2y_A y_R + x_R^2 + y_R^2 + h^2 + a_3^2 - b_3^2 + 2x_A h\cos\left(\varphi + \frac{\pi}{3}\right) + 2y_A h\sin\left(\varphi + \frac{\pi}{3}\right) -$$

$$2x_A a_2\cos\theta_3 - 2y_A a_3\sin\theta_3 - 2a_3 h\cos\left(\varphi + \frac{\pi}{3}\right)\cos\theta_3 - 2x_R h\cos\left(\varphi + \frac{\pi}{3}\right) - 2y_R h\sin\left(\varphi + \frac{\pi}{3}\right) +$$

$$2x_R a_3\cos\theta_3+2y_R a_3\sin\theta_3-2a_3 h\sin\left(\varphi+\frac{\pi}{3}\right)\sin\theta_3=0 \tag{3-36}$$

3-RRR 型并联机器人的运动学正解为：已知三个主动连杆的驱动参数 θ_1、θ_2 和 θ_3，联立求解式（3-34）~式（3-36），得到动平台的位姿 x_A、y_A 和 φ。位置正解过程如下：

将式（3-34）~式（3-36）改写为

$$\left.\begin{aligned}x_A^2+y_A^2+e_{11}x_A+e_{12}y_A+e_{13}=0\\x_A^2+y_A^2+e_{21}x_A+e_{22}y_A+e_{23}=0\\x_A^2+y_A^2+e_{31}x_A+e_{32}y_A+e_{33}=0\end{aligned}\right\} \tag{3-37}$$

式中，

$$e_{11}=-2a_1\cos\theta_1$$

$$e_{12}=-2a_1\sin\theta_1$$

$$e_{13}=a_1^2-b_1^2$$

$$e_{21}=-2x_Q+2h\cos\varphi-2a_2\cos\theta_2$$

$$e_{22}=-2y_Q+2h\sin\varphi-2a_2\sin\theta_2$$

$$\begin{aligned}e_{23}=&x_Q^2+y_Q^2+h^2+a_2^2-b_2^2-2a_2h\cos\varphi\cos\theta_2-2a_2h\sin\varphi\sin\theta_2-\\&2x_Qh\cos\varphi-2y_Qh\sin\varphi+2x_Qa_2\cos\theta_2+2y_Qa_2\sin\theta_2\end{aligned}$$

$$e_{31}=-2x_R+2h\cos\left(\varphi+\frac{\pi}{3}\right)-2a_3\cos\theta_3$$

$$e_{32}=-2y_R+2h\sin\left(\varphi+\frac{\pi}{3}\right)-2a_3\sin\theta_3$$

$$\begin{aligned}e_{33}=&x_R^2+y_R^2+h^2+a_3^2-b_3^2-2a_3h\cos\left(\varphi+\frac{\pi}{3}\right)\cos\theta_3-2a_3h\sin\left(\varphi+\frac{\pi}{3}\right)\sin\theta_3-\\&2x_Rh\cos\left(\varphi+\frac{\pi}{3}\right)-2y_Rh\sin\left(\varphi+\frac{\pi}{3}\right)+2x_Ra_3\cos\theta_3+2y_Ra_3\sin\theta_3\end{aligned}$$

由式（3-37）可得

$$\left.\begin{aligned}e'_{11}x_A+e'_{12}y_A+e'_{13}=0\\e'_{21}x_A+e'_{22}y_A+e'_{23}=0\end{aligned}\right\} \tag{3-38}$$

式中，$e'_{11}=e_{11}-e_{21}$；$e'_{12}=e_{12}-e_{22}$；$e'_{13}=e_{13}-e_{23}$；$e'_{21}=e_{21}-e_{31}$；$e'_{22}=e_{12}-e_{32}$；$e'_{23}=e_{13}-e_{33}$

由式（3-38）求解出 x_A、y_A，再代入式（3-37），可以得到

$$\delta_1^2+\delta_2^2+e_{11}\delta\delta_1+e_{12}\delta\delta_2+e_{13}\delta^2=0 \tag{3-39}$$

式中，$\delta=e'_{11}e'_{22}-e'_{12}e'_{21}$；$\delta_1=e'_{12}e'_{23}-e'_{13}e'_{22}$；$\delta_2=e'_{13}e'_{21}-e'_{11}e'_{23}$

用半角公式代入式（3-39）就可以得到一个 8 次多项式，从而实现位姿正解求解。从以上求解过程可以发现，并联机器人的运动学正解是比较复杂的。

3. 六自由度 Stewart 平台型并联机器人运动学方程

所谓 Stewart 平台的位姿正解，就是根据关节矢量 $\boldsymbol{l}$（六个杆件的长度），求出动平台在操作空间的相应位姿矢量 $\boldsymbol{x}$，表示由关节空间到操作空间的映射。并联机构运动学正解非常复杂，并且存在多解。求解方法大致可分为封闭解方法和数值解方法两类。

封闭解方法一般是从机构的运动学方程出发，经过一系列消元运算，得到一元高次方

程，这时就可以说得到了封闭解。若所得到的一元方程的次数不大于 4，则解方程不需要采用额外的迭代数值方法，此时运动学正解计算速度和精度可大大提高。相对于数值解法，封闭解方法具有显著优点，这表现在该方法能迅速精确地找到正解，得到所有的解，并且能用于动力学分析。一些特殊构型的 Stewart 式平台机构，如 3-3 构型、4-4 构型、6-3 构型，以及具有铰点共平面约束或共线约束的 6-6 构型，其封闭解已经获得。但这些特殊机构或要求铰点重合，或要求共面相似，引入了额外的机械复杂性或奇异性，使得机构运动学性能下降。

鉴于封闭解方法的复杂性，即使得到了一元高次方程，如果其次数高于 4，仍然难以避免采用数值解方法的缺点。在实际应用中，数值解方法占有重要的地位。常用的**数值解方法**有迭代法、搜索法和优化方法。迭代法从运动学方程出发，构造牛顿迭代方程进行求解。Didrit 等（1998）提出了一种基于区间运算的全局搜索法，能保证找到所有的解。迭代法存在的问题是该方法对初值有依赖性，不同的初值可能会产生不同的结果；搜索法的缺点是速度太慢。目前关于数值解方法的研究任务是提供一种快速稳定的数值算法。

数值解方法的缺点是迭代（或搜索）次数不固定，计算速度慢，而且不能保证求出所有的解。用解析法求并联机构封闭解的方法已引起普遍重视，并取得了显著进展。但是对于一般形式的 6-SPS 型并联机器人，位姿封闭正解问题还没有最后解决。

下面介绍一种特殊构型的 6-SPS 型并联机构，其位姿封闭正解方法由梁崇高教授等人于 1991 年提出。如图 3-26 所示，该 6-SPS 平台采用复合球铰的单三角形式，其他结构形式的三角平台并联机构正解也可仿照此法求解。

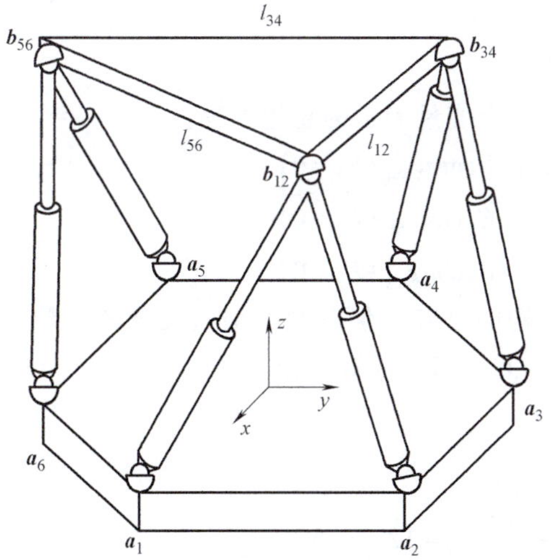

a) 结构示意图

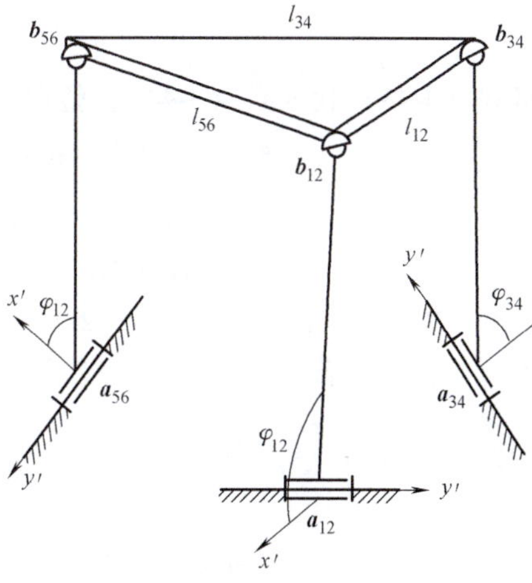

b) 等效机构图

图 3-26　单三角平台式 6-SPS 机构

令 $\boldsymbol{a}_i$（i=1，2，…，6）为定平台各铰点（球铰中心），$\boldsymbol{b}_{12}$、$\boldsymbol{b}_{34}$、$\boldsymbol{b}_{56}$ 是动平台的三个复合球铰中心，如图 3-26a 所示。当驱动杆长度 l_i（i=1，2，…，6）给定时，整个机构（包括动平台）应有确定的位姿。假设将 $\boldsymbol{b}_{12}$ 处的复合铰与动平台解除约束，则 $\triangle \boldsymbol{b}_{12}\boldsymbol{a}_1\boldsymbol{a}_2$ 只能绕轴线 $\boldsymbol{a}_1\boldsymbol{a}_2$ 转动。点 $\boldsymbol{b}_{12}$ 的轨迹是空间中的一个圆。其圆心 $\boldsymbol{a}_{12}$ 在轴线 $\boldsymbol{a}_1\boldsymbol{a}_2$ 上，其半径 r_{12} 为点 $\boldsymbol{b}_{12}$ 到轴线 $\boldsymbol{a}_1\boldsymbol{a}_2$ 的距离（见图 3-26b）。同理，若 $\boldsymbol{b}_{34}$、$\boldsymbol{b}_{56}$ 也与动平台解除约束的

话，其轨迹也为空间中的一个圆，其圆心为

$$\boldsymbol{a}_{ij}=\boldsymbol{a}_i+\boldsymbol{t}_{ij}(\boldsymbol{a}_i-\boldsymbol{a}_j) \tag{3-40}$$

式中，$i=1$ 时，$j=2$；$i=3$ 时，$j=4$；$i=5$ 时，$j=6$；t_{ij} 是比例系数。

$$t_{ij}=\frac{l_j^2-l_i^2-\|\boldsymbol{a}_i-\boldsymbol{a}_j\|^2}{2\|\boldsymbol{a}_i-\boldsymbol{a}_j\|^2} \tag{3-41}$$

半径为

$$r_{ij}=\sqrt{l_i^2-t_{ij}\|\boldsymbol{a}_i-\boldsymbol{a}_j\|^2} \tag{3-42}$$

式中，$i=1$ 时，$j=2$；$i=3$ 时，$j=4$；$i=5$ 时，$j=6$。

在各轨迹圆的圆心处建立局部坐标系 $\boldsymbol{a}_{ij}x'y'z'$，其中 y'轴沿 $\boldsymbol{a}_i\boldsymbol{a}_j$ 方向，x'轴位于定平台平面内（见图 3-26b）。各个半径 $\boldsymbol{r}_{ij}$ 与轴 x'的夹角 φ_{ij} 可视为机构的输出变量。显然，动平台复合球铰中心点 $\boldsymbol{b}_{ij}$ 在 $\{A\}$ 中的坐标为

$$\boldsymbol{b}_{ij}=\begin{pmatrix}x_{ij}\\y_{ij}\\z_{ij}\end{pmatrix}=\boldsymbol{a}_{ij}+r_{ij}\begin{pmatrix}\cos\varphi_{ij}\sin\alpha\\\cos\varphi_{ij}\cos\alpha\\\sin\varphi_{ij}\end{pmatrix} \tag{3-43}$$

式中，α 为轴线 $\boldsymbol{a}_{ij}$ 与 $\{A\}$ 的 x 轴之间的夹角，固定不变，由机构的定平台结构参数确定。

三角动平台的三条边长 l_{ij} 也不变，因而动平台的三个复合铰点 $\boldsymbol{b}_{ij}$ 必须满足约束

$$\begin{cases}\|\boldsymbol{b}_{12}-\boldsymbol{b}_{34}\|^2=l_{12}^2\\\|\boldsymbol{b}_{34}-\boldsymbol{b}_{56}\|^2=l_{34}^2\\\|\boldsymbol{b}_{56}-\boldsymbol{b}_{12}\|^2=l_{56}^2\end{cases} \tag{3-44}$$

将式（3-43）代入式（3-44），整理得到以上三个变量表示的超越方程：

$$\left.\begin{array}{l}A_1\cos\varphi_{12}+B_1\cos\varphi_{34}+D_1\cos\varphi_{34}+E_1\cos\varphi_{34}+F_1=0\\A_2\cos\varphi_{34}+B_2\cos\varphi_{56}+D_2\cos\varphi_{56}+E_2\cos\varphi_{56}+F_2=0\\A_3\cos\varphi_{56}+B_3\cos\varphi_{12}+D_3\cos\varphi_{12}+E_3\cos\varphi_{12}+F_3=0\end{array}\right\} \tag{3-45}$$

式中，A_i、B_i、D_i、E_i、F_i（$i=1,2,3$）均为机构的已知几何参数及输入变量的函数。为了得到封闭公式，首先将超越方程变成代数方程，然后求解代数方程。

为此令 $x_{ij}=\tan\dfrac{\varphi_{ij}}{2}$，将等式

$$\sin\varphi_{ij}=\frac{x_{ij}}{1+x_{ij}^2},\quad \cos\varphi_{ij}=\frac{1-x_{ij}^2}{1+x_{ij}^2},\quad ij=12,34,56$$

代入式（3-45），则得到相应的代数方程。求解过程请参考相关文献，此处不再赘述。

3.5 操作臂逆运动学

3.4 节讨论了已知关节角，计算工具坐标系相对于固定坐标系的位姿问题，本节将研究逆运动学问题，即已知工具坐标系相对于固定坐标系的期望位姿，计算一系列满足期望要求的关节角。从工程应用的角度来看，运动学反解更为重要，它是机器人运动规划和轨迹控制

的基础。

正向运动学的解是唯一确定的，而运动学反解往往具有多重解，也可能解不存在。此外，对运动学反解而言，仅仅用某种方法求得其解是不够的，对所用计算方法的计算效率、计算精度等均有较多的要求。最理想的情况是能得到封闭解（Closed-form solutions），因为封闭解法计算速度快、效率高，便于实时控制。但是，非线性超越方程一般得不到封闭解，只能采用数值解法。运动学方程的封闭解可通过两种途径获得：代数方法和几何方法。

3.5.1 逆运动学解的存在性与多重解

逆运动学是一个非线性问题，存在可解性、多解性等问题，并且没有通用的求解方法。例如，对于上节学习过的 PUMA560 操作臂而言，其**逆运动学问题**可以描述为：已知${}^0_6\boldsymbol{T}$的 16 个元素的值，求解其 6 个关节变量 $\theta_1 \sim \theta_6$。由于${}^0_6\boldsymbol{T}$中有 4 个元素是常量，因此可以得到 12 个方程。在这 12 个方程中，根据旋转矩阵得到的 9 个矩阵只有 3 个相互独立，加上根据位置矢量得到的 3 个方程，该逆运动学问题共可以得到 6 个相互独立的非线性超越方程，很难求解。

1. 解的存在性

解的存在性问题取决于机器人的工作空间。简单地说，工作空间是指机器人末端执行器所能达到的范围。若要求解存在，则被指定的目标点必须在工作空间内。机器人的工作空间可分为可达工作空间、灵巧工作空间。可达工作空间是指机器人正常运行时，末端执行器坐标系的原点能在空间活动的最大范围。灵活工作空间是指总工作空间内，末端执行器可以任意姿态达到的点。显然，灵巧工作空间是可达工作空间的子集。

现在讨论图 3-27 所示两连杆操作臂的工作空间。如果 $l_1=l_2$，则可达工作空间是半径为 $2l_1$ 的圆，而灵巧工作空间仅是单独的一点，即原点。如果 $l_1 \neq l_2$，则不存在灵巧工作空间，而可达操作空间为一外径为 l_1+l_2、内径为 $|l_1-l_2|$ 的圆环。在可达工作空间内部，末端执行器有两种可能的方向，在工作空间的边界上只有一种可能的方向。

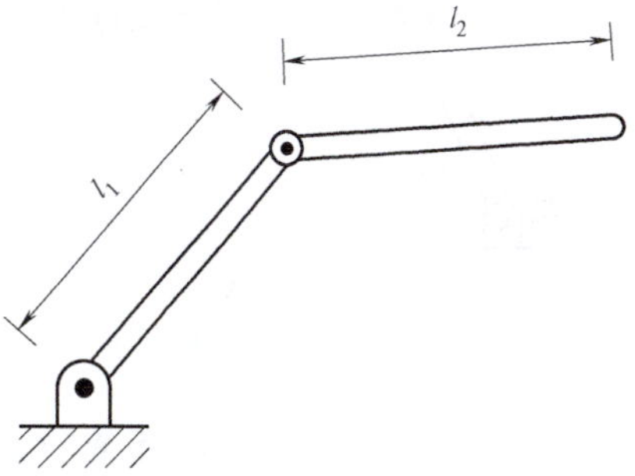

图 3-27 两连杆操作臂的工作空间

这里讨论的两连杆操作臂的工作空间是假设所有关节能够旋转 360°，这在实际机构中是很少见的。当关节旋转角不能达到 360°时，显然工作空间的范围相应减少。

当机器人自由度少于 6 时，它在三维空间内不能达到全部位姿。显然，图 3-27 中的平面操作臂不能伸出平面，因此凡是 z 坐标不为 0 的目标点均不可达。如果给定一个目标点，值得研究的问题是：对于少于 6 个自由度的操作臂而言，哪些是最近的可达目标点？

工作空间也取决于工具坐标系的变换，因为我们谈论可达空间点，通常是指工具末端点。一般来说，工具变换与操作臂的运动学和逆运动学无关，所以一般常研究腕部坐标系 $\{W\}$ 的工作空间。对于一个给定的末端执行器，定义工具坐标系 $\{T\}$，给定目标坐标系 $\{G\}$，去计算相应的坐标系 $\{W\}$。如果腕部坐标系 $\{W\}$ 的期望位姿在末端执行器的工作空间内，那么至少存在一个解。

对于所有包含转动关节和移动关节的串联型 6 自由度机构，其逆运动学均是可解的。

2. 多重解问题

除了解的存在性问题，求解逆运动学时容易遇到的另一个问题就是多解问题。例如对于一个具有 3 个旋转关节的平面操作臂来说，在具有合适的杆长和较大的关节运动范围时，它从任何方位均可到达工作空间内的任何位置，即它的逆运动学存在无数组解。图 3-28 所示为在某一位姿下带有末端执行器的三连杆平面操作臂，虚线表示第二个位形，在这个位形下，末端执行器的可达位置和姿态与第一个位形相同。

多解问题就要求在进行逆运动学求解时，需要根据一定的标准选择一组合适的解。常用的选解标准有“最短行程”“最小能量”等原则。“最短行程”解即为在关节的运动范围内选择一组使得各个关节角的变化量最小的解。根据“最短行程”原则选择运动学逆解时也存在多种选择方式，例如对各关节的变化量进行加权，使得选择的解尽量移动靠近末端执行器的小连杆而不是移动大连杆。此外，对于具有多重解的机器人，尤其是具有冗余自由度的机器人来说，选择运动学逆解时也需要考虑避障问题。例如，图 3-29 中如果操作臂位于点 A，我们希望它移动到点 B，“最短行程”就是使得每个运动关节的运动量最小，因此，在没有障碍的情况下可选择图 3-29 中上侧虚线所示的位形。在存在障碍的情况下，“较近”解可能发生碰撞，这时只能选择“较远”解。为此，一般需要计算全部可能的解。这样，在图 3-29 中，障碍的存在意味着需要按照下侧虚线所示的位形才能到达点 B。

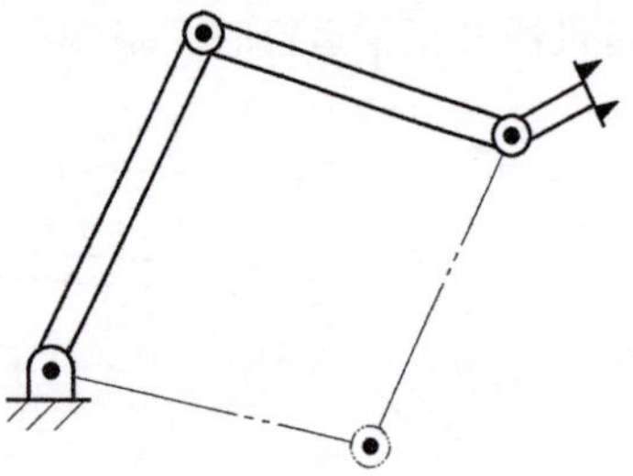

图 3-28　三连杆操作臂

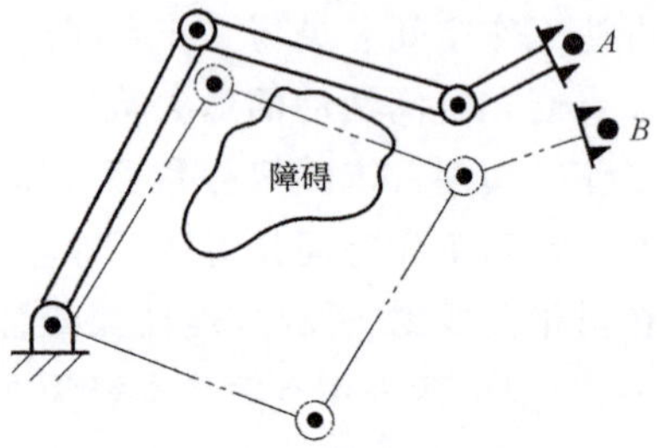

图 3-29　多解问题示意图

解的个数不仅取决于操作臂的关节数量，它是连杆参数和关节运动范围的函数。例如，PUMA560 机器人到达一个确定的目标有 8 个不同的解，图 3-30 所示为其中的 4 个解。对于图 3-30 中所示的每一种情况，都存在另外一种解，即最后三个关节“翻转”为另外一种位形，用公式表示为

$$\theta_4' = \theta_4 + 180°$$
$$\theta_5' = -\theta_5$$
$$\theta_6' = \theta_6 + 180°$$

详细反解过程与反解结果我们在下一节讨论。总之，对于一个操作目标共有 8 个解，由于关节运动范围的限制，这 8 个解中的某些解是不能实现的。

通常，连杆的非零参数越多，到达某一特定目标的方式也越多，解的最大数目就越大。对于一个全部为旋转关节的 6 自由度操作臂来说，可能多达 16 个解。

3. 求解方法

操作臂的全部求解方法分为两大类：数值解和封闭解。由于数值解的迭代性质，因此一般比相应封闭解的求解速度慢得多。非线性超越方程一般得不到封闭解，只能采用数值解

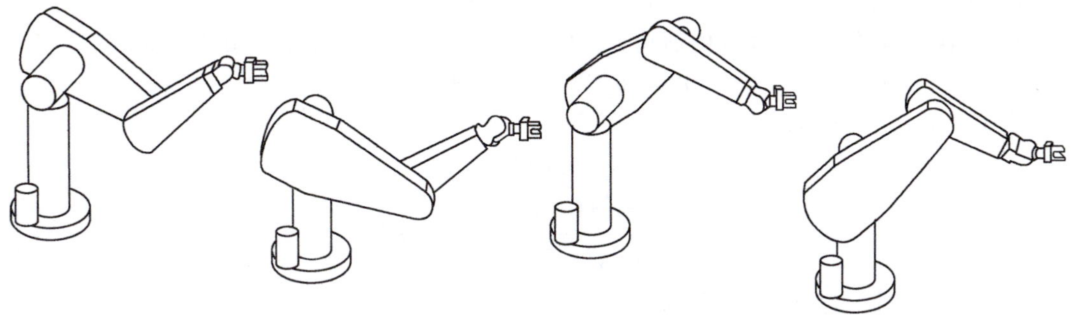

图 3-30　PUMA560 的 4 个解

法。**封闭解法**是指基于解析形式的解法，对于不高于 4 次的多项式不用迭代便可完全求解。封闭解的求解方法分为两种：代数方法和几何方法，这两种方法的区别并不明显，只是求解过程不同。

如前所述，对于所有包含转动关节和移动关节的串联型 6 自由度机构均是可解的。但是这种解一般是数值解，对于 6 自由度机器人来说，只有在特殊情况下才有解析解。这种存在解析解（封闭解）的机器人具有如下特性：存在几个正交关节轴或有多个 α_i 为 0 或±90°。一般计算数值解比计算封闭解耗时，因此，在设计操作臂时重要的问题是使封闭解存在。

具有 6 个旋转关节的操作臂存在封闭解的充分条件是相邻的三根关节轴相交于一点。因此，当今设计的 6 自由度操作臂几乎都有三根相关轴。例如，PUMA560 的 4、5、6 轴相交。

3.5.2　逆运动学的几何解法

几何解法是将操作臂的空间几何参数分解成为平面几何问题，然后应用平面几何工具可以求出关节角度。用这种方法在求解许多操作臂时（特别是当 α_i 或±90°时）是相当容易的。

下面以平面三连杆机器人为例来说明逆运动学的几何解法。如图 3-31 所示的一个平面三连杆机构，其逆运动学问题可以描述为：给定末端坐标系原点的位置坐标 x、y 和末端连杆的方位角 φ，计算满足条件的 3 个关节角 θ_1、θ_2、θ_3。图 3-31 中用实线和虚线画出了一个末端位姿对应的两组解。

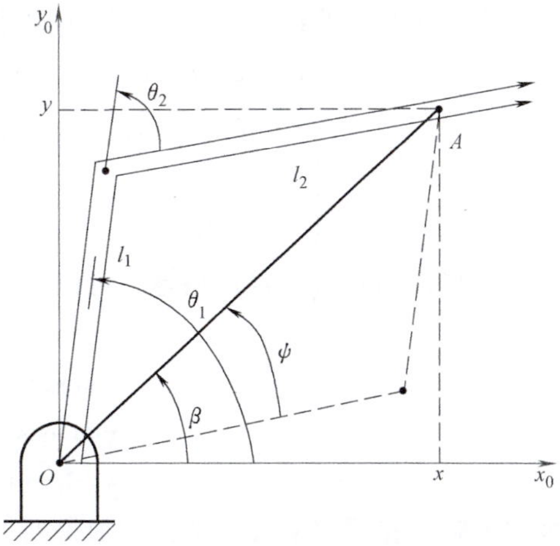

图 3-31　3R 平面三连杆机构的运动

针对实线表示的一组解，在 l_1、l_2 和 OA 组成的三角形内，应用余弦定理可以得到

$$x^2+y^2=l_1^2+l_2^2-2l_1l_2\cos(180°-\theta_2)$$

由此可得

$$\cos\theta_2=\frac{x^2+y^2-l_1^2-l_2^2}{2l_1l_2}$$

值得注意的是：

1）为了保证解存在，目标点（x，y）应满足条件$\sqrt{x^2+y^2} \leqslant l_1+l_2$。

2）在满足解的存在性条件的前提下，可能有两个解（另一个解用虚线表示）：

$$\theta_2' = -\theta_2, \quad -180° \leqslant \theta_2 \leqslant 0°$$

为了求出 θ_1，首先计算 β 和 ψ：

$$\beta = \mathrm{Atan2}(y, x)$$

$$\cos\psi = \frac{x^2+y^2+l_1^2-l_2^2}{2l_1\sqrt{x^2+y^2}}, \quad 0° \leqslant \psi \leqslant 180°$$

则当 $\theta_2<0°$时，对应图中实线解：

$$\theta_1 = \beta - \psi$$

当 $\theta_2>0°$时，对应图中虚线解：

$$\theta_1 = \beta - \psi$$

又因为该连杆机构始终位于平面内，角度可以直接相加，则三个连杆的转角之和即为末端连杆的姿态。即

$$\theta_1+\theta_2+\theta_3 = \varphi$$

由上式求出 θ_3，则可以完成该操作臂的逆运动学求解。

3.5.3 逆运动学的代数解法

针对图 3-31 所示的操作臂，已知末端坐标系原点的位置坐标 x、y 和末端连杆的方位角 φ，则可以给定末端位姿矩阵为

$$ {}^0_3\boldsymbol{T} = \begin{pmatrix} \cos\varphi & -\sin\varphi & 0 & x \\ \sin\varphi & \cos\varphi & 0 & y \\ 0 & 0 & 1 & 0 \\ 0 & 0 & 0 & 1 \end{pmatrix} \tag{3-46}$$

根据 3.4 节中的结论，该操作臂的运动学方程为

$$ {}^B_W\boldsymbol{T} = {}^0_3\boldsymbol{T} = \begin{pmatrix} \cos(\theta_1+\theta_2+\theta_3) & -\sin(\theta_1+\theta_2+\theta_3) & 0 & l_1\cos\theta_1+l_2\cos(\theta_1+\theta_2) \\ \sin(\theta_1+\theta_2+\theta_3) & \cos(\theta_1+\theta_2+\theta_3) & 0 & l_1\sin\theta_1+l_2\sin(\theta_1+\theta_2) \\ 0 & 0 & 1 & 0 \\ 0 & 0 & 0 & 1 \end{pmatrix} \tag{3-47}$$

令式（3-46）和式（3-47）相等，可以得到 4 个非线性方程，进而求出 θ_1、θ_2、θ_3：

$$\cos\varphi = \cos(\theta_1+\theta_2+\theta_3) \tag{3-48}$$

$$\sin\varphi = \sin(\theta_1+\theta_2+\theta_3) \tag{3-49}$$

$$x = l_1\cos\theta_1 + l_2\cos(\theta_1+\theta_2) \tag{3-50}$$

$$y = l_1\sin\theta_1 + l_2\sin(\theta_1+\theta_2) \tag{3-51}$$

将式（3-50）和式（3-51）平方相加得到

$$x^2+y^2 = l_1^2+l_2^2+2l_1l_2\cos\theta_2 \tag{3-52}$$

由式（3-52）求解 $\cos\theta_2$，得到

$$\cos\theta_2 = \frac{x^2+y^2-l_1^2-l_2^2}{2l_1l_2} \tag{3-53}$$

式（3-53）有解的条件是 $|\cos\theta_2|\leqslant 1$，如果不满足此约束条件，说明此时目标点位置太远，不在操作臂的工作空间内。如果满足约束条件，则 $\sin\theta_2$ 的表达式为

$$\sin\theta_2=\pm\sqrt{1-\cos^2\theta_2} \tag{3-54}$$

应用双变量反正切公式计算 θ_2，得

$$\theta_2=\mathrm{Atan2}(\sin\theta_2,\ \cos\theta_2)$$

求出了 θ_2，可以根据式（3-50）和式（3-51）求出 θ_1。将式（3-50）和式（3-51）写成如下形式：

$$x=(l_1+l_2\cos\theta_2)\cos\theta_1-l_2\sin\theta_1\sin\theta_2 \tag{3-55}$$

$$y=(l_1+l_2\cos\theta_2)\sin\theta_1+l_2\cos\theta_1\sin\theta_2 \tag{3-56}$$

令

$$k_1=l_1+l_2\cos\theta_2$$

$$k_2=l_2\sin\theta_2$$

则式（3-55）和式（3-56）可以改写为

$$x=k_1\cos\theta_1-k_2\sin\theta_1 \tag{3-57}$$

$$y=k_1\sin\theta_1+k_2\cos\theta_1 \tag{3-58}$$

式（3-57）和式（3-58）可以看作一个二元一次方程组，从而解出

$$\sin\theta_1=\frac{k_1y-k_2x}{2k_1^2} \tag{3-59}$$

$$\cos\theta_1=\frac{k_1x+k_2y}{k_1^2+k_2^2} \tag{3-60}$$

根据式（3-59）和式（3-60）解得

$$\theta_1=\mathrm{Atan}(\sin\theta_1,\cos\theta_1)$$

最后，由式（3-48）和式（3-49）可得

$$\theta_1+\theta_2+\theta_3=\varphi$$

由于 θ_1 和 θ_2 已知，从而可以解出 θ_3。需要注意的是，由于式（3-54）求解 θ_2 时有两组解，所以此平面三连杆操作臂最终可以解出两组解。

3.5.4 三轴相交的 Pieper 解法

如前所述，一般的 6 自由度机器人没有封闭解，只有在特殊情况下才有封闭解，例如存在几个正交关节轴或有多个 α_i 为 0°或±90°。不过，大多数工业机器人都满足封闭解的两个充分条件之一（称为 Pieper 准则）：①三个相邻关节轴交于一点；②三个相邻关节轴相互平行。PUMA 和 Stanford 机器人满足第一个条件，而 ASEA 和 MINIMOVER 机器人满足第二个条件。

现在我们讨论具有 6 个旋转关节的机器人，其最后 3 个关节轴交于一点，我们运用 Pieper 方法求出封闭解。这种方法也适用于带有移动关节的机器人。腕部三关节相交时，机器人运动学方程可表示为

$${}^0_6\boldsymbol{T}={}^0_3\boldsymbol{T}{}^3_6\boldsymbol{T} \tag{3-61}$$

式中，${}^0_3\boldsymbol{T}$ 规定腕部参考点（三轴交点）的位置，而${}^3_6\boldsymbol{T}$ 则规定腕部的姿态。

连杆坐标系 {4}、{5}、{6} 的原点都设在腕部三轴交点上，该点在基坐标系中的位置表示为

$$ {}^{0}\boldsymbol{p}_{40}={}^{0}_{1}\boldsymbol{T}{}^{1}_{2}\boldsymbol{T}{}^{2}_{3}\boldsymbol{T}{}^{3}\boldsymbol{p}_{40} \tag{3-62} $$

式中，${}^{3}\boldsymbol{p}_{40}$ 就是连杆变换矩阵${}^{3}_{4}\boldsymbol{T}$ 的第四列。因此，令式（3-16）中 $i=4$，其第四列就是${}^{3}\boldsymbol{p}_{40}$，即

$$ {}^{0}\boldsymbol{p}_{40}={}^{0}_{1}\boldsymbol{T}{}^{1}_{2}\boldsymbol{T}{}^{2}_{3}\boldsymbol{T}\begin{pmatrix} a_3 \\ -d_4\sin\alpha_3 \\ d_4\cos\alpha_3 \\ 1 \end{pmatrix} \tag{3-63} $$

或

$$ {}^{0}\boldsymbol{p}_{40}={}^{0}_{1}\boldsymbol{T}{}^{1}_{2}\boldsymbol{T}\begin{pmatrix} f_1(\theta_3) \\ f_2(\theta_3) \\ f_3(\theta_3) \\ 1 \end{pmatrix} \tag{3-64} $$

式中，

$$ \begin{pmatrix} f_1 \\ f_2 \\ f_3 \\ 1 \end{pmatrix}={}^{2}_{3}\boldsymbol{T}\begin{pmatrix} a_3 \\ -d_4\sin\alpha_3 \\ d_4\cos\alpha_3 \\ 1 \end{pmatrix} \tag{3-65} $$

令式（3-16）中 $i=3$，可以得到${}^{2}_{3}\boldsymbol{T}$ 的表达式，再代入式（3-65），得出 $f_i(\theta_3)$ 的表达式：

$$ \left.\begin{aligned} f_1(\theta_3)&=a_3\cos\theta_3+d_4\sin\alpha_3\sin\theta_3+a_2 \\ f_2(\theta_3)&=a_3\cos\alpha_2\sin\theta_3-d_4\sin\alpha_3\cos\alpha_2\cos\theta_3-d_4\sin\alpha_2\cos\alpha_3-d_3\sin\alpha_2 \\ f_3(\theta_3)&=a_3\sin\alpha_2\sin\theta_3-d_4\sin\alpha_3\sin\alpha_2\cos\theta_3+d_4\cos\alpha_2\cos\alpha_3+d_3\cos\alpha_2 \end{aligned}\right\} \tag{3-66} $$

继续利用式（3-16），求出式（3-64）中的${}^{0}_{1}\boldsymbol{T}$ 和${}^{1}_{2}\boldsymbol{T}$，于是得

$$ {}^{0}\boldsymbol{p}_{40}=\begin{pmatrix} \cos\theta_1 g_1-\sin\theta_1 g_2 \\ \sin\theta_1 g_1+\cos\theta_1 g_2 \\ g_3 \\ 1 \end{pmatrix} \tag{3-67} $$

式中，

$$ \left.\begin{aligned} g_1&=\cos\theta_2 f_1-\sin\theta_2 f_2+a_1 \\ g_2&=\sin\theta_2\cos\alpha_1 f_1+\cos\theta_2\cos\alpha_1 f_2-\sin\alpha_1 f_3-d_2\sin\alpha_1 \\ g_3&=\sin\theta_2\sin\alpha_1 f_1+\cos\theta_2\sin\alpha_1 f_2+\cos\alpha_1 f_3+d_2\cos\alpha_1 \end{aligned}\right\} \tag{3-68} $$

由式（3-67）得到${}^{0}\boldsymbol{p}_{40}$ 的平方值

$$ r^2=g_1^2+g_2^2+g_3^2 \tag{3-69} $$

将 g_i 的表达式（3-68）代入式（3-69），得

$$\left.\begin{aligned} r^2 &= f_1^2+f_2^2+f_3^2+a_1^2+d_2^2+2d_2f_3+2a_1(\cos\theta_2 f_1-\sin\theta_2 f_2) \\ f_1^2+f_2^2+f_3^2 &= a_3^2+d_4^2+d_3^2+a_2^2+2d_4d_3\cos\alpha_3+2a_2a_3\cos\theta_3+2a_2d_4\sin\alpha_3\sin\theta_3 \end{aligned}\right\} \tag{3-70}$$

根据${}^0\boldsymbol{p}_{40}$ 的模方 r^2 和${}^0\boldsymbol{p}_{40}$ 的 z 分量 g_3 写出方程组:

$$r^2=(k_1\cos\theta_2+k_2\sin\theta_2)2a_1+k_3 \tag{3-71}$$

$$z=(k_1\sin\theta_2-k_2\cos\theta_2)\sin\alpha_1+k_4 \tag{3-72}$$

式中,

$$\left.\begin{aligned} k_1 &= f_1 \\ k_2 &= -f_2 \\ k_3 &= f_1^2+f_2^2+f_3^2+a_1^2+d_2^2+2d_2f_3 \\ k_4 &= f_3\cos\alpha_1+d_2\cos\alpha_1 \end{aligned}\right\} \tag{3-73}$$

式(3-71)和式(3-72)可以用来求解 θ_2 和 θ_3,因为它已经消去关节变量 θ_1。式(3-71)和式(3-72)与 θ_2 的关系也十分简单。

在求运动学反解的过程中,经常要用到几何代换公式

$$u=\tan\frac{\theta}{2},\quad \cos\theta=\frac{1-u^2}{1+u^2},\quad \sin\theta=\frac{2u}{1+u^2}$$

利用以上几何代换,可将超越方程化为代数方程,以便求解。基于这种代换,可以利用式(3-71)和式(3-72)求解 θ_3。分三种情况:

1)如果 $a_1=0$,那么 $r^2=k_3$,其中 r^2 已知,k_3 只是 θ_3 的函数,利用几何代换公式之后,$r^2=k_3$ 成为 $\tan(\theta_3/2)$ 的二次方程,首先解出 $\tan(\theta_3/2)$,再求出 θ_3。

2)如果 $\sin\alpha_1=0$,那么 $z=k_4$,其中 z 已知,k_4 是 θ_3 的函数,利用几何代换公式之后,$z=k_4$ 成为 $\tan(\theta_3/2)$ 的二次方程,首先解出 $\tan(\theta_3/2)$,再求出 θ_3。

3)一般情况下,从式(3-71)和式(3-72)中消去 $\sin\theta_2$ 和 $\cos\theta_2$,得

$$\frac{(r^2-k_3)^2}{4a_1^2}+\frac{(z-k_4)^2}{\sin^2\alpha_1}=k_1^2+k_2^2 \tag{3-74}$$

然后利用几何代换公式将式(3-74)化为 $\tan(\theta_3/2)$ 的四次方程,对 θ_3 进行求解。

求得 θ_3 后,再由式(3-71)和式(3-72)求出 θ_2,最后由式(3-67)解出 θ_1。

3.6 操作臂逆运动学实例

本节以 3.4 节中介绍的机器人为例,继续求解其逆运动学。

3.6.1 串联机器人(PUMA560)运动学反解

3.5 节中介绍了 PUMA560 的运动学方程,现在用代数法对其进行运动学反解。具体步骤如下:

1. 求 θ_1

由 3.5 节可知,PUMA560 的运动学方程可以写成

$$ {}_6^0\boldsymbol{T}={}_1^0\boldsymbol{T}(\theta_1)\,{}_2^1\boldsymbol{T}(\theta_2)\,{}_3^2\boldsymbol{T}(\theta_3)\,{}_4^3\boldsymbol{T}(\theta_4)\,{}_5^4\boldsymbol{T}(\theta_5)\,{}_6^5\boldsymbol{T}(\theta_6)=\begin{pmatrix} n_x & o_x & a_x & p_x \\ n_y & o_y & a_y & p_y \\ n_z & o_z & a_z & p_z \\ 0 & 0 & 0 & 1 \end{pmatrix} \tag{3-75} $$

用逆变换${}_1^0\boldsymbol{T}^{-1}$（$\theta_1$）左乘矩阵${}_6^0\boldsymbol{T}$，得

$$ {}_1^0\boldsymbol{T}^{-1}(\theta_1)\,{}_6^0\boldsymbol{T}={}_2^1\boldsymbol{T}(\theta_2)\,{}_3^2\boldsymbol{T}(\theta_3)\,{}_4^3\boldsymbol{T}(\theta_4)\,{}_5^4\boldsymbol{T}(\theta_5)\,{}_6^5\boldsymbol{T}(\theta_6)={}_6^1\boldsymbol{T} $$

${}_1^0\boldsymbol{T}^{-1}$（$\theta_1$）可由 3.4 节中连杆变换矩阵${}_1^0\boldsymbol{T}$ 的表达式求出，于是有

$$ \begin{pmatrix} \cos\theta_1 & \sin\theta_1 & 0 & 0 \\ -\sin\theta_1 & \cos\theta_1 & 0 & 0 \\ 0 & 0 & 1 & 0 \\ 0 & 0 & 0 & 1 \end{pmatrix}\begin{pmatrix} n_x & o_x & a_x & p_x \\ n_y & o_y & a_y & p_y \\ n_z & o_z & a_z & p_z \\ 0 & 0 & 0 & 1 \end{pmatrix}={}_6^1\boldsymbol{T} \tag{3-76} $$

式中，${}_6^1\boldsymbol{T}$ 由式（3-26）给出。令矩阵方程式（3-76）两端的元素（2，4）对应相等，得

$$ -\sin\theta_1 p_x+\cos\theta_1 p_y=d_2 \tag{3-77} $$

利用三角代换，得

$$ p_x=\rho\cos\varphi,\quad p_y=\rho\sin\varphi \tag{3-78} $$

式中，$\rho=\sqrt{p_x^2+p_y^2}$；$\varphi=\mathrm{Atan2}(p_y,\ p_x)$。将式（3-78）代入式（3-77），即得到 θ_1 的解：

$$ \sin(\varphi-\theta_1)=\frac{d_2}{\rho} $$

$$ \cos(\varphi-\theta_1)=\pm\sqrt{1-\left(\frac{d_2}{\rho}\right)^2} $$

$$ \varphi-\theta_1=\mathrm{Atan2}\left(\frac{d_2}{\rho},\pm\sqrt{1-\left(\frac{d_2}{\rho}\right)^2}\right) $$

$$ \theta_1=\mathrm{Atan2}(p_y,p_x)-\mathrm{Atan2}(d_2,\pm\sqrt{p_x^2+p_y^2-d_2^2}) $$

式中，正、负号对应于 θ_1 的两个可能解。

2. 求 θ_3

选定一个 θ_1 的解后，再令矩阵方程式（3-76）两端的元素（1，4）和（3，4）分别对应相等，得到以下两个方程：

$$ \cos\theta_1 p_x+\sin\theta_1 p_y=a_3\cos(\theta_2+\theta_3)-d_4\sin(\theta_2+\theta_3)+a_2\cos\theta_2 \tag{3-79} $$

$$ -p_z=a_3\sin(\theta_2+\theta_3)+d_4\cos(\theta_2+\theta_3)+a_2\sin\theta_2 \tag{3-80} $$

式（3-77）、式（3-79）、式（3-80）的平方和为

$$ a_3\cos\theta_3-d_4\sin\theta_3=k \tag{3-81} $$

式中，

$$ k=\frac{p_x^2+p_y^2+p_z^2-a_2^2-a_3^2-d_2^2-d_4^2}{2a_2} $$

由于式（3-81）中已经消去 θ_1 并且式（3-81）与式（3-77）具有相同的形式，因此可用三角代换求解 θ_3，得

$$\theta_3 = \text{Atan2}(a_3, d_4) - \text{Atan2}(k, \pm\sqrt{a_3^2+d_4^2-k^2}) \tag{3-82}$$

式中，正、负号对应于 θ_3 的两个可能解。

3. 求 θ_2

在矩阵方程（3-75）的两边左乘逆变换 ${}_3^0\boldsymbol{T}^{-1}$，得

$${}_3^0\boldsymbol{T}^{-1}\,{}_6^0\boldsymbol{T} = {}_4^3\boldsymbol{T}(\theta_4)\,{}_5^4\boldsymbol{T}(\theta_5)\,{}_6^5\boldsymbol{T}(\theta_6) \tag{3-83}$$

故有

$$\begin{pmatrix} \cos\theta_1\cos(\theta_2+\theta_3) & \sin\theta_1\cos(\theta_2+\theta_3) & -\sin(\theta_2+\theta_3) & -a_2\cos\theta_3 \\ -\cos\theta_1\sin(\theta_2+\theta_3) & -\sin\theta_1\sin(\theta_2+\theta_3) & -\cos(\theta_2+\theta_3) & a_2\sin\theta_3 \\ -\sin\theta_1 & \cos\theta_1 & 0 & -d_2 \\ 0 & 0 & 0 & 1 \end{pmatrix} \begin{pmatrix} n_x & o_x & a_x & p_x \\ n_y & o_y & a_y & p_y \\ n_z & o_z & a_z & p_z \\ 0 & 0 & 0 & 1 \end{pmatrix} = {}_6^3\boldsymbol{T} \tag{3-84}$$

式中，变换矩阵 ${}_6^3\boldsymbol{T}$ 由式（3-24）给出；令矩阵方程式（3-84）两边的元素（1，4）和（2，4）对应相等，得

$$\cos\theta_1\cos(\theta_2+\theta_3)p_x+\sin\theta_1\cos(\theta_2+\theta_3)p_y-\sin(\theta_2+\theta_3)p_z-a_2\cos\theta_3 = a_3$$
$$-\cos\theta_1\sin(\theta_2+\theta_3)p_x+\sin\theta_1\sin(\theta_2+\theta_3)p_y-\cos(\theta_2+\theta_3)p_z+a_2\sin\theta_3 = d_4$$

将上面两个方程联立求解得

$$\sin(\theta_2+\theta_3) = \frac{(-a_3-a_2\cos\theta_3)p_z+(\cos\theta_1 p_x+\sin\theta_1 p_y)(a_2\sin\theta_3-d_4)}{p_z^2+(\cos\theta_1 p_x+\sin\theta_1 p_y)^2}$$

$$\cos(\theta_2+\theta_3) = \frac{(-d_4+a_2\sin\theta_3)p_z-(\cos\theta_1 p_x+\sin\theta_1 p_y)(-a_2\cos\theta_3-a_3)}{p_z^2+(\cos\theta_1 p_x+\sin\theta_1 p_y)^2}$$

$\sin(\theta_2+\theta_3)$ 和 $\cos(\theta_2+\theta_3)$ 表达式的分母相等，且为正，于是有

$$\theta_2+\theta_3 = \text{Atan2}\begin{pmatrix} (-a_3-a_2\cos\theta_3)p_z+(\cos\theta_1 p_x+\sin\theta_1 p_y)(a_2\sin\theta_3-d_4), \\ (-d_4+a_2\sin\theta_3)p_z+(\cos\theta_1 p_x+\sin\theta_1 p_y)(a_2\cos\theta_3+a_3) \end{pmatrix} \tag{3-85}$$

根据 θ_1 和 θ_3 解的四种可能组合，由式（3-85）可以得到相应的四个可能值 $\theta_2+\theta_3$，于是得到 θ_2 的四个可能解。

4. 求 θ_4

令矩阵方程式（3-84）两边的元素（1，3）和（3，3）分别对应相等，则得

$$a_x\cos\theta_1\cos(\theta_2+\theta_3)+a_y\sin\theta_1\cos(\theta_2+\theta_3)-a_z\sin(\theta_2+\theta_3) = -\cos\theta_4\sin\theta_5$$
$$-a_x\sin\theta_1+a_y\cos\theta_1 = \sin\theta_4\sin\theta_5$$

只要 $\sin\theta_5 \neq 0$，便可求出

$$\theta_4 = \text{Atan2}(-a_x\sin\theta_1+a_y\cos\theta_1, -a_x\cos\theta_1\cos(\theta_2+\theta_3)-a_y\sin\theta_1\cos(\theta_2+\theta_3)+a_z\sin(\theta_2+\theta_3)) \tag{3-86}$$

当 $\sin\theta_5 = 0$ 时，操作臂处于奇异位形。此时，关节轴线 4 和 6 重合，只能解出 θ_4 和 θ_6 的和或差。奇异位形可以由式（3-86）中 Atan2 的两个变量是否都接近于零来判别。若都接近于零，则为奇异位形，否则不是奇异位形。在操作臂处于奇异位形时，可任意选取 θ_4 的值，再计算相应的 θ_6 的值。

5. 求 θ_5

根据解出的 θ_4，便可进一步解出 θ_5。在矩阵方程式（3-75）的两边左乘逆变换 ${}^0_4T^{-1}$，得

$${}^0_4T^{-1}(\theta_1,\theta_2,\theta_3,\theta_4){}^0_6T={}^4_5T(\theta_5){}^5_6T(\theta_6) \tag{3-87}$$

式（3-87）左边的 θ_1、θ_2、θ_3 和 θ_4 均已解出，则有逆变换

$${}^0_4T^{-1}=\begin{pmatrix} \cos\theta_1\cos(\theta_2+\theta_3)\cos\theta_4+\sin\theta_1\sin\theta_4 & \sin\theta_1\cos(\theta_2+\theta_3)\cos\theta_4-\cos\theta_1\sin\theta_4 & -\sin(\theta_2+\theta_3)\cos\theta_4 & -a_2\cos\theta_3\cos\theta_4+d_2\sin\theta_4-a_3\cos\theta_4 \\ -\cos\theta_1\cos(\theta_2+\theta_3)\sin\theta_4+\sin\theta_1\cos\theta_4 & -\sin\theta_1\cos(\theta_2+\theta_3)\sin\theta_4-\cos\theta_1\cos\theta_4 & \sin(\theta_2+\theta_3)\sin\theta_4 & a_2\cos\theta_3\sin\theta_4+d_2\cos\theta_4+a_3\sin\theta_4 \\ -\cos\theta_1\sin(\theta_2+\theta_3) & -\sin\theta_1\sin(\theta_2+\theta_3) & -\cos(\theta_2+\theta_3) & a_2\sin\theta_3-d_4 \\ 0 & 0 & 0 & 1 \end{pmatrix} \tag{3-88}$$

式（3-87）的右边 ${}^4_5T(\theta_5){}^5_6T(\theta_6)={}^4_6T(\theta_5,\theta_6)$，而 ${}^4_6T$ 可由式（3-23）得出。由式（3-88）矩阵两边的元素（1，3）和（3，3）分别对应相等，得

$$a_x(\cos\theta_1\cos(\theta_2+\theta_3)\cos\theta_4+\sin\theta_1\sin\theta_4)+a_y(\sin\theta_1\cos(\theta_2+\theta_3)\cos\theta_4-\cos\theta_1\sin\theta_4)-$$
$$a_z\sin(\theta_2+\theta_3)\cos\theta_4=-\sin\theta_5-a_x\cos\theta_1\sin(\theta_2+\theta_3)-a_y\sin\theta_1\sin(\theta_2+\theta_3)-a_z\cos(\theta_2+\theta_3)=\cos\theta_5$$

由此得到 θ_5 的封闭解为

$$\theta_5=\mathrm{Atan2}(\sin\theta_5,\cos\theta_5)$$

6. 求 θ_6

继续应用上述方法求解 θ_6。将式（3-75）改写为

$${}^0_5T^{-1}(\theta_1,\theta_2,\theta_3,\theta_4,\theta_5){}^0_6T={}^5_6T(\theta_6) \tag{3-89}$$

令矩阵方程式（3-89）的两边元素（3，1）和（1，1）分别对应相等，则得到

$$\sin\theta_6=-n_x(\cos\theta_1\cos(\theta_2+\theta_3)\sin\theta_4-\sin\theta_1\cos\theta_4)-n_y(\sin\theta_1\cos(\theta_2+\theta_3)\sin\theta_4+\cos\theta_1\cos\theta_4)+n_z\sin$$
$$(\theta_2+\theta_3)\sin\theta_4\cos\theta_6=-n_x[(\cos\theta_1\cos(\theta_2+\theta_3)\cos\theta_4+\sin\theta_1\cos\theta_4)\cos\theta_5-\cos\theta_1\sin(\theta_2+\theta_3)\sin\theta_5]+n_y$$
$$[(\sin\theta_1\cos(\theta_2+\theta_3)\cos\theta_4-\cos\theta_1\sin\theta_4)\cos\theta_5-\sin\theta_1\sin(\theta_2+\theta_3)\sin\theta_5]-$$
$$n_z(\cos\theta_4\sin(\theta_2+\theta_3)\cos\theta_5+\cos(\theta_2+\theta_3)\cos\theta_5)$$

由此得到 θ_6 的封闭解为

$$\theta_6=\mathrm{Atan2}(\sin\theta_6,\cos\theta_6)$$

PUMA560 的运动学反解可能存在八种。θ_1 和 θ_3 的正、负号组合可能得到四种解，图 3-30 所示为相应的四种位形。另外，由腕部的“翻转”又可能得出两种解，图 3-32 所示为腕部翻转的示意图，相应的两种解的关系如下：

$$\theta_4'=\theta_4+180°;\ \theta_5'=-\theta_5;\ \theta_6'=\theta_6+180°$$

需注意的是，PUMA560 虽然可能有 8 种解，但是由于结构的限制，例如各关节变量不能在全部 360°范围内运动，有些解甚至全部解都有可能不能实现。在机器人存在多种解的情况下，应选取其中最满意的一组解，譬如满足行程最短、功率最省、受力情况最好、能回避障碍等要求。

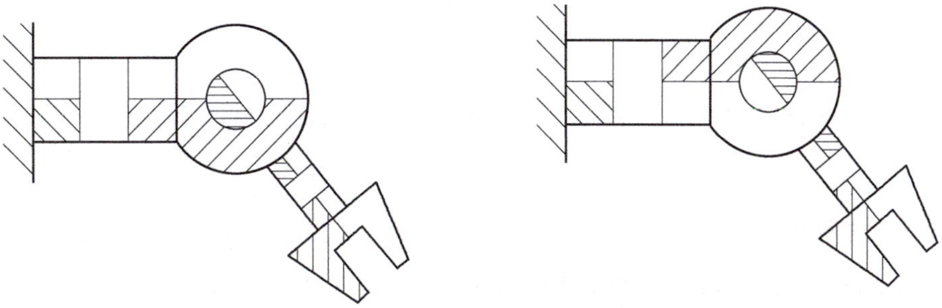

图 3-32　腕部"翻转"对应的两种反解

3.6.2　串联机器人（ABB IRB120）运动学反解

上节介绍了 ABB IRB120 的运动学方程，下面对其进行运动学反解。具体步骤如下：

1. 求解 θ_1

由正向运动学分析可知${}^0_6\boldsymbol{T}={}^0_1\boldsymbol{T}{}^1_2\boldsymbol{T}{}^2_3\boldsymbol{T}{}^3_4\boldsymbol{T}{}^4_5\boldsymbol{T}{}^5_6\boldsymbol{T}$，两边同时左乘${}^0_1\boldsymbol{T}^{-1}$，则有

$$ {}^0_1\boldsymbol{T}^{-1}{}^0_6\boldsymbol{T}={}^1_2\boldsymbol{T}{}^2_3\boldsymbol{T}{}^3_4\boldsymbol{T}{}^4_5\boldsymbol{T}{}^5_6\boldsymbol{T} \tag{3-90} $$

式（3-90）两边为等价矩阵，各个元素都是对应相等的，根据第 3 行 4 列（3，4）的元素对应相等，可得

$$ -p_y\cos\theta_1+p_x\sin\theta_1=0 $$

求解得 $\theta_1=\mathrm{Atan2}(p_y,\ p_x)$。根据双变量反正切函数的定义，在$-\pi\leqslant\theta\leqslant\pi$ 时，可以通过变量 p_y 和 p_x 的符号判断出 θ_1 的象限。

2. 求解 θ_3

令矩阵方程（3-90）两边的元素第 1 行第 4 列（1，4）和第 2 行第 4 列（2，4）对应相等，可得

$$ p_x\cos\theta_1+p_y\sin\theta_1=a_2\cos\theta_2+a_3\cos(\theta_2+\theta_3)+d_4\sin(\theta_2+\theta_3) $$
$$ p_z-d_1=a_2\sin\theta_2+a_3\sin(\theta_2+\theta_3)-d_4\cos(\theta_2+\theta_3) $$

将上面两个方程两边平方后相加，可以得到

$$ \begin{aligned}(p_x\cos\theta_1+p_y\sin\theta_1)^2+(p_z-d_1)^2&=(a_2\cos\theta_2+a_3\cos(\theta_2+\theta_3)+d_4\sin(\theta_2+\theta_3))^2+\\&\quad(a_2\sin\theta_2+a_3\sin(\theta_2+\theta_3)-d_4\cos(\theta_2+\theta_3))^2\\&=a_2^2+a_3^2+d_4^2+2a_2a_3\cos\theta_3+2a_2d_4\sin\theta_3\end{aligned} \tag{3-91} $$

由式（3-91）可得

$$ a_3\cos\theta_3+d_4\sin\theta_3=\frac{(p_x\cos\theta_1+p_y\sin\theta_1)^2+(p_z-d_1)^2-a_2^2-a_3^2-d_4^2}{2a_2} \tag{3-92} $$

令

$$ a_3=r\sin\varphi,\ d_4=r\cos\varphi $$

则有 $r=\sqrt{a_3^2+d_4^2}$，$\varphi=\mathrm{Atan2}(a_3,d_4)$，代入式（3-92），再令

$$\omega=\frac{(p_x\cos\theta_1+p_y\sin\theta_1)^2+(p_z-d_1)^2-a_2^2-a_3^2-d_4^2}{2a_2r}$$

可以得到

$$\cos(\theta_3+\varphi)=\pm\sqrt{1-\omega^2},\ \theta_3=\mathrm{Atan2}\left(\omega,\pm\sqrt{1-\omega^2}\right)-\mathrm{Atan2}(a_3,d_4) \tag{3-93}$$

3. 求解 θ_2

由运动学方程可知${}^0_6\boldsymbol{T}={}^0_1\boldsymbol{T}{}^1_2\boldsymbol{T}{}^2_3\boldsymbol{T}{}^3_4\boldsymbol{T}{}^4_5\boldsymbol{T}{}^5_6\boldsymbol{T}$，两边同时依次左乘${}^0_1\boldsymbol{T}^{-1}{}^1_2\boldsymbol{T}^{-1}$，再令矩阵方程两边的元素第 1 行第 4 列（1，4）和第 2 行第 4 列（2，4）对应相等，可以得到

$$p_x\cos\theta_1\cos\theta_2+p_y\sin\theta_1\cos\theta_2+p_z\sin\theta_2-d_1\sin\theta_2-a_2=a_3\cos\theta_3+d_4\sin\theta_3 \tag{3-94}$$

$$p_z\cos\theta_2-d_1\cos\theta_2-(p_x\cos\theta_1+p_y\sin\theta_1)\sin\theta_2=-d_4\cos\theta_3+a_3\sin\theta_3 \tag{3-95}$$

由式（3-94）和式（3-95）可以得到

$$\sin\theta_2=\frac{a_3\cos\theta_3+d_4\sin\theta_3+a_2-\cos\theta_2(p_x\cos\theta_1+p_y\sin\theta_1)}{p_x-d_1}$$

$$\cos\theta_2=\frac{(a_3\sin\theta_3-d_4\cos\theta_3)p_z+(p_x\cos\theta_1+p_y\sin\theta_1)(a_3\cos\theta_3+d_4\sin\theta_3+a_2)}{(p_z-d_1)^2+(p_x\cos\theta_1+p_y\sin\theta_1)^2}$$

因此，可求解得出 $\theta_2=\mathrm{Atan2}(\sin\theta_2,\ \cos\theta_2)$。

4. 求解 θ_4

由运动学方程可知${}^0_6\boldsymbol{T}={}^0_1\boldsymbol{T}{}^1_2\boldsymbol{T}{}^2_3\boldsymbol{T}{}^3_4\boldsymbol{T}{}^4_5\boldsymbol{T}{}^5_6\boldsymbol{T}$，两边同时依次左乘${}^0_1\boldsymbol{T}^{-1}{}^1_2\boldsymbol{T}^{-1}{}^2_3\boldsymbol{T}^{-1}{}^3_4\boldsymbol{T}^{-1}$，再令矩阵方程两边的元素第 3 行第 3 列（3，3）对应相等，可以得到

$$\cos\theta_4(-a_y\cos\theta_1+a_x\sin\theta_1)=\sin\theta_4(-a_z\sin(\theta_2+\theta_3)-a_x\cos\theta_1\cos(\theta_2+\theta_3)-a_y\sin\theta_1\cos(\theta_2+\theta_3)) \tag{3-96}$$

因此，$\theta_4=\mathrm{Atan2}(\sin\theta_4,\ \cos\theta_4)$。

5. 求解 θ_5

由运动学方程可知${}^0_6\boldsymbol{T}={}^0_1\boldsymbol{T}{}^1_2\boldsymbol{T}{}^2_3\boldsymbol{T}{}^3_4\boldsymbol{T}{}^4_5\boldsymbol{T}{}^5_6\boldsymbol{T}$，两边同时依次左乘${}^0_1\boldsymbol{T}^{-1}{}^1_2\boldsymbol{T}^{-1}{}^2_3\boldsymbol{T}^{-1}{}^3_4\boldsymbol{T}^{-1}{}^4_5\boldsymbol{T}^{-1}$，再令矩阵方程两边的元素第 1 行第 3 列（1，3）和第 2 行第 3 列（2，3）对应相等，可以得到

$$-\sin\theta_5=a_x\sin\theta_1\sin\theta_4-a_y\cos\theta_1\sin\theta_4+a_z\cos\theta_4\sin(\theta_2+\theta_3)+a_x\cos\theta_1\cos\theta_4\cos(\theta_2+\theta_3)+a_y\cos\theta_4$$

$$\sin\theta_1\cos(\theta_2+\theta_3)\cos\theta_5=a_z\cos(\theta_2+\theta_3)-a_x\cos\theta_1\sin(\theta_2+\theta_3)-a_y\sin\theta_1\sin(\theta_2+\theta_3)$$

因此，$\theta_5=\mathrm{Atan2}(\sin\theta_5,\ \cos\theta_5)$。

6. 求解 θ_6

由运动学方程可知${}^0_6\boldsymbol{T}={}^0_1\boldsymbol{T}{}^1_2\boldsymbol{T}{}^2_3\boldsymbol{T}{}^3_4\boldsymbol{T}{}^4_5\boldsymbol{T}{}^5_6\boldsymbol{T}$，两边同时依次左乘${}^0_1\boldsymbol{T}^{-1}{}^1_2\boldsymbol{T}^{-1}{}^2_3\boldsymbol{T}^{-1}{}^3_4\boldsymbol{T}^{-1}{}^4_5\boldsymbol{T}^{-1}{}^5_6\boldsymbol{T}^{-1}$，再令矩阵方程两边的元素第 3 行第 1 列（3，1）和第 3 行第 2 列（3，2）对应相等，可以得到

$$\sin\theta_6=n_y\cos\theta_1\cos\theta_4-n_x\cos\theta_4\sin\theta_1+n_z\sin\theta_4\sin(\theta_2+\theta_3)+n_x\cos\theta_1\sin\theta_4\cos(\theta_2+\theta_3)+$$

$$n_y\sin\theta_4\sin\theta_1\sin(\theta_2+\theta_3)\cos\theta_6=o_y\cos\theta_1\cos\theta_4-o_x\cos\theta_4\sin\theta_1+o_z\sin\theta_4\sin(\theta_2+\theta_3)+$$

$$o_x\cos\theta_1\sin\theta_4\cos(\theta_2+\theta_3)+o_y\sin\theta_4\sin\theta_1\sin(\theta_2+\theta_3)$$

因此，$\theta_6=\mathrm{Atan2}(\sin\theta_6,\ \cos\theta_6)$。

3.6.3 并联机器人运动学反解

1. 平面 3-RRR 型并联机器人运动学反解

平面 3-RRR 型并联机器人的运动学正解在 3.4 节中已作介绍，现在我们讨论其运动学反解，即已知 x_A、y_A 和 φ，求各支链的运动参数 θ_1、θ_2 和 θ_3。

对于支链 1，由式（3-34）（即 $x_A^2+y_A^2-2x_Aa_1\cos\theta_1-2y_Aa_1\sin\theta_1+a_1^2-b_1^2=0$）可以得到

$$e_1\sin\theta_1+e_2\cos\theta_1+e_3=0 \tag{3-97}$$

式中，$e_1=-2y_Aa_1$；$e_2=-2x_Aa_1$；$e_3=x_A^2+y_A^2+a_1^2-b_1^2$

令 $\sin\theta_i=\dfrac{2t_i}{1+t_i^2}$，$\cos\theta_i=\dfrac{1-t_i^2}{1+t_i^2}$，$t_i=\tan\dfrac{\theta_i}{2}$，则式（3-97）可改写为

$$(e_3-e_2)t_1^2+2e_1t_1+(e_3+e_2)=0 \tag{3-98}$$

由式（3-98）可以求出

$$\theta_1=2\arctan\frac{-e_1\pm\sqrt{e_1^2+e_2^2-e_3^2}}{e_3-e_2}$$

同理，由式（3-35）和式（3-36）可以求出 θ_2 和 θ_3。

2. 六自由度 Stewart 平台型并联机器人运动学反解

如前所述，6-SPS 型并联机器人的上下平台以 6 个支链相连接，每个支链两端是两个球面副，中间是一个移动副。驱动器推动移动副做相对移动，通过改变各支链的长度，使上下平台变换在空间的位置和姿态。令 $\{A\}$ 和 $\{B\}$ 分别为定平台和动平台固接的坐标系，如图 3-33 所示。$\{B\}$ 是动坐标系，$\{A\}$ 是固定坐标系，动平台 B 相对于定平台 A 的位姿，可以用齐次变换矩阵 ${}_B^A\boldsymbol{T}$ 表示：

$${}_B^A\boldsymbol{T}=\begin{pmatrix}{}_B^A\boldsymbol{R} & {}^A\boldsymbol{p}_{BO}\\ \boldsymbol{0} & 1\end{pmatrix}$$

因此，对于 $\{B\}$ 中的任意一点 $\boldsymbol{b}$，可以在 $\{A\}$ 中表示为

$${}^A\boldsymbol{b}={}_B^A\boldsymbol{T}{}^B\boldsymbol{b}={}_B^A\boldsymbol{R}{}^B\boldsymbol{b}+{}^A\boldsymbol{p}_{BO} \tag{3-99}$$

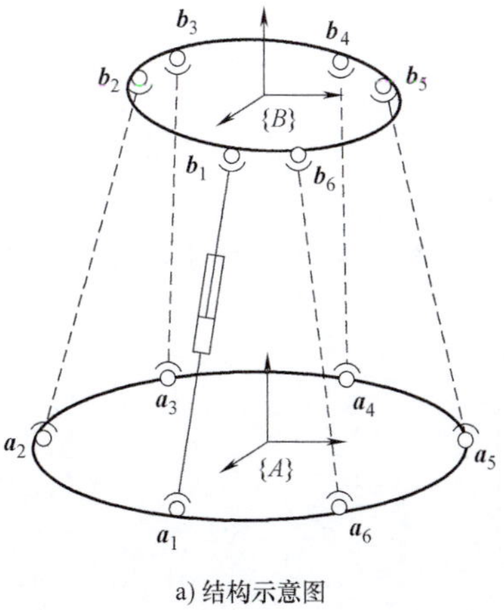

a) 结构示意图

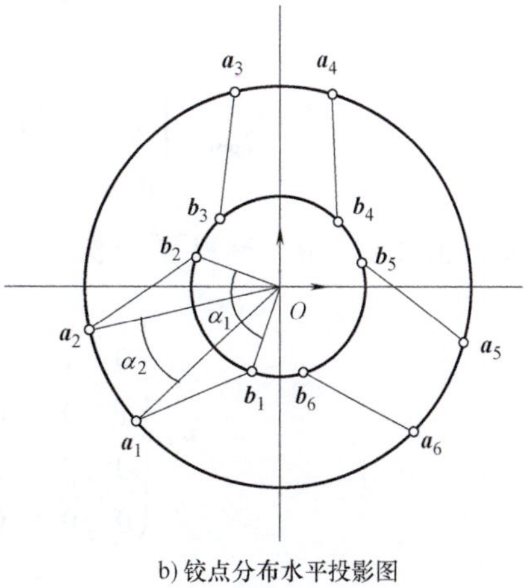

b) 铰点分布水平投影图

图 3-33 6-SPS 型 Stewart 平台型并联机器人

式中，${}_B^A\boldsymbol{R}$ 为坐标系 $\{B\}$ 相对于坐标系 $\{A\}$ 的旋转变换矩阵，可用绕坐标系 x-y-z 旋转的欧拉角表示为

$$ {}_B^A\boldsymbol{R}(\alpha,\beta,\gamma)=\mathbf{Rot}(x,\alpha)\,\mathbf{Rot}(y,\beta)\,\mathbf{Rot}(z,\gamma) \tag{3-100} $$

${}^A\boldsymbol{p}_{BO}$ 为坐标系 $\{B\}$ 的坐标原点在坐标系 $\{A\}$ 中的位置矢量，${}^A\boldsymbol{p}_{BO}=(x,\ y,\ z)^{\mathrm{T}}$。这样，坐标系 $\{B\}$ 相对于坐标系 $\{A\}$ 的空间位姿可用六维列矢量描述为

$$ \boldsymbol{x}=(x,y,z,\alpha,\beta,\gamma)^{\mathrm{T}} $$

x 称为 $\{B\}$ 的位姿矢量，其中 x、y、z 为 $\{B\}$ 的坐标原点，α、β、γ 为 $\{B\}$ 的 x-y-z 欧拉角。对于给定的并联机器人及其结构尺寸，以及选取的 $\{B\}$ 和 $\{A\}$，根据几何关系，可以计算出两平台各铰点在各自坐标系中的坐标值 b_i、a_i $(i=1,\ 2,\ \cdots,\ 6)$。给定动平台的位姿 $\boldsymbol{q}=({}^A\boldsymbol{p}_{BO},{}_B^A\boldsymbol{R})$，由式（3-99）即可求出动平台上各个铰链点在 $\{A\}$ 中的坐标值：

$$ {}^A\boldsymbol{b}={}_B^A\boldsymbol{T}^B\boldsymbol{b}={}_B^A\boldsymbol{R}^B\boldsymbol{b}+{}^A\boldsymbol{p}_{BO},\ i=1,2,\cdots,6 $$

因此，驱动杆件长度矢量在固定坐标系中的表示为

$$ \boldsymbol{l}_i={}^A\boldsymbol{b}_i-\boldsymbol{a}_i={}_B^A\boldsymbol{R}\boldsymbol{b}_i+{}^A\boldsymbol{p}_{BO}-\boldsymbol{a}_i,\ i=1,2,\cdots,6 $$

驱动杆的长度为

$$ l_i=\|\boldsymbol{l}_i\|=f(x)=\sqrt{({}_B^A\boldsymbol{R}\boldsymbol{b}_i+{}^A\boldsymbol{p}_{BO}-\boldsymbol{a}_i)^{\mathrm{T}}({}_B^A\boldsymbol{R}\boldsymbol{b}_i+{}^A\boldsymbol{p}_{BO}-\boldsymbol{a}_i)},\ i=1,2,\cdots,6 \tag{3-101} $$

式（3-101）即为6-SPS型并联机器人位姿反解的显式表达式。给定上平台的位姿 $\boldsymbol{q}=({}^A\boldsymbol{p}_{BO},{}_B^A\boldsymbol{R})$，就可以求得六个驱动器的位移。将该式写成矢量方程形式：

$$ \boldsymbol{l}=f(\boldsymbol{x}) \tag{3-102} $$

式中，$\boldsymbol{l}$ 为杆长矢量（驱动器的位移矢量）；$\boldsymbol{x}$ 为 $\{B\}$ 的位姿矢量。式（3-101）和式（3-102）称为位姿反解方程，用来根据给定的位姿矢量 $\boldsymbol{x}$ 求解机器人关节矢量 $\boldsymbol{l}$。

习　题

3.1　写出描述 $\boldsymbol{p}=5\boldsymbol{i}+3\boldsymbol{k}$ 和 $\boldsymbol{q}=3\boldsymbol{i}+4\boldsymbol{j}+5\boldsymbol{k}$ 的叉积方向的单位矢量。

3.2　矢量 $\boldsymbol{p}$ 是8个单位长，并和如下所示的矢量 $\boldsymbol{q}$ 和 $\boldsymbol{r}$ 垂直。用矩阵形式来表示这个矢量。

$$ \boldsymbol{q}_{\text{unit}}=\begin{pmatrix}0.3\\ q_y\\ 0.4\end{pmatrix},\quad \boldsymbol{r}_{\text{unit}}=\begin{pmatrix}r_x\\ 0.5\\ 0.4\end{pmatrix} $$

3.3　将下面的坐标系 $\{B\}$ 移动 $\boldsymbol{d}=(5,\ 2,\ 6)^{\mathrm{T}}$ 的距离，求该坐标系相对参考坐标系的新位置。

$$ \boldsymbol{B}=\begin{pmatrix}0&1&0&2\\1&0&0&4\\0&0&-1&6\\0&0&0&1\end{pmatrix} $$

3.4　对于坐标系 $\{F\}$，求出其中所缺元素的值（? 号位置的值），并完成该坐标系的矩阵表示。

$$F=\begin{pmatrix} ? & 0 & -1 & 5 \\ ? & 0 & 0 & 3 \\ ? & -1 & 0 & 2 \\ 0 & 0 & 0 & 1 \end{pmatrix}$$

3.5　求出坐标系 $\{B\}$ 中所缺元素的值，并完成该坐标系的矩阵表示。

$$B=\begin{pmatrix} 0.707 & ? & 0 & 2 \\ ? & 0 & 1 & 4 \\ ? & -0.707 & 0 & 5 \\ 0 & 0 & 0 & 1 \end{pmatrix}$$

3.6　空间点 P 相对于坐标系 $\{B\}$ 的位置定义为 ${}^{B}\boldsymbol{p}=(5,\ 3,\ 4)^{\mathrm{T}}$，坐标系 $\{B\}$ 固连在参考系 $\{A\}$ 的原点且与其各轴平行。将如下的变换运用于坐标系 $\{B\}$，并求出 ${}^{A}\boldsymbol{p}_{O}$。

（1）绕 x 轴旋转 90°；

（2）接着绕固定坐标系的 z 轴旋转 90°；

（3）然后沿相对坐标系的 y 轴平移 3 个单位，沿 z 轴平移 6 个单位，沿 x 轴平移 5 个单位。

3.7　坐标系 $\{B\}$ 绕 z 轴旋转 90°，然后沿 x 轴和 y 轴分别移动 3 个和 5 个单位，再绕 x 轴旋转 90°，最后绕 y 轴旋转 90°。求出该坐标系的新位姿。

$$B=\begin{pmatrix} 0 & 1 & 0 & 1 \\ 1 & 0 & 0 & 1 \\ 0 & 0 & -1 & 1 \\ 0 & 0 & 0 & 1 \end{pmatrix}$$

3.8　计算下列变换矩阵的逆。

$$T_1=\begin{pmatrix} 0.527 & -0.574 & 0.628 & 2 \\ 0.369 & 0.819 & 0.439 & 5 \\ -0.766 & 0 & 0.643 & 3 \\ 0 & 0 & 0 & 1 \end{pmatrix} \quad 和 \quad T_2=\begin{pmatrix} 0.92 & 0 & 0.39 & 5 \\ 0 & 1 & 0 & 6 \\ -0.39 & 0 & 0.92 & 2 \\ 0 & 0 & 0 & 1 \end{pmatrix}$$

3.9　用球坐标系来定位操作臂。在某些情况下，要求将操作臂回转至平行于参考坐标系的位姿，表示这个过程的矩阵为

$$T=\begin{pmatrix} 1 & 0 & 0 & 3.1375 \\ 0 & 1 & 0 & 2.195 \\ 0 & 0 & 1 & 3.214 \\ 0 & 0 & 0 & 1 \end{pmatrix}$$

（1）求出获得这个位置所必需的 α、β 和 γ 值。

(2) 求操作臂的姿态在回转之前的原矩阵分量 $\boldsymbol{n}$、$\boldsymbol{o}$、$\boldsymbol{a}$。

3.10 建立 PUMA260 机器人（见图 3-34）的各连杆坐标系，将各连杆参数填入表 3-7 内。

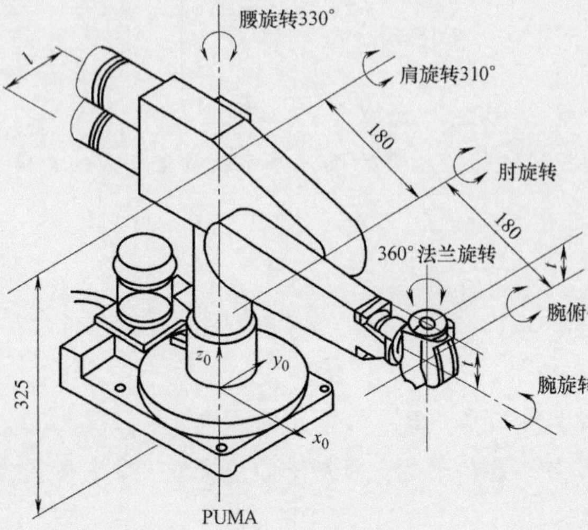

图 3-34 PUMA260 机器人

表 3-7 PUMA260 机器人连杆参数

关节	i	θ_i	α_i	a_i	d_i
1					
2					
3					
4					
5					
6					

3.11 图 3-35 所示为一个 RPR 型三自由度机器人，包括 1 个移动关节、2 个转动关节。它是一种“柱坐标”机器人，俯视时前两个关节可看作是极坐标形式，最后一个关节（关节 3）可提供机械手的转动。图 3-36 所示是该操作臂的简图。注意图中的符号，“点”表示两个相邻关节轴的交点，实际上关节轴 1 与关节轴 2 是相互垂直的。图 3-37 所示是操作臂的移动关节处于最小伸展状态时的情况，图 3-38 所示是连杆坐标系的配置。试给出相应的 D-H 连杆参数表，并计算该机构的运动学方程。

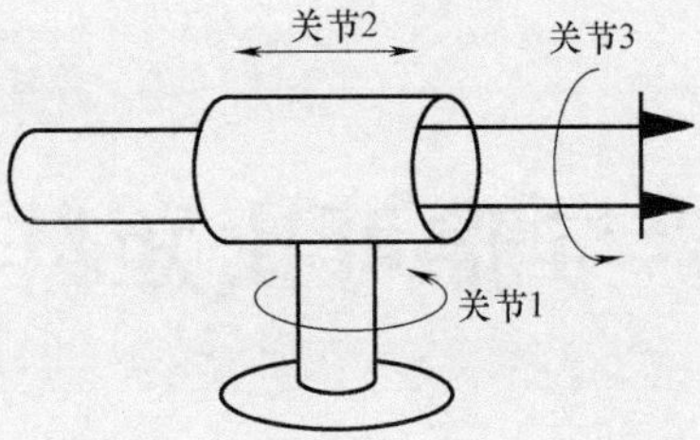

图 3-35　RPR 型三自由度机器人

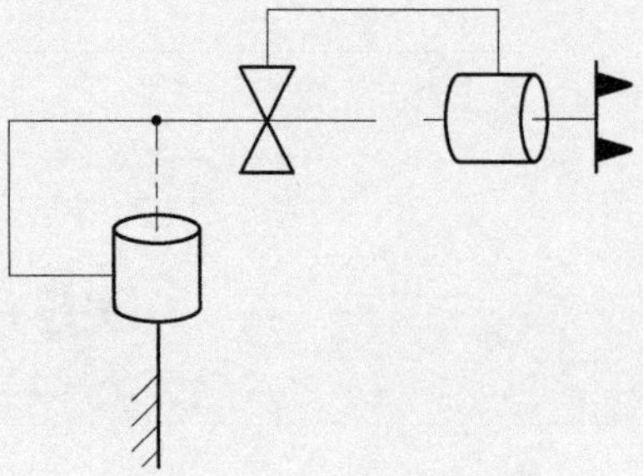

图 3-36　RPR 型操作臂简图

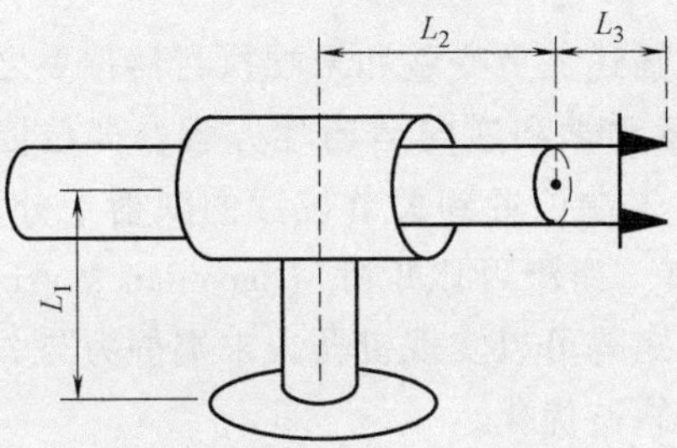

图 3-37　RPR 型操作臂移动关节伸展尺寸

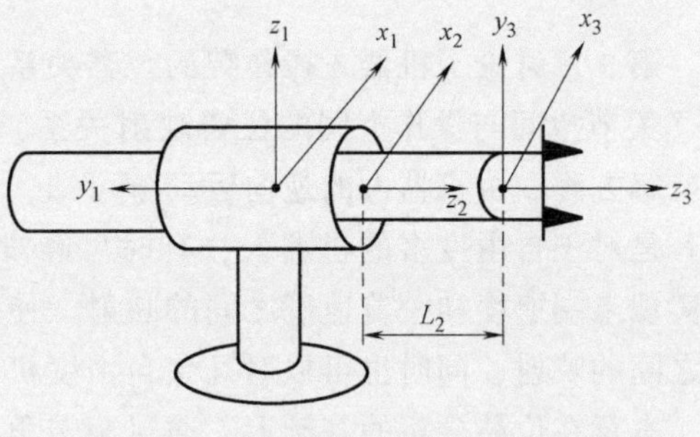

图 3-38　RPR 型操作臂连杆坐标系

第4章 速度运动学与雅可比矩阵

第3章讨论了机器人操作臂的位移关系，建立了描述关节变量和末端执行器位姿之间关系（关节空间与操作空间的位姿映射关系）的正向运动学和逆向运动学方程，即位姿正解与反解方程。由机器人的逆向运动学可知，机器人的末端位置到关节位置的映射十分复杂，尤其是对于自由度多的机器人，有时可能没有解析解。而雅可比矩阵（Jacobian Matrix）可以实现末端速度和关节速度之间的映射。使用雅可比矩阵可以实现机器人末端静力与关节力矩之间的映射，同时也可以对冗余自由度机器人进行轨迹优化。

本章在位移分析的基础上，通过旋转角速度和平移速度的变换，研究描述关节速度与末端执行器线速度和角速度之间映射关系的运动学方程；进行操作臂的速度分析，描述操作速度与关节速度之间的映射关系；定义操作臂的速度雅可比矩阵，并用雅可比矩阵描述操作速度与关节速度之间的映射关系；阐述机器人正向运动学与逆向运动学速度的求解方法。

4.1 速度变换矩阵

运动学速度求解的目的，是寻找关节速度与末端执行器速度（线速度和角速度）之间的关系。即将末端执行器的线速度和角速度表示为关节速度的函数。

4.1.1 线速度与角速度

1. 线速度

线速度描述了点的一种属性，下面用一个简单例子来说明。设 P 为坐标系 $\{B\}$ 上一点，其在坐标系 $\{B\}$ 的位置为 ${}^{B}\boldsymbol{p}$，P 相对于坐标系 $\{B\}$ 运动，坐标系 $\{B\}$ 相对于固定坐标系 $\{A\}$ 运动，坐标系 $\{B\}$ 相对于坐标系 $\{A\}$ 的姿态为 ${}_{B}^{A}\boldsymbol{R}$，坐标系 $\{B\}$ 的原点在坐标系 $\{A\}$ 中的位置为 ${}^{A}\boldsymbol{o}_{B}$。由第2章可知，点 P 在坐标系 $\{A\}$ 中的位置矢量为

$$ {}^{A}\boldsymbol{p}={}^{A}\boldsymbol{o}_{B}+{}_{B}^{A}\boldsymbol{R}\,{}^{B}\boldsymbol{p} \tag{4-1}$$

由速度的定义可知，点 P 相对于坐标系 $\{A\}$ 的速度是式（4-1）的微分，即

$$ {}^{A}\boldsymbol{V}_{P}=\frac{\mathrm{d}\,{}^{A}\boldsymbol{o}_{B}}{\mathrm{d}t}+\frac{\mathrm{d}\left({}_{B}^{A}\boldsymbol{R}\,{}^{\mathrm{B}}\boldsymbol{p}\right)}{\mathrm{d}t}={}^{A}\boldsymbol{V}_{BO}+{}_{B}^{A}\boldsymbol{R}\,{}^{B}\boldsymbol{V}_{P}+{}_{B}^{A}\dot{\boldsymbol{R}}\,{}^{B}\boldsymbol{p} \tag{4-2}$$

式（4-2）是坐标系 $\{B\}$ 中某点速度的一般表示。其中 ${}^{A}\boldsymbol{V}_{BO}$ 是坐标系 $\{B\}$ 的原点相对于坐标系 $\{A\}$ 的速度；${}_{B}^{A}\boldsymbol{R}\,{}^{B}\boldsymbol{V}_{P}$ 是点 P 相对于坐标系 $\{B\}$ 的运动速度在坐标系 $\{A\}$ 下

的表示；${}_B^A\dot{\boldsymbol{R}}{}^B\boldsymbol{p}$ 是坐标系 {B} 相对于坐标系 {A} 的角速度产生的点 P 的速度。

假定姿态${}_B^A\boldsymbol{R}$ 不随时间变化，即坐标系 {B} 相对于坐标系 {A} 的姿态保持不变，此时点 P 相对于坐标系 {A} 的运动是由于${}^A\boldsymbol{o}_B$ 或${}^B\boldsymbol{p}$ 随时间的变化引起的，则式（4-2）可简化为

$$ {}^A\boldsymbol{V}_P={}^A\boldsymbol{V}_{BO}+{}_B^A\boldsymbol{R}{}^B\boldsymbol{V}_P \tag{4-3}$$

此时，${}^A\boldsymbol{V}_P$ 称为线速度。因此，**线速度**是指当坐标系 {B} 相对于坐标系 {A} 的姿态不变时，坐标系 {B} 上固连刚体的任意点的速度。

2. 角速度

（1）角速度矢量 角速度矢量常用符号 $\boldsymbol{\Omega}$ 表示。线速度描述的是点的一种属性，**角速度**则描述了刚体的一种属性。坐标系总是固连在被描述的刚体上，所以可以用角速度来描述坐标系的旋转运动。例如，${}^A\boldsymbol{\Omega}_B$ 可用来描述坐标系 {B} 相对于坐标系 {A} 的旋转。从物理意义上讲，${}^A\boldsymbol{\Omega}_B$ 的方向就是 {B} 相对于 {A} 的瞬时旋转轴，${}^A\boldsymbol{\Omega}_B$ 的大小表示旋转速率。像任意矢量一样，角速度矢量也可以在任意坐标系中描述，所以需要附加另一个左上标。例如，${}^C({}^A\boldsymbol{\Omega}_B)$ 就是坐标系 {B} 相对于坐标系 {A} 的角速度在坐标系 {C} 中的描述。

（2）角速度的计算　现在讨论坐标系 {B} 与坐标系 {A} 的原点重合，且相对线速度为零的情况。假设坐标系 {B} 上的刚体相对于坐标系 {B} 固连且无相对运动，坐标系 {B} 相对于坐标系 {A} 旋转，且旋转角速度用矢量${}^A\boldsymbol{\Omega}_B$ 来表示。其中，旋转速度为 $|{}^A\boldsymbol{\Omega}_B|$，旋转轴对应的单位矢量为$\dfrac{{}^A\boldsymbol{\Omega}_B}{|{}^A\boldsymbol{\Omega}_B|}$。此时求坐标系 {B} 上固连刚体上一点 P 相对于坐标系 {A} 的速度有两种方法：一种是矢量法；一种是矩阵法。

1）由坐标系旋转引起的速度的矢量解法。如图 4-1 所示，坐标系 {B} 与坐标系 {A} 的原点重合，坐标系 {B} 相对于坐标系 {A} 绕矢量${}^A\boldsymbol{\Omega}_B$ 旋转，旋转速度为 $|{}^A\boldsymbol{\Omega}_B|$。点 P 为坐标系 {B} 上固连的一点，当 $\Delta t\to 0$ 时，$\Delta\boldsymbol{p}$ 在方向上垂直于矢量 $\boldsymbol{p}$ 和${}^A\boldsymbol{\Omega}_B$，数值上

$$\Delta\boldsymbol{p}=(|{}^A\boldsymbol{\Omega}_B|\Delta t)({}^A\boldsymbol{p}\sin\alpha) \tag{4-4}$$

将式（4-4）两边都除以 Δt，可以得到

$$ {}^A\boldsymbol{V}_P=|{}^A\boldsymbol{\Omega}_B|{}^A\boldsymbol{p}\sin\alpha \tag{4-5}$$

根据矢量的定义，可以将式（4-5）写为矢量积的形式，即

$$ {}^A\boldsymbol{V}_P={}^A\boldsymbol{\Omega}_B\times{}^A\boldsymbol{p} \tag{4-6}$$

点 P 在坐标系 {B} 下的表示为

$$ {}^A\boldsymbol{p}={}_B^A\boldsymbol{R}{}^B\boldsymbol{p} \tag{4-7}$$

将式（4-7）代入式（4-6），可以得到

$$ {}^A\boldsymbol{V}_P={}^A\boldsymbol{\Omega}_B\times({}_B^A\boldsymbol{R}{}^B\boldsymbol{p}) \tag{4-8}$$

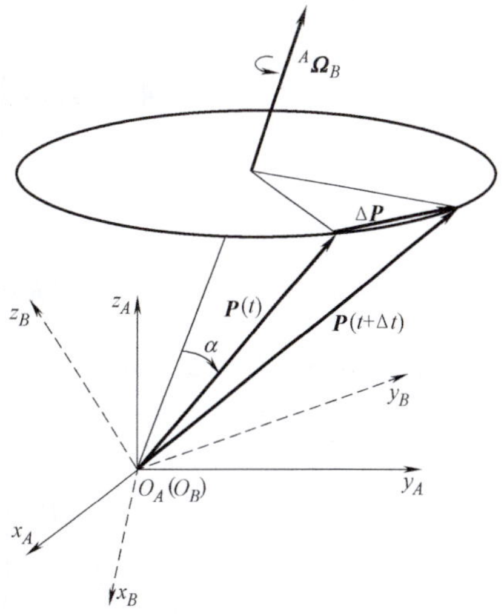

图 4-1　角速度与线速度的关系

式（4-8）是基于点 P 是坐标系 {B} 上固连的一点，没有相对运动推导出来的。在一般情况下，点 P 是相对于坐标系 {B} 变化的，因此要加上此分量，则式（4-8）可改写为

$$^A\boldsymbol{V}_P={}^A_B\boldsymbol{R}\,^B\boldsymbol{p}+{}^A\boldsymbol{\Omega}_B\times({}^A_B\boldsymbol{R}\,^B\boldsymbol{p}) \tag{4-9}$$

式（4-9）可以很容易地扩展到原点不重合的情况，通过把原点的线速度加到式（4-9）中，就可以得到从固定坐标系观测运动坐标系中的矢量的速度普遍公式：

$$^A\boldsymbol{V}_P={}^A\boldsymbol{V}_{BO}+{}^A_B\boldsymbol{R}\,^B\boldsymbol{V}_P+{}^A\boldsymbol{\Omega}_B\times({}^A_B\boldsymbol{R}\,^B\boldsymbol{p}) \tag{4-10}$$

2）由坐标系旋转引起的速度的矩阵解法。假定点 P 相对于坐标系 $\{B\}$ 不变，则有

$$^A\boldsymbol{p}={}^A_B\boldsymbol{R}\,^B\boldsymbol{p} \tag{4-11}$$

如果坐标系 $\{B\}$ 是旋转的（${}^A_B\boldsymbol{R}$ 的导数非零），$^B\boldsymbol{p}$ 为常数，式（4-11）两边求导，可以得到

$$^A\boldsymbol{V}_P={}^A_B\dot{\boldsymbol{R}}\,^B\boldsymbol{p} \tag{4-12}$$

在式（4-12）中代入 $^B\boldsymbol{p}$ 的表达式，得

$$^A\boldsymbol{V}_P={}^A_B\dot{\boldsymbol{R}}\,{}^A_B\boldsymbol{R}^{-1}\,{}^A\boldsymbol{p} \tag{4-13}$$

下面用旋转变换通式来求解 ${}^A_B\dot{\boldsymbol{R}}\,{}^A_B\boldsymbol{R}^{-1}$。当坐标系 $\{B\}$ 与坐标系 $\{A\}$ 的原点重合，且坐标系 $\{B\}$ 相对坐标系 $\{A\}$ 绕坐标系 $\{A\}$ 中表示的单位矢量 $\boldsymbol{r}=(r_x,\ r_y,\ r_z)^{\mathrm{T}}$ 旋转 $\Delta\theta$，则由旋转变换通式（2-36）可得

$$^A_B\boldsymbol{R}=\begin{pmatrix} r_x^2(1-\cos\Delta\theta)+\cos\Delta\theta & r_xr_y(1-\cos\Delta\theta)-r_z\sin\Delta\theta & r_xr_z(1-\cos\Delta\theta)+r_y\sin\Delta\theta \\ r_xr_y(1-\cos\Delta\theta)+r_z\sin\Delta\theta & r_y^2(1-\cos\Delta\theta)+\cos\Delta\theta & r_yr_z(1-\cos\Delta\theta)-r_x\sin\Delta\theta \\ r_xr_z(1-\cos\Delta\theta)-r_y\sin\Delta\theta & r_yr_z(1-\cos\Delta\theta)+r_x\sin\Delta\theta & r_z^2(1-\cos\Delta\theta)+\cos\Delta\theta \end{pmatrix} \tag{4-14}$$

当 $\Delta\theta$ 趋近于 0 时，$\cos\Delta\theta=1$，$\sin\Delta\theta=\Delta\theta$，由式（4-14）可以得到

$$^A_B\boldsymbol{R}(t+\Delta t)=\begin{pmatrix} 1 & -r_z\Delta\theta & r_y\Delta\theta \\ r_z\Delta\theta & 1 & -r_x\Delta\theta \\ -r_y\Delta\theta & r_x\Delta\theta & 1 \end{pmatrix}{}^A_B\boldsymbol{R}(t) \tag{4-15}$$

而

$$^A_B\dot{\boldsymbol{R}}=\lim_{\Delta t\to 0}\frac{{}^A_B\boldsymbol{R}(t+\Delta t)-{}^A_B\boldsymbol{R}(t)}{\Delta t} \tag{4-16}$$

将式（4-15）代入式（4-16），可以得到

$$^A_B\dot{\boldsymbol{R}}=\begin{pmatrix} 0 & -r_z\dot{\theta} & r_y\dot{\theta} \\ r_z\dot{\theta} & 0 & -r_x\dot{\theta} \\ -r_y\dot{\theta} & r_x\dot{\theta} & 0 \end{pmatrix}{}^A_B\boldsymbol{R} \tag{4-17}$$

由角速度矢量的定义可知，$\boldsymbol{r}=\dfrac{^A\boldsymbol{\Omega}_B}{|^A\boldsymbol{\Omega}_B|}$，$\dot{\theta}=|^A\boldsymbol{\Omega}_B|$，则

$$^A\boldsymbol{\Omega}_B=\boldsymbol{r}\dot{\theta} \tag{4-18}$$

将式（4-18）代入式（4-17），可以得到

$$
{}_{B}^{A}\dot{\boldsymbol{R}}=\begin{pmatrix}0 & -\Omega_z & \Omega_y\\ \Omega_z & 0 & -\Omega_x\\ -\Omega_y & \Omega_x & 0\end{pmatrix}{}_{B}^{A}\boldsymbol{R} \tag{4-19}
$$

整理式（4-19）可以得到

$$
{}_{B}^{A}\dot{\boldsymbol{R}}{}_{B}^{A}\boldsymbol{R}^{-1}=\begin{pmatrix}0 & -\Omega_z & \Omega_y\\ \Omega_z & 0 & -\Omega_x\\ -\Omega_y & \Omega_x & 0\end{pmatrix} \tag{4-20}
$$

将式（4-20）代入式（4-10）可以得到

$$
{}^{A}\boldsymbol{V}_P={}_{B}^{A}\dot{\boldsymbol{R}}{}^{B}\boldsymbol{p}=\begin{pmatrix}0 & -\Omega_z & \Omega_y\\ \Omega_z & 0 & -\Omega_x\\ -\Omega_y & \Omega_x & 0\end{pmatrix}{}_{B}^{A}\boldsymbol{R}{}^{B}\boldsymbol{p} \tag{4-21}
$$

令

$$
{}^{A}\widetilde{\boldsymbol{\Omega}}=\begin{pmatrix}0 & -\Omega_z & \Omega_y\\ \Omega_z & 0 & -\Omega_x\\ -\Omega_y & \Omega_x & 0\end{pmatrix}
$$

将${}^{A}\widetilde{\boldsymbol{\Omega}}$代入式（4-21），可以得到

$$
\begin{aligned}
{}^{A}\boldsymbol{V}_P &={}^{A}\widetilde{\boldsymbol{\Omega}}{}_{B}^{A}\boldsymbol{R}{}^{B}\boldsymbol{p}={}^{A}\widetilde{\boldsymbol{\Omega}}{}_{B}^{A}\boldsymbol{R}{}_{B}^{A}\boldsymbol{R}^{-1}{}^{A}\boldsymbol{p}\\
&={}^{A}\widetilde{\boldsymbol{\Omega}}{}^{A}\boldsymbol{p}
\end{aligned} \tag{4-22}
$$

对比式（4-8）与式（4-22），可知

$$
{}^{A}\boldsymbol{V}_P={}^{A}\boldsymbol{\Omega}_B\times{}^{A}\boldsymbol{p}={}^{A}\widetilde{\boldsymbol{\Omega}}{}^{A}\boldsymbol{p} \tag{4-23}
$$

通过计算很容易证明对于任意矢量 $\boldsymbol{p}$，有

$$
\widetilde{\boldsymbol{\Omega}}\boldsymbol{p}=\boldsymbol{\Omega}\times\boldsymbol{p} \tag{4-24}
$$

式中，$\boldsymbol{p}$ 为任意矢量；×表示矢量叉乘；$\boldsymbol{\Omega}$ 称为角速度矢量，$\widetilde{\boldsymbol{\Omega}}$ 也称为角速度矩阵。

通过式（4-24）可以将矢量积运算转换为矩阵运算，从而利用矩阵的特性简化运算。

由前述讨论可知，坐标系｛B｝在坐标系｛A｝下的旋转矩阵为${}_{B}^{A}\boldsymbol{R}$，刚体的旋转在坐标系｛B｝下的角速度为${}^{B}\boldsymbol{\omega}$，根据角速度的定义，刚体在坐标系｛$A$｝下的角速度为

$$
{}^{A}\boldsymbol{\omega}={}_{B}^{A}\boldsymbol{R}{}^{B}\boldsymbol{\omega} \tag{4-25}
$$

4.1.2　角速度的特性

通过式（2-12）~式（2-14），可以计算得到坐标系绕自身的三个轴线做微小旋转后相对于坐标系的姿态矩阵。

绕坐标系的 x 轴旋转，旋转角度为 $\Delta\alpha$，则

$$\boldsymbol{R}(x,\Delta\alpha)=\begin{pmatrix}1 & 0 & 0\\0 & \cos\Delta\alpha & -\sin\Delta\alpha\\0 & \sin\Delta\alpha & \cos\Delta\alpha\end{pmatrix}=\begin{pmatrix}1 & 0 & 0\\0 & 1 & -\Delta\alpha\\0 & \Delta\alpha & 1\end{pmatrix}\tag{4-26}$$

令 $\lim\limits_{\Delta t\to 0}\dfrac{\Delta\alpha}{\Delta t}=\dot{\alpha}$，可以得到

$$\dot{\boldsymbol{R}}(x,\Delta\alpha)=\dot{\alpha}\begin{pmatrix}0 & 0 & 0\\0 & -\sin\Delta\alpha & -\cos\Delta\alpha\\0 & \cos\Delta\alpha & -\sin\Delta\alpha\end{pmatrix}=\dot{\alpha}\begin{pmatrix}0 & 0 & 0\\0 & -\Delta\alpha & -1\\0 & 1 & -\Delta\alpha\end{pmatrix}\tag{4-27}$$

绕坐标系的 y 轴旋转，旋转角度为 $\Delta\beta$，则

$$\boldsymbol{R}(y,\Delta\beta)=\begin{pmatrix}\cos\Delta\beta & 0 & \sin\Delta\beta\\0 & 1 & 0\\-\sin\Delta\beta & 0 & \cos\Delta\beta\end{pmatrix}=\begin{pmatrix}1 & 0 & \Delta\beta\\0 & 1 & 0\\-\Delta\beta & 0 & 1\end{pmatrix}\tag{4-28}$$

令 $\lim\limits_{\Delta t\to 0}\dfrac{\Delta\beta}{\Delta t}=\dot{\beta}$，可以得到

$$\dot{\boldsymbol{R}}(y,\Delta\beta)=\dot{\beta}\begin{pmatrix}-\sin\Delta\beta & 0 & \cos\Delta\beta\\0 & 0 & 0\\-\cos\Delta\beta & 0 & -\sin\Delta\beta\end{pmatrix}=\dot{\beta}\begin{pmatrix}-\Delta\beta & 0 & 1\\0 & 0 & 0\\-1 & 0 & -\Delta\beta\end{pmatrix}\tag{4-29}$$

绕坐标系的 z 轴旋转，旋转角度为 $\Delta\gamma$，则

$$\boldsymbol{R}(z,\Delta\gamma)=\begin{pmatrix}\cos\Delta\gamma & -\sin\Delta\gamma & 0\\\sin\Delta\gamma & \cos\Delta\gamma & 0\\0 & 0 & 1\end{pmatrix}=\begin{pmatrix}1 & -\Delta\gamma & 0\\\Delta\gamma & 1 & 0\\0 & 0 & 1\end{pmatrix}\tag{4-30}$$

令 $\lim\limits_{\Delta t\to 0}\dfrac{\Delta\gamma}{\Delta t}=\dot{\gamma}$，可以得到

$$\dot{\boldsymbol{R}}(z,\Delta\gamma)=\dot{\gamma}\begin{pmatrix}-\sin\Delta\gamma & -\cos\Delta\gamma & 0\\\cos\Delta\gamma & -\sin\Delta\gamma & 0\\0 & 0 & 0\end{pmatrix}=\dot{\gamma}\begin{pmatrix}-\Delta\gamma & -1 & 0\\1 & -\Delta\gamma & 0\\0 & 0 & 0\end{pmatrix}\tag{4-31}$$

坐标系 $\{B\}$ 与坐标系 $\{A\}$ 初始位置重合，坐标系 $\{B\}$ 绕坐标系 $\{A\}$ 的 x 轴旋转 $\Delta\alpha$，再绕坐标系 $\{A\}$ 的 y 轴旋转 $\Delta\beta$，最后绕坐标系 $\{A\}$ 的 z 轴旋转 $\Delta\gamma$，此时，坐标系 $\{B\}$ 在坐标系 $\{A\}$ 下的表示为

$$\begin{aligned}{}_B^A\boldsymbol{R}&=\boldsymbol{R}(z,\Delta\gamma)\boldsymbol{R}(y,\Delta\beta)\boldsymbol{R}(x,\Delta\alpha)\\&=\begin{pmatrix}1 & \Delta\alpha\Delta\beta-\Delta\gamma & \Delta\beta+\Delta\alpha\Delta\gamma\\\Delta\gamma & \Delta\alpha\Delta\beta\Delta\gamma+1 & \Delta\beta\Delta\gamma-\Delta\alpha\\-\Delta\beta & \Delta\alpha & 1\end{pmatrix}\end{aligned}\tag{4-32}$$

当 $\Delta\alpha$、$\Delta\beta$、$\Delta\gamma$ 趋近于无穷小时，其任意两项或者三项的乘积相对于其自身为高阶无穷小，因此式（4-32）可以化简为

$${}_B^A\boldsymbol{R}=\begin{pmatrix}1 & -\Delta\gamma & \Delta\beta\\\Delta\gamma & 1 & -\Delta\alpha\\-\Delta\beta & \Delta\alpha & 1\end{pmatrix}\tag{4-33}$$

同理，交换坐标系 $\{B\}$ 绕坐标系 $\{A\}$ 的坐标轴的旋转顺序，可以得到

$$ {}_B^A\boldsymbol{R}=\begin{cases}\boldsymbol{R}(z,\Delta\gamma)\boldsymbol{R}(y,\Delta\beta)\boldsymbol{R}(x,\Delta\alpha)\\ \boldsymbol{R}(z,\Delta\gamma)\boldsymbol{R}(x,\Delta\alpha)\boldsymbol{R}(y,\Delta\beta)\\ \boldsymbol{R}(x,\Delta\alpha)\boldsymbol{R}(y,\Delta\beta)\boldsymbol{R}(z,\Delta\gamma)\end{cases}=\begin{pmatrix}1 & -\Delta\gamma & \Delta\beta\\ \Delta\gamma & 1 & -\Delta\alpha\\ -\Delta\beta & \Delta\alpha & 1\end{pmatrix} \tag{4-34}$$

由式（4-34）可知，当转动角度趋于无穷小时，机器人旋转矩阵相乘具有可交换性。

令 $\lim\limits_{\Delta t\to 0}\dfrac{\Delta\alpha}{\Delta t}=\dot{\alpha}$，$\lim\limits_{\Delta t\to 0}\dfrac{\Delta\beta}{\Delta t}=\dot{\beta}$，$\lim\limits_{\Delta t\to 0}\dfrac{\Delta\gamma}{\Delta t}=\dot{\gamma}$，对式（4-34）求导，可以得到

$$ {}_B^A\dot{\boldsymbol{R}}=\begin{pmatrix}1 & -\Omega_z & \Omega_y\\ \Omega_z & 1 & -\Omega_x\\ -\Omega_y & \Omega_x & 1\end{pmatrix}-\boldsymbol{I}_{3\times 3}=\begin{pmatrix}0 & -\Omega_z & \Omega_y\\ \Omega_z & 0 & -\Omega_x\\ -\Omega_y & \Omega_x & 0\end{pmatrix} \tag{4-35}$$

由式（4-23）、式（4-34）和式（4-35）可知，对任意单位矢量 $\boldsymbol{r}=(r_x,\ r_y,\ r_z)^{\mathrm{T}}$，定义角速度

$$\boldsymbol{\omega}=\begin{pmatrix}r_x\\ r_y\\ r_z\end{pmatrix}\dot{\theta}=\begin{pmatrix}\dot{\alpha}\\ \dot{\beta}\\ \dot{\gamma}\end{pmatrix} \tag{4-36}$$

对绕任意矢量 $\boldsymbol{r}$，以速度 $\dot{\theta}$ 旋转，与分别绕 x 轴旋转的速度 $\dot{\alpha}$，绕 y 轴旋转的速度 $\dot{\beta}$，绕 z 轴旋转的速度 $\dot{\gamma}$ 任意组合等效。由此可知，速度具有可加性的特点，即当某一坐标系绕着各个坐标轴均有旋转速度时，则角速度为绕各个轴旋转速度的矢量和。

【例 4-1】 如图 4-2 所示的平板绕着 z 轴旋转，旋转角速度 $\dot{\alpha}=10°/\mathrm{s}$。当平板位于 $\alpha=30°$时，求顶点 P（5，30，10）在固定坐标系 $\{B\}$ 中的位置矢量和绝对速度。

解： 当平板绕着 z 轴旋转 30°后，点 P 相对于固定坐标系 $\{B\}$ 的位置矢量为

$$ {}^B\boldsymbol{p}=\boldsymbol{R}(z,30°)\begin{pmatrix}5\\30\\10\end{pmatrix}=\begin{pmatrix}\cos\dfrac{\pi}{6} & -\sin\dfrac{\pi}{6} & 0\\ \sin\dfrac{\pi}{6} & \cos\dfrac{\pi}{6} & 0\\ 0 & 0 & 1\end{pmatrix}\begin{pmatrix}5\\30\\10\end{pmatrix}$$

$$=\begin{pmatrix}-10.67\\ 28.48\\ 10\end{pmatrix}$$

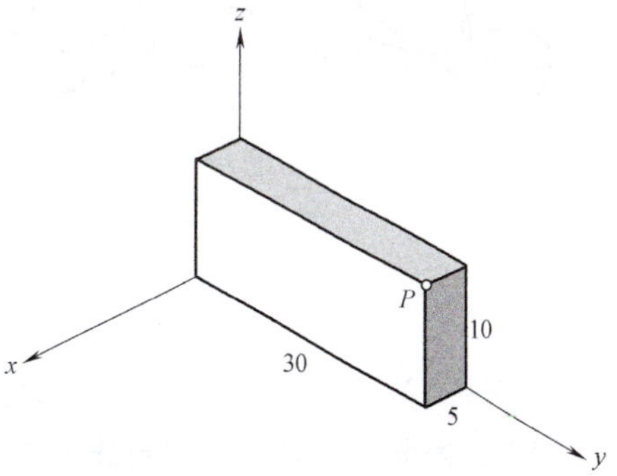

图 4-2　平板在某坐标系中

又由式（4-31）可知

$$\dot{\boldsymbol{R}}(z,\Delta\gamma)=\dot{\gamma}\begin{pmatrix}-\sin\Delta\gamma & -\cos\Delta\gamma & 0\\ \cos\Delta\gamma & -\sin\Delta\gamma & 0\\ 0 & 0 & 0\end{pmatrix}$$

因此

$$\dot{\boldsymbol{R}}(z,30°)=\frac{10\pi}{180}\begin{pmatrix}-\sin\dfrac{\pi}{6} & -\cos\dfrac{\pi}{6} & 0\\ \cos\dfrac{\pi}{6} & -\sin\dfrac{\pi}{6} & 0\\ 0 & 0 & 0\end{pmatrix}$$

$$ {}^{B}\boldsymbol{v}_{P}=\frac{10\pi}{180}\begin{pmatrix}-\sin\dfrac{\pi}{6} & -\cos\dfrac{\pi}{6} & 0\\ \cos\dfrac{\pi}{6} & -\sin\dfrac{\pi}{6} & 0\\ 0 & 0 & 0\end{pmatrix}\begin{pmatrix}5\\30\\10\end{pmatrix}=\begin{pmatrix}-4.97\\-1.86\\0\end{pmatrix} $$

4.1.3 操作臂连杆间速度的传递

在考虑机器人连杆运动时，一般使用连杆坐标系 {0} 作为参考坐标系。因此，${}^{i}\boldsymbol{v}_i$ 是连杆坐标系 {i} 原点的线速度，${}^{i}\boldsymbol{\omega}_i$ 是连杆坐标系 {i} 原点的角速度。在任一瞬间，机器人的每个连杆都具有一定的线速度和角速度。图 4-3 表明了连杆 i 的这些矢量关系。

现在讨论操作臂线速度和角速度的传递问题。操作臂是一个链式结构，每一个连杆都能相对于与之相邻的连杆运动。由于这种结构特点，我们可以由基坐标系开始依次计算各连杆的速度。连杆 i+1 的速度就是连杆 i 的速度"加上"那些由关节 i+1 引起的新的速度分量。将机构的每一个连杆看作一个刚体，可以用线速度矢量和角速度矢量描述其运动。进一步，我们可以用连杆坐标系本身描述这些速度。连杆 i 和 i+1，以及相邻连杆的速度矢量的定义如图 4-4 所示。

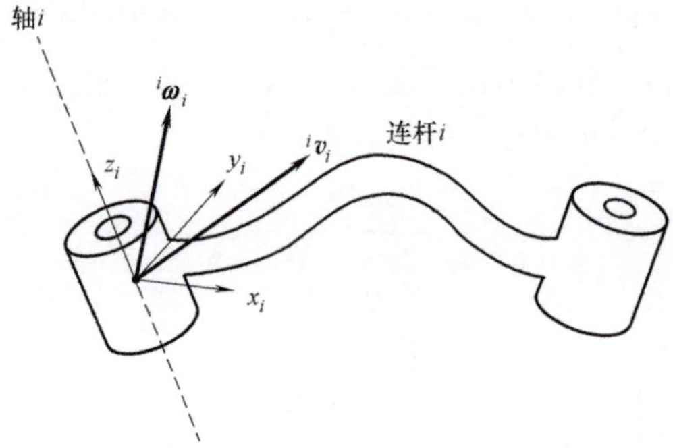

图 4-3 连杆 i 的速度可以用矢量 ${}^{i}v_i$ 和 ${}^{i}\omega_i$ 确定

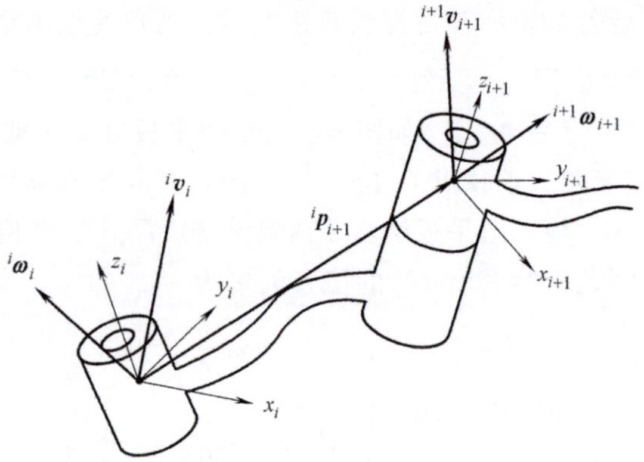

图 4-4 相邻连杆的速度矢量表示

对于转动关节，当两个矢量 $\boldsymbol{\omega}$ 都是相对于相同的坐标系时，由于角速度能够相加，具有可加性，因此，连杆 i+1 的角速度就等于连杆 i 的角速度加上一个由于关节 i+1 的角速度引起的分量。由正运动学可知，关节的旋转方向只能是绕 z 轴旋转，参照坐标系 {i}，上述关系可写成

$$ {}^{i}\boldsymbol{\omega}_{i+1}={}^{i}\boldsymbol{\omega}_i+{}^{i}_{i+1}\boldsymbol{R}\dot{\theta}_{i+1}\,{}^{i+1}\boldsymbol{z}_{i+1} \tag{4-37} $$

式中，

$$ {}^{i+1}\boldsymbol{z}_{i+1}=\begin{pmatrix}0\\0\\1\end{pmatrix} $$

在式（4-37）两边同时乘以 ${}^{i+1}_{i}\boldsymbol{R}$，可以得到连杆 i+1 的角速度相对于坐标系 {i+1} 的表达式

$$ {}^{i+1}\boldsymbol{\omega}_{i+1} = {}^{i+1}_{i}\boldsymbol{R}\,{}^{i}\boldsymbol{\omega}_i + \dot{\theta}_{i+1}\,{}^{i+1}\boldsymbol{z}_{i+1} \tag{4-38}$$

坐标系 $\{i+1\}$ 原点的线速度等于坐标系 $\{i\}$ 原点的线速度加上一个由于连杆 $i+1$ 的角速度引起的新分量。因此有

$$ {}^{i}\boldsymbol{v}_{i+1} = {}^{i}\boldsymbol{v}_i + {}^{i}\boldsymbol{\omega}_i \times {}^{i}\boldsymbol{p}_{i+1} \tag{4-39}$$

式中，${}^{i}\boldsymbol{p}_{i+1}$ 为坐标系 $\{i+1\}$ 的原点在坐标系 $\{i\}$ 中的位置。

同理，式（4-39）两边同时左乘${}^{i+1}_{i}\boldsymbol{R}$，可以得到

$$ {}^{i+1}\boldsymbol{v}_{i+1} = {}^{i+1}_{i}\boldsymbol{R}({}^{i}\boldsymbol{v}_i + {}^{i}\boldsymbol{\omega}_i \times {}^{i}\boldsymbol{p}_{i+1}) \tag{4-40}$$

综合式（4-38）与式（4-40），可以得到当关节 $i+1$ 为转动关节时，相邻关节间速度传递的关系。同理，可以推导出当关节 $i+1$ 为移动关节时，相邻连杆间速度传递的关系。总结如下：

当关节 $i+1$ 为转动关节时，两个关节的速度传递关系为

$$\begin{cases} {}^{i+1}\boldsymbol{\omega}_{i+1} = {}^{i+1}_{i}\boldsymbol{R}\,{}^{i}\boldsymbol{\omega}_i + \dot{\theta}_{i+1}\,{}^{i+1}\boldsymbol{z}_{i+1} \\ {}^{i+1}\boldsymbol{v}_{i+1} = {}^{i+1}_{i}\boldsymbol{R}({}^{i}\boldsymbol{v}_i + {}^{i}\boldsymbol{\omega}_i \times {}^{i}\boldsymbol{p}_{i+1}) \end{cases} \tag{4-41}$$

当关节 $i+1$ 为移动关节时，两个关节的速度传递关系为

$$\begin{cases} {}^{i+1}\boldsymbol{\omega}_{i+1} = {}^{i+1}_{i}\boldsymbol{R}\,{}^{i}\boldsymbol{\omega}_i \\ {}^{i+1}\boldsymbol{v}_{i+1} = {}^{i+1}_{i}\boldsymbol{R}({}^{i}\boldsymbol{v}_i + {}^{i}\boldsymbol{\omega}_i \times {}^{i}\boldsymbol{p}_{i+1}) + \dot{\theta}_{i+1}\,{}^{i+1}\boldsymbol{z}_{i+1} \end{cases} \tag{4-42}$$

从一个连杆到下一个连杆依次应用这些公式，可以计算出最后一个连杆的角速度${}^{n}\boldsymbol{\omega}_n$ 和线速度${}^{n}\boldsymbol{v}_n$。${}^{n}\boldsymbol{\omega}_n$ 和${}^{n}\boldsymbol{v}_n$ 是在坐标系 $\{n\}$ 中表示的速度，如果需要用基坐标系来表示角速度和线速度，则可以用${}^{0}\boldsymbol{R}_n$ 去左乘速度，向基坐标系进行旋转变换，就可以求得${}^{0}\boldsymbol{\omega}_n$ 和${}^{0}\boldsymbol{v}_n$。

【例 4-2】　图 4-5 所示是具有两个转动关节的操作臂。计算出操作臂末端的速度，将它表达成关节速度的函数。要求给出两种形式的解答，一种是用坐标系 $\{3\}$ 表示的，另一种是用坐标系 $\{0\}$ 表示的。

解：如图 4-6 所示建立坐标系。坐标系 $\{3\}$ 固连于操作臂末端，依次计算出每个坐标系原点的速度，其中基坐标系的速度为 0。

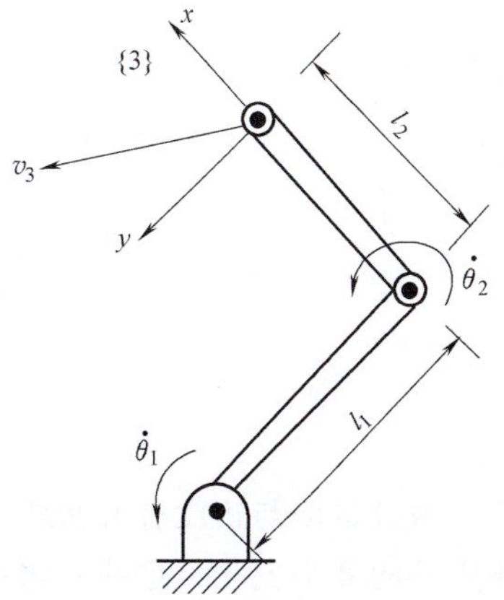

图 4-5　两连杆操作臂

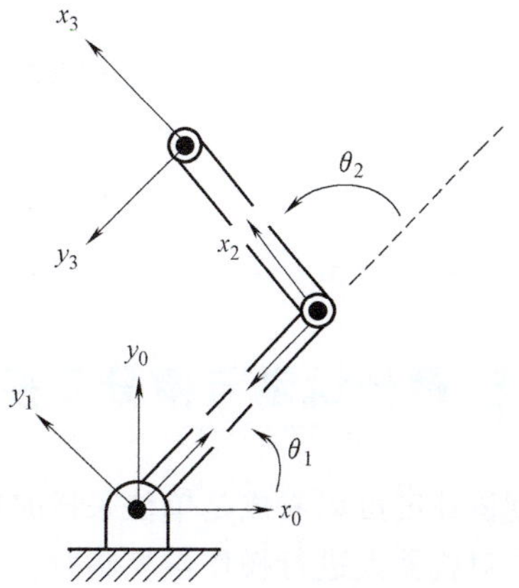

图 4-6　两连杆操作臂坐标系建立

由式（3-16），可分别计算得出

$$
{}_{1}^{0}\boldsymbol{T}=\begin{pmatrix}\cos\theta_1 & -\sin\theta_1 & 0 & 0\\ \sin\theta_1 & \cos\theta_1 & 0 & 0\\ 0 & 0 & 1 & 0\\ 0 & 0 & 0 & 1\end{pmatrix},\quad {}_{2}^{1}\boldsymbol{T}=\begin{pmatrix}\cos\theta_2 & -\sin\theta_2 & 0 & l_1\\ \sin\theta_2 & \cos\theta_2 & 0 & 0\\ 0 & 0 & 1 & 0\\ 0 & 0 & 0 & 1\end{pmatrix}
$$

$$
{}_{3}^{2}\boldsymbol{T}=\begin{pmatrix}1 & 0 & 0 & l_2\\ 0 & 1 & 0 & 0\\ 0 & 0 & 1 & 0\\ 0 & 0 & 0 & 1\end{pmatrix}
$$

对各连杆依次使用式（4-41），可以得到

$$
{}^{1}\boldsymbol{\omega}_1=\begin{pmatrix}0\\ 0\\ \dot{\theta}_1\end{pmatrix},\quad {}^{1}\boldsymbol{v}_1=\begin{pmatrix}0\\ 0\\ 0\end{pmatrix}
$$

$$
{}^{2}\boldsymbol{\omega}_2=\begin{pmatrix}0\\ 0\\ \dot{\theta}_1+\dot{\theta}_2\end{pmatrix},\quad {}^{2}\boldsymbol{v}_2=\begin{pmatrix}\cos\theta_2 & \sin\theta_2 & 0\\ -\sin\theta_2 & \cos\theta_2 & 0\\ 0 & 0 & 1\end{pmatrix}\begin{pmatrix}0\\ l_1\dot{\theta}_1\\ 0\end{pmatrix}=\begin{pmatrix}l_1\dot{\theta}_1\sin\theta_2\\ l_1\dot{\theta}_1\cos\theta_2\\ 0\end{pmatrix}
$$

$$
{}^{3}\boldsymbol{\omega}_3={}^{2}\boldsymbol{\omega}_2,\quad {}^{3}\boldsymbol{v}_3=\begin{pmatrix}l_1\dot{\theta}_1\sin\theta_2\\ l_1\dot{\theta}_1\cos\theta_2+l_2(\dot{\theta}_1+\dot{\theta}_2)\\ 0\end{pmatrix}
$$

为了求得${}^{3}\boldsymbol{\omega}$和${}^{3}\boldsymbol{v}_3$相对于固定基坐标系的数值，用旋转矩阵${}_{3}^{0}\boldsymbol{R}$对它们做旋转变换。坐标系｛3｝相对于坐标系｛0｝的旋转矩阵为

$$
{}_{3}^{0}\boldsymbol{R}={}_{1}^{0}\boldsymbol{R}\,{}_{2}^{1}\boldsymbol{R}\,{}_{3}^{2}\boldsymbol{R}=\begin{pmatrix}\cos(\theta_1+\theta_2) & -\sin(\theta_1+\theta_2) & 0\\ \sin(\theta_1+\theta_2) & \cos(\theta_1+\theta_2) & 0\\ 0 & 0 & 1\end{pmatrix}
$$

则用坐标系｛0｝表示的操作臂末端速度为

$$
{}^{0}\boldsymbol{v}_3=\begin{pmatrix}-l_1\sin\theta_1\dot{\theta}_1-l_2\sin(\theta_1+\theta_2)(\dot{\theta}_1+\dot{\theta}_2)\\ l_1\cos\theta_1\dot{\theta}_1+l_2\cos(\theta_1+\theta_2)(\dot{\theta}_1+\dot{\theta}_2)\\ 0\end{pmatrix}
$$

4.2 微分运动与微分变换

刚体速度可以看成是单位采样时间内的微分运动，因此，微分运动与速度有着密切的联系。在对机器人进行操作与控制时，常常涉及操作臂位置和姿态的微小变化，这些变化可以用描述操作臂位置的齐次变换矩阵的微小变化来表示。在数学上，这种微小变化可用微分变

化来表达。

操作臂运动过程中的微分关系是很重要的，常常需要把对于一个坐标系的微分变化变换为对于另一坐标系的微分变化。这些关系对于机器人的速度分析、动力学分析都是十分重要的。

4.2.1　微分转动与微分平移

1. 基本概念

第 2 章曾经给出绕 x 轴、y 轴和 z 轴转 θ 角的旋转变换矩阵 $\boldsymbol{R}(x,\ \theta)$、$\boldsymbol{R}(y,\ \theta)$ 和 $\boldsymbol{R}(z,\ \theta)$。当转动的角度 θ 很小时，把 θ 当成微量，则该转动称为**微分转动**。我们规定，绕 x 轴、y 轴和 z 轴转动的微分角度分别记为 δ_x、δ_y 和 δ_z。由于 δ_x、δ_y 和 δ_z 都很小，则得到近似公式

$$\sin\delta_x=\delta_x,\ \sin\delta_y=\delta_y,\ \sin\delta_z=\delta_z$$

$$\cos\delta_x=1,\ \cos\delta_y=1,\ \cos\delta_z=1$$

相应的微分转动变换分别为

$$\boldsymbol{R}(x,\delta_x)=\begin{pmatrix}1&0&0\\0&1&-\delta_x\\0&\delta_x&1\end{pmatrix},\quad \boldsymbol{R}(y,\delta_y)=\begin{pmatrix}1&0&\delta_y\\0&1&0\\-\delta_y&0&1\end{pmatrix},\quad \boldsymbol{R}(z,\delta_z)=\begin{pmatrix}1&-\delta_z&0\\\delta_z&1&0\\0&0&1\end{pmatrix}$$

微分转动变换可以看成是以上三种变换的复合函数，即

$$\boldsymbol{R}(x,\delta_x)\boldsymbol{R}(y,\delta_y)\boldsymbol{R}(z,\delta_z)=\begin{pmatrix}1&0&0\\0&1&-\delta_x\\0&\delta_x&1\end{pmatrix}\begin{pmatrix}1&0&\delta_y\\0&1&0\\-\delta_y&0&1\end{pmatrix}\begin{pmatrix}1&-\delta_z&0\\\delta_z&1&0\\0&0&1\end{pmatrix}$$

将三矩阵相乘，忽略二阶、三阶等高阶微量，可以得到

$$\boldsymbol{R}(x,\delta_x)\boldsymbol{R}(y,\delta_y)\boldsymbol{R}(z,\delta_z)=\begin{pmatrix}1&-\delta_z&\delta_y\\\delta_z&1&-\delta_x\\-\delta_y&\delta_x&1\end{pmatrix}\tag{4-43}$$

显然，微分转动变换矩阵相乘符合交换律，具有可交换性。另一方面，微分转动变换等价于绕某轴 $\boldsymbol{k}=(k_x,\ k_y,\ k_z)^{\mathrm{T}}$ 旋转 $\delta\theta$ 的微分转动。将旋转变换通式（2-36）中的角度 θ 用微量 $\delta\theta$ 代替，由于 $\sin\delta\theta=\delta\theta$，$\cos\delta\theta=1$，$1-\cos\delta\theta=0$，则式（2-36）化简为

$$\boldsymbol{R}(\boldsymbol{k},\delta\theta)=\begin{pmatrix}1&-k_z\delta\theta&k_y\delta\theta\\k_z\delta\theta&1&-k_x\delta\theta\\-k_y\delta\theta&k_x\delta\theta&1\end{pmatrix}\tag{4-44}$$

对照式（4-43）和式（4-44）可以看出等价转轴 $\boldsymbol{k}=(k_x,\ k_y,\ k_z)^{\mathrm{T}}$ 和等价微分转角 $\delta\theta$ 与 δ_x、δ_y 和 δ_z 之间的关系：

$$\delta_x=k_x\delta\theta,\ \delta_y=k_y\delta\theta,\ \delta_z=k_z\delta\theta$$

式中，$k_x^2+k_y^2+k_z^2=\|\boldsymbol{k}\|^2=1$，$\delta\theta=\sqrt{\delta_x^2+\delta_y^2+\delta_z^2}$。可见，绕轴 $\boldsymbol{k}$ 旋转 $\delta\theta$ 的微分转动变换可分解为绕 x 轴、y 轴和 z 轴的三个分量。

2. 微分算子

为了计算末端执行器位姿的微分变化，建立在不同坐标系中微分变化之间的关系，需要求出齐次变换矩阵 $\boldsymbol{T}$ 的微分和导数，用于表示末端执行器位姿的微分变化。根据旋转矩阵

导数的定义，可以得到齐次变换矩阵 $\boldsymbol{T}$ 的导数 $\dot{\boldsymbol{T}}$ 为

$$\dot{\boldsymbol{T}}=\lim_{\Delta t\to 0}\frac{\boldsymbol{T}(t+\Delta t)-\boldsymbol{T}(t)}{\Delta t}=\lim_{\Delta t\to 0}\frac{\Delta\boldsymbol{T}(t)}{\Delta t}$$

其中 $\boldsymbol{T}(t+\Delta t)$ 是 $\boldsymbol{T}(t)$ 经过微分运动后的结果。相对基坐标系的微分运动可以写成

$$\boldsymbol{T}(t+\Delta t)=\textbf{Trans}(d_x,d_y,d_z)\textbf{Rot}(\boldsymbol{k},\delta\theta)\boldsymbol{T}(t) \tag{4-45}$$

式中，$\textbf{Trans}(d_x, d_y, d_z)$ 表示在基坐标系中的微分移动变换；$\textbf{Rot}(\boldsymbol{k}, \delta\theta)$ 表示绕基坐标系中的矢量 $\boldsymbol{k}$ 做微分转动变换。二者可分别表示为

$$\textbf{Trans}(d_x,d_y,d_z)=\begin{pmatrix}1&0&0&d_x\\0&1&0&d_y\\0&0&1&d_z\\0&0&0&1\end{pmatrix}$$

$$\textbf{Rot}(\boldsymbol{k},\delta\theta)=\begin{pmatrix}1&-\delta_z&\delta_y&0\\\delta_z&1&-\delta_x&0\\-\delta_y&\delta_x&1&0\\0&0&0&1\end{pmatrix}=\begin{pmatrix}1&-k_z\delta\theta&k_y\delta\theta&0\\k_z\delta\theta&1&-k_x\delta\theta&0\\-k_y\delta\theta&k_x\delta\theta&1&0\\0&0&0&1\end{pmatrix}$$

式中，$\boldsymbol{d}=(d_x, d_y, d_z)^{\mathrm{T}}$ 和 $\boldsymbol{\delta}=(\delta_x, \delta_y, \delta_z)^{\mathrm{T}}=\boldsymbol{k}\delta\theta$ 分别表示**微分移动**和**微分转动**矢量。需注意的是，$\boldsymbol{T}(t+\Delta t)$ 也可以表示为在运动坐标系中的微分移动和微分转动变换，即

$$\boldsymbol{T}(t+\Delta t)=\boldsymbol{T}(t)\textbf{Trans}({}^Td_x,{}^Td_y,{}^Td_z)\textbf{Rot}({}^T\boldsymbol{k},{}^T\delta\theta) \tag{4-46}$$

相应地，微分 $\mathrm{d}\boldsymbol{T}=\boldsymbol{T}(t+\Delta t)-\boldsymbol{T}(t)$ 也有两种形式，即

相对基坐标系

$$\mathrm{d}\boldsymbol{T}=(\textbf{Trans}(d_x,d_y,d_z)\textbf{Rot}(\boldsymbol{k},\delta\theta)-\boldsymbol{I}_{4\times4})\boldsymbol{T}(t)=\Delta\boldsymbol{T}(t) \tag{4-47}$$

相对运动坐标系

$${}^T\mathrm{d}\boldsymbol{T}=\boldsymbol{T}(t)(\textbf{Trans}({}^Td_x,{}^Td_y,{}^Td_z)\textbf{Rot}({}^T\boldsymbol{k},{}^T\delta\theta)-\boldsymbol{I}_{4\times4})=\boldsymbol{T}(t)\,{}^T\boldsymbol{\Delta} \tag{4-48}$$

式中，$\boldsymbol{\Delta}$ 称为**微分算子**，相对运动坐标系的微分算子记为 ${}^T\boldsymbol{\Delta}$。微分算子由微分转动和微分平移合成得到，有

$$\boldsymbol{\Delta}=\begin{pmatrix}0&-\delta_z&\delta_y&d_x\\\delta_z&0&-\delta_x&d_y\\-\delta_y&\delta_x&0&d_z\\0&0&0&0\end{pmatrix} \tag{4-49}$$

类似地，可得 ${}^T\boldsymbol{\Delta}$ 的表达式为

$${}^T\boldsymbol{\Delta}=\begin{pmatrix}0&-{}^T\delta_z&{}^T\delta_y&{}^Td_x\\{}^T\delta_z&0&-{}^T\delta_x&{}^Td_y\\-{}^T\delta_y&{}^T\delta_x&0&{}^Td_z\\0&0&0&0\end{pmatrix} \tag{4-50}$$

3. 微分运动矢量

刚体的微分运动矢量 $\boldsymbol{D}$ 包含微分移动矢量 $\boldsymbol{d}$ 和微分转动矢量 $\boldsymbol{\delta}$，其中，移动矢量 $\boldsymbol{d}$ 由沿三个坐标轴的微分移动组成，微分转动矢量 $\boldsymbol{\delta}$ 由绕三个坐标轴的微分转动组成，即

$$\boldsymbol{d}=(d_x,d_y,d_z)^{\mathrm{T}},\ \boldsymbol{\delta}=(\delta_x,\delta_y,\delta_z)^{\mathrm{T}}$$

将两者合并为六维微分运动矢量 $\boldsymbol{D}$，即

$$\boldsymbol{D}=(d_x,d_y,d_z,\delta_x,\delta_y,\delta_z)^{\mathrm{T}}，或\ \boldsymbol{D}=(\boldsymbol{d},\boldsymbol{\delta})^{\mathrm{T}}$$

【例 4-3】 已知手爪的位置姿态矩阵为

$$\boldsymbol{T}=\begin{pmatrix}0&0&1&5\\1&0&0&15\\0&1&0&0\\0&0&0&1\end{pmatrix}$$

其相对基坐标系的微分移动 $\boldsymbol{d}$ 和微分转动 $\boldsymbol{\delta}$ 分别为

$$\boldsymbol{d}=\begin{pmatrix}1\\0\\0.5\end{pmatrix},\ \boldsymbol{\delta}=\begin{pmatrix}0.1\\0\\0\end{pmatrix}$$

求微分运动。

解：由式（4-49）可得微分算子

$$\boldsymbol{\Delta}=\begin{pmatrix}0&0&0&1\\0&0&-0.1&0\\0&0.1&0&0.5\\0&0&0&0\end{pmatrix}$$

再由式（4-47）即可得到相对固定坐标系的微分运动变换

$$\mathrm{d}\boldsymbol{T}=\boldsymbol{\Delta}\boldsymbol{T}=\begin{pmatrix}0&0&0&1\\0&0&-0.1&0\\0&0.1&0&0.5\\0&0&0&0\end{pmatrix}\begin{pmatrix}0&0&1&5\\1&0&0&15\\0&1&0&0\\0&0&0&1\end{pmatrix}=\begin{pmatrix}0&0&0&1\\0&-0.1&0&0\\0.1&0&0&2\\0&0&0&0\end{pmatrix}$$

相对运动坐标系 $\{T\}$ 的微分移动和微分转动分别为 ${}^{T}\boldsymbol{d}=(1,\ 0,\ 0.5)^{\mathrm{T}}$ 和 ${}^{T}\boldsymbol{\delta}=(0.1,\ 0,\ 0)^{\mathrm{T}}$，由此可求对应的微分运动。利用式（4-50）可得微分算子

$${}^{T}\boldsymbol{\Delta}=\begin{pmatrix}0&0&0&1\\0&0&-0.1&0\\0&0.1&0&0.5\\0&0&0&0\end{pmatrix}$$

再由式（4-48）可以得到相应的相对运动坐标系的微分运动变换

$${}^{T}\mathrm{d}\boldsymbol{T}=\boldsymbol{T}^{T}\boldsymbol{\Delta}=\begin{pmatrix}0&0&1&5\\1&0&0&15\\0&1&0&0\\0&0&0&1\end{pmatrix}\begin{pmatrix}0&0&0&1\\0&0&-0.1&0\\0&0.1&0&0.5\\0&0&0&0\end{pmatrix}=\begin{pmatrix}0&0.1&0&0.5\\0&0&0&1\\0&0&-0.1&0\\0&0&0&0\end{pmatrix}$$

对照两个结果可以看出，由相对不同坐标系的微分运动（算子）所得到的微分运动是

不同的。

4.2.2 微分运动的等价变换

微分运动矢量 $\boldsymbol{D}$ 在不同坐标系中的表示是不同的，微分运动等价变换就是将一个坐标系内的位置和姿态的小变化，变换为另一坐标系内的等效表达式。例如，用摄像机观察末端执行器的位姿时，希望将摄像机坐标系中的微分变化变换到连杆坐标系 {6} 中去，再求出各个关节相应的微分变化。

由 $\mathrm{d}\boldsymbol{T}=\boldsymbol{\Delta T}$ 和 $\mathrm{d}\boldsymbol{T}=\boldsymbol{T}^{T}\boldsymbol{\Delta}$ 可知，当两坐标系等价时，相对运动坐标系的微分算子 ${}^{T}\boldsymbol{\Delta}$ 与相对于基坐标系的微分算子 $\boldsymbol{\Delta}$ 之间存在以下关系

$$\boldsymbol{\Delta T}=\boldsymbol{T}^{T}\boldsymbol{\Delta}$$

上式变换后得

$$\boldsymbol{T}^{-1}\boldsymbol{\Delta T}={}^{T}\boldsymbol{\Delta}\text{，或者 }\boldsymbol{\Delta}=\boldsymbol{T}^{T}\boldsymbol{\Delta T}^{-1}$$

由式（4-49）可以得到

$$\boldsymbol{\Delta T}=\begin{pmatrix}0 & -\delta_z & \delta_y & d_x\\ \delta_z & 0 & -\delta_x & d_y\\ -\delta_y & \delta_x & 0 & d_z\\ 0 & 0 & 0 & 0\end{pmatrix}\begin{pmatrix}n_x & o_x & a_x & p_x\\ n_y & o_y & a_y & p_y\\ n_z & o_z & a_z & p_z\\ 0 & 0 & 0 & 1\end{pmatrix}$$
$$=\begin{pmatrix}-\delta_z n_y+\delta_y n_z & -\delta_z o_y+\delta_y o_z & -\delta_z a_y+\delta_y a_z & -\delta_z p_y+\delta_y p_z+d_x\\ \delta_z n_x-\delta_x n_z & \delta_z o_x-\delta_x o_z & \delta_z a_x-\delta_x a_z & \delta_z p_x-\delta_x p_z+d_y\\ \delta_x n_y-\delta_y n_x & \delta_x o_y-\delta_y o_x & \delta_x a_y-\delta_y a_x & \delta_x p_y-\delta_y p_x+d_z\\ 0 & 0 & 0 & 0\end{pmatrix} \tag{4-51}$$

式（4-51）与

$$\boldsymbol{\Delta T}=\begin{pmatrix}(\boldsymbol{\delta}\times\boldsymbol{n})_x & (\boldsymbol{\delta}\times\boldsymbol{o})_x & (\boldsymbol{\delta}\times\boldsymbol{a})_x & (\boldsymbol{\delta}\times\boldsymbol{p}+\boldsymbol{d})_x\\ (\boldsymbol{\delta}\times\boldsymbol{n})_y & (\boldsymbol{\delta}\times\boldsymbol{o})_y & (\boldsymbol{\delta}\times\boldsymbol{a})_y & (\boldsymbol{\delta}\times\boldsymbol{p}+\boldsymbol{d})_y\\ (\boldsymbol{\delta}\times\boldsymbol{n})_z & (\boldsymbol{\delta}\times\boldsymbol{o})_z & (\boldsymbol{\delta}\times\boldsymbol{a})_z & (\boldsymbol{\delta}\times\boldsymbol{p}+\boldsymbol{d})_z\\ 0 & 0 & 0 & 0\end{pmatrix} \tag{4-52}$$

等价。用 $\boldsymbol{T}^{-1}$ 左乘式（4-52），可以得到

$$\boldsymbol{T}^{-1}\boldsymbol{\Delta T}=\begin{pmatrix}n_x & n_y & n_z & -\boldsymbol{p}\cdot\boldsymbol{n}\\ o_x & o_y & o_z & -\boldsymbol{p}\cdot\boldsymbol{o}\\ a_x & a_y & a_z & -\boldsymbol{p}\cdot\boldsymbol{a}\\ 0 & 0 & 0 & 1\end{pmatrix}\begin{pmatrix}(\boldsymbol{\delta}\times\boldsymbol{n})_x & (\boldsymbol{\delta}\times\boldsymbol{o})_x & (\boldsymbol{\delta}\times\boldsymbol{a})_x & (\boldsymbol{\delta}\times\boldsymbol{p}+\boldsymbol{d})_x\\ (\boldsymbol{\delta}\times\boldsymbol{n})_y & (\boldsymbol{\delta}\times\boldsymbol{o})_y & (\boldsymbol{\delta}\times\boldsymbol{a})_y & (\boldsymbol{\delta}\times\boldsymbol{p}+\boldsymbol{d})_y\\ (\boldsymbol{\delta}\times\boldsymbol{n})_z & (\boldsymbol{\delta}\times\boldsymbol{o})_z & (\boldsymbol{\delta}\times\boldsymbol{a})_z & (\boldsymbol{\delta}\times\boldsymbol{p}+\boldsymbol{d})_z\\ 0 & 0 & 0 & 0\end{pmatrix} \tag{4-53}$$
$$=\begin{pmatrix}\boldsymbol{n}\cdot(\boldsymbol{\delta}\times\boldsymbol{n}) & \boldsymbol{n}\cdot(\boldsymbol{\delta}\times\boldsymbol{o}) & \boldsymbol{n}\cdot(\boldsymbol{\delta}\times\boldsymbol{a}) & \boldsymbol{n}\cdot(\boldsymbol{\delta}\times\boldsymbol{p}+\boldsymbol{d})\\ \boldsymbol{o}\cdot(\boldsymbol{\delta}\times\boldsymbol{n}) & \boldsymbol{o}\cdot(\boldsymbol{\delta}\times\boldsymbol{o}) & \boldsymbol{o}\cdot(\boldsymbol{\delta}\times\boldsymbol{a}) & \boldsymbol{o}\cdot(\boldsymbol{\delta}\times\boldsymbol{p}+\boldsymbol{d})\\ \boldsymbol{a}\cdot(\boldsymbol{\delta}\times\boldsymbol{n}) & \boldsymbol{a}\cdot(\boldsymbol{\delta}\times\boldsymbol{o}) & \boldsymbol{a}\cdot(\boldsymbol{\delta}\times\boldsymbol{a}) & \boldsymbol{a}\cdot(\boldsymbol{\delta}\times\boldsymbol{p}+\boldsymbol{d})\\ 0 & 0 & 0 & 0\end{pmatrix}$$

应用三矢量相乘的两个性质：$\boldsymbol{a}\cdot(\boldsymbol{b}\times\boldsymbol{c})=\boldsymbol{b}\cdot(\boldsymbol{c}\times\boldsymbol{a})$ 及 $\boldsymbol{a}\cdot(\boldsymbol{a}\times\boldsymbol{c})=0$，式（4-53）可变换为

$$ {}^{T}\boldsymbol{\Delta}=\boldsymbol{T}^{-1}\boldsymbol{\Delta}\boldsymbol{T}=\begin{pmatrix} 0 & -\boldsymbol{\delta}\cdot(\boldsymbol{n}\times\boldsymbol{o}) & \boldsymbol{\delta}\cdot(\boldsymbol{a}\times\boldsymbol{n}) & \boldsymbol{\delta}\cdot(\boldsymbol{p}\times\boldsymbol{n})+\boldsymbol{d}\cdot\boldsymbol{n} \\ \boldsymbol{\delta}\cdot(\boldsymbol{n}\times\boldsymbol{o}) & 0 & -\boldsymbol{\delta}\cdot(\boldsymbol{o}\times\boldsymbol{a}) & \boldsymbol{\delta}\cdot(\boldsymbol{p}\times\boldsymbol{o})+\boldsymbol{d}\cdot\boldsymbol{o} \\ -\boldsymbol{\delta}\cdot(\boldsymbol{a}\times\boldsymbol{n}) & \boldsymbol{\delta}\cdot(\boldsymbol{o}\times\boldsymbol{a}) & 0 & \boldsymbol{\delta}\cdot(\boldsymbol{p}\times\boldsymbol{a})+\boldsymbol{d}\cdot\boldsymbol{a} \\ 0 & 0 & 0 & 0 \end{pmatrix} \tag{4-54} $$

继续化简得

$$ {}^{T}\boldsymbol{\Delta}=\boldsymbol{T}^{-1}\boldsymbol{\Delta}\boldsymbol{T}=\begin{pmatrix} 0 & -\boldsymbol{\delta}\cdot\boldsymbol{a} & \boldsymbol{\delta}\cdot\boldsymbol{o} & \boldsymbol{\delta}\cdot(\boldsymbol{p}\times\boldsymbol{n})+\boldsymbol{d}\cdot\boldsymbol{n} \\ \boldsymbol{\delta}\cdot\boldsymbol{a} & 0 & -\boldsymbol{\delta}\cdot\boldsymbol{n} & \boldsymbol{\delta}\cdot(\boldsymbol{p}\times\boldsymbol{o})+\boldsymbol{d}\cdot\boldsymbol{o} \\ -\boldsymbol{\delta}\cdot\boldsymbol{o} & \boldsymbol{\delta}\cdot\boldsymbol{n} & 0 & \boldsymbol{\delta}\cdot(\boldsymbol{p}\times\boldsymbol{a})+\boldsymbol{d}\cdot\boldsymbol{a} \\ 0 & 0 & 0 & 0 \end{pmatrix} \tag{4-55} $$

令式（4-50）和式（4-55）中各元素分别相等，可以求得下列各式

$$ \left.\begin{aligned} {}^{T}d_x&=\boldsymbol{\delta}\cdot(\boldsymbol{p}\times\boldsymbol{n})+\boldsymbol{d}\cdot\boldsymbol{n} \\ {}^{T}d_y&=\boldsymbol{\delta}\cdot(\boldsymbol{p}\times\boldsymbol{o})+\boldsymbol{d}\cdot\boldsymbol{o} \\ {}^{T}d_z&=\boldsymbol{\delta}\cdot(\boldsymbol{p}\times\boldsymbol{a})+\boldsymbol{d}\cdot\boldsymbol{a} \end{aligned}\right\} \tag{4-56} $$

$$ {}^{T}\delta_x=\boldsymbol{\delta}\cdot\boldsymbol{n},\quad {}^{T}\delta_y=\boldsymbol{\delta}\cdot\boldsymbol{o},\quad {}^{T}\delta_z=\boldsymbol{\delta}\cdot\boldsymbol{a} \tag{4-57} $$

式中，$\boldsymbol{n}$、$\boldsymbol{o}$、$\boldsymbol{a}$ 和 $\boldsymbol{p}$ 分别为微分坐标变换 $\boldsymbol{T}$ 的列矢量。从上列两式可得微分运动矢量 ${}^{T}\boldsymbol{D}$ 和 $\boldsymbol{D}$ 的关系如下：

$$ \begin{pmatrix} {}^{T}d_x \\ {}^{T}d_y \\ {}^{T}d_z \\ {}^{T}\delta_x \\ {}^{T}\delta_y \\ {}^{T}\delta_z \end{pmatrix}=\left(\begin{array}{ccc:ccc} n_x & n_y & n_z & (\boldsymbol{p}\times\boldsymbol{n})_x & (\boldsymbol{p}\times\boldsymbol{n})_y & (\boldsymbol{p}\times\boldsymbol{n})_z \\ o_x & o_y & o_z & (\boldsymbol{p}\times\boldsymbol{o})_x & (\boldsymbol{p}\times\boldsymbol{o})_y & (\boldsymbol{p}\times\boldsymbol{o})_z \\ a_x & a_y & a_z & (\boldsymbol{p}\times\boldsymbol{a})_x & (\boldsymbol{p}\times\boldsymbol{a})_y & (\boldsymbol{p}\times\boldsymbol{a})_z \\ \hdashline 0 & 0 & 0 & n_x & n_y & n_z \\ 0 & 0 & 0 & o_x & o_y & o_z \\ 0 & 0 & 0 & a_x & a_y & a_z \end{array}\right)\begin{pmatrix} d_x \\ d_y \\ d_z \\ \delta_x \\ \delta_y \\ \delta_z \end{pmatrix} \tag{4-58} $$

再应用三矢量相乘的两个性质：$\boldsymbol{a}\cdot(\boldsymbol{b}\times\boldsymbol{c})=\boldsymbol{b}\cdot(\boldsymbol{c}\times\boldsymbol{a})$ 及 $\boldsymbol{a}\cdot(\boldsymbol{a}\times\boldsymbol{c})=0$，式（4-56）和式（4-57）可进一步改写为

$$ \left.\begin{aligned} {}^{T}d_x&=\boldsymbol{n}\cdot((\boldsymbol{\delta}\times\boldsymbol{p})+\boldsymbol{d}) \\ {}^{T}d_y&=\boldsymbol{o}\cdot((\boldsymbol{\delta}\times\boldsymbol{p})+\boldsymbol{d}) \\ {}^{T}d_z&=\boldsymbol{a}\cdot((\boldsymbol{\delta}\times\boldsymbol{p})+\boldsymbol{d}) \end{aligned}\right\} \tag{4-59} $$

$$ \left.\begin{aligned} {}^{T}\delta_x&=\boldsymbol{n}\cdot\boldsymbol{\delta} \\ {}^{T}\delta_y&=\boldsymbol{o}\cdot\boldsymbol{\delta} \\ {}^{T}\delta_z&=\boldsymbol{a}\cdot\boldsymbol{\delta} \end{aligned}\right\} \tag{4-60} $$

应用上述两式，能够十分方便地把对基坐标系的微分变化变换为对相对坐标系 $\{T\}$ 的微分变化。式（4-58）可简写为

$$ \begin{pmatrix} {}^{T}\boldsymbol{d} \\ {}^{T}\boldsymbol{\delta} \end{pmatrix}=\left(\begin{array}{c:c} \boldsymbol{R}^{\mathrm{T}} & -\boldsymbol{R}^{\mathrm{T}}\boldsymbol{S}(\boldsymbol{p}) \\ \hdashline \boldsymbol{O} & \boldsymbol{R}^{\mathrm{T}} \end{array}\right)\begin{pmatrix} \boldsymbol{d} \\ \boldsymbol{\delta} \end{pmatrix} \tag{4-61} $$

式中，$\boldsymbol{R}$ 是旋转矩阵；$\boldsymbol{S}(\boldsymbol{p})$ 是任意三维矢量 $\boldsymbol{p}=(p_x,\ p_y,\ p_z)^{\mathrm{T}}$ 的反对称矩阵。$\boldsymbol{R}$ 与 $\boldsymbol{S}(\boldsymbol{p})$ 可用公式分别定义为

$$\boldsymbol{R}=\begin{pmatrix} n_x & o_x & a_x \\ n_y & o_y & a_y \\ n_z & o_z & a_z \end{pmatrix},\quad \boldsymbol{S}(\boldsymbol{p})=\begin{pmatrix} 0 & -p_z & p_y \\ p_z & 0 & -p_x \\ -p_y & p_x & 0 \end{pmatrix}$$

【例 4-4】 已知手爪的位置姿态矩阵 $\boldsymbol{T}$、微分移动 $\boldsymbol{d}$ 和微分转动 $\boldsymbol{\delta}$ 分别为

$$\boldsymbol{T}=\begin{pmatrix} 0 & 0 & 1 & 5 \\ 1 & 0 & 0 & 15 \\ 0 & 1 & 0 & 0 \\ 0 & 0 & 0 & 1 \end{pmatrix},\quad \boldsymbol{d}=\begin{pmatrix} 1 \\ 0 \\ 0.5 \end{pmatrix},\quad \boldsymbol{\delta}=\begin{pmatrix} 0.1 \\ 0 \\ 0 \end{pmatrix}$$

求在坐标系 $\{T\}$ 中的等价微分移动 ${}^{T}\boldsymbol{d}$ 和微分转动 ${}^{T}\boldsymbol{\delta}$。

解：由已知条件可以得到 $\boldsymbol{T}$ 的四个列矢量

$$\boldsymbol{n}=(0,1,0)^{\mathrm{T}},\boldsymbol{o}=(0,0,1)^{\mathrm{T}},\boldsymbol{a}=(1,0,0)^{\mathrm{T}},\boldsymbol{p}=(5,15,0)^{\mathrm{T}}$$

可以求出

$$\boldsymbol{\delta}\times\boldsymbol{p}=(0,0,1.5)^{\mathrm{T}}$$

$$\boldsymbol{\delta}\times\boldsymbol{p}+\boldsymbol{d}=(0,0,1.5)^{\mathrm{T}}+(1,0,0.5)^{\mathrm{T}}=(1,0,2)^{\mathrm{T}}$$

因此，由式（4-59）、式（4-60）可知

$${}^{T}d_x=\boldsymbol{n}\cdot(1,0,2)^{\mathrm{T}}=0,\quad {}^{T}d_y=\boldsymbol{o}\cdot(1,0,2)^{\mathrm{T}}=2,\quad {}^{T}d_z=\boldsymbol{a}\cdot(1,0,2)^{\mathrm{T}}=1$$

$${}^{T}\boldsymbol{d}=\begin{pmatrix} 0 \\ 2 \\ 1 \end{pmatrix}$$

同理

$${}^{T}\boldsymbol{\delta}=\begin{pmatrix} 0 \\ 0 \\ 0.1 \end{pmatrix}$$

为了验证所得结果的正确性，根据式（4-50），可得

$${}^{T}\boldsymbol{\Delta}=\begin{pmatrix} 0 & -0.1 & 0 & 0 \\ 0.1 & 0 & 0 & 2 \\ 0 & 0 & 0 & 1 \\ 0 & 0 & 0 & 0 \end{pmatrix}$$

$$\mathrm{d}\boldsymbol{T}=\boldsymbol{T}^{T}\boldsymbol{\Delta}=\begin{pmatrix} 0 & 0 & 1 & 5 \\ 1 & 0 & 0 & 15 \\ 0 & 1 & 0 & 0 \\ 0 & 0 & 0 & 1 \end{pmatrix}\begin{pmatrix} 0 & -0.1 & 0 & 0 \\ 0.1 & 0 & 0 & 2 \\ 0 & 0 & 0 & 1 \\ 0 & 0 & 0 & 0 \end{pmatrix}=\begin{pmatrix} 0 & 0 & 0 & 1 \\ 0 & -0.1 & 0 & 0 \\ 0.1 & 0 & 0 & 2 \\ 0 & 0 & 0 & 0 \end{pmatrix}$$

将此结果和例 4-3 所得结果相对照，可以验证上面的计算是正确的。

4.3 速度雅可比矩阵

雅可比矩阵表示机构部件随时间变化的几何关系，它可以将单个关节的微分运动或速度

转换为感兴趣点（如末端执行器）的微分运动或速度，也可将单个关节的运动与整个机构的运动联系起来。由于关节角的值是随时间变化的，从而雅可比矩阵各元素的大小也随着时间变化而变化，因此雅可比矩阵是与时间有关的。

用雅可比矩阵可以判别机器人的奇异位形，分析机器人的运动学特征和动力学特征。因此，雅可比矩阵是描述机器人特征的重要参量。

4.3.1　雅可比矩阵的数学定义

雅可比矩阵是多维形式的导数。例如，假设有 6 个函数，每个函数都有 6 个独立的变量，函数表达式如下：

$$\begin{cases} y_1 = f_1(x_1, x_2, x_3, x_4, x_5, x_6) \\ y_2 = f_2(x_1, x_2, x_3, x_4, x_5, x_6) \\ \quad\vdots \\ y_6 = f_6(x_1, x_2, x_3, x_4, x_5, x_6) \end{cases} \tag{4-62}$$

也可以用矢量符号表示这些等式：

$$\boldsymbol{Y} = \boldsymbol{F}(x) \tag{4-63}$$

如果想要计算出 y_i 的微分关于 x_j 的微分函数，可简单应用多元函数求导法则计算，得到

$$\begin{cases} \delta y_1 = \dfrac{\partial f_1}{\partial x_1}\delta x_1 + \dfrac{\partial f_1}{\partial x_2}\delta x_2 + \cdots + \dfrac{\partial f_1}{\partial x_6}\delta x_6 \\ \delta y_2 = \dfrac{\partial f_2}{\partial x_1}\delta x_1 + \dfrac{\partial f_2}{\partial x_2}\delta x_2 + \cdots + \dfrac{\partial f_2}{\partial x_6}\delta x_6 \\ \quad\vdots \\ \delta y_6 = \dfrac{\partial f_6}{\partial x_1}\delta x_1 + \dfrac{\partial f_6}{\partial x_2}\delta x_2 + \cdots + \dfrac{\partial f_6}{\partial x_6}\delta x_6 \end{cases} \tag{4-64}$$

将式（4-64）写成更为简单的矢量表达式

$$\delta \boldsymbol{Y} = \frac{\partial \boldsymbol{F}}{\partial \boldsymbol{X}}\delta \boldsymbol{X} \tag{4-65}$$

式中的 6×6 偏微分矩阵就是我们所说的**雅可比矩阵**。注意到，如果 $f_1(\boldsymbol{X})$ 到 $f_6(\boldsymbol{X})$ 都是非线性函数，那么这些偏微分都是 x_i 的函数，因此可以采用如下表示方法：

$$\delta \boldsymbol{Y} = \boldsymbol{J}(\boldsymbol{X})\,\delta \boldsymbol{X} \tag{4-66}$$

将式（4-66）两端同时采取对时间的微分，可以将雅可比矩阵看成 $\boldsymbol{X}$ 中的速度向 $\boldsymbol{Y}$ 中速度的映射：

$$\dot{\boldsymbol{Y}} = \boldsymbol{J}(\boldsymbol{X})\,\dot{\boldsymbol{X}} \tag{4-67}$$

在任一瞬时，$\boldsymbol{X}$ 都有一个确定的值，$\boldsymbol{J}(\boldsymbol{X})$ 是一个线性变换。在每一个新时刻，如果 $\boldsymbol{X}$ 改变，线性变换也会随之改变。所以，雅可比是随时间变化的线性变换。

4.3.2　操作臂速度雅可比矩阵引例

在机器人学中，通常使用雅可比矩阵将关节速度与操作臂末端的笛卡儿速度联系起来。

操作臂的**速度雅可比矩阵**是指从关节速度矢量 $\dot{\boldsymbol{q}}$ 向操作臂末端速度矢量 $\boldsymbol{V}$ 的线性映射。即

$$\boldsymbol{V}=\boldsymbol{J}(\boldsymbol{q})\dot{\boldsymbol{q}} \tag{4-68}$$

式中，$\boldsymbol{V}$ 是 6×1 的矢量，包含线速度矢量 $\boldsymbol{v}$ 和角速度矢量 $\boldsymbol{\omega}$；$\boldsymbol{q}$ 是操作臂关节变量所组成的矢量形式。

对于任意已知的操作臂位姿，关节速度和操作臂末端速度的关系是线性的，然而这种线性关系仅是瞬时的，因为在下一刻，雅可比矩阵就会有微小的变化。对于通常的 6 关节机器人，雅可比矩阵是 6×6 维的，$\dot{\boldsymbol{q}}$ 是 6×1 维的，$\boldsymbol{V}$ 也是 6×1 维的。这个 6×1 笛卡儿速度矢量是由一个 3×1 的线速度矢量 $\boldsymbol{v}$ 和一个 3×1 的角速度矢量 $\boldsymbol{\omega}$ 排列起来的，即

$$\boldsymbol{V}=\begin{pmatrix}\boldsymbol{v}\\ \boldsymbol{\omega}\end{pmatrix} \tag{4-69}$$

由于速度可以看成是单位时间内的微分运动，因此，速度雅可比矩阵也可看成是关节空间的微分运动 d$\boldsymbol{q}$ 向操作空间的微分运动 D 之间的转换矩阵，即

$$\boldsymbol{D}=\boldsymbol{J}(\boldsymbol{q})\mathrm{d}\boldsymbol{q} \tag{4-70}$$

值得注意的是，雅可比矩阵 $\boldsymbol{J}(\boldsymbol{q})$ 依赖于机器人的形位，是一个依赖于 $\boldsymbol{q}$ 的线性变换矩阵；雅可比矩阵 $\boldsymbol{J}(\boldsymbol{q})$ 不一定是方阵，它可能是长矩阵，也可能是高矩阵。雅可比矩阵的行数等于操作臂在笛卡儿空间中的自由度数，雅可比矩阵的列数等于操作臂关节数。例如，对于平面操作臂，雅可比矩阵有 3 行，空间操作臂的雅可比矩阵是 6 行。但对于冗余度平面操作臂，可以有任意多个列（列数和关节数相等）。可以将雅可比矩阵 $\boldsymbol{J}(\boldsymbol{q})$ 分块，写为以下形式：

$$\begin{pmatrix}\boldsymbol{v}\\ \boldsymbol{\omega}\end{pmatrix}=\begin{pmatrix}\boldsymbol{J}_{11} & \boldsymbol{J}_{12} & \cdots & \boldsymbol{J}_{1n}\\ \boldsymbol{J}_{n1} & \boldsymbol{J}_{n2} & \cdots & \boldsymbol{J}_{nn}\end{pmatrix}\begin{pmatrix}\dot{q}_1\\ \dot{q}_2\\ \vdots\\ \dot{q}_n\end{pmatrix} \tag{4-71}$$

于是，末端执行器的线速度 $\boldsymbol{v}$ 和角速度 $\boldsymbol{\omega}$ 可表示为各关节速度 $\dot{\boldsymbol{q}}$ 的线性函数，即

$$\begin{cases}\boldsymbol{v}=\boldsymbol{J}_{11}\dot{\boldsymbol{q}}_1+\boldsymbol{J}_{12}\dot{\boldsymbol{q}}_2+\cdots+\boldsymbol{J}_{1n}\dot{\boldsymbol{q}}_n\\ \boldsymbol{\omega}=\boldsymbol{J}_{n1}\dot{\boldsymbol{q}}_1+\boldsymbol{J}_{n2}\dot{\boldsymbol{q}}_2+\cdots+\boldsymbol{J}_{nn}\dot{\boldsymbol{q}}_n\end{cases} \tag{4-72}$$

式中，$\boldsymbol{J}_{1i}$ 和 $\boldsymbol{J}_{ni}$ 分别表示关节 i 的单位关节速度引起的末端执行器的线速度和角速度。

同样，利用微分运动矢量 $\boldsymbol{d}$ 和微分转动矢量 $\boldsymbol{\delta}$ 与各关节微分运动 d$\boldsymbol{q}$ 之间的关系，可得

$$\begin{cases}\boldsymbol{d}=\boldsymbol{J}_{11}\mathrm{d}\boldsymbol{q}_1+\boldsymbol{J}_{12}\mathrm{d}\boldsymbol{q}_2+\cdots+\boldsymbol{J}_{1n}\mathrm{d}\boldsymbol{q}_n\\ \boldsymbol{\delta}=\boldsymbol{J}_{n1}\mathrm{d}\boldsymbol{q}_1+\boldsymbol{J}_{n2}\mathrm{d}\boldsymbol{q}_2+\cdots+\boldsymbol{J}_{nn}\mathrm{d}\boldsymbol{q}_n\end{cases} \tag{4-73}$$

【例 4-5】 RP 平面机械手如图 4-7 所示，有两个关节：一个旋转关节，关节变量为 θ；另一个是移动关节，关节变量为 $\boldsymbol{r}$。其运动学方程为

$$x=r\cos\theta,\ y=r\sin\theta$$

将方程的两边对时间 t 求导，得到操作速度与关节速度之间的关系：

$$\begin{cases}\dot{x}=-\dot{\theta}\,r\sin\theta+\dot{r}\cos\theta\\ \dot{y}=\dot{\theta}\,r\cos\theta+\dot{r}\sin\theta\end{cases}$$

写成矢量矩阵形式为

$$\dot{\boldsymbol{x}}=\begin{pmatrix}-r\sin\theta & \cos\theta\\ r\cos\theta & \sin\theta\end{pmatrix}\dot{\boldsymbol{q}}=\boldsymbol{J}(\boldsymbol{q})\dot{\boldsymbol{q}}$$

式中，$\dot{\boldsymbol{x}}=(\dot{x},\ \dot{y})^{\mathrm{T}}$ 为末端手爪的操作速度矢量；$\dot{\boldsymbol{q}}=(\dot{\theta},\ \dot{r})^{\mathrm{T}}$ 为关节速度矢量；速度雅可比矩阵 $\boldsymbol{J}(\boldsymbol{q})$ 表示从关节速度矢量 $\dot{\boldsymbol{q}}$ 到操作速度矢量 $\dot{\boldsymbol{x}}$ 的线性映射。根据给定的操作速度 $\dot{\boldsymbol{x}}$，由该式可以解出相应的关节速度 $\dot{\boldsymbol{q}}=\boldsymbol{J}^{-1}(\boldsymbol{q})\dot{\boldsymbol{x}}$。式中，

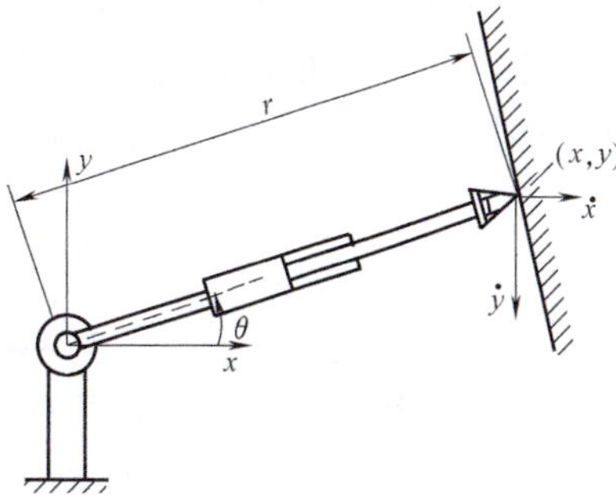

图 4-7 RP 平面机械手

$$\boldsymbol{J}^{-1}(\boldsymbol{q})=\begin{pmatrix}-y/r^2 & x/r^2\\ x/r & y/r\end{pmatrix}$$

称为逆雅可比矩阵。当 $r=0$ 时，逆雅可比矩阵 $\boldsymbol{J}^{-1}(\boldsymbol{q})$ 不存在，与定值操作速度 $\dot{\boldsymbol{x}}$ 相应的关节速度 $\dot{\boldsymbol{q}}$ 可能变得无限大，机器人所处的状态称为奇异状态。即雅可比矩阵行列式 $|\boldsymbol{J}(\boldsymbol{q})|$ 等于零时，机器人所处状态为奇异状态。机器人处于奇异位形时，它在操作空间的自由度会减少。

从这个例子可以看出，机器人的速度雅可比矩阵一般不是常数矩阵，依赖于机器人的形位 $\boldsymbol{q}$。

【例 4-6】 图 4-8 所示的 2R 平面机械手有两个平行的旋转关节（θ_1，θ_2），其运动学方程为

$$\begin{cases}x=l_1\cos\theta_1+l_2\cos(\theta_1+\theta_2)\\ y=l_1\sin\theta_1+l_2\sin(\theta_1+\theta_2)\end{cases}$$

将运动学方程两端分别对时间 t 求导，则得操作速度和关节速度之间的关系

$$\begin{pmatrix}\dot{x}\\ \dot{y}\end{pmatrix}=\begin{pmatrix}-l_1\sin\theta_1-l_2\sin(\theta_1+\theta_2) & -l_2\sin(\theta_1+\theta_2)\\ l_1\cos\theta_1+l_2\cos(\theta_1+\theta_2) & l_2\cos(\theta_1+\theta_2)\end{pmatrix}\begin{pmatrix}\dot{\theta}_1\\ \dot{\theta}_2\end{pmatrix}$$

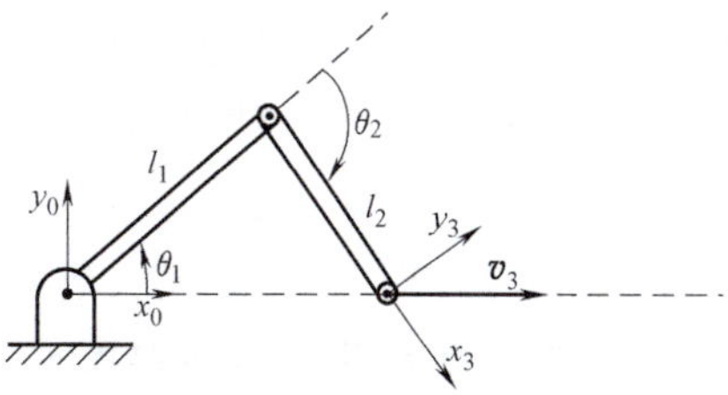

图 4-8 2R 平面机械手

该式右端第一个矩阵即为雅可比矩阵，即

$$\boldsymbol{J}(\boldsymbol{q})=\begin{pmatrix}-l_1\sin\theta_1-l_2\sin(\theta_1+\theta_2) & -l_2\sin(\theta_1+\theta_2)\\ l_1\cos\theta_1+l_2\cos(\theta_1+\theta_2) & l_2\cos(\theta_1+\theta_2)\end{pmatrix}$$

因此有 $\dot{\boldsymbol{x}}=\boldsymbol{J}(\boldsymbol{q})\dot{\boldsymbol{q}}$。相应的逆雅可比矩阵为

$$\boldsymbol{J}^{-1}(\boldsymbol{q})=\frac{1}{l_1l_2\sin\theta_2}\begin{pmatrix}l_2\cos(\theta_1+\theta_2) & l_2\sin(\theta_1+\theta_2)\\ l_1\cos\theta_1+l_2\cos(\theta_1+\theta_2) & -l_1\sin\theta_1-l_2\sin(\theta_1+\theta_2)\end{pmatrix}$$

为了判别机器人的奇异状态，需要计算雅可比矩阵行列式

$$|\boldsymbol{J}(\boldsymbol{q})|=\begin{vmatrix}-l_1\sin\theta_1-l_2\sin(\theta_1+\theta_2) & -l_2\sin(\theta_1+\theta_2)\\ l_1\cos\theta_1+l_2\cos(\theta_1+\theta_2) & l_2\cos(\theta_1+\theta_2)\end{vmatrix}=l_1l_2\sin\theta_2$$

由上式可知，当 $\theta_2=0$ 或 $\theta_2=\pi$ 时，机器人处于奇异状态。也即当机器人完全伸直，或完全缩回时，相应的位形称为奇异位形。当 $l_1>l_2$ 时，可达工作空间的边界是两个同心圆，半径分别为 l_1+l_2 和 l_1-l_2。在边界上，机器人处于奇异位形，则有

$$\begin{pmatrix}\dot{x}\\ \dot{y}\end{pmatrix}=\begin{pmatrix}-(l_1+l_2)\sin\theta_1 & -l_2\sin\theta_1\\ (l_1+l_2)\cos\theta_1 & l_2\cos\theta_1\end{pmatrix}\begin{pmatrix}\dot{\theta}_1\\ \dot{\theta}_2\end{pmatrix}$$

雅可比矩阵的两个列矢量相互平行，线性相关。机器人的末端只能沿一个方向（即圆的切线方向）运动，不能沿着其他方向运动。由此可以看出，机器人处于奇异位形时，它在操作空间的自由度会减少。例如 2R 平面机器人，当处于奇异位形时，它将退化为单自由度系统。

以上两个例子说明，将机器人的运动学方程对时间 t 求导，便可得到它的雅可比矩阵 $\boldsymbol{J}$ 和逆雅可比矩阵 $\boldsymbol{J}^{-1}$。雅可比矩阵 $\boldsymbol{J}$ 表示机器人的关节空间运动向操作空间运动的速度的线性映射。用雅可比矩阵 $\boldsymbol{J}$ 可以判别机器人的奇异位形，分析机器人的运动学特征和动力学特征。因此，雅可比矩阵是描述机器人特征的重要参量。

对于一般的六自由度机器人，雅可比矩阵 $\boldsymbol{J}$ 的计算并不像上述例子那样简单。为此，有两种构造方法：矢量积方法和微分变换方法。前者基于矢量的叉积，所推导的机器人的雅可比矩阵 $\boldsymbol{J}$ 是相对于基座坐标系表示的；后者利用操作空间与关节空间中的微分运动的关系构造雅可比矩阵 $\boldsymbol{J}^{-1}$，该雅可比矩阵是相对于工具坐标系的。

4.3.3 雅可比矩阵的求解

雅可比矩阵可以通过对运动学方程求导的方式计算得出，但是该方法使用不是很方便。下面采用构造性的方法，不求导而直接构造出 $\boldsymbol{J}$。

1. 矢量积法

基于运动坐标系的概念，Whitney 于 1972 年提出求雅可比矩阵的矢量积构造方法。如图 4-9 所示，末端执行器的微分移动和微分转动分别用 $\boldsymbol{d}$ 和 $\boldsymbol{\delta}$ 表示。线速度和角速度分别用 $\boldsymbol{v}$ 和 $\boldsymbol{\omega}$ 表示，$\boldsymbol{v}$ 和 $\boldsymbol{\omega}$ 与关节速度 $\dot{q}_i$ 有关。

（1）移动关节　对于移动关节 i，在末端执行器上产生与 z_i 相同的线速度 $\boldsymbol{v}$，产生的角速度为 0。

$$\begin{pmatrix}\boldsymbol{v}\\ \boldsymbol{\omega}\end{pmatrix}=\begin{pmatrix}z_i\\ \boldsymbol{0}\end{pmatrix}\dot{q}_i,\ \boldsymbol{J}_i=\begin{pmatrix}z_i\\ \boldsymbol{0}\end{pmatrix}\tag{4-74}$$

（2）转动关节　对于旋转关节 i，在末端执行器上产生的角速度 $\boldsymbol{\omega}$ 为

$$\boldsymbol{\omega}=z_i\dot{q}_i\tag{4-75}$$

关节 i 转动导致机器人末端执行器上产生的线速度为矢量积，即

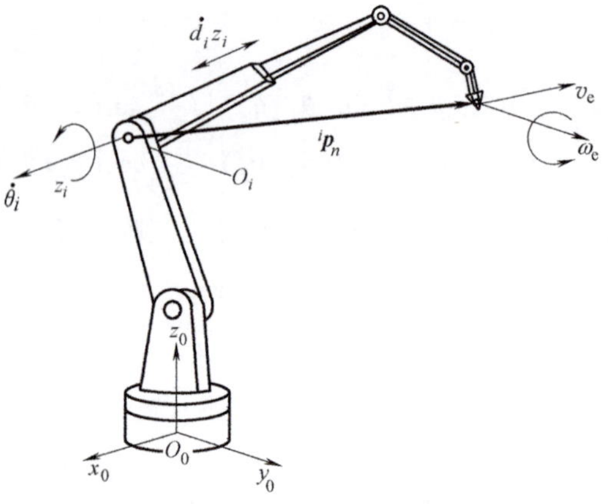

图 4-9　关节速度的传递

$$\boldsymbol{v}=(z_i\times{}^i\boldsymbol{p}_n^0)\dot{q}_i\tag{4-76}$$

因此，雅可比矩阵的第 i 列为

$$\boldsymbol{J}_i=\begin{pmatrix} z_i\times{}^i\boldsymbol{p}_n^0 \\ z_i \end{pmatrix}=\begin{pmatrix} z_i\times({}_i^0\boldsymbol{R}^i\boldsymbol{p}_n) \\ z_i \end{pmatrix} \tag{4-77}$$

式中，${}^i\boldsymbol{p}_n^0$ 表示末端执行器坐标原点相对于坐标系 $\{i\}$ 的位置矢量在基坐标系 $\{0\}$ 中的表示，即

$${}^i\boldsymbol{p}_n^0={}_i^0\boldsymbol{R}^i\boldsymbol{p}_n \tag{4-78}$$

z_i 是坐标系 $\{i\}$ 的 z 轴单位矢量（在基坐标系 $\{0\}$ 中表示）。

有时要求沿工具坐标系的某轴进行控制，因而需要将线速度和角速度在工具坐标系 $\{T\}$ 中进行表示。为此，要在 $\boldsymbol{v}$ 和 $\boldsymbol{\omega}$ 前乘以 3×3 的旋转矩阵${}_n^0\boldsymbol{R}^T$，即

$$\begin{pmatrix} {}^n\boldsymbol{v} \\ {}^n\boldsymbol{\omega} \end{pmatrix}=\begin{pmatrix} {}_n^0\boldsymbol{R}^{\mathrm{T}} & \boldsymbol{0} \\ \boldsymbol{0} & {}_n^0\boldsymbol{R}^{\mathrm{T}} \end{pmatrix}\begin{pmatrix} \boldsymbol{v} \\ \boldsymbol{\omega} \end{pmatrix}=\begin{pmatrix} {}_n^0\boldsymbol{R}^{\mathrm{T}} & \boldsymbol{0} \\ \boldsymbol{0} & {}_n^0\boldsymbol{R}^{\mathrm{T}} \end{pmatrix}\boldsymbol{J}(\boldsymbol{q})\dot{\boldsymbol{q}}={}^T\boldsymbol{J}(\boldsymbol{q})\dot{\boldsymbol{q}} \tag{4-79}$$

式中，${}^T\boldsymbol{J}(\boldsymbol{q})$ 表示在工具坐标系 $\{T\}$ 中的雅可比矩阵。

这样，根据式（4-74）和式（4-77）便可以直接写出雅可比矩阵的各列。但是，${}^i\boldsymbol{p}_n^0$ 的计算十分复杂，导致该方法计算雅可比矩阵也比较复杂。

2. 微分变换法

前面讨论了连杆坐标系规定的 D-H 方法，根据连杆变换矩阵${}_i^{i-1}\boldsymbol{T}$ 和${}_n^i\boldsymbol{T}$ 的定义可以得到雅可比矩阵的另一构造方法。

（1）转动关节　对于转动关节 i，连杆 i 相对连杆 $i-1$ 绕坐标系 $\{i\}$ 的 z_i 轴做微分转动 $\mathrm{d}\theta_i$，其相对连杆 $i-1$ 的微分运动矢量为

$$\boldsymbol{d}=\begin{pmatrix}0\\0\\0\end{pmatrix},\quad \boldsymbol{\delta}=\begin{pmatrix}0\\0\\1\end{pmatrix}\mathrm{d}\theta_i$$

因此，根据式（4-58）可知，对于旋转关节，末端执行器相应的微分运动矢量为

$${}^T\boldsymbol{d}=\begin{pmatrix}(\boldsymbol{p}\times\boldsymbol{n})_z\\(\boldsymbol{p}\times\boldsymbol{o})_z\\(\boldsymbol{p}\times\boldsymbol{a})_z\end{pmatrix},\quad {}^T\boldsymbol{\delta}=\begin{pmatrix}n_z\\o_z\\a_z\end{pmatrix}$$

（2）移动关节　对于移动关节，连杆 i 沿 z_i 轴相对于连杆 $i-1$ 做微分移动 $\mathrm{d}d_i$，则产生微分运动矢量为

$$\boldsymbol{d}=\begin{pmatrix}0\\0\\1\end{pmatrix}\mathrm{d}d_i,\quad \boldsymbol{\delta}=\begin{pmatrix}0\\0\\0\end{pmatrix}$$

相应地末端执行器的微分运动矢量为

$${}^T\boldsymbol{d}=\begin{pmatrix}n_z\\o_z\\a_z\end{pmatrix}\mathrm{d}d_i,\quad {}^T\boldsymbol{\delta}=\begin{pmatrix}0\\0\\0\end{pmatrix}$$

由此得出雅可比矩阵${}^T\boldsymbol{J}(\boldsymbol{q})$ 的第 i 列为

对于转动关节 i，

$$^{T}\boldsymbol{J}_{1i}=\begin{pmatrix}(\boldsymbol{p}\times\boldsymbol{n})_z\\(\boldsymbol{p}\times\boldsymbol{o})_z\\(\boldsymbol{p}\times\boldsymbol{a})_z\end{pmatrix},\quad {}^{T}\boldsymbol{J}_{ni}=\begin{pmatrix}n_z\\o_z\\a_z\end{pmatrix} \tag{4-80}$$

对于移动关节 i，

$$^{T}\boldsymbol{J}_{1i}=\begin{pmatrix}n_z\\o_z\\a_z\end{pmatrix}\mathrm{d}d_i,\quad {}^{T}\boldsymbol{J}_{ni}=\begin{pmatrix}0\\0\\0\end{pmatrix} \tag{4-81}$$

式中，$\boldsymbol{n}$、$\boldsymbol{o}$、$\boldsymbol{a}$ 和 $\boldsymbol{p}$ 是 ${}^{i}_{n}\boldsymbol{T}$ 的四个列矢量。上述求雅可比矩阵 ${}^{T}\boldsymbol{J}(\boldsymbol{q})$ 的方法是构造性的，只要知道各连杆变换 ${}^{i-1}_{i}\boldsymbol{T}$ 就可自动生成雅可比矩阵，而不需要求解方程等操作。

(3) 自动生成雅可比矩阵的步骤　如图 4-10 所示，采用微分变换法自动生成雅可比矩阵的步骤如下：

1) 计算各连杆变换矩阵 ${}^{0}_{1}\boldsymbol{T}$，${}^{1}_{2}\boldsymbol{T}$，…，${}^{n-1}_{n}\boldsymbol{T}$。

2) 计算末端连杆至各连杆的变换矩阵：

$${}^{n-2}_{n}\boldsymbol{T}={}^{n-2}_{n-1}\boldsymbol{T}\,{}^{n-1}_{n}\boldsymbol{T},\ \cdots,\ {}^{i-1}_{n}\boldsymbol{T}={}^{i-1}_{i}\boldsymbol{T}\,{}^{i}_{n}\boldsymbol{T},\ \cdots,\ {}^{0}_{n}\boldsymbol{T}={}^{0}_{1}\boldsymbol{T}\,{}^{1}_{n}\boldsymbol{T}$$

3) 计算 ${}^{T}\boldsymbol{J}(\boldsymbol{q})$ 的各列元素，第 i 列 ${}^{T}\boldsymbol{J}_i$ 由 ${}^{i}_{n}\boldsymbol{T}$ 决定，根据式 (4-80) 和式 (4-81) 计算 ${}^{T}\boldsymbol{J}_{1i}$ 和 ${}^{T}\boldsymbol{J}_{ni}$。

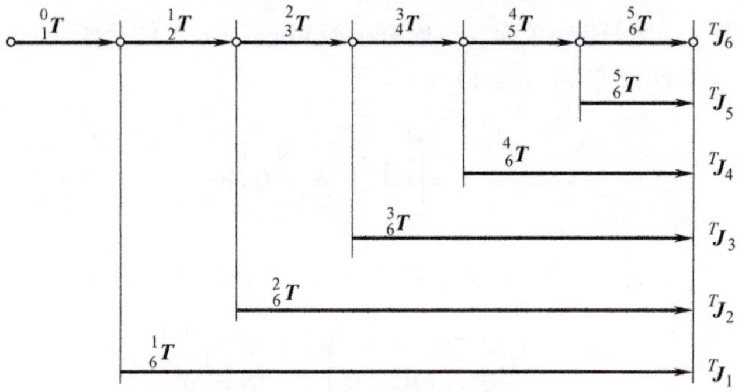

图 4-10　${}^{T}\boldsymbol{J}_i$ 和 ${}^{i}_{n}\boldsymbol{T}$ 之间的关系

4.3.4　雅可比矩阵的坐标系变换

雅可比矩阵是从机器人的关节空间速度向机器人末端笛卡儿空间速度的映射。而机器人末端笛卡儿空间速度在不同的坐标系下有不同的表示，因此，机器人雅可比矩阵在不同坐标系下会有所不同。

坐标系 $\{B\}$ 在坐标系 $\{A\}$ 下的旋转变换矩阵为 ${}^{A}_{B}\boldsymbol{R}$，机器人末端速度在坐标系 $\{B\}$ 下的速度为

$${}^{B}\boldsymbol{V}=\begin{pmatrix}{}^{B}\boldsymbol{v}\\{}^{B}\boldsymbol{\omega}\end{pmatrix}={}^{B}\boldsymbol{J}(\boldsymbol{q})\,\dot{\boldsymbol{q}} \tag{4-82}$$

则机器人末端速度在坐标系 $\{A\}$ 下的线速度为 ${}^{A}\boldsymbol{v}={}^{A}_{B}\boldsymbol{R}\,{}^{B}\boldsymbol{v}$，角速度为 ${}^{A}\boldsymbol{\omega}={}^{A}_{B}\boldsymbol{R}\,{}^{B}\boldsymbol{\omega}$。即

$$
{}^{A}\boldsymbol{V}=\begin{pmatrix}{}^{A}\boldsymbol{v}\\ {}^{A}\boldsymbol{\omega}\end{pmatrix}=\begin{pmatrix}{}_{B}^{A}\boldsymbol{R} & \boldsymbol{0}\\ \boldsymbol{0} & {}_{B}^{A}\boldsymbol{R}\end{pmatrix}\begin{pmatrix}{}^{B}\boldsymbol{v}\\ {}^{B}\boldsymbol{\omega}\end{pmatrix} \tag{4-83}
$$

将式（4-83）代入式（4-82），可以得到

$$
{}^{A}\boldsymbol{V}=\begin{pmatrix}{}_{B}^{A}\boldsymbol{R} & \boldsymbol{0}\\ \boldsymbol{0} & {}_{B}^{A}\boldsymbol{R}\end{pmatrix}{}^{B}\boldsymbol{J}(\boldsymbol{q})\,\dot{\boldsymbol{q}} \tag{4-84}
$$

在坐标系｛A｝中雅可比矩阵${}^{A}\boldsymbol{J}$为

$$
{}^{A}\boldsymbol{J}(\boldsymbol{q})=\begin{pmatrix}{}_{B}^{A}\boldsymbol{R} & \boldsymbol{0}\\ \boldsymbol{0} & {}_{B}^{A}\boldsymbol{R}\end{pmatrix}{}^{B}\boldsymbol{J}(\boldsymbol{q}) \tag{4-85}
$$

由式（4-85）可以得到雅可比矩阵在不同参考坐标系下的变换。

4.4 速度雅可比矩阵实例

对于例 4-6 中的两连杆操作臂，也可以采用微分变换法给出两连杆操作臂在基坐标系和末端坐标系下的雅可比矩阵。

根据例 4-2 的计算结果，我们可以得到各连杆变换矩阵分别为

$$
{}_{1}^{0}\boldsymbol{T}=\begin{pmatrix}\cos\theta_1 & -\sin\theta_1 & 0 & 0\\ \sin\theta_1 & \cos\theta_1 & 0 & 0\\ 0 & 0 & 1 & 0\\ 0 & 0 & 0 & 1\end{pmatrix},\quad {}_{2}^{1}\boldsymbol{T}=\begin{pmatrix}\cos\theta_2 & -\sin\theta_2 & 0 & l_1\\ \sin\theta_2 & \cos\theta_2 & 0 & 0\\ 0 & 0 & 1 & 0\\ 0 & 0 & 0 & 1\end{pmatrix},\quad {}_{3}^{2}\boldsymbol{T}=\begin{pmatrix}1 & 0 & 0 & l_2\\ 0 & 1 & 0 & 0\\ 0 & 0 & 1 & 0\\ 0 & 0 & 0 & 1\end{pmatrix}
$$

$$
{}_{3}^{1}\boldsymbol{T}=\begin{pmatrix}\cos\theta_2 & -\sin\theta_2 & 0 & l_2\cos\theta_2+l_1\\ \sin\theta_2 & \cos\theta_2 & 0 & l_2\sin\theta_2\\ 0 & 0 & 1 & 0\\ 0 & 0 & 0 & 1\end{pmatrix},\quad {}_{3}^{0}\boldsymbol{T}=\begin{pmatrix}\cos(\theta_1+\theta_2) & -\sin(\theta_1+\theta_2) & 0 & l_2\cos(\theta_1+\theta_2)+l_1\cos\theta_1\\ \sin(\theta_1+\theta_2) & \cos(\theta_1+\theta_2) & 0 & l_2\sin(\theta_1+\theta_2)+l_1\sin\theta_1\\ 0 & 0 & 1 & 0\\ 0 & 0 & 0 & 1\end{pmatrix}
$$

根据式（4-80），并利用${}_{3}^{1}\boldsymbol{T}$得出${}^{T}\boldsymbol{J}(\boldsymbol{q})$的第 1 列，${}_{3}^{2}\boldsymbol{T}$得出${}^{T}\boldsymbol{J}(\boldsymbol{q})$的第 2 列，则可以写出末端坐标系中的雅可比矩阵表达式

$$
{}^{3}\boldsymbol{J}=\begin{pmatrix}l_1\sin\theta_2 & 0\\ l_1\cos\theta_2+l_2 & l_2\end{pmatrix}
$$

末端坐标系在基坐标系下的姿态矩阵为

$$
{}_{3}^{0}\boldsymbol{R}=\begin{pmatrix}\cos(\theta_1+\theta_2) & -\sin(\theta_1+\theta_2)\\ \sin(\theta_1+\theta_2) & \cos(\theta_1+\theta_2)\end{pmatrix}
$$

因此，基坐标系下的雅可比矩阵表达式为

$$
\begin{aligned}
{}^{0}\boldsymbol{J}={}_{3}^{0}\boldsymbol{R}\,{}^{3}\boldsymbol{J}&=\begin{pmatrix}\cos(\theta_1+\theta_2) & -\sin(\theta_1+\theta_2)\\ \sin(\theta_1+\theta_2) & \cos(\theta_1+\theta_2)\end{pmatrix}\begin{pmatrix}l_1\sin\theta_2 & 0\\ l_1\cos\theta_2+l_2 & l_2\end{pmatrix}\\
&=\begin{pmatrix}-l_1\sin\theta_1-l_2\sin(\theta_1+\theta_2) & -l_2\sin(\theta_1+\theta_2)\\ l_1\cos\theta_1+l_2\cos(\theta_1+\theta_2) & l_2\cos(\theta_1+\theta_2)\end{pmatrix}
\end{aligned}
$$

需注意的是，上述计算选择了一个方阵将关节速度和末端执行器的速度联系起来，当然，也可以选择包含末端执行器角速度的 3×2 雅可比矩阵。

4.4.1 串联机器人（PUMA560）速度雅可比矩阵

下面以 PUMA560 机器人为例介绍 ${}^T\boldsymbol{J}(\boldsymbol{q})$ 和 $\boldsymbol{J}(\boldsymbol{q})$ 的计算。PUMA560 的 6 个关节都是转动副，其雅可比矩阵含有 6 列。首先计算变换矩阵 ${}^1_6\boldsymbol{T}$，${}^2_6\boldsymbol{T}$，…，${}^5_6\boldsymbol{T}$，分别对应关节的微分运动（即角度）$\mathrm{d}\theta_i$，再利用 ${}^1_6\boldsymbol{T}$ 得 ${}^T\boldsymbol{J}_1(\boldsymbol{q})$。同理，利用变换矩阵 ${}^2_6\boldsymbol{T}$ 得出 ${}^T\boldsymbol{J}(\boldsymbol{q})$ 的第 2 列 ${}^T\boldsymbol{J}_2(\boldsymbol{q})$；由 ${}^3_6\boldsymbol{T}$ 得出 ${}^T\boldsymbol{J}(\boldsymbol{q})$ 的第 3 列 ${}^T\boldsymbol{J}_3(\boldsymbol{q})$，以此类推。

${}^T\boldsymbol{J}(\boldsymbol{q})$ 的第 1 列 ${}^T\boldsymbol{J}_1(\boldsymbol{q})$ 对应的变换矩阵为 ${}^1_6\boldsymbol{T}$，其各元素为

$$
{}^T\boldsymbol{J}_1(\boldsymbol{q})=\begin{pmatrix}
{}^T\boldsymbol{J}_{1x}\\
{}^T\boldsymbol{J}_{1y}\\
{}^T\boldsymbol{J}_{1z}\\
-\sin(\theta_2+\theta_3)(\cos\theta_4\cos\theta_5\cos\theta_6-\sin\theta_4\sin\theta_6)-\cos(\theta_2+\theta_3)\sin\theta_5\cos\theta_6\\
\sin(\theta_2+\theta_3)(\cos\theta_4\cos\theta_5\sin\theta_6+\sin\theta_4\cos\theta_6)+\cos(\theta_2+\theta_3)\sin\theta_5\sin\theta_4\\
\sin(\theta_2+\theta_3)\cos\theta_4\sin\theta_5-\cos(\theta_2+\theta_3)\cos\theta_5
\end{pmatrix}
$$

式中，

$$
\begin{aligned}
{}^T\boldsymbol{J}_{1x}=&-d_2[\cos(\theta_2+\theta_3)(\cos\theta_4\cos\theta_5\cos\theta_6-\sin\theta_4\sin\theta_6)-\sin(\theta_2+\theta_3)\sin\theta_5\cos\theta_6]-\\
&(a_2\cos\theta_2+a_3\cos(\theta_2+\theta_3)-d_4\sin(\theta_2+\theta_3))(\sin\theta_4\cos\theta_5\cos\theta_6+\cos\theta_4\sin\theta_6)\\
{}^T\boldsymbol{J}_{1y}=&-d_2[-\cos(\theta_2+\theta_3)(\cos\theta_4\cos\theta_5\cos\theta_6+\sin\theta_4\cos\theta_6)-\sin(\theta_2+\theta_3)\sin\theta_5\sin\theta_6]+\\
&(a_2\cos\theta_2+a_3\cos(\theta_2+\theta_3)-d_4\sin(\theta_2+\theta_3))(\sin\theta_4\cos\theta_5\sin\theta_6-\cos\theta_4\cos\theta_6)\\
{}^T\boldsymbol{J}_{1z}=&d_2(\cos(\theta_2+\theta_3)\cos\theta_4\sin\theta_5+\sin(\theta_2+\theta_3)\cos\theta_5)+\sin\theta_4\sin\theta_5\\
&(a_2\cos\theta_2+a_3\cos(\theta_2+\theta_3)-d_4\sin(\theta_2+\theta_3))
\end{aligned}
$$

同理，利用变换矩阵 ${}^2_6\boldsymbol{T}$ 得出 ${}^T\boldsymbol{J}(\boldsymbol{q})$ 的第 2 列为

$$
{}^T\boldsymbol{J}_2(\boldsymbol{q})=\begin{pmatrix}
{}^T\boldsymbol{J}_{2x}\\
{}^T\boldsymbol{J}_{2y}\\
{}^T\boldsymbol{J}_{2z}\\
-\sin\theta_4\cos\theta_5\cos\theta_6-\cos\theta_4\sin\theta_6\\
\sin\theta_4\cos\theta_5\sin\theta_6-\cos\theta_4\cos\theta_6\\
\sin\theta_4\sin\theta_5
\end{pmatrix}
$$

式中，

$$
\begin{aligned}
{}^T\boldsymbol{J}_{2x}=&a_3\sin\theta_5\cos\theta_6-d_4(\cos\theta_4\cos\theta_5\cos\theta_6-\sin\theta_4\sin\theta_6)+a_2\\
&[\sin\theta_3(\cos\theta_4\cos\theta_5\cos\theta_6-\sin\theta_4\sin\theta_6)+\cos\theta_3\sin\theta_5\cos\theta_6]\\
{}^T\boldsymbol{J}_{2y}=&-a_3\sin\theta_5\sin\theta_6+d_4(\cos\theta_4\cos\theta_5\cos\theta_6+\sin\theta_4\sin\theta_6)-a_2\\
&[\sin\theta_3(\cos\theta_4\cos\theta_5\cos\theta_6+\sin\theta_4\sin\theta_6)+\cos\theta_3\sin\theta_5\sin\theta_6]\\
{}^T\boldsymbol{J}_{2z}=&a_3\cos\theta_6+d_4\cos\theta_4\sin\theta_5+a_2(\cos\theta_3\cos\theta_6-\sin\theta_3\cos\theta_4\sin\theta_5)
\end{aligned}
$$

同理，利用变换矩阵${}^3_6\boldsymbol{T}$得出${}^T\boldsymbol{J}(\boldsymbol{q})$的第 3 列为

$$
{}^T\boldsymbol{J}_3(\boldsymbol{q})=\begin{pmatrix} d_4(\cos\theta_4\cos\theta_5\cos\theta_6-\sin\theta_4\sin\theta_6)+a_3\sin\theta_5\cos\theta_6 \\ d_4(\cos\theta_4\cos\theta_5\sin\theta_6+\sin\theta_4\cos\theta_6)-a_3\sin\theta_5\sin\theta_6 \\ d_4\cos\theta_4\sin\theta_5+a_3\cos\theta_6 \\ -\sin\theta_4\cos\theta_5\cos\theta_6-\cos\theta_4\sin\theta_6 \\ \sin\theta_4\cos\theta_5\sin\theta_6-\cos\theta_4\cos\theta_6 \\ \sin\theta_4\sin\theta_5 \end{pmatrix}
$$

以此类推，${}^T\boldsymbol{J}(\boldsymbol{q})$的第 4、5、6 列分别为

$$
{}^T\boldsymbol{J}_4(\boldsymbol{q})=\begin{pmatrix} 0 \\ 0 \\ 0 \\ \sin\theta_5\cos\theta_6 \\ -\sin\theta_5\sin\theta_6 \\ \cos\theta_5 \end{pmatrix},\quad {}^T\boldsymbol{J}_5(\boldsymbol{q})=\begin{pmatrix} 0 \\ 0 \\ 0 \\ -\sin\theta_6 \\ -\cos\theta_6 \\ 0 \end{pmatrix},\quad {}^T\boldsymbol{J}_6(\boldsymbol{q})=\begin{pmatrix} 0 \\ 0 \\ 0 \\ 0 \\ 0 \\ 1 \end{pmatrix}
$$

4.4.2　并联机器人速度雅可比矩阵

3-RRR 平面并联机构构型如图 4-11 所示，各支链的运动学矢量方程为

$$\overrightarrow{PG}+\overrightarrow{GA}=\overrightarrow{PD}+\overrightarrow{DA} \tag{4-86}$$

将式（4-86）的左右两边同时对时间 t 求导，可以得到

$$\boldsymbol{v}_g+\dot{\phi}(\boldsymbol{k}\times\boldsymbol{e}_i)=\dot{\theta}_i(\boldsymbol{k}\times\boldsymbol{a}_i)+(\dot{\theta}_i+\dot{\psi})(\boldsymbol{k}\times\boldsymbol{b}_i) \tag{4-87}$$

式中，$i=1$，2，3 分别表示了 3-RRR 并联机器人的 3 个支链矢量方程。

将式（4-87）两边点乘 $\boldsymbol{b}_i$ 消去 $\dot{\psi}$，得到

$$\boldsymbol{b}_i\cdot\boldsymbol{v}_g+\dot{\phi}\boldsymbol{k}\cdot(\boldsymbol{e}_i\times\boldsymbol{b}_i)=\dot{\theta}_i\boldsymbol{k}\cdot(\boldsymbol{a}_i\times\boldsymbol{b}_i) \tag{4-88}$$

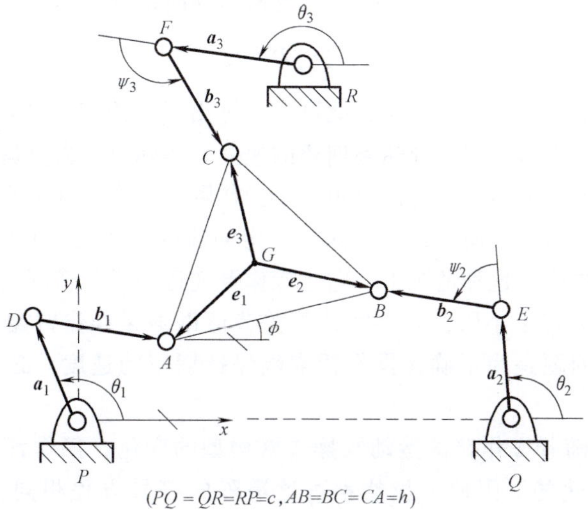

图 4-11　3-RRR 平面并联机构构型

将式（4-88）写成矩阵形式，即

$$J_x \dot{x} = J_q \dot{q} \tag{4-89}$$

式中，

$$J_x = \begin{pmatrix} b_{1x} & b_{1y} & e_{1x}b_{1y}-e_{1y}b_{1x} \\ b_{2x} & b_{2y} & e_{2x}b_{2y}-e_{2y}b_{2x} \\ b_{3x} & b_{3y} & e_{3x}b_{3y}-e_{3y}b_{3x} \end{pmatrix}$$

$$J_q = \begin{pmatrix} a_{1x}b_{1y}-a_{1y}b_{1x} & 0 & 0 \\ 0 & a_{2x}b_{2y}-a_{2y}b_{2x} & 0 \\ 0 & 0 & a_{3x}b_{3y}-a_{3y}b_{3x} \end{pmatrix}$$

$$\dot{x} = (v_{gx}, v_{gy}, \dot{\phi})^{\mathrm{T}},\ \dot{q} = (\dot{\theta}_1, \dot{\theta}_2, \dot{\theta}_3)^{\mathrm{T}}$$

4.5 逆雅可比矩阵和奇异性

根据机器人雅可比矩阵的定义，速度雅可比矩阵可看成是关节空间的微分运动 $\mathrm{d}\boldsymbol{q}$ 向操作空间的微分运动 $\boldsymbol{D}$ 之间的转换矩阵，即 $\boldsymbol{D}=\boldsymbol{J}(\boldsymbol{q})\mathrm{d}\boldsymbol{q}$。反之，已知操作空间微分运动的情况下，根据雅可比矩阵的逆就可以计算出关节空间的微分运动。

根据末端执行器的微分运动矢量 $\boldsymbol{d}$ 和 $\boldsymbol{\delta}$，求相应的关节微分运动 $\mathrm{d}\boldsymbol{q}$，称为**微分运动反解**。同样，根据末端执行器的速度和角速度求相应的关节速度，称为**速度反解**。机器人控制问题是：为了使机器人以给定的操作速度运动，必须计算出相应的关节速度矢量。因此，速度反解和微分运动反解是机器人规划和控制的重要一环。求解 $\dot{\boldsymbol{q}}$ 或 $\mathrm{d}\boldsymbol{q}$ 的关键在于判断雅可比矩阵 $\boldsymbol{J}(\boldsymbol{q})$ 的逆 $\boldsymbol{J}^{-1}(\boldsymbol{q})$ 是否存在。

4.5.1 逆雅可比矩阵

为了计算操作臂关节上的微分运动（速度）以得到所需要的操作臂微分运动（速度），需要计算逆雅可比矩阵。已知 $\boldsymbol{D}=\boldsymbol{J}(\boldsymbol{q})\mathrm{d}\boldsymbol{q}$，方程两边同时乘以 $\boldsymbol{J}^{-1}(\boldsymbol{q})$，则有

$$\boldsymbol{J}^{-1}(\boldsymbol{q})\boldsymbol{D} = \mathrm{d}\boldsymbol{q} \tag{4-90}$$

这就是说，知道了雅可比矩阵的逆，就可以计算出每个关节需要以多快的速度运动，才能使操作臂产生所期望的微分运动或达到期望的速度。实际上，微分运动的主要目的是进行分析，而不是进行正向微分运动计算。设想一个操作臂在一个平板上涂胶，操作臂不仅要沿平板上某一特定的路径运动，而且还必须保持恒定的速度；否则，它将无法将胶涂抹均匀，所做的也只是无用的操作。这种情况下，它与操作臂逆运动学的情况类似。不同的是操作臂逆运动学是将路径分成若干小段，并不断计算关节值以确保操作臂能够沿着预期的路径运动，而本节所讨论的问题是为了确保操作臂末端保持期望的速度，必须不断地计算关节的速度。

正如前面所述，随着操作臂的运动及操作臂构型的变化，操作臂雅可比矩阵中所有元素的实际值是不断变化的。因此，虽然雅可比矩阵的符号方程相同，但它们的数值变化了，此时，需要不断地计算雅可比矩阵的值。也就是说，为了能够在每秒内计算出足够

多的精确的关节速度，需要保证计算过程非常高效和快速，否则结果将是不精确和无用的。

求雅可比矩阵的逆有两种方法，一种方法是求出符号形式的雅可比矩阵的逆，然后把值代入其中并计算出速度；另外一种方法是将数据代入雅可比矩阵，然后用高斯消去法或其他类似的方法来求该数值矩阵的逆。但是这两种方法都十分困难，不仅计算量大而且费时。一种替代方法是用逆运动学方程来计算关节的速度。结合第 3 章中的逆运动学方程，将各关节的逆运动学进行微分，从而根据微分方程来求解关节的微分值，由此计算出速度。机器人控制器就可以根据微分方程进行编程，使控制器能够迅速地计算出速度，进而驱动机器人关节。

【例 4-7】　已知摄像机安装在操作臂坐标系 $\{T\}$ 上，同时已知操作臂在该位置的雅可比矩阵的逆 $\boldsymbol{J}^{-1}(\boldsymbol{q})$，操作臂所做的微分运动表示为 $\boldsymbol{D}=(0.05,\ 0,\ -0.1,\ 0,\ 0.1,\ 0.03)^{\mathrm{T}}$。试回答以下问题：

（1）关节需要做多大的微分运动量才能产生已知条件中所指定的微分运动；

（2）求末端执行器坐标系的变化；

（3）求微分运动后摄像机的新位置；

（4）如果相对坐标系 $\{T\}$ 进行测量，求所需要的微分运动，以使操作臂仍然能移动到（3）中所确定的新位置。

$$\boldsymbol{T}=\begin{pmatrix}0 & 1 & 0 & 3\\ 1 & 0 & 0 & 2\\ 0 & 0 & -1 & 8\\ 0 & 0 & 0 & 1\end{pmatrix},\quad \boldsymbol{J}^{-1}=\begin{pmatrix}1 & 0 & 0 & 0 & 0 & 0\\ 2 & 0 & -1 & 0 & 0 & 0\\ 0 & -0.2 & 0 & 0 & 0 & 0\\ 0 & -1 & 0 & 0 & 1 & 0\\ 0 & 0 & 0 & 1 & 0 & 0\\ 1 & 0 & 0 & 0 & 0 & 1\end{pmatrix}$$

解：（1）把 $\boldsymbol{D}$ 与 $\boldsymbol{J}^{-1}(\boldsymbol{q})$ 的值代入式（4-90），就可以得到关节的微分运动量，即

$$\mathrm{d}\boldsymbol{q}=\boldsymbol{J}^{-1}(\boldsymbol{q})\boldsymbol{D}=\begin{pmatrix}1 & 0 & 0 & 0 & 0 & 0\\ 2 & 0 & -1 & 0 & 0 & 0\\ 0 & -0.2 & 0 & 0 & 0 & 0\\ 0 & -1 & 0 & 0 & 1 & 0\\ 0 & 0 & 0 & 1 & 0 & 0\\ 1 & 0 & 0 & 0 & 0 & 1\end{pmatrix}\begin{pmatrix}0.05\\ 0\\ -0.1\\ 0\\ 0.1\\ 0.03\end{pmatrix}=\begin{pmatrix}0.05\\ 0.2\\ 0\\ 0.1\\ 0\\ 0.08\end{pmatrix}$$

（2）由式（4-49）可以得到微分算子 $\boldsymbol{\Delta}$，即

$$\boldsymbol{\Delta}=\begin{pmatrix}0 & -\delta_z & \delta_y & d_x\\ \delta_z & 0 & -\delta_x & d_y\\ -\delta_y & \delta_x & 0 & d_z\\ 0 & 0 & 0 & 0\end{pmatrix}=\begin{pmatrix}0 & -0.03 & 0.1 & 0.05\\ 0.03 & 0 & 0 & 0\\ -0.1 & 0 & 0 & -0.1\\ 0 & 0 & 0 & 0\end{pmatrix}$$

则操作臂末端坐标系的变化为

$$dT=\Delta T=\begin{pmatrix}0 & -0.03 & 0.1 & 0.05\\ 0.03 & 0 & 0 & 0\\ -0.1 & 0 & 0 & -0.1\\ 0 & 0 & 0 & 0\end{pmatrix}\begin{pmatrix}0 & 1 & 0 & 3\\ 1 & 0 & 0 & 2\\ 0 & 0 & -1 & 8\\ 0 & 0 & 0 & 1\end{pmatrix}=\begin{pmatrix}-0.03 & 0 & -0.1 & 0.79\\ 0 & 0.03 & 0 & 0.09\\ 0 & -0.1 & 0 & -0.4\\ 0 & 0 & 0 & 0\end{pmatrix}$$

（3）微分运动后，摄像机的新位置为 $T_{new}=T_{old}+dT$，即

$$T_{new}=\begin{pmatrix}0 & 1 & 0 & 3\\ 1 & 0 & 0 & 2\\ 0 & 0 & -1 & 8\\ 0 & 0 & 0 & 1\end{pmatrix}+\begin{pmatrix}-0.03 & 0 & -0.1 & 0.79\\ 0 & 0.03 & 0 & 0.09\\ 0 & -0.1 & 0 & -0.4\\ 0 & 0 & 0 & 0\end{pmatrix}=\begin{pmatrix}-0.03 & 1 & -0.1 & 3.79\\ 1 & 0.03 & 0 & 2.09\\ 0 & -0.1 & -1 & 7.6\\ 0 & 0 & 0 & 1\end{pmatrix}$$

（4）如果相对运动坐标系进行测量，则根据 ${}^{T}\Delta=T^{-1}\Delta T=T^{-1}dT$ 可以得到

$${}^{T}\Delta=\begin{pmatrix}0 & 1 & 0 & -2\\ 1 & 0 & 0 & -3\\ 0 & 0 & -1 & 8\\ 0 & 0 & 0 & 1\end{pmatrix}\begin{pmatrix}-0.03 & 0 & -0.1 & 0.79\\ 0 & 0.03 & 0 & 0.09\\ 0 & -0.1 & 0 & -0.4\\ 0 & 0 & 0 & 0\end{pmatrix}=\begin{pmatrix}0 & 0.03 & 0 & 0.09\\ -0.03 & 0 & -0.1 & 0.79\\ 0 & 0.1 & 0 & 0.4\\ 0 & 0 & 0 & 1\end{pmatrix}$$

因此，相对于该坐标系的微分运动是

$${}^{T}D=(0.09,0.79,0.4,0.1,0,-0.03)^{T}$$

4.5.2 操作臂的奇异位形

操作臂微分运动学方程中的雅可比矩阵定义了关节速度 $\dot{q}$ 和末端执行器速度 v 之间的线性映射关系：$v=J(q)\dot{q}$。一般情况下，雅可比矩阵是关节运动参数 $\dot{q}$ 的函数，这是一个重要的关系式。例如，要求操作臂末端执行器在笛卡儿空间以某个速度矢量运动，则可根据逆雅可比矩阵计算出沿着这个路径每一瞬时所需的关节速度。

6 自由度机器人的雅可比矩阵为方阵，而操作臂的位形是不断变化的，因此在机器人的某些位置会发生雅可比矩阵降秩的情况，此时雅可比矩阵的秩会小于 6，即操作臂发生运动学“奇异”。使得雅可比矩阵不满秩的位形就称为奇异位形或奇异状态。

当机器人处于奇异位形时，会导致：

1）机构运动的自由度会减少一个或者多个，即机构运动是退化的，不可能任意地对末端执行器施加运动。此时机器人末端在某个方向上，无论以多大的速度运动，机器人末端在这个方向都不能产生运动。

2）逆运动学问题可能存在无穷多个解。

3）在奇异位形的邻域内，操作空间内很小的速度可能会导致关节空间内很高的速度。

奇异位形可分为两类：

1）边界奇异。边界奇异位形是当操作臂伸出边界或从边界缩回时产生的。可以这样理解，即这类奇异位形并不表示真正的缺陷，因为它们在操作臂不被驱动到其可达工作空间边界条件下是可以避免的。

2）内部奇异。内部奇异位形是在可达工作空间内部产生的，并且通常是由两个或两个以上的运动轴共线引起的，或者是由末端执行器达到特殊位形而引起的。与前者不同的是，

这类奇异位形可能造成严重的问题。因为对操作空间中一条规划路径而言，在可达工作空间的任何位置都有可能碰到这样的奇异位形。

【例 4-8】 说明处于奇异位形的操作臂特性，考虑例 4-6 中的两连杆平面臂。

解：例 4-6 中已经解出其雅可比矩阵为

$$\boldsymbol{J}=\begin{pmatrix}-l_1\sin\theta_1-l_2\sin(\theta_1+\theta_2) & -l_2\sin(\theta_1+\theta_2)\\ l_1\cos\theta_1+l_2\cos(\theta_1+\theta_2) & l_2\cos(\theta_1+\theta_2)\end{pmatrix}$$

为了分析矩阵的秩，考虑如下行列式

$$\det(\boldsymbol{J})=l_1l_2\sin\theta_2$$

当 l_1 或 $l_2\neq0$ 时，只要 $\theta_2=0$，或者 $\theta_2=\pi$ 时，上述行列式等于零。即：当 $\theta_2=0$ 或（且）$\theta_2=\pi$ 时，雅可比矩阵奇异，而 θ_1 与奇异位形的确定不相关。

当操作臂的末端位于可达工作空间的外部边界（$\theta_2=0$）或内部边界（$\theta_2=\pi$）时，奇异情况就会发生。可以看到此时雅可比矩阵的两个列矢量 $(-(l_1+l_2)\sin\theta_1,\ (l_1+l_2)\cos\theta_1)^{\mathrm{T}}$ 和 $(-l_2\sin\theta_1,\ l_2\cos\theta_1)^{\mathrm{T}}$ 变得平行了，这样，雅可比矩阵的秩变为 1，这就意味着末端执行器的速度分量是不独立的。

假设操作臂末端沿基坐标系 x 轴以速度 $\boldsymbol{v}$ 移动，此时操作臂的关节速度可以按以下公式求得：

$$\begin{pmatrix}\dot{\theta}_1\\ \dot{\theta}_2\end{pmatrix}=\boldsymbol{J}^{-1}\begin{pmatrix}\boldsymbol{v}\\ 0\end{pmatrix}=\begin{pmatrix}\dfrac{l_2\cos(\theta_1+\theta_2)}{l_1l_2\sin\theta_2}\boldsymbol{v}\\ \dfrac{-l_1\cos\theta_1-l_2\cos(\theta_1+\theta_2)}{l_1l_2\sin\theta_2}\boldsymbol{v}\end{pmatrix}$$

当 θ_2 等于 0 和 π 时，操作臂的雅可比矩阵奇异，两个关节速度均趋近于无穷大。当操作臂在奇异位形附近时，操作臂末端即使在某方向运动的速度不大，其关节速度也可能很大。因此，要尽量避免在奇异位形及其附近工作。

4.5.3　奇异位形解耦

如前所述，可以通过雅可比矩阵行列式来判断奇异位形，但这种计算内部奇异位形的方法可能会很烦琐，而且对复杂结构不容易求解。对于带球形腕的操作臂（图 4-12），通过与在逆运动学中出现的类似推理方式，有可能将奇异位形计算问题分解成为两个分离的问题：①前 3 个或更多连杆运动引起的操作臂位置奇异计算；②腕关节运动引起的姿态奇异计算。

为了简便起见，考虑 $n=6$ 的情形。雅可比矩阵可以如下进行分块，其中每个分块为 3×3 矩阵：

$$\boldsymbol{J}=\begin{pmatrix}\boldsymbol{J}_{11} & \boldsymbol{J}_{12}\\ \boldsymbol{J}_{21} & \boldsymbol{J}_{22}\end{pmatrix}\tag{4-91}$$

其中，因为外部的 3 个关节都是转动型的，因此，右边两个分块的表达式分别为

$$\left.\begin{aligned} J_{12}&=(z_3\times(p_e-p_3),z_4\times(p_e-p_4),z_5\times(p_e-p_5)) \\ J_{22}&=(z_3,z_4,z_5) \end{aligned}\right\} \tag{4-92}$$

由于运动学奇异位形是机械结构所固有的，而与描述运动学的坐标系选择无关。因此，为了方便起见，将末端执行器坐标系的原点选择在腕的轴的交点上，如图 4-12 所示。

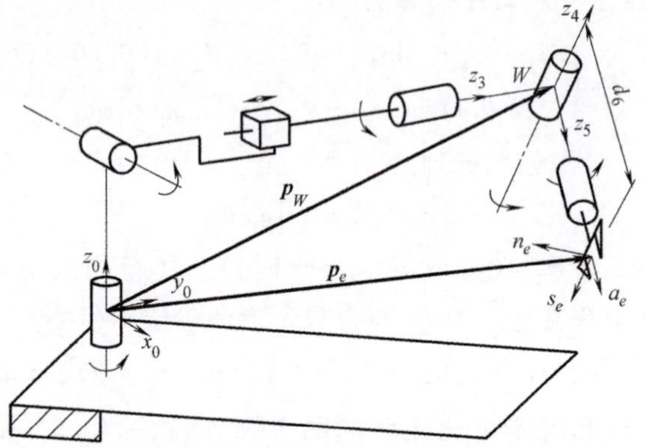

图 4-12　具有球形腕的操作臂

选择 $p=p_W$，有

$$J_{12}=(0,0,0) \tag{4-93}$$

因为对 $i=3$，4，5 无论怎样按 D-H 方法选择坐标系 {3}、{4}、{5}，所有的矢量 $p_W \to p_i$ 都与单位矢量 z_i 平行。在这种选择下，全局雅可比矩阵就成了一个分块下三角矩阵。此时，行列式的计算得到了极大的简化，因为可以通过计算对角线上两个分块行列式的乘积得到，即

$$\det(J)=\det(J_{11})\det(J_{22}) \tag{4-94}$$

相应地可以实现真正的奇异位形解耦。

条件 $\det(J_{11})=0$ 用以确定操作臂奇异位形；条件 $\det(J_{22})=0$ 用以确定腕关节奇异位形。

需注意的是，这种形式的雅可比矩阵并不提供关节速度和末端执行器速度之间的关系，但能够带来奇异位形计算的简化。

1. 腕部奇异位形

在上述奇异位形解耦的基础上，腕部奇异位形可以通过观察式（4-92）中的分块 J_{22} 确定。可以确认，只要单位矢量 z_3、z_4、z_5 线性相关，腕关节就处于奇异位形。腕关节的运动学结构显示，当 z_3 和 z_5 共线时将产生奇异位形，即只要有下式成立：

$$\theta_5=0 \text{ 或 } \theta_5=\pi \tag{4-95}$$

球形腕关节就处于奇异位形，如图 4-13 所示（仅考虑第一种位形）。

当 θ_4 和 θ_6 按相反方向等量旋转时，将不会引起末端执行器的任何旋转。此外，腕关节不允许有相对垂直于 z_4 和 z_3 轴的转动。由于这种奇异位形是在关节空间中进行描述的，有可能在操作臂可达工作空间中，因此在进行末端执行器运动路径规划时需注意避开。

2. 操作臂奇异位形

操作臂奇异位形是一类特殊操作臂结构所特有的。为了明确其概念，考虑如图 4-14 所

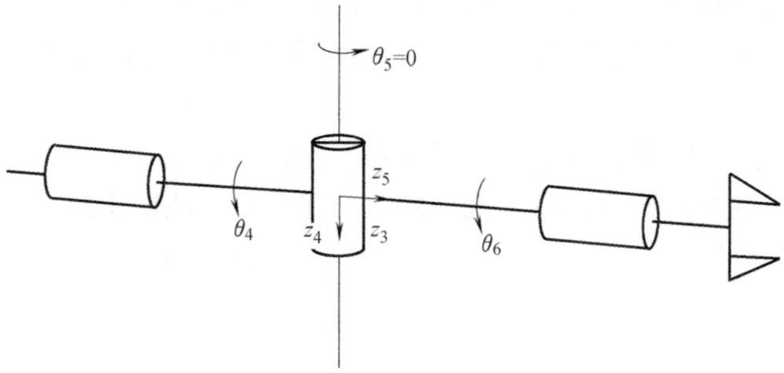

图 4-13　处于奇异位形的球形腕关节

示的拟人操作臂。

其线速度部分的雅可比矩阵可根据本章内容计算得出。其行列式为

$$\det(\boldsymbol{J}_p)=-a_2a_3\sin\theta_3[a_2\cos\theta_2+a_3\cos(\theta_2+\theta_3)] \tag{4-96}$$

由此可见，其行列式与第一个关节变量无关。

当 a_2、$a_3\neq0$ 时，如果 $\sin\theta_3=0$ 且/或 $[a_2\cos\theta_2+a_3\cos(\theta_2+\theta_3)]=0$，行列式为零。当下式之一成立时，都将发生第一种奇异情况：

$$\theta_3=0,\ \theta_3=\pi$$

这意味着肘关节伸出（图 4-15）或缩回，称之为肘奇异。注意，这类奇异位形在概念上与两连杆平面臂的奇异位形是等价的。

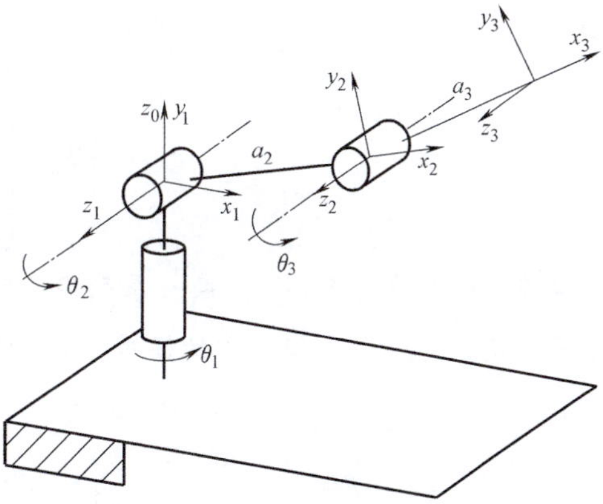

图 4-14　拟人操作臂

当腕处于 z_0 轴时，将发生第二种奇异情况，如图 4-16 所示。此时，有表达式 $p_x=p_y=0$，称其为肩关节奇异位形。

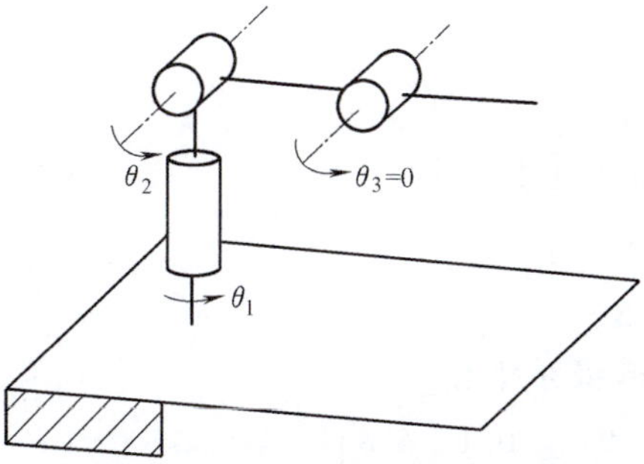

图 4-15　处于肘奇异位形的操作臂

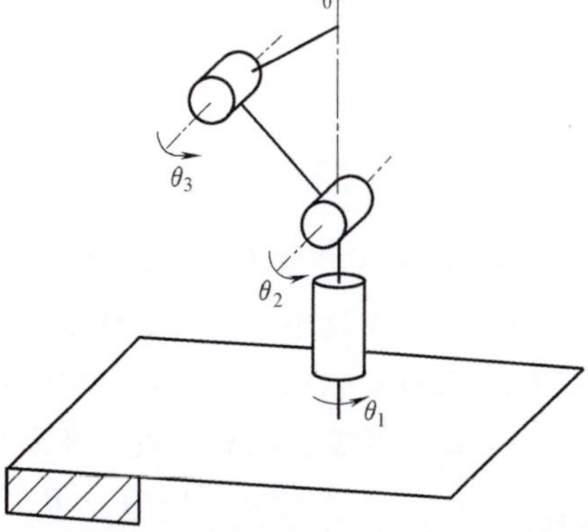

图 4-16　处于肩关节奇异位形的操作臂

注意到 θ_1 的旋转不会造成腕关节位置的任何移动（处于肩奇异位形时 $\boldsymbol{J}_p$ 的第 1 列始终为零），从而运动学方程有无穷多个解。此外，从奇异位形来看，使腕沿 z_1 方向移动的运动是不可行的。

如果在拟人臂上连接一个球形腕，则臂的正运动学方程是不同的。在这种情况下，考虑 $\boldsymbol{p}=\boldsymbol{p}_W$ 时雅可比矩阵的 $\boldsymbol{J}_{11}$ 分块雅可比矩阵。通过对其行列式进行分析，可以发现具有同样的奇异位形。

最后，需要重点注意的是，与腕部奇异位形不同，操作臂奇异位形在操作空间中是很好确定的，这样就能够在末端执行器轨迹规划阶段，将其适当地回避掉。

习　题

4.1　假设操作臂坐标系的位姿用如下的伴随矩阵表示。若绕轴做 0.15rad 的微分旋转，再做(0.1，0.1，0.3)的微分平移，这样的微分运动将产生怎样的影响，并求出操作臂的新位置。

$$
{}^{R}\boldsymbol{T}_H=\begin{pmatrix}0&0&1&2\\1&0&0&7\\0&1&0&5\\0&0&0&1\end{pmatrix}
$$

4.2　已知坐标系 $\{T\}$ 经一系列微分运动后，其改变量为 $\mathrm{d}\boldsymbol{T}$。求微分变化量（d_x，d_y，d_z，δ_x，δ_y，δ_z）以及相对于坐标系 $\{T\}$ 的微分算子。

$$
\boldsymbol{T}=\begin{pmatrix}1&0&0&5\\0&0&1&3\\0&-1&0&8\\0&0&0&1\end{pmatrix},\quad \mathrm{d}\boldsymbol{T}=\begin{pmatrix}0&-0.1&-0.1&0.6\\0.1&0&0&0.5\\-0.1&0&0&-0.5\\0&0&0&1\end{pmatrix}
$$

4.3　假设如下坐标系经过 $\boldsymbol{d}=(1,\ 0,\ 0.5)$ 单位的微分平移和 $\boldsymbol{\delta}=(0,\ 0.1,\ 0)$ 的微分旋转。试问

(1) 相对于参考坐标系的微分算子是什么？

(2) 相对于坐标系 $\boldsymbol{A}$ 的微分算子是什么？

$$
\boldsymbol{A}=\begin{pmatrix}0&0&1&10\\1&0&0&5\\0&1&0&0\\0&0&0&1\end{pmatrix}
$$

4.4　给定操作臂末端的初始位姿为 $\boldsymbol{T}_1$，变化后新的位姿为 $\boldsymbol{T}_2$。

(1) 求实现这个变换的变换矩阵 $\boldsymbol{Q}$（在绝对坐标系中）。

(2) 假设变化很小，求产生同样结果的微分算子 $\boldsymbol{\Delta}$。

(3) 通过观察，找出构成该微分算子的微分平移和微分转动。

$$
\boldsymbol{T}_1=\begin{pmatrix}1&0&0&5\\0&0&-1&3\\0&1&0&6\\0&0&0&1\end{pmatrix},\quad \boldsymbol{T}_2=\begin{pmatrix}1&0&0.1&4.8\\0.1&0&-1&3.5\\0&1&0&6.2\\0&0&0&1\end{pmatrix}
$$

4.5　给定操作臂末端坐标系和相应的雅可比矩阵。对于给定关节的微分变化，计算末端坐标系的变化、末端坐标系的新位置和相应的 $\boldsymbol{\Delta}$。

$$\boldsymbol{T}_6=\begin{pmatrix}0&1&0&10\\1&0&0&5\\0&0&-1&0\\0&0&0&1\end{pmatrix},\quad {}^{T_6}\boldsymbol{J}=\begin{pmatrix}8&0&0&0&0&0\\-3&0&1&0&0&0\\0&10&0&0&0&0\\0&1&0&0&1&0\\0&0&0&1&0&0\\-1&0&0&0&0&1\end{pmatrix},\quad \boldsymbol{D}_\theta=\begin{pmatrix}0\\0.1\\-0.1\\0.2\\0.2\\0\end{pmatrix}$$

4.6　给定描述 3 自由度操作臂末端位姿的两个连续坐标系 $\{T_1\}$（变换前）和 $\{T_2\}$（变换后），同时给定相对于 $\boldsymbol{T}_1$ 的雅可比矩阵。求出导致给定坐标系变化的操作臂关节微分运动。

$$\boldsymbol{T}_1=\begin{pmatrix}0&0&1&8\\1&0&0&5\\0&1&0&2\\0&0&0&1\end{pmatrix},\quad \boldsymbol{T}_2=\begin{pmatrix}0&0.01&1&8.1\\1&-0.05&0&5\\0.05&1&-0.01&2\\0&0&0&1\end{pmatrix},\quad {}^{T_1}\boldsymbol{J}=\begin{pmatrix}5&10&0\\3&0&0\\0&1&1\end{pmatrix}$$

4.7　已知一个 3R 操作臂的正向运动解为

$${}^0_3\boldsymbol{T}=\begin{pmatrix}\cos\theta_1\cos(\theta_2+\theta_3)&-\cos\theta_1\sin(\theta_2+\theta_3)&\sin\theta_1&l_1\cos\theta_1+l_2\cos\theta_1\cos\theta_2\\\sin\theta_1\cos(\theta_2+\theta_3)&-\sin\theta_1\sin(\theta_2+\theta_3)&-\cos\theta_1&l_1\sin\theta_1+l_2\sin\theta_1\cos\theta_2\\\sin(\theta_2+\theta_3)&\cos(\theta_2+\theta_3)&0&l_2\sin\theta_2\\0&0&0&1\end{pmatrix}$$

求 ${}^0\boldsymbol{J}(\boldsymbol{\theta})$，将其乘以关节速度矢量，求坐标系 $\{3\}$ 的原点相对于坐标系 $\{0\}$ 的线速度。

4.8　一个 RP 操作臂，连杆 2 的原点位置为

$${}^0\boldsymbol{p}_2=\begin{pmatrix}a_1\cos\theta_1-d_2\sin\theta_1\\a_1\sin\theta_1+d_2\cos\theta_1\\0\end{pmatrix}$$

（1）求出将两个关节速度和坐标系 $\{2\}$ 原点的线速度联系起来的 2×2 雅可比矩阵。

（2）求使操作臂处于奇异位形的 θ 值。

4.9　图 4-17 所示为三自由度平面关节机械手，手部握有焊接工具。已知：

$$\theta_1=30°,\ \dot{\theta}_1=0.04\text{rad/s}$$

$$\theta_2=45°,\ \dot{\theta}_2=0$$

$$\theta_3=15°,\ \dot{\theta}_3=0.1\text{rad/s}$$

求焊接工具末端点 A 的线速度 v_x 及 v_y。

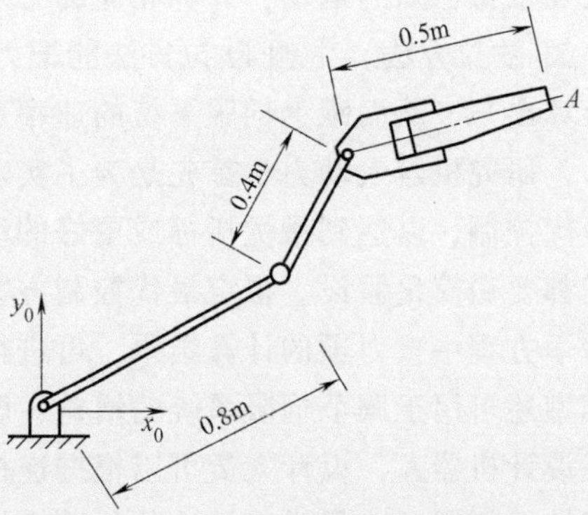

图 4-17　三自由度平面关节机械手

第5章 操作臂的力雅可比矩阵与动力学

动力学研究的是物体运动和受力之间的关系。操作臂动力学有两个问题需要解决：①动力学正问题，即根据关节驱动力矩或力，计算操作臂的运动（关节位移、速度和加速度）；②动力学逆问题，即已知轨迹运动对应的关节位移、速度和加速度，求出所需要的关节力矩或力。机器人操作臂是一个复杂的动力学系统，由多个连杆和多个关节组成，具有多输入多输出特点，存在着错综复杂的耦合关系和严重的非线性。因此，对机器人操作臂动力学的研究引起了广泛重视。

分析和建立操作臂动力学方程的方法有很多，例如拉格朗日方法、牛顿-欧拉方法、高斯（Gauss）方法、凯恩（Kane）方法、旋量对偶数方法、罗伯逊-魏登堡（Roberson-Wittenburg）方法等。本章介绍常用的两种方法，第一种方法是基于牛顿-欧拉方法，以递归方式建立模型。由于该方法是基于运动坐标系和达朗贝尔原理来建立相应的运动学方程，这种方法没有多余信息，计算效率高；第二种方法是基于拉格朗日方法，该方法概念简单，能够更为系统地表示出动力学方程的计算过程。该方法是通过建立多关节机器人的拉格朗日动力学方程，将力（矩）与位置、速度和加速度联系起来。多关节机器人的拉格朗日动力学方程是一个非线性的微分方程组，一般情况下根本不可能求得其解析解。所谓动力学问题就是以给定力（矩）作为输入，求解这组微分方程，得到机器人的运动。如果只想知道为控制机械手所应施加的力（矩），即求解动力学逆问题，则并不需要解这组非线性微分方程，而是要根据已知的运动，计算相应的力（矩）。为了使力（矩）的计算更快更有效，需要使用牛顿-欧拉方法。牛顿-欧拉方法能把力（矩）作为位置、速度和加速度的函数精确、迅速地计算出来，从而跟上伺服系统的速率和采样频率，实现实时计算。

研究机器人动力学首先是为了实现实时控制，利用操作臂的动力学模型，才有可能进行最优控制，以达到最优指标或更好的动态性能。然而，实时的动力学计算十分复杂，各种方案都要做简化假设。拟定最优控制方案仍然是当前控制理论的重要研究课题。此外，利用动力学方程中重力项的计算结果，可进行前馈补偿，以达到更好的动态性能。操作臂的动力学模型还可用于调节伺服系统的增益，改善系统的性能。当前，机器人动力学模型的重要应用是设计机器人，设计人员可以根据连杆质量、负载大小、传动机构的特征进行动态仿真，仿真结果可用于选择适当尺寸的传动机构。因为动力学方程可以用来精确地算出实现给定运动所需要的力（矩），因此仿真结果也可用来说明是否需要重新设计机械结构。此外，为了估计机器人在高速运动时的路径偏差情况，需要进行路径控制仿真，在仿真时就要考虑机器人的动态模型。

5.1 操作臂力雅可比与静力计算

机器人作业时与外界环境的接触会在机器人与环境之间引起相互的作用力和力矩。机器人各关节的驱动装置提供关节力（或力矩），通过连杆传递到末端执行器，克服外界作用力和力矩。各关节的驱动力（或力矩）与末端执行器施加的力（广义力，包括力和力矩）之间的关系是机器人操作臂力控制的基础。本节讨论操作臂在静止状态下力的平衡关系。我们假设各关节“锁定”，操作臂成为一个结构。这种“锁定”的关节力矩与手部所承受的载荷或受到外界环境作用的力获得静力平衡。求解这种“锁定”的关节力矩，或求解在已知驱动力矩作用下末端执行器的输出力就是对操作臂的静力计算。

5.1.1 操作臂静力分析

以操作臂中单个杆件为例分析受力情况，杆件 i 通过关节 i 和 $i+1$ 分别与杆件 $i-1$ 和 $i+1$ 相连接，并建立 $\{i-1\}$ 和 $\{i\}$ 两个连杆坐标系，如图 5-1 所示。

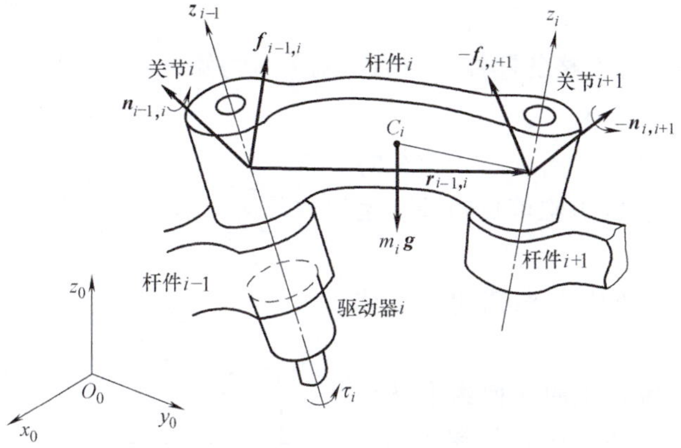

图 5-1　连杆 i 上的力和力矩

令：

$\boldsymbol{f}_{i-1,i}$ 及 $\boldsymbol{n}_{i-1,i}$ 分别表示连杆 $i-1$ 通过关节 i 作用在 i 杆上的力和力矩；

$\boldsymbol{f}_{i,i+1}$ 及 $\boldsymbol{n}_{i,i+1}$ 分别表示连杆 i 通过关节 $i+1$ 作用在 $i+1$ 杆上的力和力矩；

$-\boldsymbol{f}_{i,i+1}$ 及 $-\boldsymbol{n}_{i,i+1}$ 分别表示连杆 $i+1$ 通过关节 $i+1$ 作用在 i 杆上的反作用力和反作用力矩；

$\boldsymbol{f}_{n,n+1}$ 及 $\boldsymbol{n}_{n,n+1}$ 分别表示操作臂末端连杆对外界环境的作用力和力矩；

$-\boldsymbol{f}_{n,n+1}$ 及 $-\boldsymbol{n}_{n,n+1}$ 分别表示外界环境对操作臂末端连杆的作用力和力矩；

$\boldsymbol{f}_{0,1}$ 及 $\boldsymbol{n}_{0,1}$ 分别表示基座对连杆 1 的作用力和力矩；

$m_i\boldsymbol{g}$ 表示连杆 i 的重量，作用在质心 C_i 上。

连杆 i 的静力平衡条件为其上所受到的合力和合力矩为零，因此力和力矩平衡方程为

$$\boldsymbol{f}_{i-1,i}+(-\boldsymbol{f}_{i,i+1})+m_i\boldsymbol{g}=\boldsymbol{0} \tag{5-1}$$

$$\boldsymbol{n}_{i-1,i}+(-\boldsymbol{n}_{i,i+1})+(\boldsymbol{r}_{i-1,i}+\boldsymbol{r}_{i,C_i})\times\boldsymbol{f}_{i-1,i}+(\boldsymbol{r}_{i,C_i})\times(-\boldsymbol{f}_{i,i+1})=\boldsymbol{0} \tag{5-2}$$

式中，$\boldsymbol{r}_{i-1,i}$ 为坐标系 $\{i\}$ 的原点相对于坐标系 $\{i-1\}$ 的位置矢量；$\boldsymbol{r}_{i,C_i}$ 为质心 C_i 相对于坐标系 $\{i\}$ 的位置矢量。

假设已知外界环境对操作臂末端执行器的作用力和力矩，那么可以由最后一个连杆向零连杆（基座）依次递推，从而计算出每个连杆上的受力情况。

为了便于表示操作臂末端执行器的力和力矩（简称末端力 $\boldsymbol{F}$），可将 $\boldsymbol{f}_{n,n+1}$ 和 $\boldsymbol{n}_{n,n+1}$ 合并写成一个 6 维矢量形式

$$\boldsymbol{F}=\begin{pmatrix}\boldsymbol{f}_{n,n+1}\\ \boldsymbol{n}_{n,n+1}\end{pmatrix} \tag{5-3}$$

各关节驱动器的驱动力或力矩可写成一个 n 维矢量的形式，即

$$\boldsymbol{\tau}=(\tau_1,\quad \tau_2,\quad \cdots,\quad \tau_n)^{\mathrm{T}} \tag{5-4}$$

式中，n 为操作臂关节个数；$\boldsymbol{\tau}$ 为关节力（或关节力矩）矢量，简称为广义关节力矩。对于转动关节，τ_i 表示关节驱动力矩；对于移动关节，τ_i 表示关节驱动力。

如果将关节力矩矢量看成操作臂驱动装置的输入，将末端产生的力作为操作臂的输出，则两者之间的关系可用力雅可比矩阵表示。

5.1.2 操作臂力雅可比

1. 基本概念

假设关节无摩擦，并忽略各杆件的重力，则关节力矩 τ_i 与相对应的操作臂末端执行器力 $\boldsymbol{F}$ 的关系可用下式来描述：

$$\boldsymbol{\tau}=\boldsymbol{J}^{\mathrm{T}}\boldsymbol{F} \tag{5-5}$$

式中，$\boldsymbol{J}^{\mathrm{T}}$ 为 $n\times6$ 阶操作臂力雅可比矩阵，也可称为**力雅可比**。

式（5-5）可用虚功原理来证明，具体如下。

虚位移是满足机械系统的几何约束条件的无限小位移。令各个关节的虚位移为 δq_i，末端执行器相应的虚位移为 $\delta\boldsymbol{X}$，如图 5-2 所示。则有

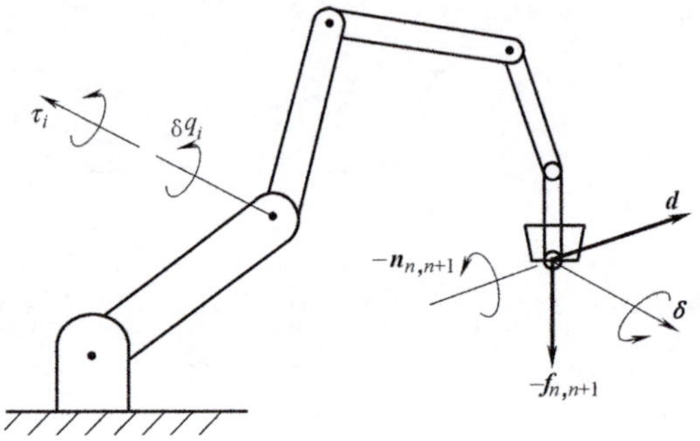

图 5-2 末端执行器与各关节的虚位移

$$\delta\boldsymbol{X}=\begin{pmatrix}\boldsymbol{d}\\ \boldsymbol{\delta}\end{pmatrix},\delta\boldsymbol{q}=(\delta q_1,\quad \delta q_2,\quad \cdots,\quad \delta q_n)^{\mathrm{T}} \tag{5-6}$$

式中，$\boldsymbol{d}=(d_x,\quad d_y,\quad d_z)^{\mathrm{T}}$；$\boldsymbol{\delta}=(\delta\varphi_x,\quad \delta\varphi_y,\quad \delta\varphi_z)^{\mathrm{T}}$。$\boldsymbol{d}$ 和 $\boldsymbol{\delta}$ 分别对应于末端执行器的线虚位移和角虚位移；$\delta\boldsymbol{q}$ 为由各关节虚位移 δq_i 组成的操作臂关节虚位移矢量。

假设发生上述虚位移时，各关节力矩为 τ_i（$i=1, 2, \cdots, n$），环境作用在操作臂末端执行器上的力和力矩分别为 $-\boldsymbol{f}_{n,n+1}$ 和 $-\boldsymbol{n}_{n,n+1}$，则由上述力和力矩所做的虚功可以由下式求出：

$$\delta W=\tau_1\delta q_1+\tau_2\delta q_2+\cdots+\tau_n\delta q_n-\boldsymbol{f}_{n,n+1}\boldsymbol{d}-\boldsymbol{n}_{n,n+1}\boldsymbol{\delta} \tag{5-7}$$

式（5-7）也可写成矢量形式

$$\delta W=\boldsymbol{\tau}^{\mathrm{T}}\delta\boldsymbol{q}-\boldsymbol{F}^{\mathrm{T}}\delta\boldsymbol{X} \tag{5-8}$$

根据虚功原理，操作臂在平衡状态下，由任意虚位移产生的虚功总和为 0。即对任意符合几何约束的虚位移，满足

$$\delta W=\boldsymbol{\tau}^{\mathrm{T}}\delta\boldsymbol{q}-\boldsymbol{F}^{\mathrm{T}}\delta\boldsymbol{X}=0 \tag{5-9}$$

注意到虚位移 $\delta\boldsymbol{q}$ 和 $\delta\boldsymbol{X}$ 并不是独立的，是符合杆件的几何约束条件的。两者之间的几何约束由操作臂的速度雅可比矩阵所规定，即 $\delta\boldsymbol{X}=\boldsymbol{J}\delta\boldsymbol{q}$，将其代入式（5-8），得

$$\delta W=\boldsymbol{\tau}^{\mathrm{T}}\delta\boldsymbol{q}-\boldsymbol{F}^{\mathrm{T}}\boldsymbol{J}\delta\boldsymbol{q}=(\boldsymbol{\tau}-\boldsymbol{J}^{\mathrm{T}}\boldsymbol{F})^{\mathrm{T}}\delta\boldsymbol{q} \tag{5-10}$$

式中，$\delta\boldsymbol{q}$ 表示几何上允许位移的关节独立变量。对任意的 $\delta\boldsymbol{q}$，欲使 $\delta W=0$ 成立，必有

$$\boldsymbol{\tau}=\boldsymbol{J}^{\mathrm{T}}\boldsymbol{F} \tag{5-11}$$

证毕。

式（5-5）表明，若不考虑关节之间的摩擦力，在外力 $\boldsymbol{F}$ 的作用下，操作臂保持平衡是关节驱动力矩应满足的条件。式中的 $\boldsymbol{J}^{\mathrm{T}}$ 与末端执行器上的力 $\boldsymbol{F}$ 和关节力矩 $\boldsymbol{\tau}$ 之间的力传递有关，故称之为操作臂力雅可比矩阵。力雅可比把作用在末端的广义外力线性映射为相应的关节驱动力矩。很明显，力雅可比 $\boldsymbol{J}^{\mathrm{T}}$ 正好是操作臂速度雅可比 $\boldsymbol{J}$ 的转置，表示在静力平衡状态下，末端执行器上的力 $\boldsymbol{F}$ 向广义关节力矩 $\boldsymbol{\tau}$ 映射的线性关系。

值得注意的是，如果雅可比矩阵 $\boldsymbol{J}$ 不是满秩的，那么，沿某些方向，末端执行器将处于失控状态，不能施加所需要的静力（和力矩）。这时，沿这些方向（在组成雅可比矩阵 $\boldsymbol{J}^{\mathrm{T}}$ 的零空间内）的力 $\boldsymbol{F}$ 可随意增加或减小，而不会对关节力矩 $\boldsymbol{\tau}$ 的大小产生影响。这表明，当机构的形态接近奇异状态时，很小的关节力矩就可能造成非常大的末端操作力。例如双连杆操作臂的两连杆近似为直线时（接近奇异状态），如果终端顶住固定表面，则以很小的关节力矩就能克服非常大的外界作用力。可见，操作臂在力域内与在速度域内一样，也存在奇异状态。

2. 速度雅可比矩阵 $\boldsymbol{J}$ 与力雅可比矩阵 $\boldsymbol{J}^{\mathrm{T}}$ 的对偶关系

如前所述，关节驱动力矩与末端操作力之间的关系可用力雅可比矩阵 $\boldsymbol{J}^{\mathrm{T}}$ 来表达；另一方面，雅可比矩阵 $\boldsymbol{J}$ 又用来表达关节速度矢量与操作速度矢量之间的传递关系。因此，操作臂的静力传递关系和速度传递关系紧密相关，下面利用线性映射来讨论两者的对偶性。已知

$$\boldsymbol{V}=\boldsymbol{J}(\boldsymbol{q})\dot{\boldsymbol{q}}$$

$$\boldsymbol{\tau}=\boldsymbol{J}^{\mathrm{T}}\boldsymbol{F}$$

对于给定的形位 $\boldsymbol{q}$，映射矩阵 $\boldsymbol{J}(\boldsymbol{q})$ 是 $m\times n$ 的矩阵，n 表示关节数，m 代表操作空间维数。$\boldsymbol{J}$ 的值域空间 $R(\boldsymbol{J})$ 代表关节运动能够产生的全部操作速度集合，显然值域空间 $R(\boldsymbol{J})$ 不能等于整个操作空间（存在末端执行器不能运动的方向）。当 $\boldsymbol{J}(\boldsymbol{q})$ 退化时，操作臂处于奇异位形。另一方面，$\boldsymbol{J}(\boldsymbol{q})$ 的零空间 $N(\boldsymbol{J})$ 表示不产生操作速度的关节速度集合，如果 $N(\boldsymbol{J})\neq\{0\}$，不只含有 0，则对于给定的操作速度，关节速度反解可能有无限多。

与瞬时运动映射不同，静力映射是从 m 维操作空间向 n 维关节空间的映射。因此，关节力矩矢量总是由末端操作力 $\boldsymbol{F}$ 唯一地确定。然而，对于给定的关节力矢量 $\boldsymbol{\tau}$，与之平衡的末端操作力 $\boldsymbol{F}$ 并非一定存在。与瞬时运动分析相似，我们用零空间 $N(\boldsymbol{J}^{\mathrm{T}})$ 和值域空间 $R(\boldsymbol{J}^{\mathrm{T}})$ 来描述静力映射。零空间 $N(\boldsymbol{J}^{\mathrm{T}})$ 代表零关节驱动力矩能承受的末端操作力集合。这时，末端操作力完全由操作臂机构本身承受；值域空间 $R(\boldsymbol{J}^{\mathrm{T}})$ 代表操作力能平衡的所有关节力矩矢量的集合。

$\boldsymbol{J}$ 和 $\boldsymbol{J}^{\mathrm{T}}$ 的值域空间和零空间有密切的关系。根据线性代数的有关知识，零空间 $N(\boldsymbol{J})$ 是值域空间 $R(\boldsymbol{J}^{\mathrm{T}})$ 在空间 V^n 内的正交补空间。这意味着，在不产生末端操作速度的这些关节速度方向上，关节力矩不能被末端操作力所平衡。为了使操作臂保持静止不动，在零空间 $N(\boldsymbol{J})$ 内的关节力矩矢量必须为零。

在操作空间 V^m 中存在相似的对应关系。值域空间 $R(\boldsymbol{J})$ 是零空间 $N(\boldsymbol{J}^{\mathrm{T}})$ 在空间 V^m 内的正交补空间。由此可知，不能由关节运动驱动产生的这些操作运动方向恰恰正是不需要关节力矩来平衡的末端操作力的方向。反之，如果外力作用方向是末端执行器能够运动的方向，则此外力完全可以由关节力矩来平衡。当雅可比矩阵 $\boldsymbol{J}$ 是退化的，即操作臂处于奇异位形时，零空间 $N(\boldsymbol{J}^{\mathrm{T}})$ 不只包含 0，因而外力可能由机械结构承受。

【例 5-1】 如图 5-3 所示的二自由度平面关节操作臂，已知末端点力为 $\boldsymbol{F}=(\boldsymbol{F}_x, \boldsymbol{F}_y)^{\mathrm{T}}$，求与该末端力 $\boldsymbol{F}$ 相对应的关节力矩（不考虑摩擦）。

解：已知该操作臂的速度雅可比矩阵为

$$\boldsymbol{J}=\begin{pmatrix} -l_1\sin\theta_1-l_2\sin(\theta_1+\theta_2) & -l_2\sin(\theta_1+\theta_2) \\ l_1\cos\theta_1+l_2\cos(\theta_1+\theta_2) & l_2\cos(\theta_1+\theta_2) \end{pmatrix} \tag{5-12}$$

则该操作臂的力雅可比矩阵为

$$\boldsymbol{J}^{\mathrm{T}}=\begin{pmatrix} -l_1\sin\theta_1-l_2\sin(\theta_1+\theta_2) & l_1\cos\theta_1+l_2\cos(\theta_1+\theta_2) \\ -l_2\sin(\theta_1+\theta_2) & l_2\cos(\theta_1+\theta_2) \end{pmatrix} \tag{5-13}$$

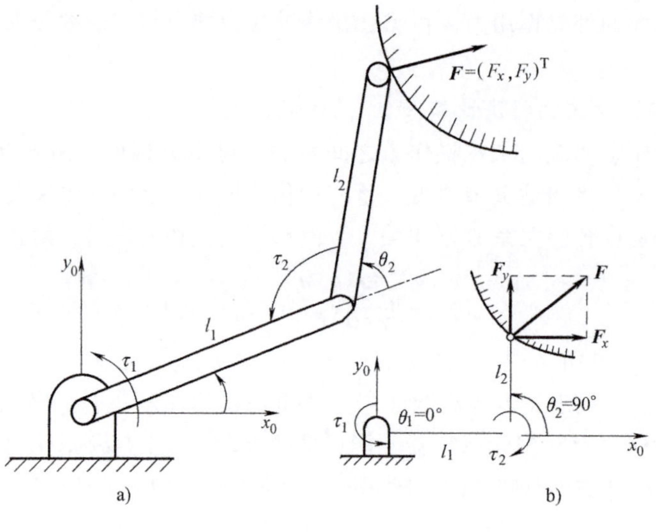

图 5-3 二自由度平面关节操作臂

根据 $\boldsymbol{\tau}=\boldsymbol{J}^{\mathrm{T}}\boldsymbol{F}$，得

$$\boldsymbol{\tau}=\begin{pmatrix}\tau_1\\ \tau_2\end{pmatrix}=\begin{pmatrix} -l_1\sin\theta_1-l_2\sin(\theta_1+\theta_2) & l_1\cos\theta_1+l_2\cos(\theta_1+\theta_2) \\ -l_2\sin(\theta_1+\theta_2) & l_2\cos(\theta_1+\theta_2) \end{pmatrix}\begin{pmatrix}F_x\\ F_y\end{pmatrix} \tag{5-14}$$

由式（5-14）可得

$$\left.\begin{aligned} \tau_1&=-[l_1\sin\theta_1+l_2\sin(\theta_1+\theta_2)]F_x+[l_1\cos\theta_1+l_2\cos(\theta_1+\theta_2)]F_y \\ \tau_2&=-l_2\sin(\theta_1+\theta_2)F_x+l_2\cos(\theta_1+\theta_2)F_y \end{aligned}\right\} \tag{5-15}$$

如图 5-3b 所示，某瞬时 $\theta_1=0°$，$\theta_2=90°$，则在该瞬时与末端执行器上的力相对应的关

节力矩为

$$\left.\begin{aligned}\tau_1&=-l_2F_x+l_1F_y\\ \tau_2&=-l_2F_x\end{aligned}\right\} \tag{5-16}$$

5.1.3 操作臂静力计算

从操作臂末端执行器上的力 $\boldsymbol{F}$ 与关节力矩 $\boldsymbol{\tau}$ 之间的关系式 $\boldsymbol{\tau}=\boldsymbol{J}^{\mathrm{T}}\boldsymbol{F}$ 可知，操作臂静力计算可分为两类问题：①已知外界环境对操作臂末端执行器作用力 $\boldsymbol{F}'$（即执行器末端力 $\boldsymbol{F}=-\boldsymbol{F}'$），求相应的满足静力平衡条件的关节驱动力矩 $\boldsymbol{\tau}$，即由外界作用力求解等效关节力矩；②已知关节驱动力矩 $\boldsymbol{\tau}$，确定操作臂末端执行器对外界环境的作用力 $\boldsymbol{F}$ 或载荷的质量。这类问题是第一类问题的逆解。此时有

$$\boldsymbol{F}=(\boldsymbol{J}^{\mathrm{T}})^{-1}\boldsymbol{\tau} \tag{5-17}$$

但是，由于操作臂的自由度可能不是 6，如 $n>6$，力雅可比矩阵 $\boldsymbol{J}$ 就有可能不是一个方阵，则 $\boldsymbol{J}^{\mathrm{T}}$ 就没有逆解。所以，对这类问题的求解就困难得多，在一般情况下，不一定能得到唯一确定的解。如果 $\boldsymbol{F}$ 的维数比 $\boldsymbol{\tau}$ 的维数低，且 $\boldsymbol{J}$ 是满秩的话，则可利用最小二乘法求得 $\boldsymbol{F}$ 的估计值。

5.2 操作臂拉格朗日动力学

随着工业机器人向重载、高速、高精度以及智能化方向发展，对工业机器人设计和控制都提出了新的要求。特别是在控制方面，机器人的动态实时控制是机器人发展的必然要求。因此，需要对机器人操作臂的动力学进行分析。操作臂是一个非线性、复杂的动力学系统。动力学问题的求解比较困难，而且需要较长的运算时间。因此，简化求解过程，最大限度地减少机器人操作臂动力学在线计算时间是重要的课题。

动力学研究物体的运动和作用力之间的关系，机器人操作臂动力学问题有两类：

1）给定已知轨迹点上的 $\boldsymbol{q}$、$\dot{\boldsymbol{q}}$ 及 $\ddot{\boldsymbol{q}}$，即操作臂关节位置、速度和加速度，求相应的关节力矩 $\boldsymbol{\tau}$。该问题的求解可用于操作臂的动态控制。

2）给定关节驱动力矩 $\boldsymbol{\tau}$，求机器人操作臂系统相应的各瞬时运动。也就是说，给定关节力矩 $\boldsymbol{\tau}$，求操作臂末端执行器所产生的运动 $\boldsymbol{q}$、$\dot{\boldsymbol{q}}$ 及 $\ddot{\boldsymbol{q}}$。该问题的求解可用于模拟操作臂的运动。

分析研究机器人动力学特性的拉格朗日方法不仅能以最简单的形式求得非常复杂的系统动力学方程，而且具有显式结构，物理意义比较明确，对理解机器人动力学比较方便。

5.2.1 拉格朗日方程

对于任何机械系统，拉格朗日函数 L 定义为系统的动能 E_{k} 和势能 E_{p} 之差，即

$$L=E_{\mathrm{k}}-E_{\mathrm{p}} \tag{5-18}$$

系统的动能和势能可用任意的坐标系来表示，不限于笛卡儿坐标。例如广义坐标 q_i 系统的动力学方程（称为第二类拉格朗日方程）为

$$\tau_i=\frac{\mathrm{d}}{\mathrm{d}t}\frac{\partial L}{\partial \dot{q}_i}-\frac{\partial L}{\partial q_i},i=1,2,\cdots,n \tag{5-19}$$

式中，q_i 表示动能和势能的广义坐标；$\dot{q}_i$ 为相应的广义速度；τ_i 为广义力。如果 q_i 表示为移动关节，则相应的 τ_i 是力，反之，如果 q_i 表示为转动关节，则相应的 τ_i 是力矩。

由于势能 E_p 不显含 $\dot{q}_i$，因此，动力学方程（5-19）也可以写为

$$\tau_i=\frac{\mathrm{d}}{\mathrm{d}t}\frac{\partial E_k}{\partial \dot{q}_i}-\frac{\partial E_k}{\partial q_i}+\frac{\partial E_p}{\partial q_i},i=1,2,\cdots,n \tag{5-20}$$

下面以图 5-4 中所示的 RP 操作臂为例说明拉格朗日方法建立操作臂动力学方程的步骤。该操作臂由两个关节组成，连杆 1 和连杆 2 的质量分别为 m_1 和 m_2，质心位置如图所示，广义坐标为 θ 和 r（不考虑摩擦力的影响）。

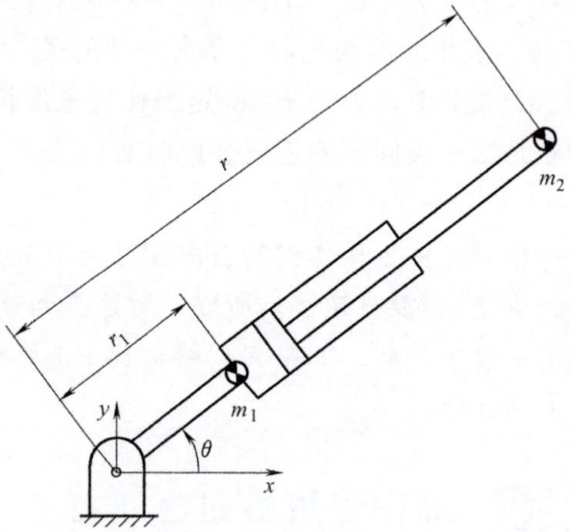

图 5-4 RP 机械手

1. 质心的速度

为了计算连杆 1 和连杆 2 所具有的动能和势能，首先写出它们在笛卡儿坐标系中的位置和速度。对于连杆 1，根据

$$\begin{cases}x_1=r_1\cos\theta\\ y_1=r_1\sin\theta\end{cases}$$

式中，r_1 为常数。因此，相应的速度为

$$\begin{cases}\dot{x}_1=-r_1\dot{\theta}\sin\theta\\ \dot{y}_1=r_1\dot{\theta}\cos\theta\end{cases}$$

速度的大小（即模的平方）是

$$v_1^2=\dot{x}_1^2+\dot{y}_1^2=r_1^2\dot{\theta}^2$$

对于连杆 2，推导步骤相同：

$$\begin{cases}x_2=r\cos\theta\\ y_2=r\sin\theta\end{cases}$$

与连杆 1 不同的是，r 是变量，因此有

$$\begin{cases}\dot{x}_2=\dot{r}\cos\theta-r\dot{\theta}\sin\theta\\ \dot{y}_2=\dot{r}\sin\theta+r\dot{\theta}\cos\theta\end{cases}$$

$$v_2^2=\dot{x}_2^2+\dot{y}_2^2=\dot{r}^2+r^2\dot{\theta}^2$$

2. 系统的动能和势能

质量为 m，速度为 v 的质点的动能为

$$E_k=\frac{1}{2}mv^2$$

因此，连杆 1 和连杆 2 的动能分别是

$$E_{k1}=\frac{1}{2}m_1v_1^2=\frac{1}{2}m_1r_1^2\dot{\theta}^2$$

$$E_{k2}=\frac{1}{2}m_2v_2^2=\frac{1}{2}m_2(\dot{r}^2+r^2\dot{\theta}^2)$$

因此，系统的总动能为

$$E_k=E_{k1}+E_{k2}=\frac{1}{2}m_1r_1^2\dot{\theta}^2+\frac{1}{2}m_2(\dot{r}^2+r^2\dot{\theta}^2)$$

质量为 m、高度为 h 的质点的势能为

$$E_p=mgh$$

式中，g 为重力加速度，$g=9.81\text{m/s}^2$。

连杆 1 和连杆 2 的势能分别为

$$E_{p1}=m_1gr_1\sin\theta,\quad E_{p2}=m_2gr\sin\theta$$

系统的总势能为

$$E_p=m_1gr_1\sin\theta+m_2gr\sin\theta$$

3. 系统的动力学方程

根据式 (5-20)，首先计算旋转关节的力矩 τ_θ，有

$$\frac{\partial E_k}{\partial\dot{\theta}}=m_1r_1^2\dot{\theta}+m_2r^2\dot{\theta}$$

$$\frac{d}{dt}\left(\frac{\partial E_k}{\partial\dot{\theta}}\right)=m_1r_1^2\ddot{\theta}+m_2r^2\ddot{\theta}+2m_2r\dot{r}\dot{\theta}$$

$$\frac{\partial E_k}{\partial\theta}=0$$

$$\frac{\partial E_p}{\partial\theta}=g\cos\theta(m_1r_1+m_2r)$$

$$\tau_\theta=m_1r_1^2\ddot{\theta}+m_2r^2\ddot{\theta}+2m_2r\dot{r}\dot{\theta}+g\cos\theta(m_1r_1+m_2r)\tag{5-21}$$

同理，计算移动关节上的作用力 F_r，有

$$\frac{\partial E_k}{\partial\dot{r}}=m_2\dot{r}$$

$$\frac{d}{dt}\left(\frac{\partial E_k}{\partial\dot{r}}\right)=m_2\ddot{r}$$

$$\frac{\partial E_k}{\partial r}=m_2r\dot{\theta}^2$$

$$\frac{\partial E_p}{\partial r}=m_2g\sin\theta$$

$$F_r=m_2\ddot{r}-m_2r\dot{\theta}^2+m_2g\sin\theta \tag{5-22}$$

将式（5-21）和式（5-22）联立，即得到 RP 操作臂动力学方程。它表示加在关节上的力和力矩与操作臂各连杆运动之间的关系。

【例 5-2】 图 5-4 中的 RP 机械手假设重 10kg，集中作用在质心处。$r_1=1\text{m}$，负载变化范围为 1~5kg，r 的变化范围为 1~2m，最大速度为 $\dot{\theta}=1\text{rad/s}$，$\dot{r}=1\text{m/s}$，最大加速度为 $\ddot{\theta}=1\text{rad/s}^2$，$\ddot{r}=1\text{m/s}^2$。计算下列三种情况下的旋转关节驱动力（不考虑摩擦）：

（1）手臂伸在最外端，在垂直位置和水平位置静止状态下；

（2）手臂伸在最外端，以最大速度恒速从垂直位置运动到水平位置；

（3）手臂伸在最外端静止，但以最大的径向加速度起动（在垂直和水平位置）。

解： 由式（5-21）可知 $\tau_\theta=m_1r_1^2\ddot{\theta}+m_2r^2\ddot{\theta}+2m_2r\dot{r}\dot{\theta}+g\cos\theta(m_1r_1+m_2r)$

（1）$\tau_\theta=g\cos\theta(m_1r_1+m_2r)=(20\times9.8\cos\theta)\,\text{kg}\cdot\text{m}^2/\text{s}^2$

解得
$$\tau_\theta=0\sim196\text{kg}\cdot\text{m}^2/\text{s}^2$$

（2）$\tau_\theta=2m_2r\dot{r}\dot{\theta}+g\cos\theta(m_1r_1+m_2r)$

$=(2\times5\times2\times1\times1+196\cos\theta)\,\text{kg}\cdot\text{m}^2/\text{s}^2=(20+196\cos\theta)\,\text{kg}\cdot\text{m}^2/\text{s}^2$

解得
$$\tau_\theta=20\sim216\text{kg}\cdot\text{m}^2/\text{s}^2$$

可以看出，在这种形态下，运动速度对关节驱动力有一定影响，但和重力比较，影响并不显著。

（3）$\tau_\theta=m_1r_1^2\ddot{\theta}+m_2r^2\ddot{\theta}+g\cos\theta(m_1r_1+m_2r)=(30+196\cos\theta)\,\text{kg}\cdot\text{m}^2/\text{s}^2$

解得
$$\tau_\theta=30\sim226\text{kg}\cdot\text{m}^2/\text{s}^2$$

同样，这种情况也是重力负载起着重要作用。并且由于重力负载变化极大，在垂直位置状态下为零，在水平位置状态下为 $196\text{kg}\cdot\text{m}^2/\text{s}^2$，这对机器人的控制将产生很大影响。因此，在实际中采用平衡的方法，或采用前馈补偿的方法，来尽量消除重力负载的影响。

5.2.2 操作臂的拉格朗日动力学方程

利用拉格朗日方法推导操作臂动力学模型十分简便且具有规律性。从前面讨论的 RP 机器人动力学方程的建立可以看出，拉格朗日方法建立操作臂动力学方程的步骤可分为：①计算连杆各点速度；②计算系统的动能；③计算系统的势能；④构造拉格朗日函数；⑤建立动力学方程。

1. 连杆各点速度与系统动能计算

对于一个有 n 个刚性连杆的操作臂，总动能可由与每个连杆运动及每个关节执行器（驱动器）输入的驱动动能总和给出，即

$$E_\text{k}=\sum_{i=1}^{n}(E_{\text{kl}_i}+E_{\text{km}_i}) \tag{5-23}$$

式中，E_{kl_i} 为连杆 i 的动能；E_{km_i} 为关节 i 驱动电动机输入的动能。

我们采用微元的思想来进行分析：如图 5-5 所示，在连杆 i 上取一微元，其质心位置矢量用 $\boldsymbol{p}_i^*$ 来表示，微元体积为 $\mathrm{d}V$，当在整个连杆区域内积分时，则微元可以表示整个连杆的运动性能。

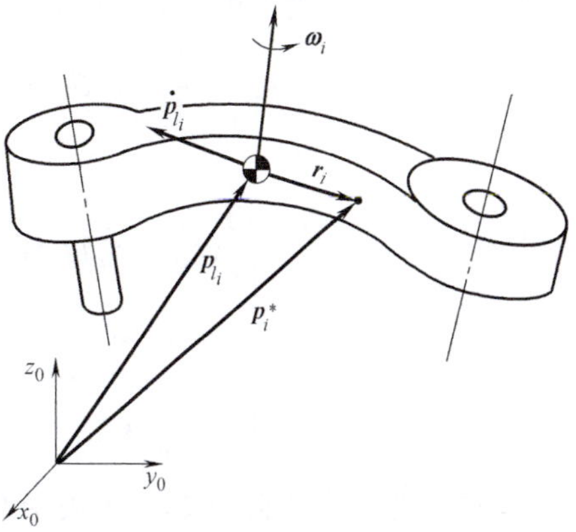

图 5-5　拉格朗日方程中连杆 i 的运动学描述

连杆 i 的动能分量可由下式给出：

$$E_{\mathrm{k}l_i}=\frac{1}{2}\int_{V_{l_i}}(\dot{\boldsymbol{p}}_i^*)^{\mathrm{T}}\dot{\boldsymbol{p}}_i^*\rho\mathrm{d}V \tag{5-24}$$

式中，$\dot{\boldsymbol{p}}_i^*$ 表示微元的线速度矢量；ρ 为体积微元 $\mathrm{d}V$ 的密度（即连杆材料密度）；V_{l_i} 为连杆 i 的体积。

考虑微元的位置矢量 $\boldsymbol{p}_i^*$ 和连杆质心的位置矢量 $\boldsymbol{p}_{l_i}$ 都在基坐标系中表示，根据图 5-5 所示，有如下矢量关系：

$$\boldsymbol{r}_i=(r_{ix},\quad r_{iy},\quad r_{iz})^{\mathrm{T}}=\boldsymbol{p}_i^*-\boldsymbol{p}_{l_i} \tag{5-25}$$

其中

$$\boldsymbol{p}_{l_i}=\frac{1}{m_{l_i}}\int_{V_{l_i}}\boldsymbol{p}_i^*\rho\mathrm{d}V \tag{5-26}$$

式中，m_{l_i} 为连杆质量。因此连接点速度可表示为

$$\dot{\boldsymbol{p}}_i^*=\dot{\boldsymbol{p}}_{l_i}+\boldsymbol{\omega}_i\times\boldsymbol{r}_i=\dot{\boldsymbol{p}}_{l_i}+\boldsymbol{S}(\boldsymbol{\omega}_i)\boldsymbol{r}_i \tag{5-27}$$

式中，$\dot{\boldsymbol{p}}_{l_i}$ 为质心线速度；$\boldsymbol{\omega}_i$ 为连杆上微元绕质心的角速度。

将式（5-27）代入式（5-24），有

$$E_{\mathrm{k}l_i}=\frac{1}{2}\int_{V_{l_i}}(\dot{\boldsymbol{p}}_{l_i}+\boldsymbol{S}(\boldsymbol{\omega}_i)\boldsymbol{r}_i)^{\mathrm{T}}(\dot{\boldsymbol{p}}_{l_i}+\boldsymbol{S}(\boldsymbol{\omega}_i)\boldsymbol{r}_i)\rho\mathrm{d}V \tag{5-28}$$

式（5-28）表示每个连杆的动能由以下三部分所构成：

（1）平动的动能分量　这部分动能分量可以表示为

$$\frac{1}{2}\int_{V_{l_i}}\dot{\boldsymbol{p}}_{l_i}^{T}\dot{\boldsymbol{p}}_{l_i}\rho\mathrm{d}V=\frac{1}{2}m_{l_i}\dot{\boldsymbol{p}}_{l_i}^{T}\dot{\boldsymbol{p}}_{l_i} \tag{5-29}$$

（2）牵连运动的动能分量　这部分动能分量可以表示为

$$2\left(\frac{1}{2}\int_{V_{l_i}}\dot{\boldsymbol{p}}_{l_i}^{T}\boldsymbol{S}(\boldsymbol{\omega}_i)\boldsymbol{r}_i\rho\mathrm{d}V\right)=2\left(\frac{1}{2}\dot{\boldsymbol{p}}_{l_i}^{T}\boldsymbol{S}(\boldsymbol{\omega}_i)\right)\int_{V_{l_i}}(\boldsymbol{p}_i^*-\boldsymbol{p}_{l_i})\rho\mathrm{d}V=0 \tag{5-30}$$

根据式（5-26）可知，牵连运动的动能分量等于 0。

（3）旋转的动能分量　这部分动能分量可以表示为

$$\frac{1}{2}\int_{V_{l_i}}\boldsymbol{r}_i^{\mathrm{T}}\boldsymbol{S}^{\mathrm{T}}(\boldsymbol{\omega}_i)\boldsymbol{S}(\boldsymbol{\omega}_i)\boldsymbol{r}_i\rho\mathrm{d}V=\frac{1}{2}\boldsymbol{\omega}_i^{\mathrm{T}}\left(\int_{V_{l_i}}\boldsymbol{S}^{\mathrm{T}}(\boldsymbol{r}_i)\boldsymbol{S}(\boldsymbol{r}_i)\rho\mathrm{d}V\right)\boldsymbol{\omega}_i \tag{5-31}$$

式中利用了 $\boldsymbol{S}(\boldsymbol{\omega}_i)\boldsymbol{r}_i=-\boldsymbol{S}(\boldsymbol{r}_i)\boldsymbol{\omega}_i$ 这一性质，由于矩阵算子 $\boldsymbol{S}(\quad)$ 为

$$\boldsymbol{S}(\boldsymbol{r}_i)=\begin{pmatrix}0 & -r_{iz} & r_{iy}\\ r_{iz} & 0 & -r_{ix}\\ -r_{iy} & r_{ix} & 0\end{pmatrix} \tag{5-32}$$

将式（5-32）代入式（5-31）有

$$\frac{1}{2}\int_{V_{l_i}} \boldsymbol{r}_i^{\mathrm{T}} \boldsymbol{S}^{\mathrm{T}}(\boldsymbol{\omega}_i)\, \boldsymbol{S}(\boldsymbol{\omega}_i)\, \boldsymbol{r}_i \rho \mathrm{d}V = \frac{1}{2}\boldsymbol{\omega}_i^{\mathrm{T}} \boldsymbol{I}_{l_i} \boldsymbol{\omega}_i \tag{5-33}$$

式中

$$\boldsymbol{I}_{l_i} = \begin{pmatrix} \int (r_{iy}^2 + r_{iz}^2)\rho \mathrm{d}V & -\int r_{ix} r_{iy} \rho \mathrm{d}V & -\int r_{ix} r_{iz} \rho \mathrm{d}V \\ * & \int (r_{ix}^2 + r_{iz}^2)\rho \mathrm{d}V & -\int r_{iy} r_{iz} \rho \mathrm{d}V \\ * & * & \int (r_{iy}^2 + r_{ix}^2)\rho \mathrm{d}V \end{pmatrix} \tag{5-34}$$

矩阵 $\boldsymbol{I}_{l_i}$ 为对称矩阵（其中 * 表示对称的元素），表示在基坐标系中与连杆 i 质心相关的惯性张量（Inertia tensor）。值得注意的是，连杆 i 的位置取决于操作臂位形，因此在基坐标系中表示时，惯性张量由位形决定。若连杆 i 的角速度在固连于连杆的坐标系中表达（如 D-H 方法中），则角速度为

$$^{0}\boldsymbol{\omega}_i = {}_i^0\boldsymbol{R}^{\mathrm{T}\,i}\boldsymbol{\omega}_i \tag{5-35}$$

式中，${}_i^0\boldsymbol{R}$ 为从连杆 i 坐标系到基坐标系的旋转变换矩阵。参考于连杆坐标系时，惯性张量为常值。令 $\boldsymbol{I}_{l_i}^i$ 表示连杆 i 及其在坐标系 $\{i\}$ 中的张量，将该惯性张量变换到基坐标系中则有

$$\boldsymbol{I}_{l_i} = {}_i^0\boldsymbol{R}\boldsymbol{I}_{l_i}^i\,{}_i^0\boldsymbol{R}^{\mathrm{T}} \tag{5-36}$$

若连杆 i 坐标系的轴与惯性中心轴一致，则惯性积为零，与质心相关的惯性张量是对角矩阵。

结合式（5-29）和式（5-31），连杆 i 的动能为

$$E_{kl_i} = \frac{1}{2} m_{l_i} \dot{\boldsymbol{p}}_{l_i}^{\mathrm{T}} \dot{\boldsymbol{p}}_{l_i} + \frac{1}{2}\boldsymbol{\omega}_i^{\mathrm{T}} \boldsymbol{R}_i \boldsymbol{I}_{l_i}^i \boldsymbol{R}_i^{\mathrm{T}} \boldsymbol{\omega}_i \tag{5-37}$$

将雅可比矩阵计算的几何方法应用于中间连杆而非末端执行器，则可用系统广义坐标的函数（关节变量）将动能表示出来：

$$\dot{\boldsymbol{p}}_{l_i} = \boldsymbol{J}_{p_1}^{(l_i)} \dot{\boldsymbol{q}}_1 + \cdots + \boldsymbol{J}_{p_i}^{(l_i)} \dot{\boldsymbol{q}}_i = \boldsymbol{J}_p^{(l_i)} \dot{\boldsymbol{q}} \tag{5-38}$$

$$\boldsymbol{\omega}_i = \boldsymbol{J}_{o_1}^{(l_i)} \dot{\boldsymbol{q}}_1 + \cdots + \boldsymbol{J}_{o_i}^{(l_i)} \dot{\boldsymbol{q}}_i = \boldsymbol{J}_o^{(l_i)} \dot{\boldsymbol{q}} \tag{5-39}$$

其中与关节速度有关的雅可比矩阵列被用于计算当前连杆 i，雅可比矩阵可写为

$$\boldsymbol{J}_p^{(l_i)} = \left(\boldsymbol{J}_{p_1}^{(l_i)},\ \cdots,\ \boldsymbol{J}_{p_i}^{(l_i)},\ 0,\ \cdots,\ 0\right) \tag{5-40}$$

$$\boldsymbol{J}_o^{(l_i)} = \left(\boldsymbol{J}_{o_1}^{(l_i)},\ \cdots,\ \boldsymbol{J}_{o_i}^{(l_i)},\ 0,\ \cdots,\ 0\right) \tag{5-41}$$

式（5-40）与式（5-41）中矩阵的列可根据操作臂速度运动学相关公式（见第 4 章）计算，得出

$$\boldsymbol{J}_{p_j}^{(l_i)} = \begin{cases} \boldsymbol{z}_{j-1} & \text{移动关节} \\ \boldsymbol{z}_{j-1} \times (\boldsymbol{p}_j - \boldsymbol{p}_{j-1}) & \text{转动关节} \end{cases} \tag{5-42}$$

$$\boldsymbol{J}_{o_j}^{(l_i)}=\begin{cases}0 & 移动关节\\ \boldsymbol{z}_{j-1} & 转动关节\end{cases} \tag{5-43}$$

式中，$\boldsymbol{p}_{j-1}$ 为坐标系 $\{j-1\}$ 原点的位置矢量；$\boldsymbol{z}_{j-1}$ 为坐标系 $\{j-1\}$ 中 z 轴的单位矢量，式（5-37）中的连杆 i 的动能可写为

$$E_{\mathrm{k}l_i}=\frac{1}{2}m_{l_i}\dot{\boldsymbol{q}}^{\mathrm{T}}(\boldsymbol{J}_p^{(l_i)})^{\mathrm{T}}\boldsymbol{J}_p^{(l_i)}\dot{\boldsymbol{q}}+\frac{1}{2}\dot{\boldsymbol{q}}^{\mathrm{T}}(\boldsymbol{J}_o^{(l_i)})^{\mathrm{T}}{}_i\boldsymbol{R}\boldsymbol{I}_{l_i}^{i}{}_i\boldsymbol{R}^{\mathrm{T}}\boldsymbol{J}_o^{(l_i)}\dot{q} \tag{5-44}$$

关节 i 的电动机动能分量可通过与连杆类似的方式进行计算。以旋转电动机为典型例子（电动机可通过适当传动装置驱动移动关节和转动关节），假设电动机所在连杆所起作用包含了固定部分（定子）的影响，计算时只考虑电动机的单一影响。

假设关节 i 的电动机位于连杆 $i-1$ 上。实际开式运动链的机械结构设计中，将电动机放在离操作臂基座尽可能近的地方，从而减轻运动链第一个关节的动态负载。电动机通过机械传动装置（齿轮系）提供关节驱动转矩。齿轮系对动能的作用相应地包含在电动机作用中。假设无诱导运动，也就是关节 i 运动不会引起其他关节运动。

电动机转子 i 的动能可写为

$$E_{\mathrm{k}m_i}=\frac{1}{2}m_{m_i}\dot{\boldsymbol{p}}_{m_i}^{\mathrm{T}}\dot{\boldsymbol{p}}_{m_i}+\frac{1}{2}\boldsymbol{\omega}_{m_i}^{\mathrm{T}}\boldsymbol{I}_{m_i}\boldsymbol{\omega}_{m_i} \tag{5-45}$$

式中，m_{m_i} 是转子的质量；$\dot{\boldsymbol{p}}_{m_i}$ 表示转子质心的线速度；$\boldsymbol{I}_{m_i}$ 是与质心相关的转子惯性张量；$\boldsymbol{\omega}_{m_i}$ 表示转子的角速度。

令 θ_{m_i} 表示转子角位置，在刚性传动的假设条件下，有

$$k_{ti}\dot{q}_i=\dot{\boldsymbol{\theta}}_{m_i} \tag{5-46}$$

式中，k_{ti} 为齿轮减速比。注意在移动关节驱动中，齿轮减速比为一因次量。

根据角速度合成法则以及式（5-46），转子总的角速度为

$$\boldsymbol{\omega}_{m_i}=\boldsymbol{\omega}_{i-1}+k_{ti}\dot{q}_i\boldsymbol{z}_{m_i} \tag{5-47}$$

式中，$\boldsymbol{\omega}_{i-1}$ 为电动机所在连杆 $i-1$ 的角速度；$\boldsymbol{z}_{m_i}$ 表示转子轴的单位矢量。

为了将转子动能表示为关节变量的函数，需要将转子质心的线速度表达如下：

$$\dot{\boldsymbol{p}}_{m_i}=\boldsymbol{J}_p^{(m_i)}\dot{\boldsymbol{q}} \tag{5-48}$$

计算雅可比矩阵为

$$\boldsymbol{J}_p^{(m_i)}=\left(\boldsymbol{J}_{p_1}^{(m_i)},\ \cdots,\ \boldsymbol{J}_{p_{i-1}}^{(m_i)},\ 0,\ \cdots,\ 0\right) \tag{5-49}$$

式中的列由下式给出

$$\boldsymbol{J}_{p_j}^{(m_i)}=\begin{cases}\boldsymbol{z}_{j-1} & 移动关节\\ \boldsymbol{z}_{j-1}\times(\boldsymbol{p}_{m_i}-\boldsymbol{p}_{j-1}) & 转动关节\end{cases} \tag{5-50}$$

式中，$\boldsymbol{p}_{j-1}$ 为坐标系 $\{j-1\}$ 原点的位置矢量。注意，因为转子质心沿着其旋转轴，所示式（5-49）中的 $\boldsymbol{J}_{p_i}^{(m_i)}=\boldsymbol{0}$。

式（5-47）中的角速度可表示为关节变量的函数，如

$$\boldsymbol{\omega}_{m_i}=\boldsymbol{J}_o^{(m_i)}\dot{\boldsymbol{q}} \tag{5-51}$$

计算雅可比矩阵为

$$\boldsymbol{J}_o^{(m_i)}=\left(\boldsymbol{J}_{o_1}^{(m_i)},\quad \cdots,\quad \boldsymbol{J}_{o_{i-1}}^{(m_i)},\quad \boldsymbol{J}_{o_i}^{(m_i)},\quad \boldsymbol{0},\quad \cdots,\quad \boldsymbol{0}\right) \tag{5-52}$$

其中的列由下式给出：

$$\boldsymbol{J}_{o_j}^{(m_i)}=\begin{cases}\boldsymbol{J}_{o_j}^{(l_i)}, & j=1,\ 2,\ \cdots,\ i-1\\ k_{ti}\boldsymbol{z}_{m_i}, & j=i\end{cases} \tag{5-53}$$

计算式（5-53）中的第二个关系式时，应对转子旋转轴关于基坐标系的单位矢量中各元素有充分的认识。转子 i 的动能可写为

$$E_{\mathrm{k}m_i}=\frac{1}{2}m_{m_i}\dot{\boldsymbol{q}}^{\mathrm{T}}(\boldsymbol{J}_p^{(m_i)})^{\mathrm{T}}\boldsymbol{J}_p^{(m_i)}\dot{\boldsymbol{q}}+\frac{1}{2}\dot{\boldsymbol{q}}^{\mathrm{T}}(\boldsymbol{J}_o^{(m_i)})^{\mathrm{T}}\boldsymbol{R}_{mi}\boldsymbol{I}_{m_i}^{mi}\boldsymbol{R}_{mi}^{\mathrm{T}}\boldsymbol{J}_o^{(m_i)}\dot{\boldsymbol{q}} \tag{5-54}$$

最后，对式（5-44）中的连杆和式（5-54）中电动机的动能分量按式（5-23）求和，包含执行器的操作臂总动能由如下二次型给出：

$$E_{\mathrm{k}}=\frac{1}{2}\sum_{i=1}^{n}\sum_{j=1}^{n}b_{ij}(\boldsymbol{q})\dot{q}_i\dot{q}_j=\frac{1}{2}\dot{\boldsymbol{q}}^{\mathrm{T}}\boldsymbol{B}_{(\boldsymbol{q})}\dot{\boldsymbol{q}} \tag{5-55}$$

式中，

$$\boldsymbol{B}(\boldsymbol{q})=\sum_{i=1}^{n}\begin{pmatrix}(m_{l_i}(\boldsymbol{J}_p^{(l_i)})^{\mathrm{T}}\boldsymbol{J}_p^{(l_i)}+(\boldsymbol{J}_o^{(l_i)})^{\mathrm{T}}\boldsymbol{R}_i\boldsymbol{I}_{l_i}^{i}\boldsymbol{R}_i^{\mathrm{T}}\boldsymbol{J}_o^{(l_i)}+\\ m_{m_i}(\boldsymbol{J}_p^{(m_i)})^{\mathrm{T}}\boldsymbol{J}_p^{(m_i)}+(\boldsymbol{J}_o^{(m_i)})^{\mathrm{T}}\boldsymbol{R}_{mi}\boldsymbol{I}_{m_i}^{mi}\boldsymbol{R}_{mi}^{\mathrm{T}}\boldsymbol{J}_o^{(m_i)}\end{pmatrix} \tag{5-56}$$

$\boldsymbol{B}(\boldsymbol{q})$ 称为惯性矩阵，$\boldsymbol{B}(\boldsymbol{q})=\boldsymbol{R}^{n\times n}$，它具有如下特征：①对称；②正定；③（一般）依赖于位形。

2. 势能计算

与动能计算相同，操作臂的势能也是单个连杆和单个电动机相关的各个分量的总和：

$$U=\sum_{i=1}^{n}(U_{l_i}+U_{m_i}) \tag{5-57}$$

假设连杆刚性，各分量仅受重力影响（不考虑柔性连杆与弹性力的情况），其表达式如下：

$$U_{l_i}=-\int_{V_{l_i}}\boldsymbol{g}_0^{\mathrm{T}}\boldsymbol{p}_i^{*}\rho\mathrm{d}V=-m_{l_i}\boldsymbol{g}_0^{\mathrm{T}}\boldsymbol{p}_{l_i} \tag{5-58}$$

式中，$\boldsymbol{g}_0$ 为基坐标系中的重力加速度矢量（例如，当 z 为纵轴时，有 $\boldsymbol{g}_0=(0,\quad 0,\quad -g)^{\mathrm{T}}$），利用式（5-26）可建立连杆 i 质心坐标系。考虑转子 i 的作用，有

$$U=-\sum_{i=1}^{n}(m_{l_i}\boldsymbol{g}_0^{\mathrm{T}}\boldsymbol{p}_{l_i}+m_{m_i}\boldsymbol{g}_0^{\mathrm{T}}\boldsymbol{p}_{m_i}) \tag{5-59}$$

该式通过矢量 $\boldsymbol{p}_{l_i}$ 和 $\boldsymbol{p}_{m_i}$ 表明势能仅是关节变量 $\boldsymbol{q}$ 的函数，而与关节速度 $\dot{\boldsymbol{q}}$ 无关。

3. 动力学方程

按式（5-55）、式（5-59）计算系统总动能与势能，操作臂的拉格朗日函数可写为

$$L(\boldsymbol{q},\dot{\boldsymbol{q}})=E_k(\boldsymbol{q},\dot{\boldsymbol{q}})-U(\boldsymbol{q}) \tag{5-60}$$

根据式（5-20）及势能与关节速度 $\dot{\boldsymbol{q}}$ 无关，有

$$\boldsymbol{B}(\boldsymbol{q})\ddot{\boldsymbol{q}}+\boldsymbol{n}(\boldsymbol{q},\dot{\boldsymbol{q}})=\boldsymbol{\xi} \tag{5-61}$$

式中，

$$\boldsymbol{n}(\boldsymbol{q},\dot{\boldsymbol{q}})=\dot{\boldsymbol{b}}(\boldsymbol{q})\dot{\boldsymbol{q}}-\frac{1}{2}\left(\frac{\partial}{\partial\boldsymbol{q}}(\dot{\boldsymbol{q}}^{\mathrm{T}}\boldsymbol{B}(\boldsymbol{q})\dot{\boldsymbol{q}})\right)^{\mathrm{T}}+\left(\frac{\partial U(\boldsymbol{q})}{\partial\boldsymbol{q}}\right)^{\mathrm{T}} \tag{5-62}$$

具体来看，注意式（5-59）中 U 与 $\dot{\boldsymbol{q}}$ 无关，计算式（5-55）得到

$$\begin{aligned}\frac{\mathrm{d}}{\mathrm{d}t}\left(\frac{\partial L}{\partial\dot{\boldsymbol{q}}_i}\right)&=\frac{\mathrm{d}}{\mathrm{d}t}\left(\frac{\partial E_{\mathrm{k}}}{\partial\dot{\boldsymbol{q}}_i}\right)=\sum_{j=1}^{n}b_{ij}(\boldsymbol{q})\ddot{q}_j+\sum_{j=1}^{n}\frac{\mathrm{d}b_{ij}(\boldsymbol{q})}{\mathrm{d}t}\dot{q}_j\\&=\sum_{j=1}^{n}b_{ij}(\boldsymbol{q})\ddot{q}_j+\sum_{j=1}^{n}\sum_{k=1}^{n}\frac{\partial b_{ij}(\boldsymbol{q})}{\partial q_k}\dot{q}_k\dot{q}_j\end{aligned} \tag{5-63}$$

且

$$\frac{\partial E_{\mathrm{k}}}{\partial q_i}=\frac{1}{2}\sum_{j=1}^{n}\sum_{k=1}^{n}\frac{\partial b_{ij}(\boldsymbol{q})}{\partial q_i}\dot{q}_k\dot{q}_j \tag{5-64}$$

进一步参考式（5-38）和式（5-48），得

$$\begin{aligned}\frac{\partial U}{\partial q_i}&=-\sum_{j=1}^{n}\left(m_{l_j}\boldsymbol{g}_0^{\mathrm{T}}\frac{\partial\boldsymbol{p}_{l_j}}{\partial q_i}+m_{m_j}\boldsymbol{g}_0^{\mathrm{T}}\frac{\partial\boldsymbol{p}_{m_j}}{\partial q_i}\right)\\&=-\sum_{j=1}^{n}\left(m_{l_j}\boldsymbol{g}_0^{\mathrm{T}}\boldsymbol{J}_{p_i}^{(l_i)}(\boldsymbol{q})+m_{m_j}\boldsymbol{g}_0^{\mathrm{T}}\boldsymbol{J}_{p_i}^{(m_i)}(\boldsymbol{q})\right)=g_i(\boldsymbol{q})\end{aligned} \tag{5-65}$$

式中求和公式中的角标已进行适当的转换。

最后可得出动力学方程为

$$\sum_{j=1}^{n}b_{ij}(\boldsymbol{q})\ddot{q}_j+\sum_{j=1}^{n}\sum_{k=1}^{n}h_{ijk}(\boldsymbol{q})\dot{q}_k\dot{q}_j+g_i(\boldsymbol{q})=\xi_i,\quad i=1,2,\cdots,n \tag{5-66}$$

式中，

$$h_{ijk}=\frac{\partial\dot{b}_{ij}}{\partial q_k}-\frac{1}{2}\frac{\partial b_{ij}}{\partial q_i} \tag{5-67}$$

式（5-66）中的物理意义为：

1）加速度项（Acceleration terms）。参数 b_{ii} 表示其他关节锁定时，当前操作臂位形条件下，关节轴 i 的转动惯量；参数 b_{ij} 表示关节 i 对关节 j 的加速度影响。

2）二次速度项（Quadratic velocity terms）。$h_{ijk}\dot{q}^2$ 项表示由于关节 j 速度引起的关节 i 的离心作用；注意因为 $\partial b_{ii}/\partial q_i=0$，所以 $h_{iii}=0$；$h_{ijk}\dot{q}_j\dot{q}_k$ 项表示关节 j 和关节 k 的速度对关节 i 引起的科氏影响。

3）位形依赖项（Configuration-dependent terms）。g_i 项表示在当前位形下，重力对操作臂关节轴产生的力矩。

某些关节动力学耦合项如参数 b_{ij} 和 h_{ijk} 可以在结构设计中减小或令其为零，这是为了简化控制问题。

对操作臂关节处作用的非保守力，由驱动转矩 $\boldsymbol{\tau}$ 减去黏滞摩擦（*Viscous friction*）转矩 $\boldsymbol{F}_v(\dot{\boldsymbol{q}})$ 和静摩擦转矩 $\boldsymbol{f}_s(\boldsymbol{q},\dot{\boldsymbol{q}})$ 得到，$\boldsymbol{F}_v$ 表示由黏滞摩擦系数构成的 $(n\times n)$ 对角矩阵。可采

用库仑摩擦（Coulomb friction）转矩 $\boldsymbol{F}_s\mathrm{sgn}(\dot{\boldsymbol{q}})$ 作为静摩擦转矩的简化模型。其中 $\boldsymbol{F}_s$ 为 $(n\times n)$ 对角阵，$\mathrm{sgn}(\dot{\boldsymbol{q}})$ 表示（$n\times 1$）矢量，其元素由单个关节速度的符号函数给出。

若操作臂末端执行器与环境接触，部分输入转矩就要用于平衡接触力对关节引起的转矩。该转矩形式上由 $\boldsymbol{J}^{\mathrm{T}}(\boldsymbol{q})\boldsymbol{h}_e$ 给出，其中 $\boldsymbol{h}_e$ 表示环境中末端执行器施加的力和力矩矢量。

式（5-66）动力学方程可写为用于表达关节空间动力学模型（Joint space dynamic model）的简洁矩阵形式：

$$\boldsymbol{B}(\boldsymbol{q})\ddot{\boldsymbol{q}}+\boldsymbol{C}(\boldsymbol{q},\dot{\boldsymbol{q}})\dot{\boldsymbol{q}}+\boldsymbol{F}_v\dot{\boldsymbol{q}}+\boldsymbol{F}_s\mathrm{sgn}(\dot{\boldsymbol{q}})+g(\boldsymbol{q})=\boldsymbol{\tau}-\boldsymbol{J}^{\mathrm{T}}(\boldsymbol{q})\boldsymbol{h}_e \tag{5-68}$$

式中，$\boldsymbol{C}(\boldsymbol{q},\dot{\boldsymbol{q}})$ 为适当的 $(n\times n)$ 矩阵，其元素 c_{ij} 满足：

$$\sum_{j=1}^{n}c_{ij}q_j=\sum_{j=1}^{n}\sum_{k=1}^{n}h_{ijk}\dot{q}_k\dot{q}_j \tag{5-69}$$

5.3 操作臂牛顿-欧拉动力学

拉格朗日方法中，操作臂动力学模型是由系统总的拉格朗日公式推导出来的。牛顿-欧拉方法是建立在操作臂连杆之间所有力平衡关系的基础上，由此得出的方程组。其结构使得解具有递归形式，前向递归用于连杆速度和加速度传递，后向递归则用于力传递。

5.3.1 牛顿-欧拉公式

根据前节提出的内容，可以得出扩展连杆 i（连杆 i 加上关节 $i+1$ 的电动机）的质心 C_i 有关的参数描述，如图 5-6 所示，图中各符号的含义如下。

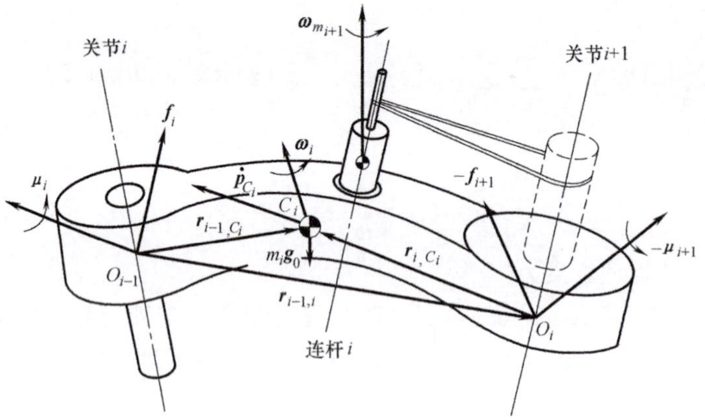

图 5-6 牛顿-欧拉方程中的连杆 i 的运动学描述

m_i：扩展连杆质量；

$\bar{\boldsymbol{I}}_i$：扩展连杆的惯性张量；

$\boldsymbol{I}_{m_i}$：转子的转动惯量；

$\boldsymbol{r}_{i-1,C_i}$：坐标系 $\{i-1\}$ 的原点到质心 C_i 的矢量；

$\boldsymbol{r}_{i,C_i}$：坐标系 $\{i\}$ 的原点到质心 C_i 的矢量；

$\boldsymbol{r}_{i-1,i}$：坐标系 $\{i-1\}$ 的原点到坐标系 $\{i\}$ 的矢量。

速度和加速度的参数表示如下：

$\dot{\boldsymbol{p}}_{C_i}$：质心 C_i 的线速度；

$\dot{\boldsymbol{p}}_i$：坐标系 $\{i\}$ 原点的线速度；

$\boldsymbol{\omega}_i$：连杆的角速度；

$\boldsymbol{\omega}_{m_i}$：转子的角速度；

$\ddot{\boldsymbol{p}}_{C_i}$：质心 C_i 的线加速度；

$\ddot{\boldsymbol{p}}_i$：坐标系 $\{i\}$ 原点的线加速度；

$\dot{\boldsymbol{\omega}}_i$：连杆的角加速度；

$\dot{\boldsymbol{\omega}}_{m_i}$：转子的角加速度；

$\boldsymbol{g}_0$：重力加速度。

力和力矩的参数表示如下：

$\boldsymbol{f}_i$：连杆 $i-1$ 对连杆 i 施加的作用力；

$-\boldsymbol{f}_{i+1}$：连杆 $i+1$ 对连杆 i 施加的作用力；

$\boldsymbol{\mu}_i$：连杆 $i-1$ 对连杆 i 关于坐标系 $\{i-1\}$ 原点的力矩；

$-\boldsymbol{\mu}_{i+1}$：连杆 $i+1$ 对连杆 i 关于坐标系 $\{i\}$ 原点的力矩。

牛顿-欧拉公式本质上是从作用其上的力与力矩的角度描述了连杆的运动。假定所有矢量和矩阵都参考基坐标系（Base frame）表示，则质心平移运动的牛顿方程可写为

$$\boldsymbol{f}_i-\boldsymbol{f}_{i+1}+m_i\boldsymbol{g}_0=m_i\ddot{\boldsymbol{p}}_{C_i} \tag{5-70}$$

连杆旋转运动的欧拉方程（针对质心力矩）可写为

$$\boldsymbol{\mu}_i+\boldsymbol{f}_i\times\boldsymbol{r}_{i-1,C_i}-\boldsymbol{\mu}_{i+1}-\boldsymbol{f}_{i+1}\times\boldsymbol{r}_{i,C_i}=\frac{\mathrm{d}}{\mathrm{d}t}(\bar{\boldsymbol{I}}_i\boldsymbol{\omega}_i+k_{r,i+1}\dot{q}_{i+1}\boldsymbol{I}_{m_{i+1}}\boldsymbol{z}_{m_{i+1}}) \tag{5-71}$$

注意，重力 $m_i\boldsymbol{g}_0$ 并不形成力矩，因为该力产生于质心。

与前述拉格朗日公式提出的内容相同，该式便于表现在当前坐标系中的惯性张量（恒张量）。因此根据式（5-36）可得 $\bar{\boldsymbol{I}}_i=\boldsymbol{R}_i\bar{\boldsymbol{I}}_i^i\boldsymbol{R}_i^{\mathrm{T}}$，其中，$\boldsymbol{R}_i$ 为坐标系$\{i\}$到基坐标系的旋转矩阵。将这个关系式代入式（5-71）右侧的第一项，则下式成立：

$$\begin{aligned}\frac{\mathrm{d}}{\mathrm{d}t}(\bar{\boldsymbol{I}}_i\boldsymbol{\omega}_i)&=\dot{\boldsymbol{R}}_i\bar{\boldsymbol{I}}_i^i\boldsymbol{R}_i^{\mathrm{T}}\boldsymbol{\omega}_i+\boldsymbol{R}_i\bar{\boldsymbol{I}}_i^i\dot{\boldsymbol{R}}_i^{\mathrm{T}}\boldsymbol{\omega}_i+\boldsymbol{R}_i\bar{\boldsymbol{I}}_i^i\boldsymbol{R}_i^{\mathrm{T}}\dot{\boldsymbol{\omega}}_i\\&=\boldsymbol{S}(\boldsymbol{\omega}_i)\boldsymbol{R}_i\bar{\boldsymbol{I}}_i^i\boldsymbol{R}_i^{\mathrm{T}}\boldsymbol{\omega}_i+\boldsymbol{R}_i\bar{\boldsymbol{I}}_i^i\boldsymbol{R}_i^{\mathrm{T}}\boldsymbol{S}^{\mathrm{T}}(\boldsymbol{\omega}_i)\boldsymbol{\omega}_i+\boldsymbol{R}_i\bar{\boldsymbol{I}}_i^i\boldsymbol{R}_i^{\mathrm{T}}\dot{\boldsymbol{\omega}}_i\\&=\bar{\boldsymbol{I}}_i\dot{\boldsymbol{\omega}}_i+\boldsymbol{\omega}_i\times(\bar{\boldsymbol{I}}_i\boldsymbol{\omega}_i)\end{aligned} \tag{5-72}$$

其中第二项表示由 $\bar{\boldsymbol{I}}_i$ 在连杆方向上引起的螺旋转矩。注意单位矢量$\boldsymbol{z}_{m_{i+1}}$跟随连杆 i 旋转，式（5-71）右侧第二项推得

$$\frac{\mathrm{d}}{\mathrm{d}t}(\dot{q}_{i+1}\boldsymbol{I}_{m_{i+1}}\boldsymbol{z}_{m_{i+1}})=\ddot{q}_{i+1}\boldsymbol{I}_{m_{i+1}}\boldsymbol{z}_{m_{i+1}}+\dot{q}_{i+1}\boldsymbol{I}_{m_{i+1}}(\boldsymbol{\omega}_i\times\boldsymbol{z}_{m_{i+1}}) \tag{5-73}$$

将式（5-71）代入式（5-72）、式（5-73），则欧拉方程改写为

$$\boldsymbol{\mu}_i+\boldsymbol{f}_i\times\boldsymbol{r}_{i-1,C_i}-\boldsymbol{\mu}_{i+1}-\boldsymbol{f}_{i+1}\times\boldsymbol{r}_{i,C_i}=\bar{\boldsymbol{I}}_i\dot{\boldsymbol{\omega}}_i+\boldsymbol{\omega}_i\times(\bar{\boldsymbol{I}}_i\boldsymbol{\omega}_i)+k_{r,i+1}\ddot{q}_{i+1}\boldsymbol{I}_{m_{i+1}}\boldsymbol{z}_{m_{i+1}}+k_{r,i+1}\dot{q}_{i+1}\boldsymbol{I}_{m_{i+1}}(\boldsymbol{\omega}_i\times\boldsymbol{z}_{m_{i+1}}) \tag{5-74}$$

关节 i 上广义力可通过将力 $\boldsymbol{f}_i$ 投影到移动关节计算得到，或者将力矩 $\boldsymbol{\mu}_i$ 沿着关节轴向投影到旋转关节。另外，还存在转子惯性转矩 $k_{r_i}\boldsymbol{I}_{m_i}\dot{\boldsymbol{\omega}}_{m_i}^{\mathrm{T}}\boldsymbol{z}_{m_i}$。因此，关节 i 上的总广义力表达如下：

$$\boldsymbol{\tau}_i=\begin{cases}\boldsymbol{f}_i^{\mathrm{T}}\boldsymbol{z}_{i-1}+k_{r_i}\boldsymbol{I}_{m_i}\dot{\boldsymbol{\omega}}_{m_i}^{\mathrm{T}}\boldsymbol{z}_{m_i} & \text{移动关节}\\ \boldsymbol{\mu}_i^{\mathrm{T}}\boldsymbol{z}_{i-1}+k_{r_i}\boldsymbol{I}_{m_i}\dot{\boldsymbol{\omega}}_{m_i}^{\mathrm{T}}\boldsymbol{z}_{m_i} & \text{旋转关节}\end{cases}\tag{5-75}$$

5.3.2 连杆的加速度

式（5-70）、式（5-74）中的牛顿-欧拉方程与式（5-75）中的方程需要计算连杆 i 和转子 i 的线加速度和角加速度，该计算可在前面已得到的线速度与角速度关系的基础上导出。相关的方程如下：

$$\boldsymbol{\omega}_i=\begin{cases}\boldsymbol{\omega}_{i-1} & \text{移动关节}\\ \boldsymbol{\omega}_{i-1}+\dot{\theta}_i\boldsymbol{z}_{i-1} & \text{旋转关节}\end{cases}\tag{5-76}$$

与

$$\dot{\boldsymbol{p}}_i=\begin{cases}\dot{\boldsymbol{p}}_{i-1}+\dot{d}_i\boldsymbol{z}_{i-1}+\boldsymbol{\omega}_i\times\boldsymbol{r}_{i-1,i} & \text{移动关节}\\ \dot{\boldsymbol{p}}_{i-1}+\boldsymbol{\omega}_i\times\boldsymbol{r}_{i-1,i} & \text{旋转关节}\end{cases}\tag{5-77}$$

对于连杆的角加速度，可以看作为对移动关节关于时间求导，有

$$\dot{\boldsymbol{\omega}}_i=\dot{\boldsymbol{\omega}}_{i-1}\tag{5-78}$$

反之，对旋转关节，则可看作为对转动关节关于时间求导，有

$$\dot{\boldsymbol{\omega}}_i=\dot{\boldsymbol{\omega}}_{i-1}+\ddot{\theta}_i\boldsymbol{z}_{i-1}+\dot{\theta}_i(\boldsymbol{\omega}_{i-1}\times\boldsymbol{z}_{i-1})\tag{5-79}$$

对于连杆的线加速度，若为移动关节，有

$$\ddot{\boldsymbol{p}}_i=\ddot{\boldsymbol{p}}_{i-1}+\ddot{d}_i\boldsymbol{z}_{i-1}+\dot{d}_i(\boldsymbol{\omega}_{i-1}\times\boldsymbol{z}_{i-1})+\dot{\boldsymbol{\omega}}_i\times\boldsymbol{r}_{i-1,i}+\boldsymbol{\omega}_i\times\dot{d}_i\boldsymbol{z}_{i-1}+\boldsymbol{\omega}_i\times(\boldsymbol{\omega}_{i-1}\times\boldsymbol{r}_{i-1,i})\tag{5-80}$$

式中用到关系 $\dot{\boldsymbol{r}}_{i-1,i}=\dot{d}_i\boldsymbol{z}_{i-1}+\boldsymbol{\omega}_{i-1}\times\boldsymbol{r}_{i-1,i}$。因此，式（5-80）可改写为

$$\ddot{\boldsymbol{p}}_i=\ddot{\boldsymbol{p}}_{i-1}+\ddot{d}_i\boldsymbol{z}_{i-1}+2\dot{d}_i(\boldsymbol{\omega}_{i-1}\times\boldsymbol{z}_{i-1})+\boldsymbol{\omega}_i\times\boldsymbol{r}_{i-1,i}+\boldsymbol{\omega}_i\times(\boldsymbol{\omega}_{i-1}\times\boldsymbol{r}_{i-1,i})\tag{5-81}$$

同理，对于旋转关节，对式（5-76）、式（5-77）关于时间求导，得

$$\ddot{\boldsymbol{p}}_i=\ddot{\boldsymbol{p}}_{i-1}+\dot{\boldsymbol{\omega}}_i\times\boldsymbol{r}_{i-1,i}+\boldsymbol{\omega}_i\times(\boldsymbol{\omega}_{i-1}\times\boldsymbol{r}_{i-1,i})\tag{5-82}$$

上述连杆加速度方程可简化为

$$\dot{\boldsymbol{\omega}}_i=\begin{cases}\dot{\boldsymbol{\omega}}_{i-1} & \text{移动关节}\\ \dot{\boldsymbol{\omega}}_{i-1}+\ddot{\theta}_i\boldsymbol{z}_{i-1}+\dot{\theta}_i(\boldsymbol{\omega}_{i-1}\times\boldsymbol{z}_{i-1}) & \text{旋转关节}\end{cases}\tag{5-83}$$

与

$$\ddot{\boldsymbol{p}}_i=\begin{cases}\ddot{\boldsymbol{p}}_{i-1}+\ddot{d}_i\boldsymbol{z}_{i-1}+2\dot{d}_i(\boldsymbol{\omega}_{i-1}\times\boldsymbol{z}_{i-1})+\dot{\boldsymbol{\omega}}_i\times\boldsymbol{r}_{i-1,i}+\boldsymbol{\omega}_i\times(\boldsymbol{\omega}_{i-1}\times\boldsymbol{r}_{i-1,i}) & \text{移动关节}\\ \ddot{\boldsymbol{p}}_{i-1}+\dot{\boldsymbol{\omega}}_i\times\boldsymbol{r}_{i-1,i}+\boldsymbol{\omega}_i\times(\boldsymbol{\omega}_{i-1}\times\boldsymbol{r}_{i-1,i}) & \text{旋转关节}\end{cases}\tag{5-84}$$

式（5-70）中牛顿方程必须得到连杆 i 质心的加速度，由于 $\dot{\boldsymbol{r}}_{i,C_i}^{i}=\boldsymbol{0}$，加速度可由第 4

章中的相关公式导出，质心 C_i 的加速度可表示为坐标系 i 原点的速度与加速度的函数，即

$$\ddot{\boldsymbol{p}}_{C_i}=\ddot{\boldsymbol{p}}_i+\dot{\boldsymbol{\omega}}_i\times\boldsymbol{r}_{i,C_i}+\boldsymbol{\omega}_i\times(\boldsymbol{\omega}_i\times\boldsymbol{r}_{i,C_i}) \tag{5-85}$$

最后，转子的角加速度可由式（5-47）的时间导数计算得到，即

$$\dot{\boldsymbol{\omega}}_{m_i}=\dot{\boldsymbol{\omega}}_{i-1}+k_{r_i}\ddot{q}_i\boldsymbol{z}_{m_i}+k_{r_i}\dot{q}_i(\boldsymbol{\omega}_{i-1}\times\boldsymbol{z}_{m_i}) \tag{5-86}$$

5.3.3　递推算法

因为单个连杆的运动总是通过速度、加速度的运动学关系和其他连杆运动相联系的，有必要讨论运动的牛顿-欧拉方程非闭合形式求解。

只要关节位置、速度和加速度已知，就可计算连杆速度和加速度，牛顿-欧拉方程可从施加在末端执行器上的力和力矩开始，用递归形式得到作用在每个连杆上的力和力矩。另一方面，连杆和转子速度与加速度可从基座连杆的速度和加速度开始递归计算。总的来说，递推算法（Recursive algorithm）构造的特点是前向递推（Forward recurision）和速度与加速度的传递有关，后向递推（Backward recursion）是在沿着构型进行力和力矩的传递。

前向递推中，只要 $\boldsymbol{q}$、$\dot{\boldsymbol{q}}$、$\ddot{\boldsymbol{q}}$ 与基座连杆的速度和加速度 $\boldsymbol{\omega}_0$、$\ddot{\boldsymbol{p}}_0-\boldsymbol{g}_0$、$\dot{\boldsymbol{\omega}}_0$ 指定，$\boldsymbol{\omega}_i$、$\dot{\boldsymbol{\omega}}_i$、$\ddot{\boldsymbol{p}}_i$、$\ddot{\boldsymbol{p}}_{C_i}$、$\dot{\boldsymbol{\omega}}_{m_i}$ 就可以利用前面公式分别计算得到。注意线加速度选为 $\ddot{\boldsymbol{p}}_0-\boldsymbol{g}_0$，是为了在式（5-84）和式（5-85）中质心加速度 $\ddot{\boldsymbol{p}}_{C_i}$ 计算中合并$-\boldsymbol{g}_0$ 项。

用前向递推计算基座连杆到末端执行器的速度和加速度之后，再用后向递推得出力。具体来说，只要给出 $\boldsymbol{h}_e=(\boldsymbol{f}_{n+1}^{\mathrm{T}},\ \boldsymbol{\mu}_{n+1}^{\mathrm{T}})^{\mathrm{T}}$（最终 $\boldsymbol{h}_e=\boldsymbol{0}$），式（5-70）中用于迭代的牛顿公式就可以写为

$$\boldsymbol{f}_i=\boldsymbol{f}_{i+1}+m_i\ddot{\boldsymbol{p}}_{C_i} \tag{5-87}$$

重力加速度分量已经包含在 $\ddot{\boldsymbol{p}}_{C_i}$ 中。且欧拉方程为

$$\begin{aligned}\boldsymbol{\mu}_i=&-\boldsymbol{f}_i\times(\boldsymbol{r}_{i-1,C_i}+\boldsymbol{r}_{i,C_i})+\boldsymbol{\mu}_{i+1}+\boldsymbol{f}_{i+1}\times\boldsymbol{r}_{i,C_i}+\bar{\boldsymbol{I}}_i\dot{\boldsymbol{\omega}}_i+\boldsymbol{\omega}_i\times(\bar{\boldsymbol{I}}_i\boldsymbol{\omega}_i)+\\&k_{r,i+1}\ddot{q}_{i+1}\boldsymbol{I}_{m_{i+1}}\boldsymbol{z}_{m_{i+1}}+k_{r,i+1}\dot{q}_{i+1}\boldsymbol{I}_{m_{i+1}}(\boldsymbol{\omega}_i\times\boldsymbol{z}_{m_{i+1}})\end{aligned} \tag{5-88}$$

该式由式（5-74）得出，其中 $\boldsymbol{r}_{i-1,C_i}$ 表示为前向递推中出现的两个矢量之和。最后，作用在关节上的广义力由式（5-75）计算得到

$$\boldsymbol{\tau}_i=\begin{cases}\boldsymbol{f}_i^{\mathrm{T}}\boldsymbol{z}_{i-1}+k_{r_i}\boldsymbol{I}_{m_i}\dot{\boldsymbol{\omega}}_{m_i}^{\mathrm{T}}z_{m_i}+F_{vi}\dot{d}_i+F_{si}\operatorname{sgn}(\dot{d}_i) & \text{移动关节}\\ \boldsymbol{\mu}_i^{\mathrm{T}}\boldsymbol{z}_{i-1}+k_{r_i}\boldsymbol{I}_{m_i}\dot{\boldsymbol{\omega}}_{m_i}^{\mathrm{T}}z_{m_i}+F_{vi}\dot{\boldsymbol{\theta}}_i+F_{si}sgn(\dot{\boldsymbol{\theta}}_i) & \text{旋转关节}\end{cases} \tag{5-89}$$

式中包含了关节黏滞转矩与库仑摩擦转矩。

在以上推导中，假定所有的矢量都参考于基坐标系。若所有矢量都参考连杆 i 的当前坐标系，递推可简化大量计算，更为有效。这表示从坐标系 $\{i+1\}$ 变换到坐标系 $\{i\}$ 的所有矢量需要乘以旋转矩阵${}_{i+1}^{i}\boldsymbol{R}$，而从坐标系 $\{i-1\}$ 变换到坐标系 $\{i\}$ 的所有矢量则要乘以旋转矩阵${}_{i}^{i-1}\boldsymbol{R}^{\mathrm{T}}$。因此，式（5-76）、式（5-83）~式（5-89）中的方程可写为

$$\boldsymbol{\omega}_i^i=\begin{cases}({}_{i}^{i-1}\boldsymbol{R})^{\mathrm{T}}\boldsymbol{\omega}_{i-1}^{i-1} & \text{移动关节}\\ ({}_{i}^{i-1}\boldsymbol{R})^{\mathrm{T}}\dfrac{(\boldsymbol{\omega}_{i-1}^{i-1}+\dot{\theta}\ \boldsymbol{z}_0)}{\dot{\theta}_i} & \text{旋转关节}\end{cases} \tag{5-90}$$

$$\dot{\boldsymbol{\omega}}_i^i=\begin{cases}({}_i^{i-1}\boldsymbol{R})^{\mathrm{T}}\dot{\boldsymbol{\omega}}_{i-1}^{i-1} & \text{移动关节}\\({}_i^{i-1}\boldsymbol{R})^{\mathrm{T}}(\dot{\boldsymbol{\omega}}_{i-1}^{i-1}+\ddot{\theta}_i\boldsymbol{z}_0+\dot{\theta}_i(\boldsymbol{\omega}_{i-1}^{i-1}\times\boldsymbol{z}_0)) & \text{旋转关节}\end{cases}\tag{5-91}$$

$$\ddot{\boldsymbol{p}}_i^i=\begin{cases}(\boldsymbol{R}_i^{i-1})^{\mathrm{T}}(\ddot{\boldsymbol{p}}_{i-1}^{i-1}+\ddot{d}_i\boldsymbol{z}_0)+2\dot{d}_i(\boldsymbol{\omega}_i^i\times(\boldsymbol{R}_i^{i-1})^{\mathrm{T}}\boldsymbol{z}_0)+\dot{\boldsymbol{\omega}}_i^i\times\boldsymbol{r}_{i-1,i}^i+\boldsymbol{\omega}_i^i\times(\boldsymbol{\omega}_i^i\times\boldsymbol{r}_{i-1,i}^i) & \text{移动关节}\\(\boldsymbol{R}_i^{i-1})^{\mathrm{T}}\ddot{\boldsymbol{p}}_{i-1}^{i-1}+\dot{\boldsymbol{\omega}}_i^i\times\boldsymbol{r}_{i-1,i}^i+\boldsymbol{\omega}_i^i\times(\boldsymbol{\omega}_i^i\times\boldsymbol{r}_{i-1,i}^i) & \text{旋转关节}\end{cases}\tag{5-92}$$

$$\ddot{\boldsymbol{p}}_{C_i}^i=\ddot{\boldsymbol{p}}_i^i+\dot{\boldsymbol{\omega}}_i^i\times\boldsymbol{r}_{i,C_i}^i+\boldsymbol{\omega}_i^i\times(\boldsymbol{\omega}_i^i\times\boldsymbol{r}_{i,C_i}^i)\tag{5-93}$$

$$\dot{\boldsymbol{\omega}}_{m_i}^{i-1}=\dot{\boldsymbol{\omega}}_{i-1}^{i-1}+k_{r_i}\ddot{q}_i\boldsymbol{z}_{m_i}^{i-1}+k_{r_i}\dot{q}_i(\boldsymbol{\omega}_{i-1}^{i-1}\times\boldsymbol{z}_{m_i}^{i-1})\tag{5-94}$$

$$\boldsymbol{f}_i^i={}_{i+1}^{i}\boldsymbol{R}\boldsymbol{f}_{i+1}^{i+1}+m_i\ddot{\boldsymbol{p}}_{C_i}^i\tag{5-95}$$

$$\begin{aligned}\boldsymbol{\mu}_i^i=&-\boldsymbol{f}_i^i\times(\boldsymbol{r}_{i-1,i}^i+\boldsymbol{r}_{i,C_i}^i)+{}_{i+1}^{i}\boldsymbol{R}\boldsymbol{\mu}_{i+1}^{i+1}+{}_{i+1}^{i}\boldsymbol{R}\boldsymbol{f}_{i+1}^{i+1}\times\boldsymbol{r}_{i,C_i}^i+\bar{\boldsymbol{I}}_i^i\dot{\boldsymbol{\omega}}_i^i+\boldsymbol{\omega}_i^i\times(\bar{\boldsymbol{I}}_i^i\boldsymbol{\omega}_i^i)+\\&k_{r,i+1}\ddot{q}_{i+1}\boldsymbol{I}_{m_{i+1}}\boldsymbol{z}_{m_{i+1}}^i+k_{r,i+1}\dot{q}_{i+1}\boldsymbol{I}_{m_{i+1}}(\boldsymbol{\omega}_i^i\times\boldsymbol{z}_{m_{i+1}}^i)\end{aligned}\tag{5-96}$$

$$\tau_i=\begin{cases}\boldsymbol{f}_i^{\mathrm{T}}({}_i^{i-1}\boldsymbol{R})^{\mathrm{T}}\boldsymbol{z}_0+k_{r_i}\boldsymbol{I}_{m_i}(\dot{\boldsymbol{\omega}}_{m_i}^{i-1})^{\mathrm{T}}\boldsymbol{z}_{m_i}^{i-1}+F_{vi}\dot{d}_i+F_{si}\mathrm{sgn}(\dot{d}_i) & \text{移动关节}\\\boldsymbol{\mu}_i^{\mathrm{T}}({}_i^{i-1}\boldsymbol{R})^{\mathrm{T}}\boldsymbol{z}_0+k_{r_i}\boldsymbol{I}_{m_i}(\dot{\boldsymbol{\omega}}_{m_i}^{i-1})^{\mathrm{T}}\boldsymbol{z}_{m_i}^{i-1}+F_{vi}\dot{\theta}_i+F_{si}\mathrm{sgn}(\dot{\theta}_i) & \text{旋转关节}\end{cases}\tag{5-97}$$

以上等式具有 $\bar{\boldsymbol{I}}_i^i$、$\boldsymbol{r}_{i,C_i}^i$、$\boldsymbol{z}_{m_i}^{i-1}$ 为常数的优点，且 $\boldsymbol{z}_0=(0,\ 0,\ 1)^{\mathrm{T}}$。

上述内容总结如下，对给定的关节位置、速度、加速度，递推算法从以下两个方面给出：

1）利用已知的初始条件 $\boldsymbol{\omega}_0$、$\ddot{\boldsymbol{p}}_0-\boldsymbol{g}_0$、$\dot{\boldsymbol{\omega}}_0$，根据式（5-90）~式（5-94），对 $i=1,2,\cdots,n$，计算 $\boldsymbol{\omega}_i^i$、$\dot{\boldsymbol{\omega}}_i^i$、$\ddot{\boldsymbol{p}}_i^i$、$\ddot{\boldsymbol{p}}_{C_i}^i$、$\dot{\boldsymbol{\omega}}_{m_i}^{i-1}$。

2）利用已知的终端条件 $\boldsymbol{f}_{n+1}^{n+1}$、$\boldsymbol{\mu}_{n+1}^{n+1}$，根据式（5-95）、式（5-96），对 $i=1,2,\cdots,n$，计算 $\boldsymbol{f}_i^i$、$\boldsymbol{\mu}_i^i$，根据式（5-97）计算 τ_i。

5.4 操作臂动力学模型实例

本节以二自由度平面关节操作臂（见图 5-7）为对象，举例说明用拉格朗日方法和牛顿-欧拉方法的动力学方程建立过程。

5.4.1 拉格朗日方法

1. 关节变量及力的选定

连杆 1 和连杆 2 的关节变量分别为转角 θ_1 和 θ_2，相应的关节 1 和关节 2 的力矩是 τ_1 和 τ_2。连杆 1 和连杆 2 的质量分别是 m_1 和 m_2，杆长分别为 l_1 和 l_2，质心分别在 k_1 和 k_2 处，离关节中心的距离分别为 p_1 和 p_2。因此，杆 1 质心 k_1 的位置坐标为

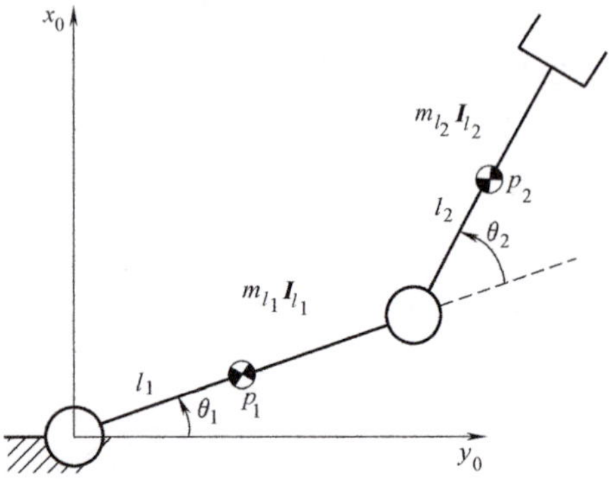

图 5-7 二自由度平面关节操作臂

$$x_1 = p_1\sin\theta_1,\quad y_1 = p_1\cos\theta_1 \tag{5-98}$$

杆 1 质心 k_1 的速度平方为

$$\dot{x}_1^2+\dot{y}_1^2=(p_1\dot{\theta}_1)^2 \tag{5-99}$$

杆 2 质心 k_2 的位置坐标为

$$x_2=l_1\sin\theta_1+p_2\sin(\theta_1+\theta_2),\quad y_2=l_1\cos\theta_1+p_2\cos(\theta_1+\theta_2) \tag{5-100}$$

杆 2 质心 k_2 的速度平方为

$$\dot{x}_2=l_1\cos\theta_1\dot{\theta}_1+p_2\cos(\theta_1+\theta_2)(\dot{\theta}_1+\dot{\theta}_2),\ \dot{y}_2=-l_1\sin\theta_1\dot{\theta}_1-p_2\sin(\theta_1+\theta_2)(\dot{\theta}_1+\dot{\theta}_2)$$

$$\dot{x}_2^2+\dot{y}_2^2=l_1^2\dot{\theta}_1^2+p_2^2(\dot{\theta}_1+\dot{\theta}_2)^2+2l_1p_2(\dot{\theta}_1^2+\dot{\theta}_1\dot{\theta}_2)\cos\theta_2 \tag{5-101}$$

2. 系统动能

$$E_k=\sum E_{ki},i=1,\ 2$$

$$E_{k1}=\frac{1}{2}m_1p_1^2\dot{\theta}_1^2$$

$$E_{k2}=\frac{1}{2}m_2l_1^2\dot{\theta}_1^2+\frac{1}{2}m_2p_2^2(\dot{\theta}_1+\dot{\theta}_2)^2+m_2l_1p_2(\dot{\theta}_1^2+\dot{\theta}_1\dot{\theta}_2)\cos\theta_2 \tag{5-102}$$

3. 系统势能

$$E_p=\sum E_{pi},i=1,2$$

$$E_{p1}=m_1gp_1\cos\theta_1$$

$$E_{p2}=m_2g(l_1\cos\theta_1+p_2\cos(\theta_1+\theta_2)) \tag{5-103}$$

4. 拉格朗日函数

$$L=E_k-E_p=\frac{1}{2}m_1p_1^2\dot{\theta}_1^2+\frac{1}{2}m_2l_1^2\dot{\theta}_1^2+$$

$$\frac{1}{2}m_2p_2^2(\dot{\theta}_1+\dot{\theta}_2)^2+m_2l_1p_2(\dot{\theta}_1^2+\dot{\theta}_1\dot{\theta}_2)\cos\theta_2-m_1gp_1\cos\theta_1-m_2g(l_1\cos\theta_1+p_2\cos(\theta_1+\theta_2))$$

5. 系统动力学方程

根据拉格朗日方程

$$F_i=\frac{\mathrm{d}}{\mathrm{d}t}\frac{\partial L}{\partial\dot{q}_i}-\frac{\partial L}{\partial q_i},\quad i=1,2,\cdots,n \tag{5-104}$$

可计算各关节上的力矩，得到系统动力学方程。

关节 1 上的力矩 τ_1：

$$\frac{\partial L}{\partial\dot{\theta}_1}=(m_1p_1^2+m_2l_1^2)\dot{\theta}_1+m_2l_1p_2(2\dot{\theta}_1+\dot{\theta}_2)\cos\theta_2+m_2p_2^2(\dot{\theta}_1+\dot{\theta}_2) \tag{5-105}$$

$$\frac{\partial L}{\partial\theta_1}=-m_1gp_1\sin\theta_1-m_2g(l_1\sin\theta_1+p_2\sin(\theta_1+\theta_2)) \tag{5-106}$$

因此，有

$$\tau_1=\frac{\mathrm{d}}{\mathrm{d}t}\frac{\partial L}{\partial \dot\theta_1}-\frac{\partial L}{\partial \theta_1}$$

$$=(m_1p_1^2+m_2p_2^2+m_2l_1^2+2m_2l_1p_2\cos\theta_2)\ddot\theta_1+(m_2p_2^2+m_2l_1p_2\cos\theta_2)\ddot\theta_2+$$

$$(-2m_2l_1p_2\sin\theta_2)\dot\theta_1\dot\theta_2+(-m_2l_1p_2\sin\theta_2)\dot\theta_2^2+(m_1p_1+m_2l_1)g\sin\theta_1+m_2p_2g\sin(\theta_1+\theta_2) \tag{5-107}$$

式（5-107）可简写为

$$\tau_1=D_{11}\ddot\theta_1+D_{12}\ddot\theta_2+D_{112}\dot\theta_1\dot\theta_2+D_{122}\dot\theta_2^2+D_1 \tag{5-108}$$

由此可得

$$\left.\begin{aligned}D_{11}&=m_1p_1^2+m_2p_2^2+m_2l_1^2+2m_2l_1p_2\cos\theta_2\\D_{12}&=m_2p_2^2+m_2l_1p_2\cos\theta_2\\D_{112}&=-2m_2l_1p_2\sin\theta_2\\D_{122}&=-m_2l_1p_2\sin\theta_2\\D_1&=(m_1p_1+m_2l_1)g\sin\theta_1+m_2p_2g\sin(\theta_1+\theta_2)\end{aligned}\right\} \tag{5-109}$$

关节 2 上的力矩 τ_2：

$$\frac{\partial L}{\partial \dot\theta_2}=m_2p_2^2(\dot\theta_1+\dot\theta_2)+m_2l_1p_2\dot\theta_1\cos\theta_2 \tag{5-110}$$

$$\frac{\partial L}{\partial \theta_2}=-m_2l_1p_2(\dot\theta_1^2+\dot\theta_1\dot\theta_2)\sin\theta_2-m_2gp_2\sin(\theta_1+\theta_2) \tag{5-111}$$

因此，有

$$\tau_2=\frac{\mathrm{d}}{\mathrm{d}t}\frac{\partial L}{\partial \dot\theta_2}-\frac{\partial L}{\partial \theta_2}$$

$$=(m_2p_2^2+m_2l_1p_2\cos\theta_2)\ddot\theta_1+m_2p_2^2\ddot\theta_2+$$

$$(-m_2l_1p_2\sin\theta_2+m_2l_1p_2\sin\theta_2)\dot\theta_1\dot\theta_2+(m_2l_1p_2\sin\theta_2)\dot\theta_1^2+m_2gp_2\sin(\theta_1+\theta_2) \tag{5-112}$$

式（5-112）可简写为

$$\tau_2=D_{21}\ddot\theta_1+D_{22}\ddot\theta_2+D_{212}\dot\theta_1\dot\theta_2+D_{211}\dot\theta_1^2+D_2 \tag{5-113}$$

由此可得

$$\left.\begin{aligned}D_{21}&=m_2p_2^2+m_2l_1p_2\cos\theta_2\\D_{22}&=m_2p_2^2\\D_{212}&=-m_2l_1p_2\sin\theta_2+m_2l_1p_2\sin\theta_2=0\\D_{211}&=m_2l_1p_2\sin\theta_2\\D_2&=m_2p_2g\sin(\theta_1+\theta_2)\end{aligned}\right\} \tag{5-114}$$

式（5-108）、式（5-109）、式（5-113）和式（5-114）分别表示了关节驱动力矩与关节位移、速度、加速度之间的关系，即力和运动之间的关系，称之为二自由度操作臂的动力学方程。对其进行分析可知：

1）含有 $\ddot\theta_1$ 或 $\ddot\theta_2$ 的项表示由于加速度引起的关节力矩项，其中：含有 D_{11} 和 D_{22} 的项分

别表示由于关节 1 加速度和关节 2 加速度引起的惯性力矩项；含有 D_{12} 的项表示关节 2 的加速度对关节 1 的耦合惯性力矩项；含有 D_{21} 的项表示关节 1 的加速度对关节 2 的耦合惯性力矩项。

2）含有 $\dot{\theta}_1$和 $\dot{\theta}_2$的项表示由于向心力引起的关节力矩项，其中：含有 D_{122} 的项表示关节 2 速度引起的向心力对关节 1 的耦合力矩项；含有 D_{211} 的项表示关节 1 速度引起的向心力对关节 2 的耦合力矩项。

3）含有 $\dot{\theta}_1\dot{\theta}_2$的项表示由于科氏力引起的关节力矩项，其中：含有 D_{112} 的项表示科氏力对关节 1 的耦合力矩项；含有 D_{212} 的项表示科氏力对关节 2 的耦合力矩项。

4）只含关节变量 θ_1、θ_2 的项表示重力引起的关节力矩项，其中：含有 D_1 的项表示连杆 1、连杆 2 的质量对关节 1 引起的重力矩项；含有 D_2 的项表示连杆 2 的质量对关节 2 引起的重力矩项。

从上面推导可以看出，很简单的二自由度平面关节机器人其动力学方程已经很复杂了，包括很多因素，这些因素都在影响机器人的动力学特性。对于复杂一些的多自由度机器人，动力学方程更庞杂了，推导过程也更为复杂。不仅如此，对机器人的实时控制也带来不小的麻烦。通常，有一些简化问题的方法：

1）当杆件质量不是很大，重量很轻时，动力学方程中的重力矩项可以省略。

2）当关节速度不是很大，机器人不是高速机器人时，含有 $\dot{\theta}_1^2$、$\dot{\theta}_1\dot{\theta}_2$等项可以省略。

3）当关节加速度不是很大，也就是关节电动机的升降速不是很突然时，含 $\ddot{\theta}_1^2$的项有可能给予省略。当然，关节加速度的减少，会引起速度升降的时间增加，延长了机器人作业循环的时间。

5.4.2　牛顿-欧拉递推方法

下面仍然以图 5-7 所示的两连杆操作臂为对象，说明牛顿-欧拉递推方法进行动力学方程的构建。

速度与加速度的初始条件为

$$\ddot{\boldsymbol{p}}_0^0-\boldsymbol{g}_0^0=(0,\quad g,\quad 0)^{\mathrm{T}},\boldsymbol{\omega}_0^0=\dot{\boldsymbol{\omega}}_0^0=\boldsymbol{0} \tag{5-115}$$

作用力的终端条件为

$$\boldsymbol{f}_3^3=\boldsymbol{0},\boldsymbol{\mu}_3^3=\boldsymbol{0} \tag{5-116}$$

所有量都参考当前连杆坐标系，由此得到以下常数矢量

$$\boldsymbol{r}_{1,C_1}^1=\begin{pmatrix}p_1\\0\\0\end{pmatrix}\boldsymbol{r}_{0,1}^1=\begin{pmatrix}l_1\\0\\0\end{pmatrix},\boldsymbol{r}_{2,C_2}^1=\begin{pmatrix}p_2\\0\\0\end{pmatrix},\boldsymbol{r}_{1,2}^2=\begin{pmatrix}l_2\\0\\0\end{pmatrix} \tag{5-117}$$

令 m_{p_1}、m_{p_2} 为两连杆质量；m_{m_1}、m_{m_2} 为两关节电动机转子的质量；I_{m_1}、I_{m_2} 为对两转子轴的转动惯量；I_{p_1}、I_{p_2} 为分别相对两连杆质心的转动惯量。矢量从某一坐标系到另一个坐标系变换的旋转矩阵为

$${}_{i}^{i-1}\boldsymbol{R}=\begin{pmatrix}\cos\theta_i & -\sin\theta_i & 0\\ \sin\theta_i & \cos\theta_i & 0\\ 0 & 0 & 1\end{pmatrix},i=1,2,{}_{3}^{2}\boldsymbol{R}=\boldsymbol{I} \tag{5-118}$$

进一步假定两个转子的旋转轴与各自关节轴一致，即对 $i=1$，2 均有 $\boldsymbol{z}_{m_i}^{i-1}=\boldsymbol{z}_0=(0,\ 0,\ 1)^{\mathrm{T}}$。

根据式（5-90）~式（5-97），牛顿-欧拉算法需要完成以下步骤。

1. 前向迭代：连杆 1

$$\boldsymbol{\omega}_1^1=\begin{pmatrix}0\\0\\\dot{\theta}_1\end{pmatrix}$$

$$\dot{\boldsymbol{\omega}}_1^1=\begin{pmatrix}0\\0\\\ddot{\theta}_1\end{pmatrix}$$

$$\ddot{\boldsymbol{p}}_1^1=\begin{pmatrix}-l_1\dot{\theta}_1^2+g\sin\theta_1\\l_1\ddot{\theta}_1+g\cos\theta_1\\0\end{pmatrix}$$

$$\ddot{\boldsymbol{p}}_{C_1}^1=\begin{pmatrix}-(p_1+l_1)\dot{\theta}_1^2+g\sin\theta_1\\(p_1+l_1)\ddot{\theta}_1+g\cos\theta_1\\0\end{pmatrix}$$

$$\dot{\boldsymbol{\omega}}_{m_1}^0=\begin{pmatrix}0\\0\\k_{r1}\ddot{\theta}_1\end{pmatrix}$$ ，k_{r1} 为电动机 i 的齿轮减速比

2. 前向迭代：连杆 2

$$\boldsymbol{\omega}_2^2=\begin{pmatrix}0\\0\\\dot{\theta}_1+\dot{\theta}_2\end{pmatrix}$$

$$\dot{\boldsymbol{\omega}}_2^2=\begin{pmatrix}0\\0\\\ddot{\theta}_1+\ddot{\theta}_2\end{pmatrix}$$

$$\ddot{\boldsymbol{p}}_2^2=\begin{pmatrix}l_1\sin\theta_2\ddot{\theta}_1-l_1\cos\theta_2\dot{\theta}_1^2-l_2(\dot{\theta}_1+\dot{\theta}_2)^2+g\sin(\theta_1+\theta_2)\\l_1\cos\theta_2\ddot{\theta}_1+l_2(\ddot{\theta}_1+\ddot{\theta}_2)+l_1\sin\theta_2\dot{\theta}_1^2+g\cos(\theta_1+\theta_2)\\0\end{pmatrix}$$

$$\ddot{\boldsymbol{p}}_{C_2}^2=\begin{pmatrix}l_1\sin\theta_2\ddot{\theta}_1-l_1\cos\theta_2\dot{\theta}_1^2-(p_1+l_2)(\dot{\theta}_1+\dot{\theta}_2)^2+g\sin(\theta_1+\theta_2)\\l_1\cos\theta_2\ddot{\theta}_1+(p_1+l_2)(\ddot{\theta}_1+\ddot{\theta}_2)+l_1\sin\theta_2\dot{\theta}_1^2+g\cos(\theta_1+\theta_2)\\0\end{pmatrix}$$

$$\dot{\boldsymbol{\omega}}_{m_2}^{1}=\frac{\begin{pmatrix}0\\0\\\ddot{\theta}+k_{r2}\ddot{\theta}_2\end{pmatrix}}{\ddot{\theta}_1}$$

3. 后向迭代：连杆 2

$$\boldsymbol{f}_2^2=\begin{pmatrix}m_2(l_1\sin\theta_2\ddot{\theta}_1-l_1\cos\theta_2\dot{\theta}_1^2-(p_1+l_2)(\dot{\theta}_1+\dot{\theta}_2)^2+g\sin(\theta_1+\theta_2))\\m_2(l_1\cos\theta_2\ddot{\theta}_1+(p_1+l_2)(\ddot{\theta}_1+\ddot{\theta}_2)+l_1\sin\theta_2\dot{\theta}_1^2+g\cos(\theta_1+\theta_2))\\0\end{pmatrix}$$

$$\boldsymbol{\mu}_2^2=\begin{pmatrix}*\\*\\\bar{I}_{2zz}(\ddot{\theta}_1+\ddot{\theta}_2)+m_2(p_1+l_2)^2(\ddot{\theta}_1+\ddot{\theta}_2)+m_2l_1(p_1+l_2)\cos\theta_2\ddot{\theta}_1+\\m_2l_1(p_1+l_2)\sin\theta_2\dot{\theta}_1^2+m_2(p_1+l_2)g\cos(\theta_1+\theta_2)\end{pmatrix}$$

$$\begin{aligned}\tau_2=&(\bar{I}_{2zz}+m_2((p_1+l_2)^2+l_1(p_1+l_2)\cos\theta_2)+k_{r_2}I_{m_2})\ddot{\theta}_1+\\&(\bar{I}_{2zz}+m_2(p_1+l_2)^2+k_{r_2}^2I_{m_2})\ddot{\theta}_2+\\&m_2l_1(p_1+l_2)\sin\theta_2\dot{\theta}_1^2+m_2(p_1+l_2)g\cos(\theta_1+\theta_2)\end{aligned}$$

4. 后向迭代：连杆 1

$$\boldsymbol{f}_1^1=\begin{pmatrix}-m_2(p_2+l_2)\sin\theta_2(\ddot{\theta}_1+\ddot{\theta}_2)-m_1(p_1+l_2)\dot{\theta}_1^2-m_2l_1\dot{\theta}_1^2\\-m_2(p_2+l_2)\cos\theta_2(\dot{\theta}_1+\dot{\theta}_2)^2+(m_1+m_2)g\sin\theta_1\\m_1(p_2+l_2)\ddot{\theta}_1+m_2l_1\ddot{\theta}_1+m_2(p_2+l_2)(\ddot{\theta}_1+\ddot{\theta}_2)\\-m_2(p_2+l_2)\sin\theta_2(\dot{\theta}_1+\dot{\theta}_2)^2+(m_1+m_2)g\cos\theta_1\\0\end{pmatrix}$$

$$\boldsymbol{\mu}_1^1=\begin{pmatrix}*\\*\\\bar{I}_{1zz}\ddot{\theta}_1+m_2l_1^2(\ddot{\theta}_1+\ddot{\theta}_2)+m_2l_1(p_2+l_2)\cos\theta_2(\ddot{\theta}_1+\ddot{\theta}_2)+\\m_2l_1(p_1+l_2)^2(\ddot{\theta}_1+\ddot{\theta}_2)+k_{r_2}I_{m_2}\ddot{\theta}_2+m_2l_1(p_2+l_2)\sin\theta_2\dot{\theta}_1^2-\\m_2l_1(p_2+l_2)\sin\theta_2(\dot{\theta}_1+\dot{\theta}_2)^2+m_1(p_1+l_1)g\cos\theta_1+\\m_2l_1g\cos\theta_1+m_2(p_2+l_2)g\cos(\theta_1+\theta_2)\end{pmatrix}$$

$$\begin{aligned}\tau_1=&((\bar{I}_{1zz}+m_1(p_1+l_2)^2+k_{r_1}^2I_{m_1}+\bar{I}_{2zz}+m_2(l_1^2+(p_1+l_2)^2+2l_1(p_2+l_2)\cos\theta_2))\ddot{\theta}_1+\\&(\bar{I}_{2zz}+m_2((p_2+l_2)^2+l_1(p_2+l_2)\cos\theta_2)+k_{r_2}I_{m_2})\ddot{\theta}_2-\\&2m_2l_1(p_2+l_2)\sin\theta_2\dot{\theta}_1\dot{\theta}_2-m_2l_1(p_2+l_2)\sin\theta_2\dot{\theta}_2^2+\\&(m_1(p_1+l_1)+m_2l_1)g\cos\theta_1+m_2(p_2+l_2)g\cos(\theta_1+\theta_2)\end{aligned}$$

上述$\boldsymbol{\mu}_1^1$、$\boldsymbol{\mu}_2^2$中没有计算“*”号的力矩分量，因为与关节转矩τ_1和τ_2无关。

从上述计算可知，如果不考虑连杆的转动惯量及电动机转动惯量，以上转矩中的动力学参数与拉格朗日方程计算结果相同。

5.5 操作空间动力学方程求解

n 个自由度操作臂的末端位姿 x 由 n 个关节变量所决定，这 n 个关节变量也叫作 n 维关节矢量 $\boldsymbol{q}$，所有关节矢量 $\boldsymbol{q}$ 构成了关节空间。而末端执行器的作业是在直角坐标系空间中进行的，即操作臂末端位姿 x 是在直角坐标空间中描述的，因此也把这个空间叫作操作空间。运动学方程 $x=x(\boldsymbol{q})$ 就是关节空间向操作空间的映射；而运动学反解则是由映射求其在关节空间中的原像。在关节空间和操作空间中操作臂动力学方程有不同的表示形式，并且两者之间存在着一定的对应关系。

5.5.1 操作空间动力学模型

作为对关节空间动力学模型的另一种描述，系统的运动方程可直接在操作空间表达。为此，在操作臂广义力与操作空间中建立描述末端执行器位姿的动力学模型是必要的。

与操作空间中操作臂运动学描述相似，在操作空间动力学模型的推导中，要特别注意冗余自由度和/或运动的出现及表示特点（奇异位形）。

当以上变量构成一组广义坐标，动能、势能和作用在其上的非保守力都能在其中表示出来，只有在非冗余操作臂的情况下，用操作空间变量采用拉格朗日方法确定的动力学模型才可以完全描述系统运动。

对冗余操作臂，这种处理方式不能得到完整的动力学描述。这种情况下，有理由预期一些不会对末端执行器运动造成影响的关节广义力，这种附加的冗余力将导致结构内部运动的产生。

为得到适用于冗余与非冗余操作臂的操作空间动力学模型，可从一般关节空间模型开始计算。实际上，求解式（5-68）得到的加速度，并忽略关节摩擦力矩，经简化可得

$$\ddot{\boldsymbol{q}}=-\boldsymbol{B}^{-1}(\boldsymbol{q})\boldsymbol{C}(\boldsymbol{q},\dot{\boldsymbol{q}})\dot{\boldsymbol{q}}-\boldsymbol{B}^{-1}(\boldsymbol{q})\boldsymbol{g}(\boldsymbol{q})+\boldsymbol{B}^{-1}(\boldsymbol{q})\boldsymbol{J}^{\mathrm{T}}(\boldsymbol{q})(\boldsymbol{F}_e-\boldsymbol{h}_e) \tag{5-119}$$

式中，式（5-5）中的关节转矩 $\boldsymbol{\tau}$ 用对应的末端执行器的力 $\boldsymbol{F}_e$ 表示。注意 $\boldsymbol{h}_e$ 表示与环境接触面引起的末端执行器力的分量，而 $\boldsymbol{F}_e$ 是关节作用在末端执行器上的力的分量。

采用二阶微分运动方程描述了关节空间和操作空间加速度之间的关系，表示为

$$\ddot{\boldsymbol{x}}_e=\boldsymbol{J}_A(\boldsymbol{q})\ddot{\boldsymbol{q}}+\dot{\boldsymbol{J}}_A(\boldsymbol{q},\dot{\boldsymbol{q}})\dot{\boldsymbol{q}} \tag{5-120}$$

解析雅可比矩阵行列式 $\boldsymbol{J}_A(\boldsymbol{q})$ 在式（4-85）中出现过，而式（5-119）的解则描述了几何雅可比矩阵行列式 $\boldsymbol{J}$ 的特征。为保持一致性，可令

$${}^{T}\boldsymbol{T}_A(\boldsymbol{x}_e)\boldsymbol{F}_e=\boldsymbol{F}_A,\ {}^{T}\boldsymbol{T}_A(\boldsymbol{x}_e)\boldsymbol{h}_e=\boldsymbol{h}_A \tag{5-121}$$

式中，${}^{T}\boldsymbol{T}_A(\boldsymbol{x}_e)$ 为操作空间与关节空间的变换矩阵。将式（5-121）代入式（5-120），可得

$$\ddot{\boldsymbol{x}}_e=-\boldsymbol{J}_A\boldsymbol{B}^{-1}\boldsymbol{C}\dot{\boldsymbol{q}}-\boldsymbol{J}_A\boldsymbol{B}^{-1}\boldsymbol{g}+\dot{\boldsymbol{J}}_A\dot{\boldsymbol{q}}+\boldsymbol{J}_A\boldsymbol{B}^{-1}\boldsymbol{J}_A^{\mathrm{T}}(\boldsymbol{F}_A-\boldsymbol{h}_A) \tag{5-122}$$

式中忽略了 $\boldsymbol{q}$ 和 $\dot{\boldsymbol{q}}$ 的依赖项。由于有

$$\boldsymbol{B}_A=(\boldsymbol{J}_A\boldsymbol{B}^{-1}\boldsymbol{J}_A^{\mathrm{T}})^{-1} \tag{5-123}$$

$$\boldsymbol{C}_A\dot{\boldsymbol{x}}_e=\boldsymbol{B}_A\boldsymbol{J}_A\boldsymbol{B}^{-1}\boldsymbol{C}\dot{\boldsymbol{q}}-\boldsymbol{B}_A\dot{\boldsymbol{J}}_A\dot{\boldsymbol{q}} \tag{5-124}$$

$$g_A = B_A J_A B^{-1} g \tag{5-125}$$

式（5-122）的表达式可写为

$$B_A(x_e)\ddot{x}_e + C_A(x_e, \dot{x}_e)\dot{x}_e + g_A(x_e) = F_A - h_A \tag{5-126}$$

式（5-126）在形式上与关节空间动力学模型相似。注意当且仅当 J_A 满秩时，即不存在运动学奇点和表达式奇异时，矩阵 $J_A B^{-1} J_A^{\mathrm{T}}$ 可逆。

5.5.2 动力学正解与逆解

如前所述，拉格朗日方程与牛顿-欧拉方程都可计算关节转矩之间的关系，末端执行器的力，以及整个机构的运动。两种方法各有优劣。拉格朗日方程具有如下优点：①系统、直观、便于理解；②以紧凑的解析形式给出动力学方程，该方程包含惯性矩阵、离心力与科氏力矩阵、重力矢量，表达形式利于控制设计；③可以有效表示例如柔性变形等更为复杂的机械运动。牛顿-欧拉方程具有以下基本优点：其固有的迭代计算效率高。

动力学研究两类问题，相应地要进行两类问题的求解：正向计算和逆向计算。

动力学正解（Direct dynamics）问题是指在初始位置 $q(t_0)$ 和初始速度 $\dot{q}(t_0)$ 已知的情况下，对 $t>t_0$，根据给定的关节转矩 $\tau(t)$（以及可能的末端执行器力作用 $h_e(t)$），确定关节加速度 $\ddot{q}(t)$（以及 $\dot{q}(t)$、$q(t)$）。

动力学逆解（Inverse dynamics）问题是指在可能的末端执行器作用力 $h_e(t)$ 已知的情况下，确定关节力矩 $\tau(t)$，该力矩产生关节加速度为 $\ddot{q}(t)$、速度为 $\dot{q}(t)$ 和位置为 $q(t)$ 的运动形式。

动力学正解对操作臂仿真非常有用。对操作臂施加一组关节力矩的情况下，动力学正解可根据关节加速度描述实际物理系统的运动；关节速度和位置可结合系统非线性微分方程得到。

由拉格朗日方法得到的动力学方程给出了关节力矩（及末端执行器作用力）和关节位置、速度、加速度之间的解析关系，这些关系可通过式（5-68）计算得到

$$\ddot{q} = B^{-1}(q)(\tau - \tau') \tag{5-127}$$

式中，

$$\tau'(q,\dot{q}) = C(q,\dot{q})\dot{q} + F_v\dot{q} + F_s\,\mathrm{sgn}(\dot{q}) + g(q) + J^{\mathrm{T}}(q)h_e \tag{5-128}$$

表示关节位置、速度引起的转矩分量。因此要进行操作臂运动仿真，只要时刻 t_k 的位置 $q(t_k)$、速度 $\dot{q}(t_k)$ 状态已知，加速度 $\ddot{q}(t_k)$ 可由式（5-127）计算得到。采用如龙格-库塔法之类的数值积分方法，积分步长设为 Δt，能够计算出时刻 $t_{k+1}=t_k+\Delta t$ 的速度 $\dot{q}(t_{k+1})$ 与位置 $q(t_{k+1})$。

若运动方程是由牛顿-欧拉方法得到的，可采用更有效的计算方法计算动力学正解问题。实际上，对于给定的 q 和 $\dot{q}$，式（5-128）中的力矩 $\tau'(q, \dot{q})$ 可由本章中相应算法在条件 $\ddot{q}=\mathbf{0}$ 下计算得到。而且矩阵 $B(q)$ 的列 b_i 可作为算法的力矩矢量。其中 $g_0=0$，$\dot{q}=\mathbf{0}$，且对 $i\neq j$，有 $\ddot{q}_i=1$，$\ddot{q}_j=0$。对 $i=1, 2, \cdots, n$ 进行迭代，从而构造矩阵 $B(q)$。因此，由 $B(q)$ 的当前值和 $\tau'(q,\dot{q})$，以及给定的 τ，式（5-127）中的方程可实现上述积分过程。

动力学逆解问题可用于操作臂轨迹规划、控制算法实现。只要指定关节轨迹的位置、速度和加速度（通常由运动学逆解给出），若末端执行器作用力已知，动力学逆解可计算得到

期望运动的关节上的力矩。这样的计算可以校验指定轨迹是否可能获得，而且还可以修正操作臂动力学模型中的非线性项。为此牛顿-欧拉方法提供了一种有效的逆向求解动力学的在线计算递归方法，拉格朗日方法也可能完成高效的递归计算，但需进行模型重建。

对有 n 个关节的操作臂，所需的计算复杂度（Number of operations）分别是：动力学正解计算量为 $O(n^2)$；动力学逆解计算量为 $O(n^2)$。

5.6 动力学模型的典型性质

本节将介绍动力学模型的两个重要性质：矩阵 $\dot{\boldsymbol{B}}-2\boldsymbol{C}$ 的反对称性与动力学参数的线性性质。这些性质对动力学参数辨识以及控制算法推导将有所帮助。

5.6.1 矩阵 $\dot{\boldsymbol{B}}-2\boldsymbol{C}$ 的反对称性

由于存在多个矩阵 $\boldsymbol{C}$，其元素均能满足式（5-68），所以矩阵 $\boldsymbol{C}$ 并不唯一。特定的矩阵元素可由对式（5-68）右侧的项和对式（5-67）中的参数 h_{ijk} 进一步说明得到。为此，有

$$\sum_{j=1}^{n} c_{ij}\dot{q}_j = \sum_{j=1}^{n}\sum_{k=1}^{n} h_{ijk}\dot{q}_k\dot{q}_j = \sum_{j=1}^{n}\sum_{k=1}^{n}\left(\frac{\partial b_{ij}}{\partial q_k} - \frac{1}{2}\frac{\partial b_{jk}}{\partial q_i}\right)\dot{q}_k\dot{q}_j \tag{5-129}$$

适当转换 j 和 k 的总和，将右侧第一项分成两个部分，有

$$\sum_{j=1}^{n} c_{ij}\dot{q}_j = \frac{1}{2}\sum_{j=1}^{n}\sum_{k=1}^{n}\frac{\partial b_{ij}}{\partial q_k}\dot{q}_k\dot{q}_j + \frac{1}{2}\sum_{j=1}^{n}\sum_{k=1}^{n}\left(\frac{\partial b_{ik}}{\partial q_j} - \frac{\partial b_{jk}}{\partial q_i}\right)\dot{q}_k\dot{q}_j \tag{5-130}$$

结果，$\boldsymbol{C}$ 的一般元素为

$$c_{ij} = \sum_{k=1}^{n} c_{ijk}\dot{q}_k \tag{5-131}$$

其中系数

$$c_{ijk} = \frac{1}{2}\left(\frac{\partial b_{ij}}{\partial q_k} + \frac{\partial b_{ik}}{\partial q_j} - \frac{\partial b_{jk}}{\partial q_i}\right) \tag{5-132}$$

称为第一型克里斯托费尔符号。注意由于矩阵 $\boldsymbol{B}$ 对称，有

$$c_{ijk} = c_{ikj} \tag{5-133}$$

矩阵 $\boldsymbol{C}$ 的选择可导出以下运动方程的典型属性，矩阵

$$\boldsymbol{N}(\boldsymbol{q},\dot{\boldsymbol{q}}) = \dot{\boldsymbol{B}}(\boldsymbol{q}) - 2\boldsymbol{C}(\boldsymbol{q},\dot{\boldsymbol{q}}) \tag{5-134}$$

为反对称（Skew-symmetric）矩阵。即给定任意$(n\times 1)$的矢量 $\boldsymbol{w}$，以下关系成立：

$$\boldsymbol{w}^{\mathrm{T}}\boldsymbol{N}(\boldsymbol{q},\dot{\boldsymbol{q}})\boldsymbol{w} = 0 \tag{5-135}$$

事实上，将式（5-132）中的系数代入式（5-131）中可得

$$c_{ij} = \frac{1}{2}\sum_{k=1}^{n}\frac{\partial b_{ij}}{\partial q_k}\dot{q}_k + \frac{1}{2}\sum_{k=1}^{n}\left(\frac{\partial b_{ik}}{\partial q_j} - \frac{\partial b_{jk}}{\partial q_i}\right)\dot{q}_k = \frac{1}{2}\dot{b}_{ij} + \frac{1}{2}\sum_{k=1}^{n}\left(\frac{\partial b_{ik}}{\partial q_j} - \frac{\partial b_{jk}}{\partial q_i}\right)\dot{q}_k \tag{5-136}$$

式（5-134）中矩阵 $\boldsymbol{N}$ 的一般元素表达如下：

$$n_{ij}=\dot{b}_{ij}-2c_{ij}=\sum_{k=1}^{n}\left(\frac{\partial b_{jk}}{\partial q_i}-\frac{\partial b_{ik}}{\partial q_j}\right)\dot{q}_k \tag{5-137}$$

结果将得到

$$n_{ij}=-n_{ji} \tag{5-138}$$

令 $\boldsymbol{w}=\dot{\boldsymbol{q}}$，则利用 $\boldsymbol{N}(\boldsymbol{q},\ \dot{\boldsymbol{q}})$ 反对称性有

$$\dot{\boldsymbol{q}}^{\mathrm{T}}\boldsymbol{N}(\boldsymbol{q},\dot{\boldsymbol{q}})\dot{\boldsymbol{q}}=0 \tag{5-139}$$

注意式（5-139）成立并不意味着式（5-135）成立，因为 $\boldsymbol{N}(\boldsymbol{q},\ \dot{\boldsymbol{q}})$ 也是 $\dot{\boldsymbol{q}}$ 的函数。

可以看出，由于哈密顿（Hamilton）能量守恒定律的结果，式（5-139）对矩阵 $\boldsymbol{C}$ 的任意一种选择都成立。由于能量守恒定律，在动能推导的整个时间内，所有作用在操作臂关节上的力产生的能量保持平衡。对该问题中的机械系统，可写为

$$\frac{1}{2}\frac{\mathrm{d}}{\mathrm{d}t}(\dot{\boldsymbol{q}}^{\mathrm{T}}\boldsymbol{B}(\boldsymbol{q})\dot{\boldsymbol{q}})=\dot{\boldsymbol{q}}^{\mathrm{T}}(\boldsymbol{\tau}-\boldsymbol{F}_v\dot{\boldsymbol{q}}-\boldsymbol{F}_s\mathrm{sgn}(\dot{\boldsymbol{q}})-\boldsymbol{g}(\boldsymbol{q})-\boldsymbol{J}^{\mathrm{T}}(\boldsymbol{q})\boldsymbol{h}_e) \tag{5-140}$$

式（5-140）左侧可推出

$$\frac{1}{2}\frac{\mathrm{d}}{\mathrm{d}t}(\dot{\boldsymbol{q}}^{\mathrm{T}}\boldsymbol{B}(\boldsymbol{q})\dot{\boldsymbol{q}})=\frac{1}{2}\dot{\boldsymbol{q}}^{\mathrm{T}}\dot{\boldsymbol{B}}(\boldsymbol{q})\dot{\boldsymbol{q}}+\dot{\boldsymbol{q}}^{\mathrm{T}}\boldsymbol{B}(\boldsymbol{q})\ddot{\boldsymbol{q}} \tag{5-141}$$

将 $\boldsymbol{B}(\boldsymbol{q})\ddot{\boldsymbol{q}}$ 代入式（5-68）中，得

$$\frac{1}{2}\frac{\mathrm{d}}{\mathrm{d}t}(\dot{\boldsymbol{q}}^{\mathrm{T}}\boldsymbol{B}(\boldsymbol{q})\dot{\boldsymbol{q}})=\frac{1}{2}\dot{\boldsymbol{q}}^{\mathrm{T}}(\dot{\boldsymbol{B}}(\boldsymbol{q})-2\boldsymbol{C}(\boldsymbol{q},\dot{\boldsymbol{q}}))\dot{\boldsymbol{q}}+\dot{\boldsymbol{q}}^{\mathrm{T}}(\boldsymbol{\tau}-\boldsymbol{F}_v\dot{\boldsymbol{q}}-\boldsymbol{F}_s\mathrm{sgn}(\dot{\boldsymbol{q}})-\boldsymbol{g}(\boldsymbol{q})-\boldsymbol{J}^{\mathrm{T}}(\boldsymbol{q})\boldsymbol{h}_e) \tag{5-142}$$

对式（5-140）和式（5-142）的右侧直接比较，可得出式（5-139）的结论。

对此总结，式（5-139）的关系对所有可能的矩阵 $\boldsymbol{C}$ 都成立，因为该式是系统物理属性的直接结果，反之，式（5-135）的关系只对式（5-131）和式（5-132）中矩阵 $\boldsymbol{C}$ 元素的特定选择成立。

5.6.2　动力学参数的线性性

动力学参数（Dynamic parameters）用于表征操作臂连杆与转子。动力学模型的一个重要性质是动力学参数的线性性（Linearity）。

为确定这些参数，有必要将每个转子的动能与势能分量与转子所在的连杆联系起来。假设连杆 i 与转子 i+1 合在一起，记为扩展连杆（Augmented link），其动能为

$$E_{\mathrm{k}i}=E_{\mathrm{k}l_i}+E_{\mathrm{k}m_{i+1}} \tag{5-143}$$

式中，

$$E_{\mathrm{k}l_i}=\frac{1}{2}m_{l_i}\dot{\boldsymbol{p}}_{l_i}^{\mathrm{T}}\dot{\boldsymbol{p}}_{l_i}+\frac{1}{2}\boldsymbol{\omega}_i^{\mathrm{T}}\boldsymbol{I}_{l_i}\boldsymbol{\omega}_i \tag{5-144}$$

$$E_{\mathrm{k}m_{i+1}}=\frac{1}{2}m_{m_{i+1}}\dot{\boldsymbol{p}}_{m_{i+1}}^{\mathrm{T}}\dot{\boldsymbol{p}}_{m_{i+1}}+\frac{1}{2}\boldsymbol{\omega}_{m_{i+1}}^{\mathrm{T}}\boldsymbol{I}_{m_{i+1}}\boldsymbol{\omega}_{m_{i+1}} \tag{5-145}$$

参考扩展连杆质心，连杆与转子的线速度可根据第 4 章中的速度运动学相关公式表示为

$$\dot{\boldsymbol{p}}_{l_i}=\dot{\boldsymbol{p}}_{C_i}+\boldsymbol{\omega}_i\times\boldsymbol{r}_{C_i,l_i} \tag{5-146}$$

$$\dot{\boldsymbol{p}}_{m_{i+1}}=\dot{\boldsymbol{p}}_{C_i}+\boldsymbol{\omega}_i\times\boldsymbol{r}_{C_i,m_{i+1}} \tag{5-147}$$

且

$$\boldsymbol{r}_{C_i,l_i}=\boldsymbol{p}_{l_i}-\boldsymbol{p}_{C_i} \tag{5-148}$$

$$\boldsymbol{r}_{C_i,m_{i+1}}=\boldsymbol{p}_{m_{i+1}}-\boldsymbol{p}_{C_i} \tag{5-149}$$

式中，$\boldsymbol{p}_{C_i}$ 表示扩展连杆 i 质心的位置矢量。

将式（5-146）代入式（5-144）得

$$E_{\mathrm{k}l_i}=\frac{1}{2}m_{l_i}\dot{\boldsymbol{p}}_{C_i}^{\mathrm{T}}\dot{\boldsymbol{p}}_{C_i}+\dot{\boldsymbol{p}}_{C_i}^{\mathrm{T}}\boldsymbol{S}(\boldsymbol{\omega}_i)m_{l_i}\boldsymbol{r}_{C_i,l_i}+\frac{1}{2}m_{l_i}\boldsymbol{\omega}_i^{\mathrm{T}}\boldsymbol{S}^{\mathrm{T}}(\boldsymbol{r}_{C_i,l_i})\boldsymbol{S}(\boldsymbol{r}_{C_i,l_i})\boldsymbol{\omega}_i+\frac{1}{2}\boldsymbol{\omega}_i^{\mathrm{T}}\boldsymbol{I}_{l_i}\boldsymbol{\omega}_i \tag{5-150}$$

根据施泰纳定理（Steiner theorem），矩阵

$$\bar{\boldsymbol{I}}_{l_i}=\boldsymbol{I}_{l_i}+m_{l_i}\boldsymbol{S}^{\mathrm{T}}(\boldsymbol{r}_{C_i,l_i})\boldsymbol{S}(\boldsymbol{r}_{C_i,l_i}) \tag{5-151}$$

表示与所有质心的位置矢量 $\boldsymbol{p}_{C_i}$ 有关的惯性张量，其中包含由于考虑张量估计引起的极点平移所带来的附加分量，如式（5-148）所示。所以，式（5-150）可写为

$$E_{\mathrm{k}l_i}=\frac{1}{2}m_{l_i}\dot{\boldsymbol{p}}_{C_i}^{\mathrm{T}}\dot{\boldsymbol{p}}_{C_i}+\dot{\boldsymbol{p}}_{C_i}^{\mathrm{T}}\boldsymbol{S}(\boldsymbol{\omega}_i)m_{l_i}\boldsymbol{r}_{C_i,l_i}+\frac{1}{2}\boldsymbol{\omega}_i^{\mathrm{T}}\bar{\boldsymbol{I}}_{l_i}\boldsymbol{\omega}_i \tag{5-152}$$

同理，将式（5-147）代入式（5-145），利用式（5-47）可得

$$\begin{aligned}E_{\mathrm{k}m_{i+1}}=&\frac{1}{2}m_{m_{i+1}}\dot{\boldsymbol{p}}_{C_i}^{\mathrm{T}}\dot{\boldsymbol{p}}_{C_i}+\dot{\boldsymbol{p}}_{C_i}^{\mathrm{T}}\boldsymbol{S}(\boldsymbol{\omega}_i)m_{m_{i+1}}\boldsymbol{r}_{C_i,m_{i+1}}+\frac{1}{2}\boldsymbol{\omega}_i^{\mathrm{T}}\bar{\boldsymbol{I}}_{m_{i+1}}\boldsymbol{\omega}_i+\\&k_{r,i+1}\dot{q}_{i+1}\boldsymbol{z}_{m_{i+1}}^{\mathrm{T}}\boldsymbol{I}_{m_{i+1}}\boldsymbol{\omega}_i+\frac{1}{2}k_{r,i+1}^2\dot{q}_{i+1}^2\boldsymbol{z}_{m_{i+1}}^{\mathrm{T}}\boldsymbol{I}_{m_{i+1}}\boldsymbol{z}_{m_{i+1}}\end{aligned} \tag{5-153}$$

式中，

$$\bar{\boldsymbol{I}}_{m_{i+1}}=\boldsymbol{I}_{m_{i+1}}+m_{m_{i+1}}\boldsymbol{S}^{\mathrm{T}}(\boldsymbol{r}_{C_i,m_{i+1}})\boldsymbol{S}(\boldsymbol{r}_{C_i,m_{i+1}}) \tag{5-154}$$

如式（5-143）所示对式（5-152）、式（5-153）各部分求和，得到如下形式扩展连杆 i 的动能表达式

$$E_{\mathrm{k}i}=\frac{1}{2}m_i\dot{\boldsymbol{p}}_{C_i}^{\mathrm{T}}\dot{\boldsymbol{p}}_{C_i}+\frac{1}{2}\boldsymbol{\omega}_i^{\mathrm{T}}\bar{\boldsymbol{I}}_i\boldsymbol{\omega}_i+k_{r,i+1}\dot{q}_{i+1}\boldsymbol{z}_{m_{i+1}}^{\mathrm{T}}\boldsymbol{I}_{m_{i+1}}\boldsymbol{\omega}_i+\frac{1}{2}k_{r,i+1}^2\dot{q}_{i+1}^2\boldsymbol{z}_{m_{i+1}}^{\mathrm{T}}\boldsymbol{I}_{m_{i+1}}\boldsymbol{z}_{m_{i+1}} \tag{5-155}$$

式中，$m_i=m_{l_i}+m_{m_{i+1}}$，$\bar{\boldsymbol{I}}_i=\bar{\boldsymbol{I}}_{l_i}+\bar{\boldsymbol{I}}_{m_{i+1}}$ 分别为所有质量和惯性张量。在式（5-155）推导过程中，用到式（5-148）和式（5-149）的关系，以及质心位置之间的关系

$$m_{l_i}\boldsymbol{p}_{l_i}+m_{m_{i+1}}\boldsymbol{p}_{m_{i+1}}=m_i\boldsymbol{p}_{C_i} \tag{5-156}$$

注意式（5-155）右侧前两项表示静止时转子的动能分量，而剩下的两项是转子自身运动产生的。

假设转子关于旋转轴质量分布均匀，当坐标系 $\boldsymbol{R}_{m_i}$ 的原点在质心、$\boldsymbol{z}_{m_i}$ 轴与旋转轴一致时，其惯性张量可写为

$$\boldsymbol{I}_{m_i}^{m_i}=\begin{pmatrix}\boldsymbol{I}_{m_ixx}&0&0\\0&\boldsymbol{I}_{m_iyy}&0\\0&0&\boldsymbol{I}_{m_izz}\end{pmatrix} \tag{5-157}$$

式中，$\boldsymbol{I}_{m_iyy}=\boldsymbol{I}_{m_ixx}$。结论是惯性张量对关于 $\boldsymbol{z}_{m_i}$ 轴的任意旋转都是不变的，而且相对任何与连

杆 $i-1$ 固连的坐标系，惯性张量都是恒值。

为确定一组独立于操作臂关节位形的动力学参数，有必要描述连杆固连坐标系 $\{i\}$ 的连杆惯性张量 $\bar{\boldsymbol{I}}_i$，以及坐标系 $\{m_i+1\}$ 的惯性张量 $\bar{\boldsymbol{I}}_{m_{i+1}}$，使得其形成对角矩阵。根据式(5-157) 有

$$\boldsymbol{I}_{m_{i+1}}\boldsymbol{z}_{m_{i+1}}=\boldsymbol{R}_{m_{i+1}}\boldsymbol{I}_{m_{i+1}}^{m_{i+1}}\boldsymbol{R}_{m_{i+1}}^{\mathrm{T}}\boldsymbol{z}_{m_{i+1}}=\boldsymbol{I}_{m_{i+1}zz}\boldsymbol{z}_{m_{i+1}} \tag{5-158}$$

因此，式 (5-155) 动能可表示为

$$E_{\mathrm{k}i}=\frac{1}{2}m_i\dot{\boldsymbol{p}}_{C_i}^{\mathrm{T}}\dot{\boldsymbol{p}}_{C_i}+\frac{1}{2}(\boldsymbol{\omega}_i^i)^{\mathrm{T}}\bar{\boldsymbol{I}}_i^i\boldsymbol{\omega}_i^i+k_{r,i+1}\dot{\boldsymbol{q}}_{i+1}\boldsymbol{I}_{m_{i+1}zz}(\boldsymbol{z}_{m_{i+1}}^i)^{\mathrm{T}}\boldsymbol{\omega}_i^i+\frac{1}{2}k_{r,i+1}^2\dot{\boldsymbol{q}}_{i+1}^2\boldsymbol{I}_{m_{i+1}zz} \tag{5-159}$$

根据连杆 i 的线速度合成法则，可写为

$$\dot{\boldsymbol{p}}_{C_i}^i=\dot{\boldsymbol{p}}_i^i+\boldsymbol{\omega}_i^i\times\boldsymbol{r}_{i,C_i}^i \tag{5-160}$$

式中，所有矢量都是参考坐标系 $\{i\}$ 的。注意 $\boldsymbol{r}_{i,C_i}^i$ 固连在该坐标系上。将式 (5-160) 代入式 (5-159) 可得

$$E_{\mathrm{k}i}=\frac{1}{2}m_i(\dot{\boldsymbol{p}}_i^i)^{\mathrm{T}}\dot{\boldsymbol{p}}_i^i+(\dot{\boldsymbol{p}}_i^i)^{\mathrm{T}}\boldsymbol{S}(\boldsymbol{\omega}_i^i)m_i\boldsymbol{r}_{i,C_i}^i+\frac{1}{2}(\boldsymbol{\omega}_i^i)^{\mathrm{T}}\hat{\boldsymbol{I}}_i^i\boldsymbol{\omega}_i^i+$$
$$k_{r,i+1}\dot{\boldsymbol{q}}_{i+1}\boldsymbol{I}_{m_{i+1}zz}(\boldsymbol{z}_{m_{i+1}}^i)^{\mathrm{T}}\boldsymbol{\omega}_i^i+\frac{1}{2}k_{r,i+1}^2\dot{\boldsymbol{q}}_{i+1}^2\boldsymbol{I}_{m_{i+1}zz} \tag{5-161}$$

式中，

$$\hat{\boldsymbol{I}}_i^i=\bar{\boldsymbol{I}}_i^i+m_i\boldsymbol{S}^{\mathrm{T}}(\boldsymbol{r}_{i,C_i}^i)\boldsymbol{S}(\boldsymbol{r}_{i,C_i}^i) \tag{5-162}$$

表示根据施泰纳定理所得到的参考坐标系 $\{i\}$ 原点的惯性张量。

令 $\boldsymbol{r}_{i,C_i}^i=(l_{C_ix},\ l_{C_iy},\ l_{C_iz})^{\mathrm{T}}$，惯性一阶矩为

$$m_i\boldsymbol{r}_{i,C_i}^i=\begin{pmatrix}m_il_{C_ix}\\ m_il_{C_iy}\\ m_il_{C_iz}\end{pmatrix} \tag{5-163}$$

由式 (5-162) 可得扩展连杆 i 的转动惯量为

$$\hat{\boldsymbol{I}}_i^i=\begin{pmatrix}\bar{I}_{ixx}+m_i(l_{C_iy}^2+l_{C_iz}^2) & -\bar{I}_{ixy}-m_il_{C_ix}l_{C_iy} & -\bar{I}_{ixz}-m_il_{C_ix}l_{C_iz}\\ * & \bar{I}_{iyy}+m_i(l_{C_ix}^2+l_{C_iz}^2) & -\bar{I}_{iyz}-m_il_{C_iy}l_{C_iz}\\ * & * & \bar{I}_{izz}+m_i(l_{C_ix}^2+l_{C_iy}^2)\end{pmatrix}=\begin{pmatrix}\hat{I}_{ixx} & -\hat{I}_{ixy} & -\hat{I}_{ixz}\\ * & \hat{I}_{iyy} & -\hat{I}_{iyz}\\ * & * & \hat{I}_{izz}\end{pmatrix} \tag{5-164}$$

因此，扩展连杆的动能关于动力学参数是线性的，动力学参数包括质量、式 (5-163) 中惯性一阶矩的三个分量、式 (5-164) 中惯性张量的 6 个分量和转子的转动惯量。

至于势能，可利用式 (5-156) 中定义的扩展连杆 i 的质心，将单独的势能写为

$$E_{\mathrm{p}i}=-m_i(\boldsymbol{g}_0^i)^{\mathrm{T}}\boldsymbol{p}_{C_i}^i \tag{5-165}$$

式中，矢量是参考坐标系 $\{i\}$ 的。根据关系

$$\boldsymbol{p}_{C_i}^i = \boldsymbol{p}_i^i + \boldsymbol{r}_{i,C_i}^i \tag{5-166}$$

式（5-165）表达式可写为

$$E_{\mathrm{p}i} = -(\boldsymbol{g}_0^i)^{\mathrm{T}}(m_i\boldsymbol{p}_i^i + m_i\boldsymbol{r}_{i,C_i}^i) \tag{5-167}$$

即表示扩展连杆的势能关于质量和式（5-163）中惯性一阶矩的 3 个分量为线性关系。

对所有扩展连杆的动能和势能分量求和，式（5-55）、式（5-59）的拉格朗日方程可表示为以下形式：

$$L = \sum_{i=1}^{n}(\boldsymbol{\beta}_{E_{\mathrm{k}i}}^{\mathrm{T}} - \boldsymbol{\beta}_{E_{\mathrm{p}i}}^{\mathrm{T}})\boldsymbol{\pi}_i \tag{5-168}$$

式中，$\boldsymbol{\pi}_i$ 为（11×1）的动力学参数矢量，且表达式为

$$\boldsymbol{\pi}_i = (m_i, m_i l_{C_i x}, m_i l_{C_i y}, m_i l_{C_i z}, \hat{I}_{ixx}, \hat{I}_{ixy}, \hat{I}_{ixz}, \hat{I}_{iyy}, \hat{I}_{iyz}, \hat{I}_{izz}, \hat{I}_m)^{\mathrm{T}} \tag{5-169}$$

转子 i 的转动惯量与连杆 i 的参数相关联，以使得符号简化。

式（5-168）中，$\boldsymbol{\beta}_{E_{\mathrm{k}i}}$ 和 $\boldsymbol{\beta}_{E_{\mathrm{p}i}}$ 为（11×1）矢量，可将拉格朗日函数写为 $\boldsymbol{\pi}_i$ 的函数。该矢量为机械系统广义坐标系的函数，可表示为 $\boldsymbol{\beta}_{E_{\mathrm{k}i}} = \boldsymbol{\beta}_{E_{\mathrm{k}i}}(q_1, \cdots, q_i, \dot{q}_1, \cdots, \dot{q}_i)$ 和 $\boldsymbol{\beta}_{E_{\mathrm{p}i}} = \boldsymbol{\beta}_{E_{\mathrm{p}i}}(q_1, q_2, \cdots, q_i)$，即两个矢量与连杆 i 之后的关节变量无关。

基于以上分析，可以看出式（5-66）拉格朗日方程所需的推导不改变参数的线性性，且在关节 i 上的广义力可写为

$$\xi_i = \sum_{j=1}^{n}\boldsymbol{y}_{ij}^{\mathrm{T}}\boldsymbol{\pi}_j \tag{5-170}$$

式中

$$\boldsymbol{y}_{ij} = \frac{\mathrm{d}}{\mathrm{d}t}\frac{\partial\boldsymbol{\beta}_{E_{\mathrm{k}j}}}{\partial\dot{q}_i} - \frac{\partial\boldsymbol{\beta}_{E_{\mathrm{k}j}}}{\partial q_i} + \frac{\partial\boldsymbol{\beta}_{E_{\mathrm{p}j}}}{\partial q_i} \tag{5-171}$$

当 $j<i$ 时，式（5-171）中 $\boldsymbol{\beta}_{E_{\mathrm{k}j}}$ 与 $\boldsymbol{\beta}_{E_{\mathrm{p}j}}$ 的偏导数将消失，因此可以得到以下重要结果：

$$\begin{pmatrix}\xi_1\\ \xi_2\\ \vdots\\ \xi_n\end{pmatrix} = \begin{pmatrix}\boldsymbol{y}_{11}^{\mathrm{T}} & \boldsymbol{y}_{12}^{\mathrm{T}} & \cdots & \boldsymbol{y}_{1n}^{\mathrm{T}}\\ \boldsymbol{0}^{\mathrm{T}} & \boldsymbol{y}_{22}^{\mathrm{T}} & \cdots & \boldsymbol{y}_{2n}^{\mathrm{T}}\\ \vdots & \vdots & & \vdots\\ \boldsymbol{0}^{\mathrm{T}} & \boldsymbol{0}^{\mathrm{T}} & \cdots & \boldsymbol{y}_{nn}^{\mathrm{T}}\end{pmatrix}\begin{pmatrix}\boldsymbol{\pi}_1\\ \boldsymbol{\pi}_2\\ \vdots\\ \boldsymbol{\pi}_n\end{pmatrix} \tag{5-172}$$

对于一组合适的动力学参数，该式使得操作臂模型具有线性性。

在没有接触力（$\boldsymbol{h}_e=\boldsymbol{0}$）的简单情况下，矢量 $\boldsymbol{\pi}_i$ 的参数中应包括黏滞摩擦系数 F_{vi} 和库仑摩擦系数 F_{si}，由此每个关节总共有 13 个参数。式（5-172）可简化为

$$\boldsymbol{\tau} = \boldsymbol{Y}(\boldsymbol{q}, \dot{\boldsymbol{q}}, \ddot{\boldsymbol{q}})\boldsymbol{\pi} \tag{5-173}$$

式中，$\boldsymbol{\pi}$ 为恒值参数的（p×1）矢量；$\boldsymbol{Y}$ 为关节位置、速度和加速度的（n×p）函数矩阵，该矩阵定义为回归阵。对于参数矢量的维数，注意因为并非每个关节所有的 13 个参数都能出现在式（5-173）中，所以 $p \leqslant 13n$。

5.6.3 动力学参数辨识

解决仿真与控制问题的动力学模型需要知道操作臂模型的动力学参数值。

从机械结构的设计数据中计算这些参数较为困难。CAD 建模技术能够根据所采用的材质类型与几何形状，计算不同组成（连杆、执行器与传输装置）的惯性参数值。然而，这种技术得到的估计值会因为几何建模中引入的典型几何形状简化而不准确。而且，像关节摩擦力这类复杂动力学作用在 CAD 建模中是不需计算的。

启发式方法能分解操作臂不同组成部分，实现用于估计惯性参数的一系列工作。该技术的不足之处在于不易实现，而且可能在调整相应量值上比较麻烦。

为准确估计动力学参数，有必要利用操作臂模型的线性性，对一组适当的动力学参数采用辨识技术，辨识技术能在操作臂采用合适运动轨迹的条件下，根据关节转矩 $\boldsymbol{\tau}$ 计算参数矢量 $\boldsymbol{\pi}$ 及计算矩阵 $\boldsymbol{Y}$ 中的相关量估计值。

假设矩阵 $\boldsymbol{Y}$ 中的运动学参数已知且具有较高的精度（例如运动学标定的结果较为准确），还必须得到关节位置 q、速度 $\dot{\boldsymbol{q}}$ 和加速度 $\ddot{\boldsymbol{q}}$ 的测量值。关节位置和速度是实际可测的，加速度则需要数值重构，可在轨迹运行期间内记录位置和速度值的基础上实现加速度的准确重构。

对关节转矩，在特殊场合下关节上转矩传感器可以直接测量，否则在电动机作为执行器情况下可以根据腕部力测量或电流测量实现估计。

如果沿给定运动轨迹，给定时刻 t_1，t_2，…，t_N 的关节转矩、位置、速度和加速度的测量值都已得到，就可得到

$$\bar{\boldsymbol{\tau}}=\begin{pmatrix}\boldsymbol{\tau}(t_1)\\ \boldsymbol{\tau}(t_2)\\ \vdots\\ \boldsymbol{\tau}(t_N)\end{pmatrix}=\begin{pmatrix}\boldsymbol{Y}(t_1)\\ \boldsymbol{Y}(t_2)\\ \vdots\\ \boldsymbol{Y}(t_N)\end{pmatrix}\boldsymbol{\pi}=\bar{\boldsymbol{Y}}\boldsymbol{\pi} \tag{5-174}$$

时序的个数即实现测量的个数，该数目应足够大（一般情况下可取 $Nn \gg p$），以避免矩阵 $\bar{\boldsymbol{Y}}$ 的病态条件。通过最小二乘法求解式（5-174），得到以下形式的解：

$$\boldsymbol{\pi}=(\bar{\boldsymbol{Y}}^{\mathrm{T}}\bar{\boldsymbol{Y}})^{-1}\bar{\boldsymbol{Y}}^{\mathrm{T}}\bar{\boldsymbol{\tau}} \tag{5-175}$$

式中，$(\bar{\boldsymbol{Y}}^{\mathrm{T}}\bar{\boldsymbol{Y}})^{-1}\bar{\boldsymbol{Y}}^{\mathrm{T}}$ 为 $\bar{\boldsymbol{Y}}$ 的左广义逆矩阵。

需要注意由于式（5-172）中矩阵 $\boldsymbol{Y}$ 为三角分块矩阵，参数估计可采用以下方式进行简化。关节 n 对某一给定的轨迹为 $\boldsymbol{\tau}_n$ 和 $\boldsymbol{y}_{nn}^{\mathrm{T}}$，求解等式 $\boldsymbol{\tau}_n=\boldsymbol{y}_{nn}^{\mathrm{T}}\boldsymbol{\pi}_n$，得 $\boldsymbol{\pi}_n$。不断迭代这个过程，可在实现对从外部连杆到基座的各连接关节测量的基础上，进行操作臂参数辨识。然而，这样的迭代过程将会出现矩阵病态和累积误差。此时，解决的方法应采取同时在所有操作臂关节上施加运动。

矩阵 $\bar{\boldsymbol{Y}}$ 的秩只能通过操作臂动力学模型中的动力学参数加以辨识。由式（5-175）确定参数过程中，可通过线性组合辨识的方式来确定。在这种情况下，线性组合需要消去矩阵 $\boldsymbol{Y}$ 的一些列，被消去的列数等于线性合并中参数个数减去 1。其次，式（5-175）所采用的最小二乘法，在操作臂关节数很少的情况下，可以直接检查动力学模型方程来确定可辨识参数的最小个数，否则要用到基于矩阵 $\bar{\boldsymbol{Y}}$ 奇异值分解的数值方法。矩阵 $\bar{\boldsymbol{Y}}$ 是由一组测量值产生的，若矩阵 $\bar{\boldsymbol{Y}}$ 不满秩，可采用 $\bar{\boldsymbol{Y}}$ 的渐消记忆最小二乘法求逆计算，这时解的精度取决于渐消因子的权重。

以上并未明确提出操作臂关节的轨迹类型。通常可以尽量选择旋转多项式轨迹规划方法，精确估计可辨识参数，从而实现沿该轨迹矩阵 $\overline{Y}^{T}\overline{Y}$ 条件数最小的期望值。另一方面，所选轨迹不应引起任何未建模的动力学影响，如关节弹性或连杆挠性变形等，这些因素会导致待识别动力学参数估计值产生较大偏差。

习　题

5.1　对于图 5-4 所示的 RP 操作臂：

(1) 用速度递推法求其雅可比矩阵。

(2) 用力（矩）递推法求其力雅可比矩阵。

(3) 用递推牛顿-欧拉方法求其动力学方程。

5.2　求均匀密度的圆柱体的惯性张量。坐标原点设在质心，轴线取为 x 轴。

5.3　如图 5-8 所示的空间 2R 操作臂，质量集中在两连杆末端，分别为 m_1 和 m_2，两连杆长度分别为 l_1 和 l_2。求它在关节空间和操作空间中的动力学方程（封闭形式）。

5.4　如图 5-9 所示，平面 RP 操作臂的连杆 1 的惯性张量为

$$^{C_1}\boldsymbol{I}=\begin{pmatrix} \boldsymbol{I}_{xx1} & 0 & 0 \\ 0 & \boldsymbol{I}_{yy1} & 0 \\ 0 & 0 & \boldsymbol{I}_{zz1} \end{pmatrix}$$

连杆 2 的质量 m_2 集中在末端。推导它的动力学方程和在坐标系 {2} 中的操作空间动力学方程。

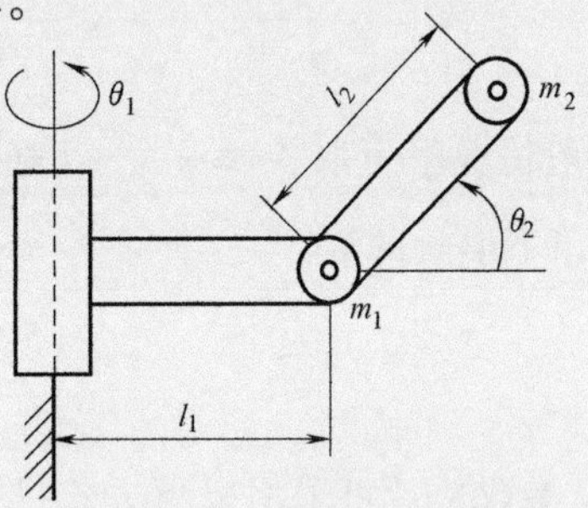

图 5-8　空间 2R 操作臂

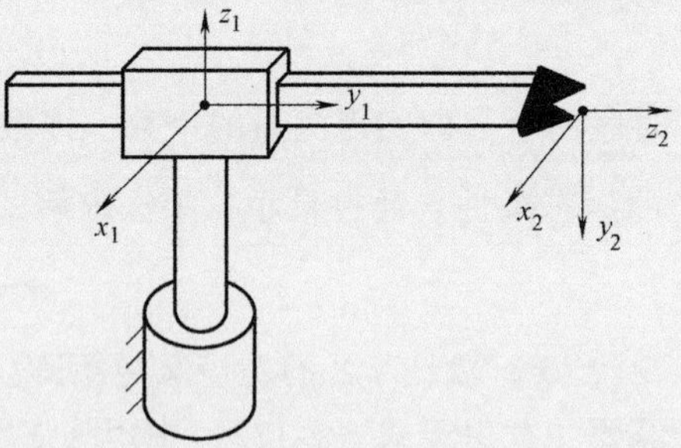

图 5-9　空间 RP 操作臂

5.5　操作臂动力学方程中与速度有关的项可写成矩阵矢量积的形式，即

$$\boldsymbol{h}(\boldsymbol{q},\dot{\boldsymbol{q}})=\boldsymbol{H}(\boldsymbol{q},\dot{\boldsymbol{q}})\dot{\boldsymbol{q}}$$

式中，$\boldsymbol{H}(\boldsymbol{q},\dot{\boldsymbol{q}})$ 为矩阵。证明惯性矩阵 $\boldsymbol{D}(\boldsymbol{q})$ 的导数与 $\boldsymbol{H}(\boldsymbol{q},\dot{\boldsymbol{q}})$ 之间存在以下关系：

$$\dot{\boldsymbol{D}}(\boldsymbol{q})=2\boldsymbol{H}(\boldsymbol{q},\dot{\boldsymbol{q}})-\boldsymbol{S}$$

式中，$\boldsymbol{S}$ 是某反对称矩阵。

5.6　平面 2R 操作臂的雅可比矩阵由本章实例给出，若两连杆长度之和 l_1+l_2 为常数，且质量之比 $m_1:m_2=3:2$，质量都集中在连杆中点，如何选择连杆相对长度，使操作臂动态可操作性能指标最大？

5.7　使用拉格朗日方法建立图 5-10 所示系统的动力学方程。

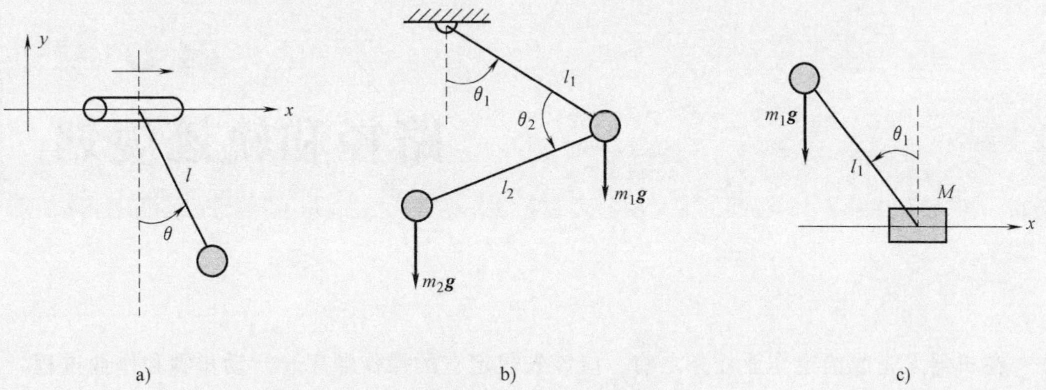

图 5-10　两自由度操作臂系统

(1) 图 5-10a 中连杆 1 的质量可以忽略，连杆 2 的质量集中在末端。

(2) 图 5-10b 中连杆 1、2 的质量都集中在末端。

(3) 图 5-10c 中滑块的质量及连杆的质量都集中在末端。

5.8　使用递推牛顿-欧拉法建立图 5-11 所示分布参数 2R 操作臂的动力学方程。

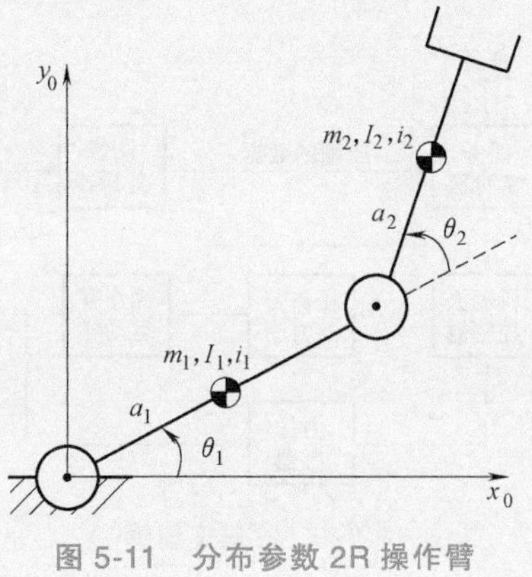

图 5-11　分布参数 2R 操作臂

5.9　推导以空间坐标表示的递推牛顿-欧拉方法动力学方程。

5.10　SCARA 机器人连杆 1 与 2 的长度和为常数，质量比 $m_1 : m_2 = 3 : 2$，质量均匀分布在连杆长度上，如何选择连杆 1 和 2 的长度，使动态可操作性能指标最大？

第6章 路径和轨迹规划

在机器人完成给定作业任务之前，应该先规定它的操作顺序、行动步骤和作业进程。在人工智能的研究范围内，规划实际上就是一种问题的求解过程，即从某个特定问题的初始状态出发，构造一系列操作步骤（也称算子），使之达到解决该问题的目标状态。机器人任务规划所涉及的范围十分广泛，如图6-1所示，任务规划器根据输入的任务说明，规划执行任务所需的运动，根据环境的内部模型和传感器（包括视觉传感器）在线采集的数据产生控制指令。假设机器人的初始位形和最终位形已经给定，规划问题则是找到连接初始位形和最终位形的一条无碰撞路径。

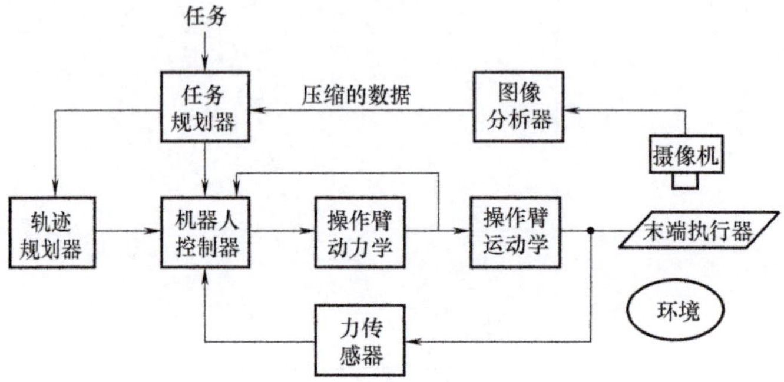

图6-1 任务规划器

路径规划问题本质上是一个搜索问题，路径规划算法的计算复杂程度随着机器人的自由度数量呈指数增长。路径规划提供了对机器人运动的一种几何描述，但它并没有涉及运动的任何动力学方面。例如，通过这些路径时机器人应该使用什么样的关节速度和加速度？这些问题是轨迹规划的讨论范畴。

从操作臂的运动学和动力学可以看出，只要知道操作臂的关节变量就能根据其运动方程来确定其位置，或者已知操作臂的期望位姿就能确定相应的关节变量、速度和加速度。因此，操作臂轨迹规划的目的，是生成运动控制系统的参考输入，以确保操作臂完成规划的轨迹，实现预期动作。这在机器人的控制中具有重要的作用，直接影响机器人作业任务的实现效果。这里的轨迹指的是每个自由度的位置、速度和加速度的时间历程。轨迹的生成是由一组通过期望轨迹的内插函数（常用多项式）所得到的时间序列值来构成。

路径和轨迹规划既要用到操作臂的运动学，也要用到操作臂的动力学，并用到各种逼近处理的方法来实现操作臂在运动过程中保持受控的运动序列。

6.1 概述

路径（Path）表示在关节空间或操作空间中，操作臂在执行指定运动时必须跟随的点的轨迹。因此，路径是运动的纯几何描述。轨迹（Trajectory）则是一条指定的、随时间变化的路径，例如在每一点的速度和/或加速度。对操作臂而言，所设计的路径是从初始姿态到指定的最终姿态所包含的全过程，其过渡过程由运动律来描述，运动律要求执行器施加到关节上的广义力对操作臂本体不产生冲击或不产生谐振模式。

轨迹规划算法的输入包括路径描述、路径约束以及由操作臂动力学施加的约束，其输出是按时间顺序给出的位置、速度和加速度的值构成的末端执行器轨迹。

显然，考虑到路径上的每个点的路径信息是异常复杂的，也即几何轨迹不可能完全指定，通常只考虑所指定的少数参量，如极值点、可能的中间点和插入点等典型的几何单元（点）。同理，通常也不会在几何路径的每一点上，都指定其运动的时间律。实际中我们更关注的是整个轨迹时间、最大速度和加速度约束，以及最终对特别感兴趣点上的指定速度和加速度。基于以上分析，轨迹规划算法生成一个描述末端执行器位置和方向（位姿）依照约束随时间变化的时间序列。由于对操作臂的控制是在关节空间中完成的，因此，操作臂的逆运动学可用来重构相应于操作空间中所对应的关节变量的时间序列。

操作空间中的轨迹规划应考虑实际操作过程中存在的路径约束，这种约束应在操作空间中来描述。对于在奇异位形邻域内和存在冗余自由度的情况，操作空间中的轨迹规划有可能出现无解或多解的问题，此时应根据自由度增加/减少的具体问题，在关节空间中指定路径，从而生成一组满足轨迹约束条件的关节变量时间序列。

例如，一个操作臂从点 A 运动到点 B 再到点 C，那么这些中间的构型序列就构成了一条路径，如图 6-2 所示。

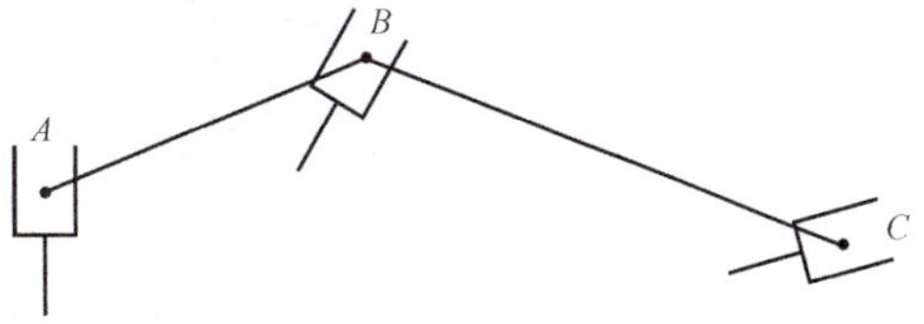

图 6-2 二自由度平面关节操作臂

图中，不论操作臂何时到达点 B 和点 C，其路径总是一样的，而经过路径的每个部分的快慢不同，轨迹也就不同。因此，即使操作臂经过相同的点，但在一个给定时刻，操作臂在其路径上和轨迹上的点也有可能不同。轨迹依赖速度和加速度，所以如果操作臂抵达点 B 和点 C 的时间不同，则相应的轨迹也不同。

6.1.1 关节空间与直角坐标空间描述

考虑一个 6 轴操作臂从空间位置点 A 向点 B 运动的情况。由该操作臂的逆运动学方程，可以计算出操作臂到达新位置时关节的总位移，操作臂控制器利用所算出的关节值驱动操作臂到达新的关节值，从而使得操作臂末端运动到新的位置。采用关节变量来描述操作臂运动称为关节空间描述。在这种情况下，操作臂末端执行器最终将到达期望位置，但是操作臂在这两点之间的运动却是不可预知的。

假设在 A、B 两点之间画一直线，希望操作臂从点 A 沿该直线运动到点 B。为实现这一运动规划，需将图 6-3 所示的直线分为许多小段，并使操作臂的运动经过所有中间点。具体步骤为：首先在每个中间点处都要求解操作臂的逆运动学方程，计算出一系列的关节量，然后由控制器驱动关节到达下一个目标点。当所有的线段都完成时，机器人便到达所希望的点 B。然而，在该例中，与前面提到的关节空间描述不同，这里操作臂所产生的运动序列首先进行**直角坐标空间描述**，然后转化为关节空间描述的计算量。从这个例子中可以看出，直角坐标空间描述的计算量远大于关节空间描述的计算量，然而使用该方法能得到一条可控且可预知的路径。关节空间和直角坐标空间这两种描述方式都很有用，且都已经应用于机器人设计。

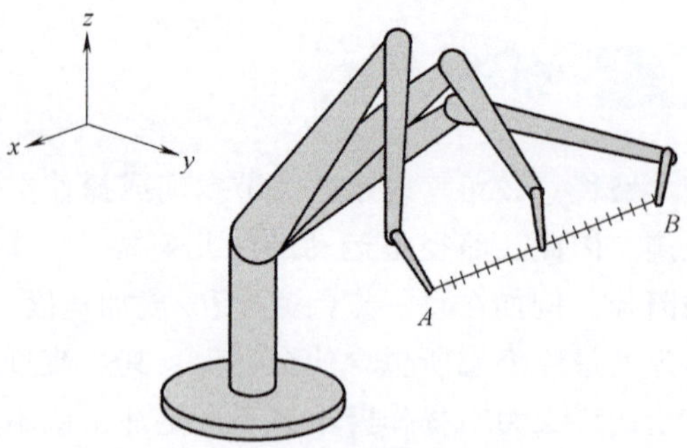

图 6-3　机器人沿直线的依次运动

由于直角坐标空间轨迹在常见的直角坐标空间中表示，因此非常直观，能很容易地看到操作臂末端执行器的轨迹。然而，直角坐标空间轨迹计算量大，需要较快的处理速度才能得到类似关节空间轨迹的计算精度。此外，虽然在直角坐标空间中轨迹描述非常直观，但难以确保不存在奇异点。例如，考虑在图 6-4a 中出现的这种情况，指定的轨迹可能穿过其自身，或轨迹到达工作空间之外，这种情况下是无解的。此外，如图 6-4b 所示，两点间的运动有可能使得操作臂关节值发生突变，这将引起较大的关节冲击与振动。

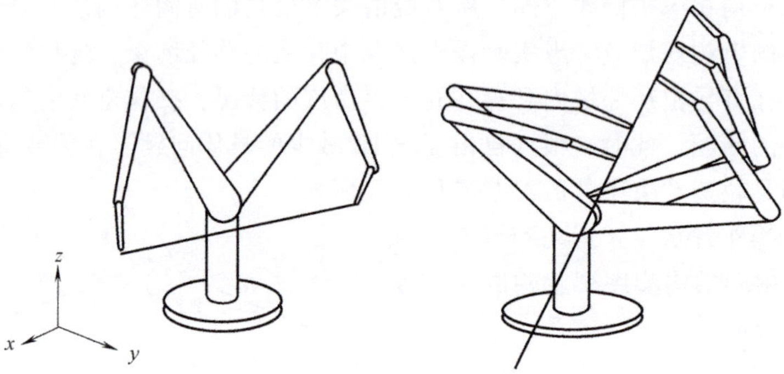

a) 指定的轨迹穿入机器人自身　　b) 指定的轨迹使机器人关节值发生突变

图 6-4　直角坐标空间轨迹的问题

6.1.2　轨迹规划的基本原理

本小节以简单的 2 自由度操作臂为例，来阐述在关节空间和在直角坐标空间中进行轨迹规划的基本原理。

1. 两点间的轨迹规划原理

如图 6-5 所示，要求操作臂从点 A 运动到点 B。操作臂在点 A 时的构型为 $\alpha=20°$，$\beta=30°$。假设操作臂到达点 B 的构型是 $\alpha=40°$，$\beta=80°$，同时已知操作臂两个关节运动的最大速率均为 10°/s。操作臂从点 A 运动到点 B 的一种方法是使所有关节都以其最大角速度运动，也即操作臂下方的连杆用 2s 可完成运动，而上方的连杆还需要再运动 3s。操作臂末端执行器的轨迹如图 6-5 所示，其路径是不规则的，操作臂末端执行器所走过的距离也是不均匀的。

假设操作臂两个关节的运动用一个公共因子做归一化处理，使其运动范围较小的关节运动成比例地减慢，从而两个关节能够同步地开始和结束运动。这时，两个关节以不同的速度一起连续运动，即 α 以 4°/s、β 以 10°/s 的速度运动。从图 6-6 中可以看出，这样得出的轨迹与前面不同。该运动轨迹的各部分比之前的更加均衡，但是所得路径仍然是不规则的。由于只关注关节值，而忽略操作臂末端执行器的位置，因此这两个例子都是在关节空间中进行规划的，所需的计算量仅是运动终点的关节量（第二个例子中还进行了关节速率的归一化处理）。

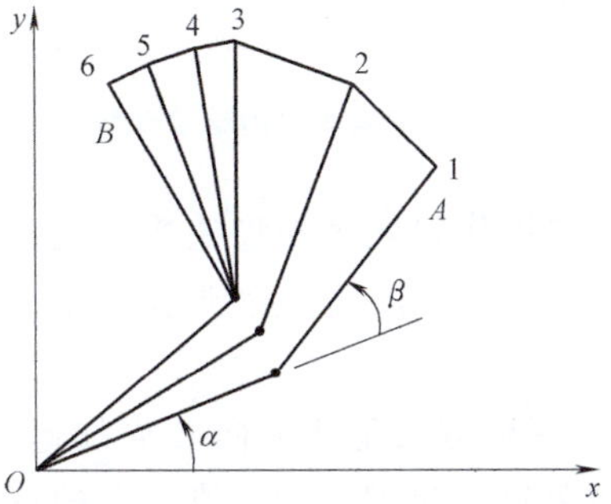

时间/s	α	β
0	20°	30°
1	30°	40°
2	40°	50°
3	40°	60°
4	40°	70°
5	40°	80°

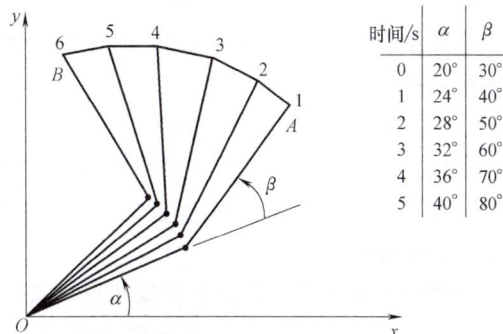

图 6-5 2 自由度机器人关节空间的非归一化运动

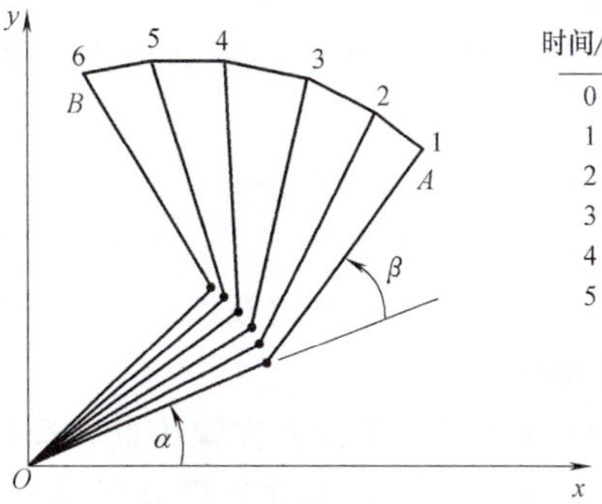

时间/s	α	β
0	20°	30°
1	24°	40°
2	28°	50°
3	32°	60°
4	36°	70°
5	40°	80°

图 6-6 2 自由度机器人关节空间的归一化运动

现在假设希望操作臂末端执行器可以沿点 A 到点 B 之间的一条已知路径运动，例如沿一条直线运动。最简单的解决方法是：首先在点 A 和点 B 之间画一条直线，再将这条线等分为几部分（例如划分为 5 等分），然后按图 6-7 所示计算出各点所需要的 α 和 β 值，这一过程称之为在点 A 和点 B 之间**插值**。可以看出，此时路径是一条直线，而关节角并非均匀变化。虽然得到的运动是一条已知的直线轨迹，但必须对直线上每一点所对应的关节变量进行计算。显然，如果路径分割的部分太少，将不能保证操作臂在每一分割线段内严格地沿直线运动。为了获得更高的运行精度，就需要对路径进行更多更细的分割，这意味着将需要计算更多的关节点。由于操作臂轨迹的所有运动段都是基于直角坐标进行计算的，因此该轨迹的描述是在直角坐标空间中进行的。

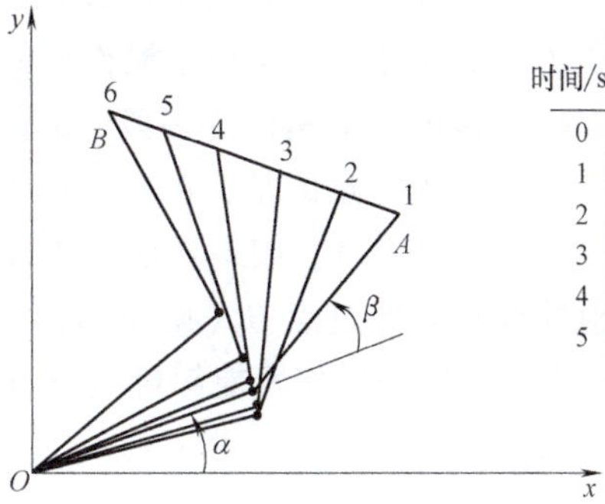

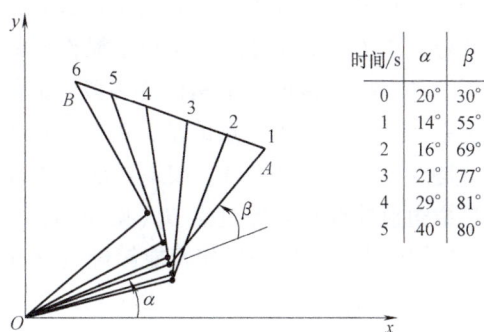

时间/s	α	β
0	20°	30°
1	14°	55°
2	16°	69°
3	21°	77°
4	29°	81°
5	40°	80°

图 6-7 2 自由度机器人的直角坐标空间运动

此外，在上面的例子中都是认为操作臂的驱动装置可以提供足够大的功率来满足关节运动中所需的加速和减速，如前面假设操作臂在路径的第一段运动过程初始就可以立刻加速到所需的期望速度。如果操作臂的驱动装置不能提供这些条件，操作臂的运动轨迹将是一条不同于之前所设定的运动轨迹，即在加速到期望速度之前的轨迹将会落后（滞后）所设定的轨迹。此外，需要注意的是，两个连续关节变量之间的差值大于规定的最大关节速度 10°/s（例如，在 0 和 1 时刻之间，关节必须移动 25°）。显然，这是不可能达到的。

为了改进这一状况，可对路径进行不同方法的分段，即操作臂开始加速运动时的路径分段较小，随后使其以恒定速度运动，而在接近点 B 时再在较小的分段上进行减速，如图 6-8

所示。当然，对于路径上的每一点仍需求解操作臂的逆运动学方程。在该例中，区别于上述将直线段 AB 等分，而是在开始时基于方程 $x=(1/2)at^2$ 进行划分，直到其到达所需要的运动速度 $v=at$ 时为止，末端运动则依据减速过程类似进行划分。

还有一种情况是轨迹规划的路径并非直线，而是某个期望路径（例如二次曲线），这时必须基于期望路径计算出每个划分段的坐标，进而计算出相应的关节量，这样才能规划出操作臂沿期望路径的轨迹。

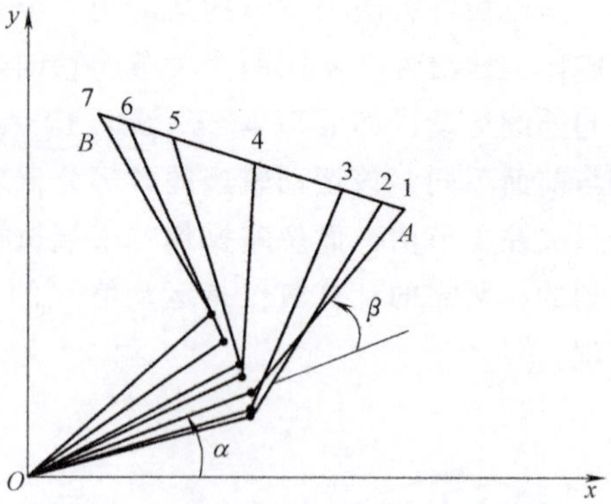

图 6-8 具有加速和减速段的轨迹规划

2. 多点间的轨迹规划原理

以上仅考虑了操作臂在 A 和 B 两点之间的运动，如果要求操作臂顺序平稳地通过这些点，则必须包括中间点和过渡点。下面将进一步讨论多点间的轨迹规划，最终实现在期望路径上的连续运动。

如图 6-9 所示，假设操作臂从点 A 经过点 B 运动到点 C。一种方法是从 A 向 B 先加速，再匀速，接近 B 时减速并在达到 B 时停止，然后由 B 到 C 重复这一过程。这一停一走的不平稳运动包含了不必要的停止动作；另一种方法是将点 B 两边的运动进行平滑过渡：即操作臂先接近点 B（如果有必要的话可以减速），然后沿着平滑过渡的路径重新加速，最终抵达并停在点 C。平滑过渡的路径使操作臂的运动更加平稳，降低了操作臂应力，减少了能量消耗。如果操作臂的运动是由许多段组成的，所有的中间运动段都可以采用过渡的方式平滑连接在一起。但必须注意的是，由于采用了平滑过渡曲线，操作臂经过的可能不是原来的点 B 而是点 B'（见图 6-9a）。如果要求操作臂精确经过点 B，可事先设定一个不同的点 B''，使得平滑过渡曲线正好经过点 B（见图 6-9b）。或者在点 B 前后各加过渡点 C 和 D，使得 B 落在 CD 的连线上，确保操作臂能够经过点 B。

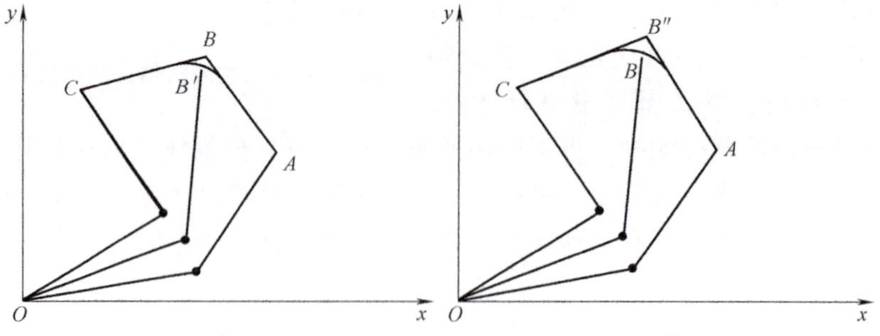

图 6-9 路径上不同运动段的平滑过渡曲线

6.2 关节空间的轨迹规划方法

每个路径点通常是用工具坐标系 $\{T\}$ 相对于固定坐标系 $\{S\}$ 的期望位置和姿态来确定的。应用逆运动学方程，求解出轨迹中各点所对应的期望关节变量，这样就得到了经过各中间点

并终止于目标点的 n 个关节的平滑函数。对于每个关节而言，由于各路径段所需要的时间是相同的，因此所有的关节将同时到达中间点，从而得到 $\{T\}$ 在每个中间点上的期望笛卡儿位置。因此，应用关节空间路径规划方法可以获得各中间点的期望位置和姿态。关节空间的路径规划方法非常便于计算，且由于关节空间与直角坐标空间之间不存在连续的对应关系，因而不会发生机构奇异性问题。

6.2.1　三次多项式

下面考虑在一定时间内，将工具从初始位置移动到目标位置的问题。应用逆运动学方程可以解出对应于目标位置和姿态的各个关节变量。操作臂的初始位置是已知的，并用一组关节变量来进行描述。现在需要确定每个关节的运动函数，其在 t_0 时刻的值为该关节的初始位置，在 t_f 时刻的值为该关节的期望目标位置。如图 6-10 所示，有多种平滑函数均可用于对关节变量 $\theta(t)$ 进行插值，最常见的光滑函数便是多项式函数。在多项式函数决定的路径中，位置、速度、加速度必定是连续的，加速度当然也是有限的。

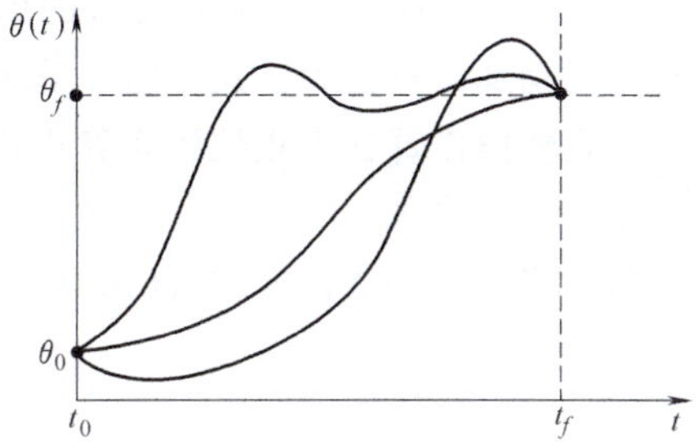

图 6-10　某一个关节可以选用的几种可能的路径曲线

为了获得一条确定的光滑运动曲线，需要对 $\theta(t)$ 施加约束条件。如果仅限制初始时刻和最终时刻的位置与速度，需要对 $\theta(t)$ 施加 4 个约束条件。

由初始值和最终值可得到对函数值的两个约束条件：

$$\theta(0)=\theta_0,\quad \theta(t_f)=\theta_f \tag{6-1}$$

另外两个约束条件需要保证关节速度连续，即在初始时刻和终止时刻关节速度为零：

$$\dot{\theta}(0)=0,\quad \dot{\theta}(t_f)=0 \tag{6-2}$$

阶次至少为 3 的多项式才能满足以上 4 个约束条件（一个三次多项式有 4 个系数，所以它能够满足由式（6-1）和式（6-2）给出的 4 个约束条件）。这些约束条件唯一确定了一个三次多项式。该三次多项式具有如下形式：

$$\theta(t)=a_0+a_1t+a_2t^2+a_3t^3 \tag{6-3}$$

所以对应于路径的关节速度和加速度，显然有

$$\left.\begin{aligned}\dot{\theta}(t)&=a_1+2a_2t+3a_3t^2\\ \ddot{\theta}(t)&=2a_2+6a_3t\end{aligned}\right\} \tag{6-4}$$

把这 4 个约束条件代入式（6-3）和式（6-4）中可以得到含有 4 个未知量的 4 个方程：

$$\left.\begin{aligned}\theta_0&=a_0\\ \theta_f&=a_0+a_1t_f+a_2t_f^2+a_3t_f^3\\ 0&=a_1\\ 0&=a_1+2a_2t_f+3a_3t_f^2\end{aligned}\right\} \tag{6-5}$$

解出方程中的 a_i，可以得到

$$\left.\begin{aligned} a_0 &= \theta_0 \\ a_1 &= 0 \\ a_2 &= \frac{3}{t_f^2}(\theta_f - \theta_0) \\ a_3 &= -\frac{2}{t_f^3}(\theta_f - \theta_0) \end{aligned}\right\} \tag{6-6}$$

应用式（6-6）可以求出从任何起始关节位置到期望终止位置的三次多项式。但是该解仅适用于起始关节速度（线速度和角速度）与终止关节速度均为零的情况。

【例 6-1】 具有一个旋转关节的单连杆操作臂，处于静止状态时，$\theta=15°$。期望在 3s 内平滑地运动到终止位置，这时的关节角 $\theta=75°$。试求解出满足该运动的一个三次多项式的系数，并且使操作臂在终止位置为静止状态。画出关节的位置、速度和加速度随时间变化的函数曲线。

解：将相关参数代入式（6-6），可以得到

$$\left.\begin{aligned} a_1 &= 0 \\ a_2 &= 20 \\ a_3 &= -4.44 \end{aligned}\right\} \tag{6-7}$$

根据式（6-3）和式（6-4），可以求得

$$\left.\begin{aligned} \theta(t) &= 15+20t^2-4.44t^3 \\ \dot{\theta}(t) &= 40t-13.33t^2 \\ \ddot{\theta}(t) &= 40-26.66t \end{aligned}\right\} \tag{6-8}$$

图 6-11 所示为频率在 40Hz 时，对应于该运动的关节位置、速度和加速度函数曲线。显然，三次函数的速度曲线为抛物线，加速度曲线为直线。

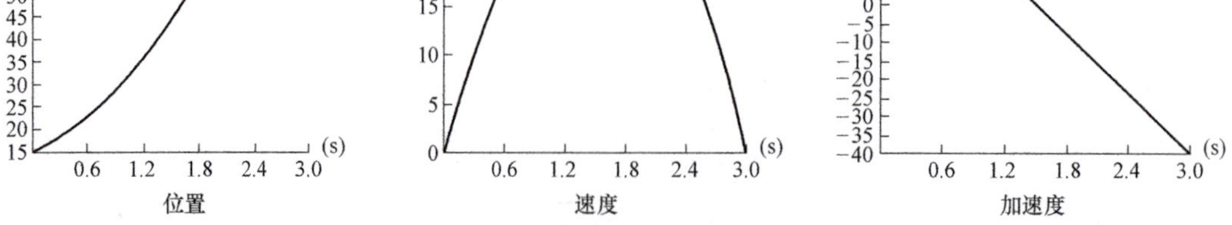

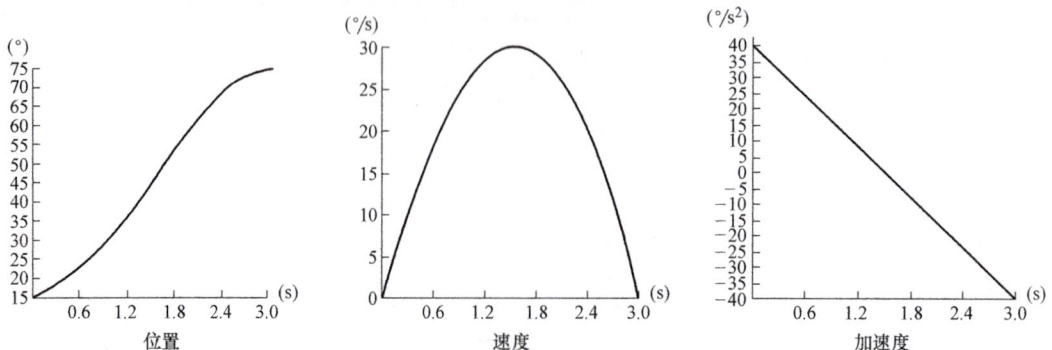

图 6-11 三次函数的位置、速度、加速度函数曲线图（起始和终止时均为静止）

6.2.2 三次多项式用于多点间轨迹规划

到目前为止，我们已经讨论了用期望的时间间隔和最终目标点来描述的运动。但一般而言，希望确定包含中间点的路径。如果操作臂能够停留在每个中间点，那么可以使用三次多项式求解。

通常，操作臂在中间点位置上不需要使得其速度为零，而三次多项式可以满足在路径约束条件下实现这一目标。与单目标点的情形相类似，每个中间点通常是用工具坐标系相对于固定坐标系的期望位置和姿态来确定的。应用逆运动学方程把每个中间点“转换”成一组期望的关节变量，然后，考虑对每个关节求出平滑连接每个中间点的三次多项式。

如果已知各关节在中间点的期望速度，那么就可以像前面一样构造出三次多项式。此时，在每个终止点的速度限制条件不再为零，而是已知的速度。于是，式（6-3）的限制条件变成

$$\left.\begin{aligned}\dot{\theta}(0)&=\dot{\theta}_0\\ \dot{\theta}(t_f)&=\dot{\theta}_f\end{aligned}\right\}\tag{6-9}$$

描述这个三次多项式的 4 个方程分别为

$$\left.\begin{aligned}\theta_0&=a_0\\ \theta_f&=a_0+a_1t_f+a_2t_f^2+a_3t_f^3\\ \dot{\theta}_0&=a_1\\ \dot{\theta}_f&=a_1+2a_2t_f+3a_3t_f^2\end{aligned}\right\}\tag{6-10}$$

求解方程组中的 a_i，可以得到

$$\left.\begin{aligned}a_0&=\theta_0\\ a_1&=\dot{\theta}_0\\ a_2&=\frac{3}{t_f^2}(\theta_f-\theta_0)-\frac{2}{t_f}\dot{\theta}_0-\frac{1}{t_f}\dot{\theta}_f\\ a_3&=-\frac{2}{t_f^3}(\theta_f-\theta_0)+\frac{1}{t_f^2}(\dot{\theta}_f+\dot{\theta}_0)\end{aligned}\right\}\tag{6-11}$$

使用式（6-11），可求出符合任何起始和终止位置以及任何起始和终止速度的三次多项式。

如果在每个中间点处均有期望的关节速度，那么可以简单地将式（6-11）应用到每个曲线段来求出所需的三次多项式。确定中间点处的期望关节速度可以使用以下 3 种方法：

1）用户给出每个瞬时工具坐标系的笛卡儿线速度和角速度，从而确定每个中间点的期望速度。

2）在笛卡儿空间或关节空间中使用适当的启发算法，系统自动选取中间点的速度。

3）系统自动选取中间点的速度，使得中间点处的加速度连续。

第一种方法：使用在中间点上计算出的操作臂雅可比逆矩阵，把中间点的期望速度

“映射”为期望的关节速度。如果操作臂在某个特定的中间点上处于奇异位形，则用户将无法在该点处任意指定速度。对于一个路径生成算法而言，其用处之一就是满足用户指定的期望速度。然而，总是要求用户指定速度也是一个负担。因此，一个方便简易的路径规划系统还应包括方法 2 或方法 3（或两者都包括在内）。

第二种方法：系统使用一些启发算法来自动地选择合理的过渡速度。考虑图 6-9 所示由中间点确定的某一关节 θ 的路径。

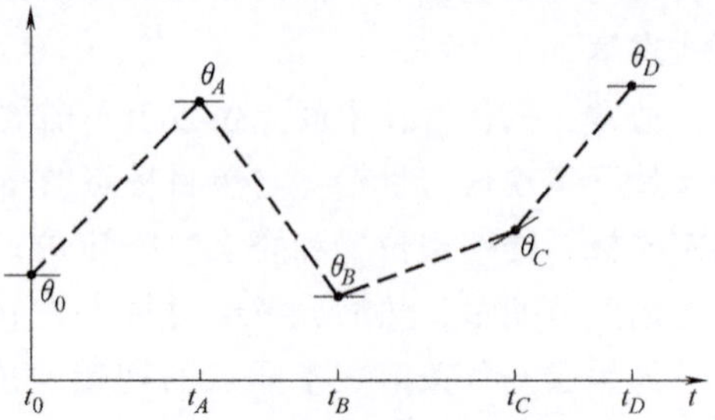

图 6-12 在用切线标记的点处具有期望速度的中间点

在图 6-12 中，已经合理选取了各中间点上的关节速度，并用小的直线段来表示，这些直线段即为曲线在每个中间点处的切线。这种选取结果是通过使用了从概念到计算方法都很简单的启发算法而得到的。假设用直线段把中间点连接起来，如果这些直线的斜率在中间点处改变符号，则把速度选定为零；如果这些直线段的斜率没有改变符号，则选取中间点两侧的线段斜率的平均值作为该点的速度。按照此法，系统可以只根据规定的期望中间点来自动旋转每个中间点的速度。

第三种方法：系统根据中间点处的加速度为连续的原则选取各点的速度。为此，需要一种新方法。在这种样条曲线（随时间变化的函数曲线）中，可以将两条三次曲线在连接点处进行拼接，同时需要满足两个约束条件：速度和加速度均为连续的。

【例 6-2】 试求解两个三次曲线的系数，使得两曲线连成的样条曲线在中间点处具有连续的加速度。假设起始角为 θ_0，中间点为 θ_v，终止点为 θ_g。

解：第一个三次曲线为

$$\theta(t)=a_{10}+a_{11}t+a_{12}t^2+a_{13}t^3 \tag{6-12}$$

第二个三次曲线为

$$\theta(t)=a_{20}+a_{21}t+a_{22}t^2+a_{23}t^3 \tag{6-13}$$

在一个时间段内，每个三次曲线的起始时刻为 $t=0$，终止时刻为 $t=t_{f_i}$，其中 $i=1$ 或 $i=2$。

施加的约束条件为

$$\left.\begin{aligned}
&\theta_0=a_{10}\\
&\theta_v=a_{10}+a_{11}t_{f1}+a_{12}t_{f1}^2+a_{13}t_{f1}^3\\
&\theta_v=a_{20}\\
&\theta_g=a_{20}+a_{21}t_{f2}+a_{22}t_{f2}^2+a_{23}t_{f2}^3\\
&0=a_{11}\\
&0=a_{21}+2a_{22}t_{f2}+3a_{23}t_{f2}^2\\
&a_{21}=a_{11}+2a_{12}t_{f1}+3a_{13}t_{f1}^2\\
&a_{22}=a_{12}+3a_{13}t_{f1}
\end{aligned}\right\} \tag{6-14}$$

这些约束条件确定了一个具有 8 个方程和 8 个未知数的线性方程组，当取 4°/s 时可以得到

$$
\left.\begin{aligned}
& a_{10}=\theta_0 \\
& a_{11}=0 \\
& a_{12}=\frac{12\theta_v-3\theta_g-9\theta_0}{4t_f^2} \\
& a_{13}=\frac{-8\theta_v+3\theta_g+5\theta_0}{4t_f^3} \\
& a_{20}=\theta_v \\
& a_{21}=\frac{3\theta_g-3\theta_0}{4t_f} \\
& a_{22}=\frac{-12\theta_v+6\theta_g+6\theta_0}{4t_f^2} \\
& a_{23}=\frac{8\theta_v-5\theta_g-3\theta_0}{4t_f^3}
\end{aligned}\right\} \tag{6-15}
$$

一般情况下，对于包含 n 个三次曲线段的轨迹来说，当满足中间点处加速度为连续时，其方程组可以写成矩阵形式，从而用矩阵来求解中间点的速度。该矩阵为三角矩阵，易于求解。

6.2.3　高次多项式

使用三次多项式插值，无法指定初始时刻和最终时刻的加速度，故可以采用高次多项式作为路径曲线段。例如，采用五次多项式进行插值，以确定路径曲线段的起始点和终止点的位置、速度和加速度，即

$$
\theta(t)=a_0+a_1t+a_2t^2+a_3t^3+a_4t^4+a_5t^5 \tag{6-16}
$$

五次多项式拥有更多的系数，也需要更多的约束条件。通过限制初始时刻和最终时刻的加速度，其约束条件可以增加到 6 个，分别是

$$
\left.\begin{aligned}
& \theta_0=a_0 \\
& \theta_f=a_0+a_1t_f+a_2t_f^2+a_3t_f^3+a_4t_f^4+a_5t_f^5 \\
& \dot{\theta}_0=a_1 \\
& \dot{\theta}_f=a_1+2a_2t_f+3a_3t_f^2+4a_4t_f^3+5a_5t_f^4 \\
& \ddot{\theta}_0=2a_2 \\
& \ddot{\theta}_f=2a_2+6a_3t_f+12a_4t_f^2+20a_5t_f^3
\end{aligned}\right\} \tag{6-17}
$$

这些约束条件确定了一个具有 6 个方程和 6 个未知数的线性方程组，其解为

$$\left.\begin{aligned}
a_0&=\theta_0\\
a_1&=\dot{\theta}_0\\
a_2&=\frac{\ddot{\theta}_0}{2}\\
a_3&=\frac{20\theta_f-20\theta_0-(8\dot{\theta}_f+12\dot{\theta}_0)t_f-(3\ddot{\theta}_0-\ddot{\theta}_f)t_f^2}{2t_f^3}\\
a_4&=\frac{30\theta_0-30\theta_f+(14\dot{\theta}_f+16\dot{\theta}_0)t_f+(3\ddot{\theta}_0-2\ddot{\theta}_f)t_f^2}{2t_f^4}\\
a_5&=\frac{12\theta_f-12\theta_0-(6\dot{\theta}_f+6\dot{\theta}_0)t_f-(\ddot{\theta}_0-\ddot{\theta}_f)t_f^2}{2t_f^5}
\end{aligned}\right\}\tag{6-18}$$

对于一个途经多个给定数据点的轨迹来说，可用多种算法来求解描述该轨迹的平滑函数（多项式或者其他函数）。

6.2.4 抛物线过渡的线性函数

采用多项式函数插值的优点是在区间内速度、加速度永远是连续的。五次多项式甚至可以指定区间端点处加速度的值。但是区间内的速度是变化的，显然这对于机器人的工作效率是一个很大的限制。机器人以更快的速度运动，才能以更高的效率工作。

机器人要想以最快的速度到达目标位置，就需要尽可能多地以最大的恒定速度运动。因此中间部分轨迹形状应该是直线。然而，直接进行线性插值将导致在起始点和终止点的关节加速度无限大。为了生成一条位置和速度都连续的平滑运动轨迹，在使用线性函数进行插值时，需要在每个路径点附近增加一段抛物线作为过渡。在运动轨迹的过渡区段内，将使用恒定的加速度平滑地改变速度，如图 6-13 所示。直线函数和两个抛物线函数组合成一条完整的位置与速度均连续的路径。

为构造这样的路径段，增加一个约束条件，即假设两端的抛物线拟合区段具有相同的持续时间，以使得这两个过渡区段内采用相同的恒定加速度（模值），如图 6-14 所示。每个解都对称于时间中点 t_h 和位置中点 θ_h。由于过渡区段终点的速度必须等于直线部分的速度，所以有

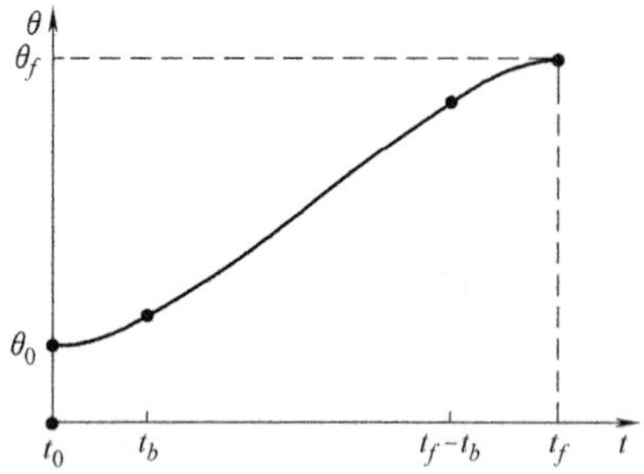

图 6-13 带有抛物线过渡的直线段

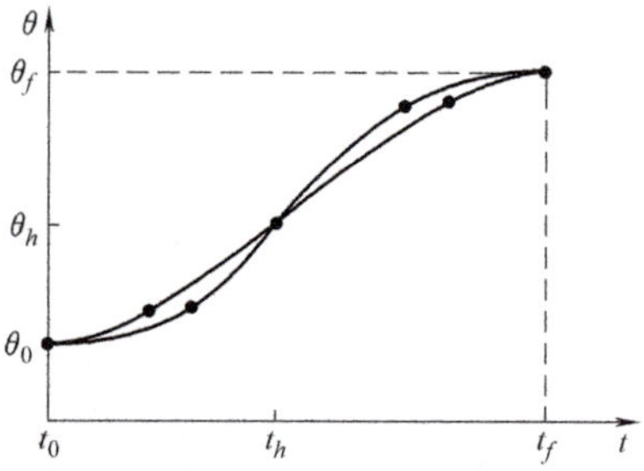

图 6-14 两个过渡区段采用相同恒定加速度

$$\ddot{\theta} t_b = \frac{\theta_h - \theta_b}{t_h - t_b} \tag{6-19}$$

式中，θ_b 是过渡区段终点的 θ 值；$\ddot{\theta}$ 是过度区段的加速度。θ_b 的值由

$$\theta_b = \theta_0 + \frac{1}{2}\ddot{\theta} t_b^2 \tag{6-20}$$

给出。

联立式（6-19）和式（6-20），且 $t=2t_h$，可以得到

$$\ddot{\theta} t_b^2 - \ddot{\theta} t t_b + (\theta_f - \theta_0) = 0 \tag{6-21}$$

式中，t 是期望的运动时间。对于任意给定的 θ_f、θ_0 和 t，可通过选取满足式（6-21）的 $\ddot{\theta}$ 和 t_b 来获得任一条路径。通常，选择好加速度 $\ddot{\theta}$，再计算式（6-21），求解出相应的 t_b。选择的加速度必须足够大，否则解将不存在。

使用加速度和其他已知参数计算式（6-21），求解 t_b，得

$$t_b = \frac{t}{2} - \frac{\sqrt{\ddot{\theta}^2 t^2 - 4\ddot{\theta}(\theta_f - \theta_0)}}{2\ddot{\theta}} \tag{6-22}$$

在过渡区段使用的加速度的限制条件为

$$\ddot{\theta} \geqslant \frac{4(\theta_f - \theta_0)}{t^2} \tag{6-23}$$

当式（6-23）的等号成立时，直线部分的长度缩减为零，整个路径由两个过渡区段组成，且衔接处的斜率相等。当加速度的取值越来越大时，过渡区段的长度将随之越来越短。当处于极限状态时，即加速度无限大，路径又回到简单的直线插值情况。

6.2.5　抛物线过渡的线性函数用于多点间轨迹规划

在具有抛物线过渡的直线路径上指定任意数量的中间点，如图 6-15 所示，即在关节空间中为某个关节 θ 的运动指定了一组中间点，每两个中间点之间使用线性函数相连，而各中间点附近使用抛物线过渡。用 j、k 和 l 表示三个相邻的路径点。位于路径点 k 处的过渡区段的时间间隔为 t_k，位于点 j 和 k 之间的直线部分的时间间隔为 t_{jk}，点 j 和 k 之间总的时间间隔为 t_{djk}，直线部分的速度为 $\dot{\theta}_{jk}$，而在点 j 处过渡区段的加速度为 $\ddot{\theta}_j$。

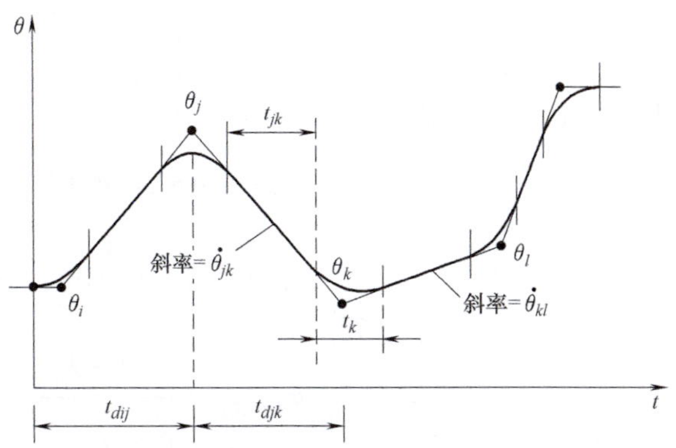

图 6-15　多段带有过渡区段的直线路径

与单段路径的情况相似，可能存在多解的现象，这取决于每个过渡区段的加速度值。已知所有的路径点 θ_k、期望的时间区间 t_{djk} 以及每个路径点处加速度的模值 $|\ddot{\theta}_k|$，则可计算出过渡区段的时间间隔 t_k。对于那些内部的路径点，则可直接使用下列公式进行计算：

$$
\left.\begin{aligned}
\dot{\theta}_{jk} &= \frac{\theta_k - \theta_j}{t_{djk}} \\
\ddot{\theta}_k &= \mathrm{sgn}(\dot{\theta}_{kl} - \dot{\theta}_{jk}) \mid \ddot{\theta}_k \mid \\
t_k &= \frac{\dot{\theta}_{kl} - \dot{\theta}_{jk}}{\ddot{\theta}_k} \\
t_{jk} &= t_{djk} - \frac{1}{2} t_j - \frac{1}{2} t_k
\end{aligned}\right\} \tag{6-24}
$$

但是，对于第一个路径段和最后一个路径段的处理上与式（6-24）稍有不同，因为轨迹端部的整个过渡区持续时间都应计入这一路径段内。

对于第一个路径段，令线性区段速度的两个表达式相等来求解 t_1：

$$
\frac{\theta_2 - \theta_1}{t_{d12} - \frac{1}{2} t_1} = \ddot{\theta}_1 t_1 \tag{6-25}
$$

由此可解出在起始点处的过渡时间 t_1，然后可解出 $\dot{\theta}_{12}$ 和 t_{12}

$$
\left.\begin{aligned}
\ddot{\theta}_1 &= \mathrm{sgn}(\theta_2 - \theta_1) \mid \ddot{\theta}_1 \mid \\
t_1 &= t_{d12} - \sqrt{t_{d12}^2 - \frac{2(\theta_2 - \theta_1)}{\ddot{\theta}_1}} \\
\dot{\theta}_{12} &= \frac{\theta_2 - \theta_1}{t_{d12} - \frac{1}{2} t_1} \\
t_{12} &= t_{d12} - t_1 - \frac{1}{2} t_2
\end{aligned}\right\} \tag{6-26}
$$

同理，对于最后一个路径段（连接点 $n-1$ 到 n），有

$$
\frac{\theta_{n-1} - \theta_n}{t_{d(n-1)n} - \frac{1}{2} t_n} = \ddot{\theta}_n t_n \tag{6-27}
$$

根据式（6-27）可求出

$$
\left.\begin{aligned}
\ddot{\theta}_n &= \mathrm{sgn}(\theta_{n-1} - \theta_n) \mid \ddot{\theta}_n \mid \\
t_n &= t_{d(n-1)n} - \sqrt{t_{d(n-1)n}^2 + \frac{2(\theta_{n-1} - \theta_n)}{\ddot{\theta}_n}} \\
\dot{\theta}_{(n-1)n} &= \frac{\theta_n - \theta_{n-1}}{t_{d(n-1)n} - \frac{1}{2} t_n} \\
t_{(n-1)n} &= t_{d(n-1)n} - t_n - \frac{1}{2} t_{n-1}
\end{aligned}\right\} \tag{6-28}
$$

式（6-24）~式（6-28）可用来求出多段轨迹中各个过渡区段的时间和速度。通常只需给定中间点以及各个路径段的持续时间。在这种情况下，系统使用各个关节的默认加速度值。有时，为了方便起见，系统还可按照默认的速度来计算持续时间。对于各个过渡区段，加速度值必须取得足够大，以便使各路径段具有足够长的直线区段。

【例 6-3】 定义某个关节的轨迹，用“°”为单位表示各路径点：10，35，25，10。三个路径的时间间隔分别为 2s、1s 和 3s。所有过渡点处的默认加速度模值为 50。计算各路径段的速度、过渡区段的持续时间和直线区段的持续时间。

解：对第一个路径段，利用式（6-26）可得

$$\ddot{\theta}_1 = 50°/s^2 \tag{6-29}$$

起始点处过渡区段的持续时间为

$$t_1 = \left(2 - \sqrt{4 - \frac{2(35-10)}{50}}\right)s = 0.27s \tag{6-30}$$

从式（6-26）中求出速度 $\dot{\theta}_{12}$ 为

$$\dot{\theta}_{12} = \frac{35-10}{2-0.5\times0.27}°/s = 13.4°/s \tag{6-31}$$

从式（6-24）中求出速度 $\dot{\theta}_{23}$ 为

$$\dot{\theta}_{23} = \frac{25-35}{1}°/s = -10°/s \tag{6-32}$$

及

$$\ddot{\theta}_2 = -50°/s^2$$

$$t_2 = \frac{-10-13.5}{-50}s = 0.47s \tag{6-33}$$

从式（6-26）中求出第一个路径段的直线区段持续时间长度

$$t_{12} = \left(2 - 0.27 - \frac{1}{2}\times0.47\right)s = 1.5s \tag{6-34}$$

从式（6-29）中可得

$$\ddot{\theta}_4 = 50°/s^2 \tag{6-35}$$

于是，对于最末端路径区段，利用式（6-28）可求出 t_4 为

$$t_4 = \left(3 - \sqrt{9 + \frac{2\times(10-25)}{50}}\right)s = 0.102s \tag{6-36}$$

可分别求解出

$$\begin{aligned} &\dot{\theta}_{34} = \frac{10-25}{3-0.05}°/s = -5.1°/s \\ &\ddot{\theta}_3 = 50°/s^2 \\ &t_3 = \frac{-5.1-(-10)}{50}s = 0.098s \end{aligned} \tag{6-37}$$

最终，从式（6-24）中可得

$$t_{23}=\left(1-\frac{1}{2}\times0.47-\frac{1}{2}\times0.098\right)\text{s}=0.716\text{s}$$

$$t_{34}=\left(3-\frac{1}{2}\times0.098-0.102\right)\text{s}=2.849\text{s} \tag{6-38}$$

以上给出了轨迹规划的计算结果。

值得注意的是，多段带有抛物线过渡的直线样条曲线实际上并没有经过那些路径点，除非操作臂在这些路径点处停留。通常如果选取的加速度足够大，则实际路径将与期望的路径点非常接近。在这种情况下，如果希望操作臂途经并停留在某个路径点，则只需要在路径中重复定义这个路径点。

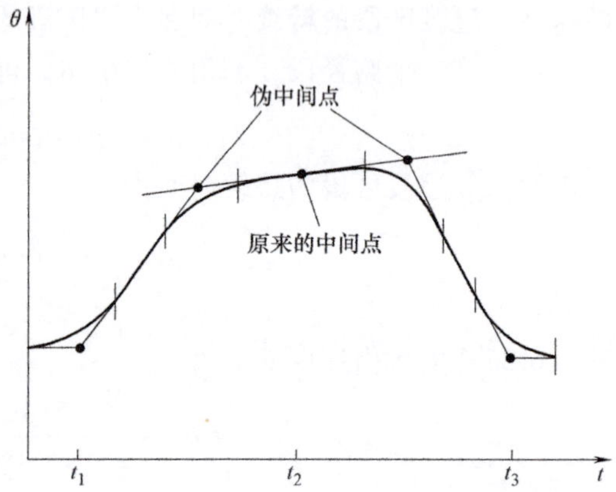

图 6-16 用伪中间点来产生一个“经过点”

如果希望操作臂精确地经过某个中间点而不停留，则可采用前面的方法，但补充如下：系统自动将操作臂希望经过的中间点替换为位于其两侧的两个伪中间点，如图 6-16 所示。然后利用前面的方法生成路径。原来的中间点将位于连接两个伪中间点的直线上。如果需要操作臂按一定的速度经过该中间点，且未规定速度，则应使用适当的启发算法选定速度。

6.3 操作空间轨迹规划

关节空间轨迹规划算法，是生成关节变量 $\dot{\theta}_{23}$ 值的时间序列，使得将操作臂从初始位形带到最终位形，还包括经过一系列中间位形。考虑到由正运动学带来的非线性影响，得到的末端执行器不易预测。如果期望末端执行器运动遵循操作空间用几何方法指定的路径，就有必要在同一空间对其执行的轨迹进行规划。要完成规划，可以通过内插一个规定的路径点序列进行，也可以通过按时间方式生成分析运动基元和相关轨迹来完成。

在这两种情况下，通过操作空间变量得到的时间序列值，可以经过逆运动学计算来获得相应的关节变量值序列。生成上述序列的最大采样频率设置了上限，此上限由操作空间的轨迹生成及逆运动学计算复杂性来决定。从控制的角度而言，这些序列构成了运动控制系统的参考输入，为提高参考输入的更新频率，增强系统的动态性能，通常在这些序列中进行一个线性的微小内插。路径的特性可以通过 N 个指定点来描述，这些点表示了在给定时刻 $t_k(k=1, 2, \cdots, N)$ 操作空间中的末端执行器位姿，轨迹则通过不同路径点之间的光滑内插矢量函数来产生。对给定路径点（或经由点）$x_e(t_k)$，相应的分量 $x_{ei}(t_k)(i=1, 2, \cdots, r$，其中 r 是操作空间的维数）可以用一个三元多项式序列、一个混合抛物线多项式序列等进行内插。末端执行器遵循所规划的运动轨迹，则涉及路径几何特性的运动基元和定义路径自身时间规律的时间基元。

6.3.1　路径基元

令 $\boldsymbol{p}$ 为(3×1)矢量，$\boldsymbol{f}(\sigma)$ 为定义在区间 $[\sigma_i,\ \sigma_f]$ 上的连续矢量函数，则有

$$\boldsymbol{p}=\boldsymbol{f}(\sigma) \tag{6-39}$$

其几何描述为：随着 σ 在区间 $[\sigma_i,\ \sigma_f]$ 上变化得到的 p 值序列称为空间路径。式（6-39）定义了路径 $\boldsymbol{\Gamma}$ 的参数表达式，标量 σ 称为参数。当 σ 增大时，$\boldsymbol{p}$ 沿给定方向在路径上移动，称该方向为通过参数表达式（6-39）导出的 $\boldsymbol{\Gamma}$ 的方向。当 $p(\sigma_i)=p(\sigma_f)$ 时，路径是封闭的，否则是开路的。

令 $\boldsymbol{p}_i$ 为方向固定的开路路径 $\boldsymbol{\Gamma}$ 上的一点，s 为一般点 $\boldsymbol{p}_i$ 的弧长。如果 $\boldsymbol{p}$ 在 $\boldsymbol{p}_i$ 之后，弧长 s 为 $\boldsymbol{\Gamma}$ 上连接端点 $\boldsymbol{p}$ 和 $\boldsymbol{p}_i$ 的长度。如果 $\boldsymbol{p}$ 在 $\boldsymbol{p}_i$ 之前，则 s 取相反值。如果点 $\boldsymbol{p}_i$ 为弧长的起始点，则 $s=0$。

从上述表达可知，对每一个 $\boldsymbol{p}_i$ 的值，都有一个确定好的路径点与之对应，从而弧长可被用作路径 $\boldsymbol{p}_i$ 表达式中的参数：

$$\boldsymbol{p}_i=\boldsymbol{f}(s) \tag{6-40}$$

参数 s 的变化范围即是与 $\boldsymbol{\Gamma}$ 的点相关联的弧长序列。

考虑式（6-40）表示的路径 $\boldsymbol{\Gamma}$。令 $\boldsymbol{p}$ 为相应于弧长 s 的点，除特殊情况外，$\boldsymbol{p}$ 容许定义 3 个表征路径的单位矢量，这些矢量的指向仅依赖于几何路径，其方向还依赖于式（6-40）所导出的路径方向。

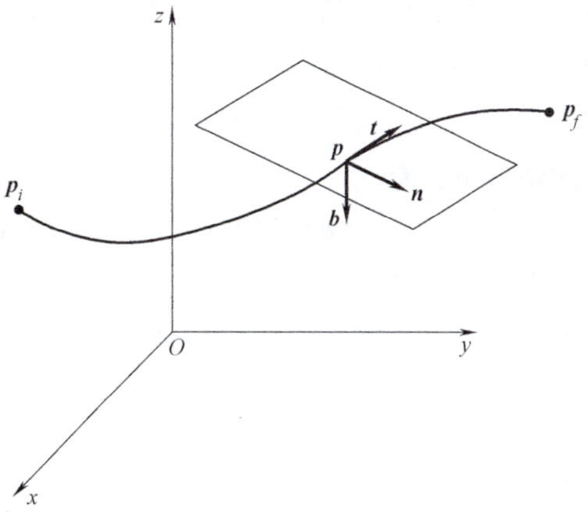

图 6-17　空间中路径的参数表示

第一个单位矢量为切向单位矢量（Tangent unit vector），记为 $\boldsymbol{t}$。这个矢量指向沿 s 导出的路径的方向。

第二个单位矢量为法向单位矢量（Normal unit vector），记为 $\boldsymbol{n}$。这个矢量指向沿过 $\boldsymbol{p}$ 与 $\boldsymbol{t}$ 的夹角为直角的直线（切平面），如图 6-17 所示。切平面是包含单位矢量 $\boldsymbol{t}$ 和点 $\boldsymbol{p}'\in\boldsymbol{\Gamma}$ 的平面，也即 $\boldsymbol{p}'$沿路径趋向于 $\boldsymbol{p}$ 时的极限。当 $\boldsymbol{n}$ 指向满足以上条件，在 $\boldsymbol{p}$ 位于包含 $\boldsymbol{t}$ 并垂直于 $\boldsymbol{n}$ 的平面邻域内，路径 $\boldsymbol{\Gamma}$ 位于 $\boldsymbol{n}$ 的同一侧。

第三个单位矢量为副法向单位矢量，记为 $\boldsymbol{b}$。这个矢量由以上两个单位矢量的右手螺旋法则确定。

上述 3 个单位矢量可表示为

$$\left.\begin{aligned}
\boldsymbol{t}&=\frac{\mathrm{d}\boldsymbol{p}}{\mathrm{d}s}\\
\boldsymbol{n}&=\frac{1}{\left\|\dfrac{\mathrm{d}^2\boldsymbol{p}}{\mathrm{d}s^2}\right\|}\frac{\mathrm{d}^2\boldsymbol{p}}{\mathrm{d}s^2}\\
\boldsymbol{b}&=\boldsymbol{t}\times\boldsymbol{n}
\end{aligned}\right\} \tag{6-41}$$

1. 直线路径

考虑连接点 $\boldsymbol{p}_i$ 到点 $\boldsymbol{p}_f$ 的线段。这条路径的参数表达式为

$$\boldsymbol{p}(s)=\boldsymbol{p}_i+\frac{s}{\|\boldsymbol{p}_f-\boldsymbol{p}_i\|}(\boldsymbol{p}_f-\boldsymbol{p}_i) \tag{6-42}$$

注意，$\boldsymbol{p}(0)=\boldsymbol{p}_i$ 且 $\boldsymbol{p}(\|\boldsymbol{p}_f-\boldsymbol{p}_i\|)=\boldsymbol{p}_f$，从而通过参数表达式（6-42）导出的 $\boldsymbol{\Gamma}$ 方向为从 $\boldsymbol{p}_i$ 到 $\boldsymbol{p}_f$。式（6-42）对 s 求导，可得

$$\left.\begin{aligned}\frac{\mathrm{d}\boldsymbol{p}}{\mathrm{d}s}&=\frac{1}{\|\boldsymbol{p}_f-\boldsymbol{p}_i\|}(\boldsymbol{p}_f-\boldsymbol{p}_i)\\ \frac{\mathrm{d}^2\boldsymbol{p}}{\mathrm{d}s^2}&=0\end{aligned}\right\} \tag{6-43}$$

在这种情况下，坐标系（$\boldsymbol{t}$，$\boldsymbol{n}$，$\boldsymbol{b}$）是不唯一的。

2. 圆形路径

考虑空间中的圆形路径 $\boldsymbol{\Gamma}$。假设圆通过以下赋值来指定：圆轴的单位矢量 $\boldsymbol{r}$；沿圆轴点的位置矢量 $\boldsymbol{d}$；圆上点的位置矢量 $\boldsymbol{p}_i$。如图 6-18 所示。

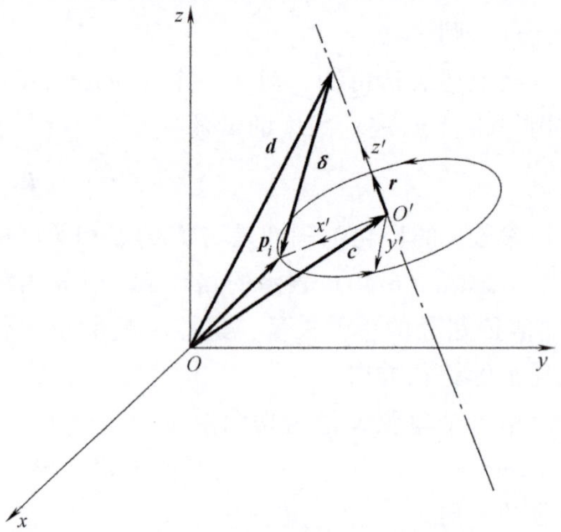

图 6-18 空间中圆的参数表达式

根据以上参数，可以确定圆心的位置矢量 $\boldsymbol{c}$。令 $\boldsymbol{\delta}=\boldsymbol{p}_i-\boldsymbol{d}$，为了使得 $\boldsymbol{p}_i$ 不在轴上，即圆不会退化为一点，则有

$$|\boldsymbol{\delta}^{\mathrm{T}}\boldsymbol{r}|<\|\boldsymbol{\delta}\| \tag{6-44}$$

在此情况下，有

$$\boldsymbol{c}=\boldsymbol{d}+(\boldsymbol{\delta}^{\mathrm{T}}\boldsymbol{r})\boldsymbol{r} \tag{6-45}$$

考虑坐标系 $O'x'y'z'$，其中 O' 与圆心一致，轴 x' 指向矢量 $\boldsymbol{p}_i-\boldsymbol{c}$ 的方向，轴 z' 指向沿 $\boldsymbol{r}$ 的方向，采用右手螺旋法则确定轴 y'。当在参考坐标系中表示时，圆的参数表达式为

$$\boldsymbol{p}'(s)=\begin{pmatrix}\rho\cos(s/\rho)\\ \rho\sin(s/\rho)\\ 0\end{pmatrix} \tag{6-46}$$

式中，$\rho=\|\boldsymbol{p}_i-\boldsymbol{c}\|$ 为圆的半径，且假定 $\boldsymbol{p}_i$ 为弧长的起点。

对于一个不同的参考坐标系，路径表达式为

$$\boldsymbol{p}(s)=\boldsymbol{c}+\boldsymbol{R}\boldsymbol{p}'(s) \tag{6-47}$$

式中，$\boldsymbol{c}$ 是在坐标系 $Oxyz$ 中表示的，且 $\boldsymbol{R}$ 为坐标系 $O'x'y'z'$ 相对于坐标系 $Oxyz$ 的旋转矩阵。根据正交性，旋转矩阵 $\boldsymbol{R}$ 可写为

$$\boldsymbol{R}=(x',\quad y',\quad z') \tag{6-48}$$

式（6-47）对 s 求导，有

$$\frac{\mathrm{d}\boldsymbol{p}}{\mathrm{d}s}=\boldsymbol{R}\begin{pmatrix}-\sin(s/\rho)\\ \cos(s/\rho)\\ 0\end{pmatrix} \tag{6-49}$$

$$\frac{\mathrm{d}^2\boldsymbol{p}}{\mathrm{d}s^2}=\boldsymbol{R}\begin{pmatrix}-\cos(s/\rho)/\rho\\-\sin(s/\rho)/\rho\\0\end{pmatrix}\tag{6-50}$$

6.3.2 位置

令 $\boldsymbol{x}_e$ 为表示操作空间中操作臂末端执行器位姿变量的矢量。要生成一条操作空间的轨迹，则表示在确定的时间 t_f 内，按特定的运动规律，求出将末端执行器坐标系沿给定路径从初始位姿变换到最终位姿的函数 $\boldsymbol{x}_e$（t）。令 $\boldsymbol{p}_e=\boldsymbol{f}$（$s$）为路径 $\boldsymbol{\Gamma}$ 的函数表达式，具有（3×1）矢量形式。末端执行器坐标系的原点在时间 t_f 内从 $\boldsymbol{p}_i$ 移动到 $\boldsymbol{p}_f$。假设弧长的起点为 $\boldsymbol{p}_i$，且 $\boldsymbol{\Gamma}$ 上导出的指向为从 $\boldsymbol{p}_i$ 到 $\boldsymbol{p}_f$。弧长的值则为从 $t=0$ 时刻的 $s=0$ 到 $t=t_f$ 时刻的 $s=s_f$（路径长度）。沿路径的时间变化律可由 $s(t)$ 来描述。

对于一个给定的时间律 $s(t)$，值得关注的是 $\boldsymbol{\Gamma}$ 上 $\boldsymbol{p}_e$ 随时间变化的规律。点 $\boldsymbol{p}_e$ 的速度通过 $\boldsymbol{p}_e$ 对时间求导得到，即

$$\dot{\boldsymbol{p}}_e=\dot{s}\ \frac{\mathrm{d}\boldsymbol{p}_e}{\mathrm{d}t}=\dot{s}\,\boldsymbol{t}\tag{6-51}$$

式中，$\boldsymbol{t}$ 为路径在点 $\boldsymbol{p}$ 的切向单位矢量；$\dot{s}$ 表示与点 $\boldsymbol{p}$ 有关的速度矢量的标量值，其正负号取决于 $\dot{\boldsymbol{p}}$ 沿 t 的方向；$\dot{p}$ 的值在 $t=0$ 时从零开始，然后重复 $s(t)$ 的选择，并以抛物线或梯形曲线变化，最后在 $t=t_f$ 处回零。

考虑连接点 $\boldsymbol{p}_i$ 和点 $\boldsymbol{p}_f$ 的分段，此路径的参数表达式由式（6-42）给出。根据复合函数求导法则，可求得 $\boldsymbol{p}_e$ 的速度和加速度分别为

$$\dot{\boldsymbol{p}}_e=\frac{\dot{s}}{\|\boldsymbol{p}_f-\boldsymbol{p}_i\|}(\boldsymbol{p}_f-\boldsymbol{p}_i)=\dot{s}\,\boldsymbol{t}\tag{6-52}$$

$$\ddot{\boldsymbol{p}}_e=\frac{\ddot{s}}{\|\boldsymbol{p}_f-\boldsymbol{p}_i\|}(\boldsymbol{p}_f-\boldsymbol{p}_i)=\ddot{s}\,\boldsymbol{t}\tag{6-53}$$

考虑一个空间中的圆 $\boldsymbol{\Gamma}$，从以上导出的参数表达式可知，圆上点 $\boldsymbol{p}_e$ 的速度和加速度为

$$\dot{\boldsymbol{p}}_e=\boldsymbol{R}\begin{pmatrix}-\dot{s}\sin(s/\rho)\\\dot{s}\cos(s/\rho)\\0\end{pmatrix}\tag{6-54}$$

$$\ddot{\boldsymbol{p}}_e=\boldsymbol{R}\begin{pmatrix}-\dot{s}^2\cos(s/\rho)/\rho-\ddot{s}\sin(s/\rho)\\-\dot{s}^2\sin(s/\rho)/\rho+\ddot{s}\cos(s/\rho)\\0\end{pmatrix}\tag{6-55}$$

注意，速度矢量与 $\boldsymbol{t}$ 平行，而加速度矢量通过两个分量给出：第一个矢量平行于 $\boldsymbol{n}$，表示向心加速度，第二个矢量平行于 $\boldsymbol{t}$，表示切向加速度。

考虑由 $N+1$ 个点 $\boldsymbol{p}_0$，$\boldsymbol{p}_1$，…，$\boldsymbol{p}_N$ 的序列组成的路径，由 N 个分段连接起来。则整体路径的参数表达式可表示为

$$\boldsymbol{p}_e=\boldsymbol{p}_0+\sum_{i=1}^{N}\frac{s_j}{\|\boldsymbol{p}_j-\boldsymbol{p}_{j-1}\|}(\boldsymbol{p}_j-\boldsymbol{p}_{j-1})\tag{6-56}$$

式中，$j=1$，2，…，N；s_j 为路径的第 j 个分段相关联、将点 $\boldsymbol{p}_{j-1}$ 连接到点 $\boldsymbol{p}_i$ 的弧长，定

义为

$$s_j(t)=\begin{cases}0, & 0\leqslant t\leqslant t_{j-1}\\ s_j'(t) & t_{j-1}<t<t_j\\ \|\boldsymbol{p}_j-\boldsymbol{p}_{j-1}\|, & t_j\leqslant t\leqslant t_i\end{cases} \tag{6-57}$$

式中，$t_0=0$ 和 $t_N=t_f$ 分别为路径轨迹的初始和最终时刻；t_j 为相应于点 $\boldsymbol{p}_j$ 的时刻；$s_j'(t)$ 可以是一个三次多项式类型的分析函数，也可以是混合抛物线的线性函数等，表示了从 $t=t_{j-1}$ 时刻的值 $s_j'=0$ 连续变化，在 $t=t_j$ 时刻，$s_j'=\|\boldsymbol{p}_j-\boldsymbol{p}_{j-1}\|$。

$\boldsymbol{p}_e$ 的速度和加速度可以通过对式（6-56）微分得到

$$\dot{\boldsymbol{p}}_e=\sum_{j=1}^{N}\frac{\dot{s}_j}{\|\boldsymbol{p}_j-\boldsymbol{p}_{j-1}\|}(\boldsymbol{p}_j-\boldsymbol{p}_{j-1})=\sum_{j=1}^{N}\dot{s}_j\boldsymbol{t}_j \tag{6-58}$$

$$\ddot{\boldsymbol{p}}_e=\sum_{j=1}^{N}\frac{\ddot{s}_j}{\|\boldsymbol{p}_j-\boldsymbol{p}_{j-1}\|}(\boldsymbol{p}_j-\boldsymbol{p}_{j-1})=\sum_{j=1}^{N}\ddot{s}_j\boldsymbol{t}_j \tag{6-59}$$

式中，$\boldsymbol{t}_j$ 为第 j 条分段的单位切向矢量。

两条不共线分段之间路径点处一阶导数如果不连续，则操作臂将在该点处有个停顿动作，然后再沿着下一个分段的方向运行。假设在这些路径点处设置一个松弛的约束条件，用来连接上述点邻近的分段，以保证一阶导数的连续性，则有可能避免操作臂的停顿动作。

在前一个分段计算完成之前，适当预测单个分段的生成，即对式（6-57）进行修正：

$$s_j(t)=\begin{cases}0, & 0\leqslant t\leqslant t_{j-1}-\Delta t_j\\ s_j'(t+\Delta t_j), & t_{j-1}-\Delta t_j<t<t_j-\Delta t_j\\ \|\boldsymbol{p}_j-\boldsymbol{p}_{j-1}\|, & t_j-\Delta t_j\leqslant t\leqslant t_i-\Delta t_j\end{cases} \tag{6-60}$$

式中，Δt_j 为生成第 j 个分段的时间超前量，按如下递归关系进行估计：

$$\Delta t_j=\Delta t_{j-1}+\delta t_j \tag{6-61}$$

式中，$j=1, 2, \cdots, N$ 且 $\Delta t_0=0$。

6.3.3 指向

末端执行器的指向由末端执行器相对基坐标系的旋转矩阵来指定，包括欧拉角及笛卡儿坐标空间中的角和轴。

1. 欧拉角

为生成轨迹，常用可以为其指定时间律的欧拉角三元组 $\boldsymbol{\phi}_e=(\varphi, \beta, \gamma)$ 来描述指向。通常，$\boldsymbol{\phi}_e$ 沿连接其初始值 $\boldsymbol{\phi}_i$ 到其最终值 $\boldsymbol{\phi}_f$ 的分段移动，选择三次多项式或混合抛物线线性分段来描述。对于给定的 $\boldsymbol{\phi}_i$、$\boldsymbol{\phi}_f$ 以及时间律，位置、速度和加速度曲线为

$$\left.\begin{aligned}\boldsymbol{\phi}_e&=\boldsymbol{\phi}_i+\frac{s}{\|\boldsymbol{\phi}_f-\boldsymbol{\phi}_i\|}(\boldsymbol{\phi}_f-\boldsymbol{\phi}_i)\\ \dot{\boldsymbol{\phi}}_e&=\frac{\dot{s}}{\|\boldsymbol{\phi}_f-\boldsymbol{\phi}_i\|}(\boldsymbol{\phi}_f-\boldsymbol{\phi}_i)\\ \ddot{\boldsymbol{\phi}}_e&=\frac{\ddot{s}}{\|\boldsymbol{\phi}_f-\boldsymbol{\phi}_i\|}(\boldsymbol{\phi}_f-\boldsymbol{\phi}_i)\end{aligned}\right\} \tag{6-62}$$

2. 角和轴

在笛卡儿空间能更清楚地解释指向的轨迹生成方法。给定两个在笛卡儿空间中具有相同原点和不同指向的坐标系，总可以确定一个单位矢量，使得可以通过第一个坐标系绕单位矢量的轴，旋转一个合适的角度，得到第二个坐标系。

令 $\boldsymbol{R}_i$ 和 $\boldsymbol{R}_f$ 分别表示初始坐标系 $O_ix_iy_iz_i$ 和最终坐标系 $O_fx_fy_fz_f$ 绕基坐标系的旋转矩阵，两个坐标系之间的旋转矩阵可表示为 $\boldsymbol{R}_f=\boldsymbol{R}_i\boldsymbol{R}_f^i$，计算如下：

$$\boldsymbol{R}_f=\boldsymbol{R}_i\boldsymbol{R}_f^i=\begin{pmatrix} r_{11} & r_{12} & r_{13} \\ r_{21} & r_{22} & r_{23} \\ r_{31} & r_{32} & r_{33} \end{pmatrix} \tag{6-63}$$

定义矩阵 $\boldsymbol{R}^i(t)$ 来描述 $\boldsymbol{R}_i$ 到 $\boldsymbol{R}_f$ 的变换，必然有 $\boldsymbol{R}^i(0)=\boldsymbol{I}$ 和 $\boldsymbol{R}^i(t_f)=\boldsymbol{R}_f^i$。矩阵 $\boldsymbol{R}_f^i$ 用来表示绕空间中一固定轴的旋转矩阵。当 $\sin\theta_f\neq 0$ 时，轴的单位矢量 $\boldsymbol{r}^i$ 和旋转角 θ_f 分别为

$$\theta_f=\arccos\frac{r_{11}+r_{22}+r_{33}-1}{2} \tag{6-64}$$

$$\boldsymbol{r}=\frac{1}{2\sin\theta_f}\begin{pmatrix} r_{32}-r_{23} \\ r_{13}-r_{31} \\ r_{21}-r_{12} \end{pmatrix} \tag{6-65}$$

矩阵 $\boldsymbol{R}^i(t)$ 可写为 $\boldsymbol{R}^i(\theta(t),\ \boldsymbol{r}^i)$，当为 θ 指定一个时间律时，其边界条件为 $\theta(0)=0$ 和 $\theta(t_f)=\theta_f$，则速度和加速度分别为

$$\begin{aligned} \boldsymbol{\omega}^i &= \dot{\theta}\,\boldsymbol{r}^i \\ \dot{\boldsymbol{\omega}}^i &= \ddot{\theta}\,\boldsymbol{r}^i \end{aligned} \tag{6-66}$$

为描述末端执行器关于基坐标系的指向轨迹，需进行如下变换：

$$\left.\begin{aligned} \boldsymbol{R}_e(t) &= \boldsymbol{R}_i\boldsymbol{R}^i(t) \\ \boldsymbol{\omega}_e(t) &= \boldsymbol{R}_i\boldsymbol{\omega}^i(t) \\ \dot{\boldsymbol{\omega}}_e(t) &= \boldsymbol{R}_i\dot{\boldsymbol{\omega}}^i(t) \end{aligned}\right\} \tag{6-67}$$

在操作空间中，根据 $\boldsymbol{p}_e(t)$ 和 $\boldsymbol{\phi}_e(t)$ 或 $\boldsymbol{R}_e(t)$ 指定的路径和轨迹，就可以采用逆运动学/动力学求解的方法，确定关节空间中相应的轨迹 $\boldsymbol{q}(\boldsymbol{t})$。

习　题

6.1　从 $q(0)=1$ 到 $q(2)=4$ 计算关节轨迹，其中初始和最后的速度及加速度为零。

6.2　对于具有 $\dot{q}(t)=k(1-\cos(\alpha t))$ 这一类型速度曲线的关节轨迹从 $q(0)=0$ 到 $q(2)=3$ 计算其时间律 $q(t)$。

6.3　给定关节变量值：$q(0)=0$，$q(2)=2$，$q(3)=5$和$q(4)=3$，计算具有连续速度和加速度的两个五次内插多项式。

6.4　给定关节变量的值：$q(0)=0$，$q(2)=2$和$q(4)=3$，寻求初始和最后速度及加速度为零的三次内插样条。

6.5　对笛卡儿空间具有梯形速度曲线的直线路径寻求从$\boldsymbol{p}(0)=(0,\ 0.5,\ 0)^{\mathrm{T}}$到$\boldsymbol{p}(2)=(1,\ -0.5,\ 0)^{\mathrm{T}}$的时间律$\boldsymbol{p}(t)$。

6.6　单连杆旋转关节机械手从$\theta=-5°$静止开始，在4s内平滑运动到$\theta=80°$停止。

(1) 计算三次样条函数的系数。

(2) 计算带抛物线过渡的直线样条的各参数。

(3) 画出关节位移、速度和加速度曲线。

6.7　平面2R机械手两连杆长为1m，要求从$(x_0,\ y_0)=(1.96,\ 0.50)$移至$(x_1,\ y_1)=(1.00,\ 0.75)$，起始和终止位置的速度及加速度均为零，求出每个关节的三次多项式的系数。可将关节轨迹分成几段路径？

6.8　设关节路径点序列为10°、35°、25°、10°，三个轨迹段的持续时间分别为2s、1s和3s，各过渡域的隐含加速度绝对值不超过$50°/\mathrm{s}^2$，计算各段的速度、过渡持续时间和线性持续时间。

6.9　PUMA560机器人的初始位姿和目标位姿分别用矩阵$\boldsymbol{T}_i$和$\boldsymbol{T}_f$表示：

$$\boldsymbol{T}_i=\begin{pmatrix}-0.660 & -0.436 & -0.612 & -184.099\\ -0.750 & 0.433 & 0.500 & 892.250\\ 0.047 & 0.789 & -0.612 & -34.599\\ 0 & 0 & 0 & 1\end{pmatrix},\boldsymbol{T}_f=\begin{pmatrix}-0.933 & -0.064 & 0.355 & 412.876\\ -0.122 & 0.982 & -0.145 & 596.051\\ -0.339 & -0.179 & -0.924 & -545.869\\ 0 & 0 & 0 & 1\end{pmatrix}$$

机器人的提升和接近位置定为d_6的25%（$d_6=56.25\mathrm{mm}$），求在提升和接近位置的齐次变换矩阵$\boldsymbol{T}_{\mathrm{lift}}$和$\boldsymbol{T}_{\mathrm{set}}$。

6.10　PUMA560机器人的坐标系如图3-18所示。

$$\boldsymbol{T}_i=\begin{pmatrix}-1 & 0 & 0 & 0\\ 0 & 1 & 0 & 600\\ 0 & 0 & -1 & -100\\ 0 & 0 & 0 & 1\end{pmatrix},\boldsymbol{T}_{\mathrm{set}}=\begin{pmatrix}0 & 1 & 0 & 100\\ 1 & 0 & 0 & 400\\ 0 & 0 & -1 & -50\\ 0 & 0 & 0 & 1\end{pmatrix}$$

(1) 机器人提升和接近位置取d_6的25%（$d_6=56.25\mathrm{mm}$）并附加必要的转动。求提升处的齐次变换矩阵$\boldsymbol{T}_{\mathrm{lift}}$，设由起始位置到提升位置手爪绕$y$轴转60°。

(2) 设从接近位置到终止位置手爪绕y轴转−60°，求终止位置的齐次变换矩阵$\boldsymbol{T}_f$。

6.11　机器人从点A沿直线运动到点B，其坐标分别为

$$\boldsymbol{A}=\begin{pmatrix}-1 & 0 & 0 & 5\\ 0 & 1 & 0 & 10\\ 0 & 0 & -1 & 15\\ 0 & 0 & 0 & 1\end{pmatrix},\boldsymbol{B}=\begin{pmatrix}0 & -1 & 0 & 20\\ 0 & 0 & 1 & 30\\ -1 & 0 & 0 & 5\\ 0 & 0 & 0 & 1\end{pmatrix}$$

运动由一个移动和两个转动组成，确定驱动变换的 α、β、γ 和 x、y、z，以及 $\boldsymbol{A}$ 与 $\boldsymbol{B}$ 之间的三个中间变换。

6.12　机器人从点 A 沿直线运动到点 B，且绕等效转轴 $\boldsymbol{k}$ 匀速回转等效角 θ，求矢量 $\boldsymbol{k}$ 和转角 θ，并求三个中间变换。已知点 A 和点 B 的坐标分别为

$$\boldsymbol{A}=\begin{pmatrix}-1 & 0 & 0 & 10\\ 0 & 1 & 0 & 10\\ 0 & 0 & -1 & 10\\ 0 & 0 & 0 & 1\end{pmatrix},\boldsymbol{B}=\begin{pmatrix}0 & -1 & 0 & 10\\ 0 & 0 & 1 & 10\\ -1 & 0 & 0 & 10\\ 0 & 0 & 0 & 1\end{pmatrix}$$

第 7 章 机器人机构学与 MATLAB 机器人工具箱

MATLAB 是美国 MathWorks 公司开发的一款商业软件，是线性代数计算、图形和动态仿真的高级技术计算语言和交互式环境，其核心功能是可在各种商业或开源的许可之下通过应用程序的特定工具箱进行扩展。矢量与矩阵是 MATLAB 的基本数据类型，它们非常适用于解决机器人学的相关问题。

机器人工具箱主要用于传统的关节式机器人与移动机器人的研究和仿真，并提供了支持机器人相关基本算法的功能集合，例如三维坐标中的方向表示，运动学、动力学模型和轨迹生成。机器人工具箱所包含的功能使其在二连杆机器人上的分析、计算应用十分方便，除此之外，它还包含着能用于六自由度（或更多）机器人的功能。例如，可以研究有效载荷质量对惯性矩阵的影响或由电动机所观测到的关节惯性的变化。

在使用机器人工具箱时，每个连杆由连杆对象（Link object）表示，每个连杆对象的属性包括：标准型和改进型参数，关节和电动机惯性值，摩擦和齿轮比等。多个连杆对象组成机器人对象，在机器人对象上可计算诸如正向和逆向运动学以及前向和逆向动力学等相关问题。

Simulink 是 MATLAB 的配套产品，它提供了基于框图建模语言的动态系统仿真。在机器人工具箱中，用于工具箱函数的封装模块能够以框图形式描述非线性机器人系统，让使用者能够研究所设计的机器人控制系统的闭环性能。

7.1 MATLAB 中机器人工具箱的下载与安装

MATLAB 工具箱可从 Peter Corke 提供的网站上免费下载，网址为：http://www.petercorke.com/Robotics_Toolbox.html。在 Downloading the Toolbox 栏目中单击 here 按钮进入下载页面，然后在该页面中填写国家、组织和身份等信息，进入机器人工具箱的下载页面。如图 7-1 所示，在下载页面中，提供了机器人工具箱的多个历史版本，在本章中选择和使用的版本为 robot-9.10 的 MATLAB 机器人工具箱。

将下载后的 zip 压缩包进行解压，然后将名字为“rvctools”的文件夹存放在 MATLAB 的安装路径下的 toolbox 文件夹中。

MATLAB 调用的函数必须在它的搜索路径中，因此需要将机器人工具箱的文件夹路径添加到 MATLAB 的搜索路径。具体的做法是：启动 MATLAB，在 Set Path 的界面中添加相关的机器人工具箱路径。如图 7-2 所示，利用 MATLAB 工具栏中的 Set Path 将文件夹 rvctools 里面

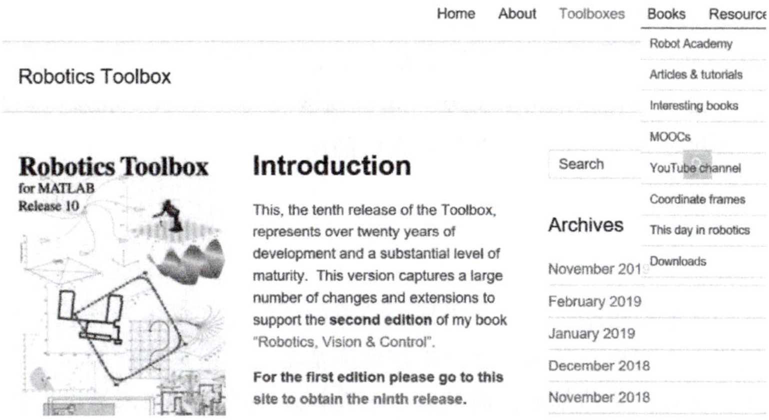

图 7-1　网站所提供的机器人工具箱版本

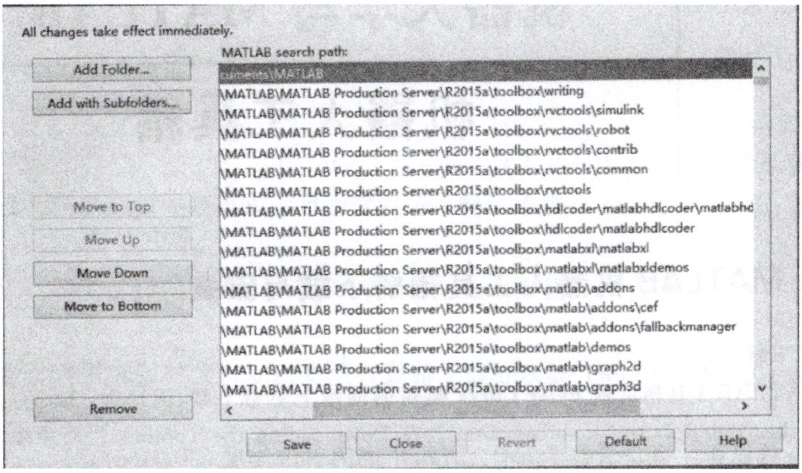

图 7-2　对机器人工具箱的路径配置

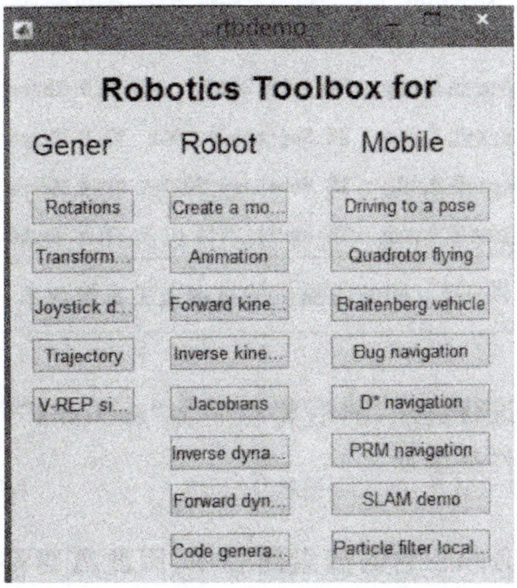

图 7-3　机器人工具箱的启动界面

的文件夹设置为搜索目录，包括了 ... \ rvctools， ... \ rvctools \ common， ... \ rvctools \ contrib， ... \ rvctools \ robot， ... \ rvctools \ simulink 这五个文件夹。

在 MATLAB 中的 command window 中输入 rtbdemo，完成机器人工具箱的启动。如图 7-3 所示，可以查看机器人工具箱的所有功能，主要包含了关节机器人和移动机器人的各种功能。本章主要侧重机器人工具箱在关节机器人中的应用。

7.2 操作臂位姿变换

机器人的运动学模型包括机器人各连杆、关节的位姿以及在各关节上的坐标系，其任务之一就是确立机器人末端执行器的位姿。操作臂通常是由一组关节连接的连杆结合体：第一个连杆固定，连接该操作臂的基座，而最后一个连杆连接的是它的末端执行器。操作机器人是为了控制与机器人相关的零件、工具在三维空间中运动，因此需要描述相应的位置和姿态。

7.2.1 基础函数

1. 获取旋转矩阵

绘制坐标系的函数形式为 rotx（）、roty（）、rotz（）。

（1）rotx（） R = rotx（θ）是表示绕 x 轴旋转弧度为 θ 得到的旋转矩阵，返回一个 3×3 的矩阵。

（2）roty（） R = roty（θ）是表示绕 y 轴旋转弧度为 θ 得到的旋转矩阵，返回一个 3×3 的矩阵。

（3）rotz（） R = rotz（θ）是表示绕 z 轴旋转弧度为 θ 得到的旋转矩阵，返回一个 3×3 的矩阵。

以上三个函数中，可选参数为'deg'，表示角度值单位为度（Degree）。

2. 绘制坐标系

绘制坐标系的函数形式为 trplot（）。对于三维坐标系的绘制，机器人工具箱提供了强大的可视化函数 trplot（）。

（1）trplot（R）绘制由旋转矩阵得到的坐标系，其中坐标系根据正交旋转矩阵绕原点旋转得到，R 为 3×3 的矩阵。

（2）trplot（T）绘制由齐次变换矩阵 T 表示的三维坐标系，其中 T 为 4×4 的矩阵。

此外，trplot（）函数包含了许多可选参数，这里列举主要的几种，见表 7-1。

表 7-1 三维坐标系绘制的各种参数

参数	意义	参数	意义
'noaxes'	在绘图上不显示坐标轴	'axis', A	将图形显示的轴尺寸设置为 A，其中 A = [xmin xmax ymin ymax zmin zmax]
'color', C	设置轴的颜色，C 代表 MATLAB 图形内置颜色类型	'frame', F	将绘制出来的坐标系命名为 F，并且 x、y、z 轴的下标含有 F
'text_opts', opt	调整显示文本的字体大小等属性，例如{'FontSize', 10, 'FontWeight', 'bold'}	'view', V	设置绘图视图参数 V = [az el] 角度，或者对于坐标系的原点查看'auto'

（续）

参　数	意　义	参　数	意　义
'length', s	坐标轴的长度(默认值为 1)	'arrow'	设置坐标轴的末端为箭头，而不是直线
'width', w	箭头宽度(默认值为 1)	'thick', t	线条粗细(默认值为 0.5)
'3d'	在三维空间中使用浮雕图形绘制	'anaglyph', A	将'3d'的浮雕颜色指定为左右两个字符(默认颜色为'rc'：选自红、绿、蓝、青、品红)
'dispar', D	3d 显示差异(默认值为 0.1)	'text'	启用在框架上显示 x、y、z 标签
'labels', L	使用字符串 L 的第 1 个、第 2 个、第 3 个字符标记 x、y、z 轴	'rgb'	以红色、绿色、蓝色分别显示 x、y、z 轴

3. 动画展示

动画展示的函数为 tranimate ( )。

（1） tranimate （x1， x2， options）　表示 3D 坐标系从姿态 x1 变换到姿态 x2 的动画效果，其中，姿态 x1 和 x2 有三种表示方法：一个 4×4 的齐次矩阵，或一个 3×3 的旋转矩阵，或一个四元数。

（2） tranimate （x， options）　表示坐标系由上一个姿态变换到姿态 x 的动画效果。同样地，姿态 x 也有三种表示方法：一个 4×4 的齐次矩阵，或一个 3×3 的旋转矩阵，或一个四元数。

（3） tranimate （xseq， options）　表示移动一段轨迹的动画效果。xseq 可以是一组 4×4×*N* 的齐次矩阵，或是一组 3×3×*N* 的旋转矩阵，或是一组四元数矢量 （*N*×1）。

函数 tranimate ( ) 包含的可选参数见表 7-2。

表 7-2　函数 tranimate （ ） 包含的可选参数

参　数	意　义	参　数	意　义
'fps', fps	每秒显示的帧数(默认为 10)	'nsteps', n	沿路径的步数(默认 50)
'axis', A	设置三个轴的边界 A = [xmin xmax ymin ymax zmin zmax]	'movie', M	将帧保存为文件夹 M 中的文件，M 为文件的路径

4. 坐标变换

（1） 平移变换 平移变换的函数为 transl ( )。

1） 使用 transl ( ) 创建平移变换矩阵。T = transl （x， y， z） 表示能够获取一个分别沿着 x、y、z 轴平移一段距离得到的 4×4 齐次变换矩阵；T = transl(p) 表示经过矩阵 （或矢量） p = [x， y， z] 的平移得到的齐次变换矩阵。如果 p 为 （*M*×3） 的矩阵，则 T 为一组齐次变换矩阵 （4×4×*M*），其中 T （ ， ， *i*） 对应于 p 的第 *i* 行。

2） 使用 transl ( ) 提取一个矩阵中的平移变换分量。[x， y， z] = transl （T）： x、y、z 是齐次变换矩阵中的三个分量，是一个 （1×*M*） 的矢量。p = transl （T）： p 是齐次变换矩阵中 T 的平移部分，是一个 （3×*M*） 的矩阵。

（2） 旋转变换 旋转变换的函数为 trotx （ ）、troty （ ）、trotz （ ）。

1） T = trotx （θ） 表示绕 *x* 轴旋转 *θ* （rad） 得到的齐次变换矩阵 （4×4）。

2）T=troty（θ）表示绕 y 轴旋转 θ（rad）得到的齐次变换矩阵（4×4）。

3）T=trotz（θ）表示绕 z 轴旋转 θ（rad）得到的齐次变换矩阵（4×4）。

此外，R=t2r(T) 表示获取齐次变换矩阵 T 中正交旋转矩阵分量。如果 T 是一个（4×4）的矩阵，则 R 是一个（3×3）的矩阵；如果 T 是一个（3×3）的矩阵，则 R 是一个（2×2）的矩阵。

函数 r2t(R) 可将旋转矩阵转换为齐次变换矩阵。T=r2t(R) 表示获取一个与正交旋转矩阵 R 等价的具有零平移分量的齐次变换矩阵。如果 R 是一个（3×3）的矩阵，则 T 是一个（4×4）的矩阵；如果 R 是一个（2×2）的矩阵，则 T 是一个（3×3）的矩阵。

【例 7-1】 空间中的一个坐标系 $\{A\}$，表示为

$$A=\begin{pmatrix} 0.527 & -0.574 & 0.628 & 5 \\ 0.369 & 0.819 & 0.439 & 3 \\ -0.766 & 0 & 0.643 & 8 \\ 0 & 0 & 0 & 1 \end{pmatrix}$$

如果将这个坐标系沿着参考坐标系的 y 轴移动 10 个单位，然后再沿着 z 轴移动 5 个单位得到坐标系 $\{B\}$，求坐标系 $\{B\}$ 的表示。

解： 输入命令：

```
>>A=[0.527,-0.574,628.5;0.369,0.819,0.439,3;-0.766,0,0,643.8;0,0,0,1]
T=transl(0,10,5)
B=T*A
```

得到：

```
T=

     1     0     0     0
     0     1     0    10
     0     0     1     5
     0     0     0     1


B=

    0.5270   -0.5740  628.0000    5.0000
    0.3690    0.8190    0.4390   13.0000
   -0.7660         0         0  648.8000
         0         0         0    1.0000
```

【例 7-2】 如果例 7-1 中的坐标系 $\{A\}$ 绕 x 轴旋转 30°，求旋转后得到的坐标系 $\{C\}$。

解： 输入命令：

```
>>T=trotx(pi/6)
```

得到

```
T =

   1.000         0         0         0
       0    0.8660   -0.5000         0
       0    0.5000    0.8660         0
       0         0         0    1.0000
```

得到旋转变换矩阵后，可运行下面指令得到坐标系 {C} 的表示。

输入命令

```
>>C=T*A
```

得到：

```
C =

    0.5270   -0.5740  628.0000    5.0000
    0.7026    0.7093    0.3802 -319.3019
   -0.4789    0.4095    0.2195  559.0472
         0         0         0    1.0000
```

【例 7-3】 已知坐标系{A}与坐标系{B}的初始位姿重合，首先坐标系{B}相对于{A}的 y_A 轴旋转 60°，再沿着{A}的 x_A 轴移动 4 个单位，最后沿着{A}的 z_A 轴移动 3 个单位。

（1）点 P_1 在坐标系{B}中的描述为 ${}^B\boldsymbol{p}_1=(2,\ 4,\ 3)^{\mathrm{T}}$，求它在坐标系{$A$}中的描述 ${}^A\boldsymbol{p}_1$。

（2）另有一点 P_2 在坐标系{A}中的描述为 ${}^A\boldsymbol{p}_2=(2,\ 4,\ 3)^{\mathrm{T}}$，求它在坐标系{$B$}中的描述 ${}^B\boldsymbol{p}_2$。

解：（1）旋转矩阵 ${}^A_B\boldsymbol{R}=\boldsymbol{R}(y,\ 60°)$，平移矢量为 ${}^A\boldsymbol{p}_B=(4,\ 0,\ 3)^{\mathrm{T}}$，则

$$
{}^A_B\boldsymbol{T}=\begin{pmatrix} {}^A_B\boldsymbol{R} & {}^A\boldsymbol{p}_B \\ \boldsymbol{0}_{1\times3} & \boldsymbol{1} \end{pmatrix}
$$

输入命令及运行结果为

```
>>T=transl(4,0,3)* troty(pi/3)

T =

    0.5000         0    0.8660    4.0000
         0    1.0000         0         0
   -0.8660         0    0.5000    3.0000
         0         0         0    1.0000
```

点 P_1 在坐标系{A}中的描述为 ${}^A\boldsymbol{p}_1={}^A_B\boldsymbol{T}\,{}^B\boldsymbol{p}_1$，输入命令及运行结果为：

```
>>p1=T*[2;4;3;1]

p1 =
```

```
        7.5981
        4.0000
        2.7679
        1.0000
```

（2）由${}^{A}\boldsymbol{p}_2={}_{B}^{A}\boldsymbol{T}^{B}\boldsymbol{p}_2$可得到${}^{B}\boldsymbol{p}_2={}_{B}^{A}\boldsymbol{T}^{-1A}\boldsymbol{p}_2$，输入命令及运行结果为：

```
>>p2=inv(T)*[2;4;3;1]

p2=

       -1.0000
        4.0000
       -1.7321
        1.0000
```

通过 trplot（）画出齐次变换 T，如图 7-4 所示。

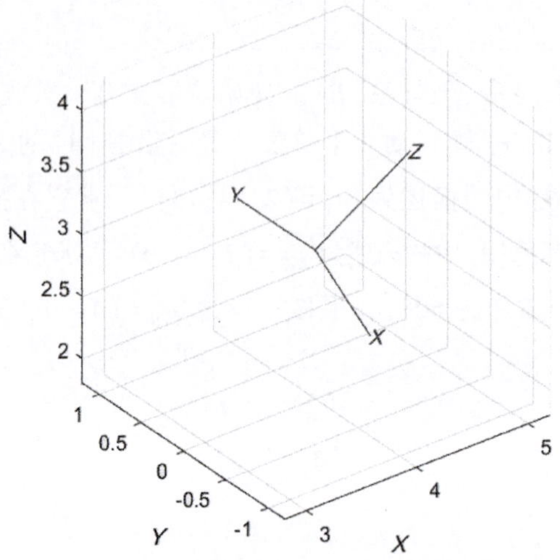

图 7-4 通过函数 trplot（）生成的坐标系

7.2.2 位姿变换函数与实例

1. 相关函数

本书 2.5 节中的相关内容，可以采用下列函数进行计算。

（1）rpy2r（） R=rpy2r(roll，pitch，yaw，options）能够根据一组回转角、俯仰角和偏转角（1×3）求出对应齐次变换矩阵中的旋转矩阵 R（3×3），其中 3 个角度 rpy=[R，P，Y] 分别对应于关于 x、y 和 z 轴的顺序旋转。

R=rpy2rp(rpy，options）与前者相同，但是输入的是一个矢量（1×3）。如果 rpy 是（N×3），那么它们表示为一段轨迹，得到的旋转矩阵 R 是三维矩阵（3×3×N）。

函数 rpy2r（）包含的可选参数见表 7-3。

表 7-3　函数 rpy2r（）包含的可选参数

'deg'	用角度去计算(默认为 rad)
'zyx'	返回关于 z、y、x 轴的顺序旋转的解

（2）tr2rpy（）　rpy = tr2rpy（T，options）能够将齐次变换矩阵转换为对应的回转角、俯仰角和偏转角。其中，T 为一个（4×4）的矩阵，rpy 为齐次变换矩阵中的旋转部分对应的回转角、俯仰角和偏转角。其中，3 个角度 roy = [R，P，Y] 分别对应于绕 x、y、z 轴的顺序旋转。

rpy = tr2rpy（R，options）与上面相似，但输入的矩阵 R 是一个（3×3）的矩阵。

如果 R（3×3×K）或 T（4×4×K）表示一个序列，则 rpy 的每一行对应于该序列的一组回转角、俯仰角和偏转角。

函数 tr2rpy（）包含的可选参数见表 7-4。

表 7-4　函数 tr2rpy（）包含的可选参数

'deg'	用角度去计算(默认为 rad)
'zyx'	返回关于 z、y、x 轴的顺序旋转的解

（3）eul2r（）　函数 eul2r（）的主要功能是将一组欧拉角转换为旋转矩阵。

R = eul2r（phi，theta，psi，options）表示获得一组与指定欧拉角相对应的 3×3 正交旋转矩阵。其中输入的三个欧拉角分别对应于绕 z、y、z 轴旋转的角度。如果 phi、theta、psi 是列矢量（N×1），则假设它们表示一段轨迹，得到的旋转矩阵 R 是三维矩阵（3×3×N）。

R = eul2r（eul，options）与上面相似，但欧拉角是从矩阵的列矢量中取得的。如果 eul 是矩阵（N×3），则它们表示一段轨迹，得到的旋转矩阵 R 是三维矩阵（3×3×N）。函数 eul2r（）的可选参数为'deg'，用角度表示。

（4）tr2eul（）　函数 tr2eul（）的主要功能是将齐次变换矩阵转换为欧拉角。

eul = tr2eul（T，options）表示绕 x、y 和 z 轴复合旋转变换的齐次变换矩阵 $\boldsymbol{T}$（4×4）。获得的矢量 eul = (PHI，THETA，PSI)，3 个角度分别对应于绕 x、y 和 z 轴的顺序旋转。

eul = tr2eul（R，options）与上面相似，但输入的是一个正交旋转矩阵 R（3×3）。如果 R（3×3×K）或 T（4×4×K）表示一个序列，那么 eul 的每一行相应于该序列的每一步。

函数 tr2eul（）包含的可选参数见表 7-5。

表 7-5　函数 tr2eul（）包含的可选参数

'deg'	用角度去计算(默认为 rad)
'flip'	选择第一个欧拉角在第二象限或第三象限

（5）oa2r（）　函数 oa2r（）能够将方向和接近矢量转换为等价的旋转矩阵。

R = oa2r（o，a）对于由 3 个矢量形成的指定取向和接近矢量（3×1），转换为等价的旋转矩阵 3×3。

（6）angvec2r（）　函数 angvec2r（）能够将角度和矢量方向转换为等价的旋转矩阵。

R = angvec2r（theta，v）能够得到绕矢量 $\boldsymbol{v}$ 旋转 θ 角度而得到对应的正交旋转矩阵 $\boldsymbol{R}$（3×3）。

（7）angvec2tr（）　函数 angvec2tr（）能够将角度和矢量方向转换为等价的齐次变换矩阵。T=angvec2tr（theta，v）是等效于绕矢量 $\boldsymbol{v}$ 旋转 θ 角度的齐次变换矩阵（4×4）。

（8）tr2angvec（）　函数 tr2angvec（）能够将旋转矩阵转换为等价的角和矢量形式。[theta，v]=tr2angvec（R，options）能够求出正交旋转矩阵 R（3×3）相应等价的矢量和矢量所需要的旋转角度。[theta，v]=tr2angvec（T，options）与上面相似，但用齐次变换表示旋转部分。

2. 实例

【例 7-4】 如图 7-5 所示，一个单连杆操作臂的手腕具有一个自由度。

已知手部起始位姿矩阵为 $\boldsymbol{G}_1=\begin{pmatrix}0&1&0&2\\1&0&0&6\\0&0&-1&2\\0&0&0&1\end{pmatrix}$，若手臂绕 z_0 轴旋转 90°，则手部到达 $\boldsymbol{G}_2$；若手臂不动，仅手部绕手腕 z_1 轴旋转 90°，则手部到达 $\boldsymbol{G}_3$。试写出手部坐标系 $\{G_2\}$、$\{G_3\}$ 的矩阵表达式。

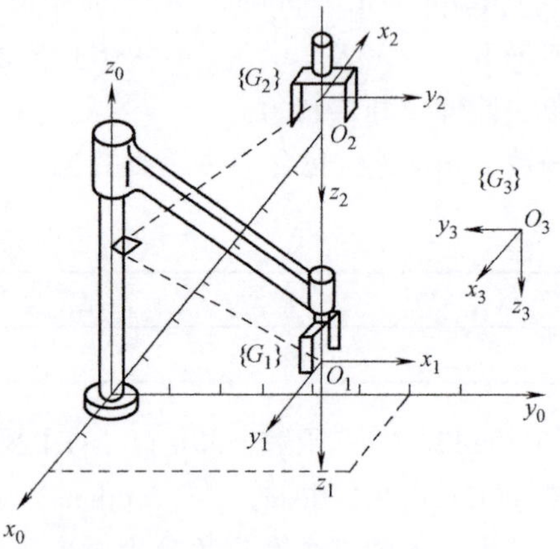

图 7-5　一个单连杆操作臂结构

解：（1）手臂绕定轴转动时相对固定坐标系做旋转，故有

$$\boldsymbol{G}_2=\mathbf{Rot}(z,90°)\boldsymbol{G}_1$$

（2）手部绕手腕轴转动是相对动坐标系旋转变换，故有

$$\boldsymbol{G}_3=\boldsymbol{G}_2\mathbf{Rot}(z,90°)$$

程序代码与运行结果如下：

```
>>G1=[0 1 0 2;1 0 0 6;0 0 -1 2;0 0 0 1]
G2=trotz(pi/2)*G1
G3=G1* trotz(pi/2)

G2=

   -1.0000      0.0000           0     -6.0000
    0.0000      1.0000           0      2.0000
         0           0     -1.0000      2.0000
         0           0           0      1.0000


G3=

    1.0000      0.0000           0      2.0000
    0.0000     -1.0000           0      6.0000
         0           0     -1.0000      2.0000
         0           0           0      1.0000
```

【例 7-5】　如图 7-6 所示，通过人的手腕握住 WII 遥控器转动，从而控制机器人的手腕，让机器人的手腕跟随遥控器进行转动。然而，WII 遥控器的取向是根据横滚-俯仰-偏航（RPY）角度给出，而机器人的手腕的取向是使用 *zyz* 欧拉角，求 RPY 角与 *zyz* 欧拉角的转换关系。

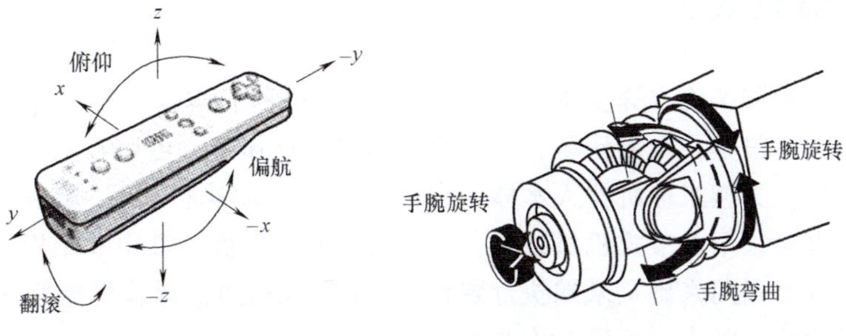

a) 遥控器的俯仰角、横滚角和偏转角　　b) 机器人手腕旋转、弯曲和手腕旋转

图 7-6　WII 遥控器与机器人手腕

解：该问题可编写一个 MATLAB 函数，使得给出一组 RPY 角能够返回一组与之对应的欧拉角。从旋转矩阵确定一组欧拉角有两种解决方案：第一种方案是通过普通的旋转；第二种方案是将第二次旋转约束在 0°～180°之间，然后进行旋转。

第一种方案：

通过机器人工具箱提供的 tr2eul（），可以将 RPY 角直接转换为 *zyz* 欧拉角，它将返回一个矢量，这个矢量对应于分别绕 *z*、*y*、*z* 轴旋转的三个角。

程序代码与运行结果如下：

```
>>R=rotz(pi/6)*roty(pi/3)*rotz(pi/2)

R=

   -0.5000      -0.4330       0.7500
    0.8660      -0.2500       0.4330
   -0.0000       0.8660       0.5000

>>tr2eul(R)

ans=

    0.5236       1.0472       1.5708
```

第二种方案：

由一组欧拉角给出的旋转矩阵表示与相关程序代码如下：

```
>>functioneuler=tr2eul(rpy,sigma)
R=rotz(phi+pi)*roty(-theta)*rotz(psi+pi)
if sigma==-1
    euler(1)=euler(1)+pi
    euler(2)=-euler(2)
```

```
        euler(3)=euler(3)+pi
    end
```

7.3 操作臂运动学

操作臂运动学的相关内容详见本书中第 3、4 章。机器人本体，是机器人赖以完成作业任务的执行机构，一般是一台操作臂，也称为操作臂或操作手，可以在确定的环境中执行控制系统指定的操作。典型工业机器人本体一般由手部（末端执行器）、腕部、臂部、腰部和基座组成。操作臂多采用关节式机械结构，一般具有 6 自由度，其中 3 个用来确定末端执行器的位置，另外 3 个则用来确定末端执行装置的方向（姿态）。操作臂末端执行装置可以根据操作需要换成焊枪、吸盘、扳手等作业工具。

运动学研究物体的运动，而不考虑物体的质量以及引起这种运动的力。如图 7-7 所示，机器人正运动学是已知或给定一组关节角，计算出工具坐标系相对于基坐标系的位置和姿态，也就是说，用正运动学来确定机器人末端执行器的位姿。机器人逆运动学是给定操作臂末端执行器的位姿，计算所有可到达给定位姿的关节角。也就是说，末端执行器在特定的一个点具有特定的姿态，去计算出它所对应的每一关节变量的值。机器人运动学的研究方法，首先利用位姿描述、坐标变换等数学方法确定物体位置、姿态和运动；然后确定不同结构类型的机器人的正/逆运动学，这些类型包括直角坐标型、圆柱坐标型和球坐标型等；最后根据 D-H 参数法去推导机器人的正/逆运动学。

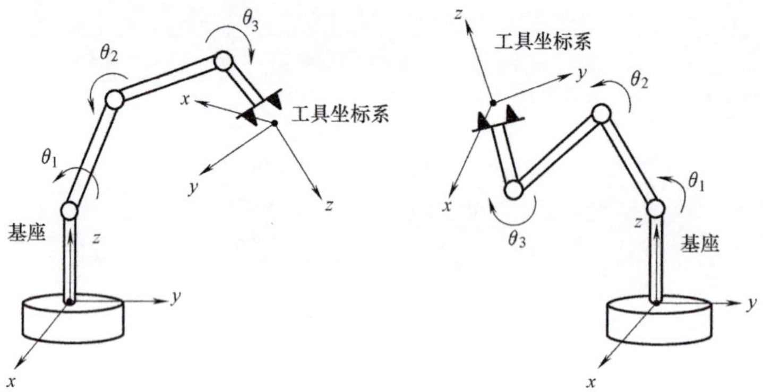

图 7-7 操作臂的正/逆运动学示意图

7.3.1 创建连杆对象

在机器人工具箱中，用变量 σ_i 表示机器人的关节类型。其中 $\sigma_i=0$ 表示转动关节，$\sigma_i=1$ 表示移动关节（若未指定该参数，默认为转动关节）。在工具箱中，用函数 Link（）可以创建一个操作臂对象，其中输入的参数顺序分别是关节角 θ_i、连杆偏距 d_i、连杆长度 a_{i-1}、连杆扭角 α_{i-1} 和关节类型。

例如，创建一个关节角初始为 $\theta_i=0°$，连杆偏距 $d_i=2$，连杆长度 $a_{i-1}=3$、连杆扭角

$\alpha_{i-1}=45°$、关节类型为转动关节的连杆。输入命令代码：

```
>>L=Link([0,2,3,pi/4,0])
```

运行结果：

```
L=
theta=q,d=        2,a=        3,alpha=      0.7854,offset=       0(R,stdDH)
```

其中，offset 表示关节的偏移量；R 表示旋转关节；stdDH 表示用标准型 D-H 参数法去描述。用以下命令可以获取连杆的各个参数：

1）L. RP：获取连杆的关节类型。

2）L. theta：获取连杆的关节角。

3）L. d：获取连杆的偏距。

4）L. a：获取连杆的长度。

5）L. alpha：获取连杆的转角。

根据以上指令，可以创建一个具有 n 个自由度的操作臂。以平面三连杆操作臂为例，该操作臂由三个转动关节组成，也称为 RRR（或 3R）机构。

三连杆平面操作臂的 D-H 参数见表 7-6。

表 7-6　三连杆平面操作臂的 D-H 参数

连杆	θ_i	d_i/m	a_{i-1}/m	α_{i-1}
1	θ_1	0	1	0
2	θ_2	0	0. 8	0
3	θ_3	0	0. 6	0

创建连杆对象可以输入命令：

```
>>L(1)=Link([0,0,1,0])
L(2)=Link([0,0,0.8,0])
L(3)=Ling([0,0,0.6,0])
```

运行结果：

```
 L=
 theta=q,d=        0,a=     1,alpha=    0,offset=    0(R,stdDH)


 L=
theta=q1,d=        0,a=     1,alpha=    0,offset=    0(R,stdDH)
theta=q2,d=        0,a=   0.8,alpha=    0,offset=    0(R,stdDH)


 L=
theta=q1,d=        0,a=     1,alpha=    0,offset=    0(R,stdDH)
theta=q2,d=        0,a=   0.8,alpha=    0,offset=    0(R,stdDH)
theta=q3,d=        0,a=   0.6,alpha=    0,offset=    0(R,stdDH)
```

通过构造函数 SerialLink（）可以给创建的操作臂对象命名，并显示出对象的信息。

输入命令：

```
>>three_link=SerialLink(L,'name','threelink')
```

运行结果：

```
three_link=

threelink(3 axis,RRR,stdDH,slowRNE)
```

j	theta	d	a	alpha	offset
1	q1	0	1	0	0
2	q2	0	0.8	0	0
3	q3	0	0.6	0	0

```
grav=    0 base=1  0  0  0 tool=1  0  0  0
         0      0  1  0  0      0  1  0  0
      9.81      0  0  1  0      0  0  1  0
                0  0  0  1      0  0  0  1
```

这里的 std 表示该操作臂根据标准型 D-H 参数进行定义，重力加速度默认作用在 z 轴上，为 9.81N/kg，基坐标系和工具坐标系保存初始的位姿。

用表 7-7 中所列指令可以获取已创建操作臂的各个参数。

表 7-7　获取已创建操作臂参数的指令

参　数	指　令	参　数	指　令
关节数目	three_link. np	关节角	three_link. theta
D-H 参数	three_link. links	连杆偏距	three_link. d
关节类型	three_link. config	连杆长度	three_link. a
连杆扭角	three_link. alpha		

也可以对所创建的操作臂对象进行复制，例如，复制一个名为 “three_link2” 的操作臂的命令为

```
>>L2=SerialLink(three_link,'name','threelink2')
```

运行结果为

```
L2=

threelink2(3 axis,RRR,stdDH,slowRNE)
```

j	theta	d	a	alpha	offset
1	q1	0	1	0	0
2	q2	0	0.8	0	0
3	q3	0	0.6	0	0

```
grav=    0 base=1  0  0  0 tool=1  0  0  0
```

```
         0          0  1  0  0        0  1  0  0
      9.81          0  0  1  0        0  0  1  0
                    0  0  0  1        0  0  0  1
```

7.3.2　操作臂正运动学

1. 正运动学理论基础

如本书中第 3 章所述，在操作臂的每个关节上 D-H 参数中的四个参数分别代表关节连杆不同的特征或在进行不同的变换。如图 3-11 所示，在某一瞬间，从第 $i-1$ 关节到第 i 关节，经历的变换有：z 轴旋转 θ_i、z 轴平移 d_i、x 轴平移 a_{i-1}、x 轴旋转 α_{i-1}。

将之前的齐次变换矩阵 $\boldsymbol{T}$ 和 D-H 参数联系起来，即可得到式（3-16）。

2. 实例

（1）矩阵变换　机器人工具箱用矩阵 $\boldsymbol{A}$ 表示 $\boldsymbol{T}$，用函数 L. A（）求出前面创建的连杆对象的连杆变换矩阵。输入命令：

```
>>L=Link([0,2,3,pi/4,0])
L.A(0)


L=
  theta=q,d=         2,a=         3,alpha=      0.7854,offset=          0(R,stdDH)
```

运行结果：

```
>>L=Link([0,2,3,pi/4,0])
L.A(0)
L=
  theta=q,d=         2,a=         3,alpha=    0.7854,offset=          0(R,stdDH)


ans=


 1.000         0         0    3.0000
     0    0.7071   -0.7071         0
     0    0.7071    0.7071    2.0000
     0         0         0    1.0000
```

因此这个变换矩阵为

$$
{}_{i-1}^{i}\boldsymbol{T}=\begin{pmatrix}1 & 0 & 0 & 3\\ 0 & 0.7071 & -0.7071 & 0\\ 0 & 0.7071 & 0.7071 & 2\\ 0 & 0 & 0 & 1\end{pmatrix}
$$

对于给定操作臂的连杆，坐标系 $\{i\}$ 相对应坐标系 $\{i-1\}$ 的变换是只有一个变量的函数，即旋转关节的关节角 θ_i 或移动关节的连杆偏距 d_i。

当上面创建的连杆对象关节角 $\theta_i=30°$ 时，可用 L. A（）求出相应的变换矩阵。

输入命令：

```
>>L.A(pi/6)
```

运行结果为

```
ans =

    0.8660   -0.3536    0.3536    2.5981
    0.5000    0.6124   -0.6124    1.5000
         0    0.7071    0.7071    2.0000
         0         0         0    1.000
```

求出的相应变换矩阵为

$$
{}_{i-1}^{i}\boldsymbol{T}=\begin{pmatrix}0.866 & -0.3536 & 0.3536 & 2.5981\\ 0.5 & 0.6124 & -0.6124 & 1.5\\ 0 & 0.7071 & 0.7071 & 2\\ 0 & 0 & 0 & 1\end{pmatrix}
$$

以上推导为前推法，当使用后推法的时候（即从第 i-1 个关节到第 i 个关节的变换，与上述变换顺序正好相反)，需要采用改进型 D-H 参数描述法。

在创建连杆对象时，使用改进型 D-H 描述法需指定参数为 modified。

输入命令：

```
>>L=Link([0,2,3,pi/4,0],'modified')
```

运行结果：

```
L=
theta=q,d=        2,a        3,alpha=       0.7854,offset=        0(R,modDH)
```

其中，modDH 表示使用了改进后 D-H 参数描述法，输入命令：

```
>>L.A(0)
```

运行结果：

```
ans =

    1.0000         0         0    3.0000
         0    0.7071   -0.7071   -1.4142
         0    0.7071    0.7071    1.4142
         0         0         0    1.0000
```

所以这个变换矩阵为

$$
{}_{i-1}^{i}\boldsymbol{T}=\begin{pmatrix}1 & 0 & 0 & 3\\ 0 & 0.7071 & -0.7071 & -1.4142\\ 0 & 0.7071 & 0.7071 & 1.4142\\ 0 & 0 & 0 & 1\end{pmatrix}
$$

通过将每一个连杆的变换矩阵连乘能够得到坐标 $\{N\}$ 相对于坐标 $\{0\}$ 的变换矩阵，即

$$
{}_{N}^{0}\boldsymbol{T}={}_{1}^{0}\boldsymbol{T}{}_{2}^{1}\boldsymbol{T}\cdots{}_{N}^{N-1}\boldsymbol{T}
$$

这个变换矩阵是 N 个关节变量的函数。

回顾前述正运动学的概念：给定一组关节角，计算出工具坐标系相对于基坐标系的位姿。在这里，可以通过各个关节位置传感器得到所需要的值，然后求出每个连杆的变换矩

阵，通过上式就可求出操作臂末端的工具坐标系相对于基坐标系的位姿，表示为

$$ {}_N^0\boldsymbol{T}=\begin{pmatrix} r_{11} & r_{12} & r_{13} & p_x \\ r_{21} & r_{22} & r_{23} & p_y \\ r_{31} & r_{32} & r_{33} & p_z \\ 0 & 0 & 0 & 1 \end{pmatrix} $$

上式中的 $\boldsymbol{r}$，即三行三列的子矩阵代表从基座到末端执行器的旋转矩阵，其中每列从左到右分别代表末端执行器描述基座中的 x 轴、y 轴和 z 轴方向上的单位矢量，即表示末端执行器基于基座坐标系的方向姿态。而上式中的 $\boldsymbol{p}$，即三行一列矢量从上往下分别代表末端执行器相对于基座坐标系的位置。

(2) 正运动学计算　MATLAB 机器人工具箱中采用函数 fkine（）计算正运动学问题。以三连杆平面操作臂为例，用标准型 D-H 参数描述法计算。

输入命令：

```
>>L(1)=Link([0,0,1,0])
L(2)=Link([0,0,0.8,0])
L(3)=Link([0,0,0.6,0])
T=three_link.fkine([0,0,0])
```

运行结果：

```
L=
   theta=q,d=          0,a=        1,alpha=        0,offset=        0(R,stdDH)

L=
  theta=q1,d=          0,a=        1,alpha=        0,offset=        0(R.stdDH)
  theta=q2,d=          0,a=      0.8,alpha=        0,offset=        0(R.stdDH)

L=
  theta=q1,d=          0,a=        1,alpha=        0,offset=        0(R,stdDH)
  theta=q2,d=          0,a=      0.8,alpha=        0,offset=        0(R,stdDH)
  theta=q3,d=          0,a=      0.6,alpha=        0,offset=        0(R,stdDH)

T=

  1.0000         0         0    2.4000
       0    1.0000         0         0
       0         0    1.0000         0
       0         0         0    1.0000
```

因此，初始状态的变换矩阵为

$$ {}_3^0\boldsymbol{T}=\begin{pmatrix} 1 & 0 & 0 & 2.4 \\ 0 & 1 & 0 & 0 \\ 0 & 0 & 1 & 0 \\ 0 & 0 & 0 & 1 \end{pmatrix} $$

通过输入命令：three_link. plot([0 0 0])，可以将创建的操作臂用图形化显示出来，运

行结果如图 7-8 所示。

当第二个关节旋转 30°，第三个关节旋转 45°时，输入命令：

```
>>T=three_link.fkine([0 pi/6 pi/4])
```

运行结果：

```
T=
    0.2588   -0.9659         0    1.8481
    0.9659    0.2588         0    0.9796
         0         0    1.0000         0
         0         0         0    1.0000
```

输入命令：three_link. plot([0　pi/6　pi/4])，运行结果如图 7-9 所示。

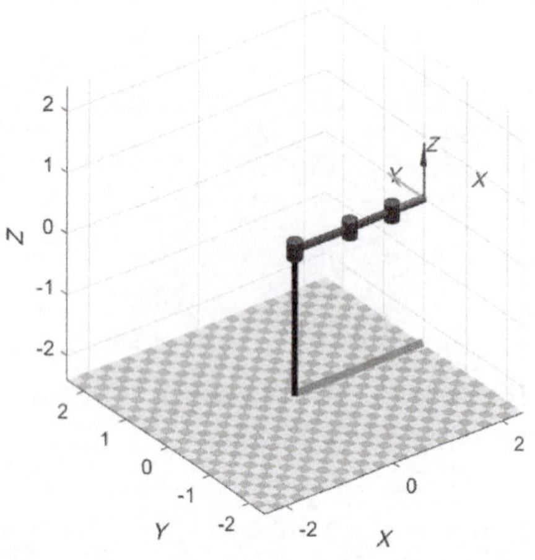

图 7-8　使用标准型 D-H 参数法创建的操作臂

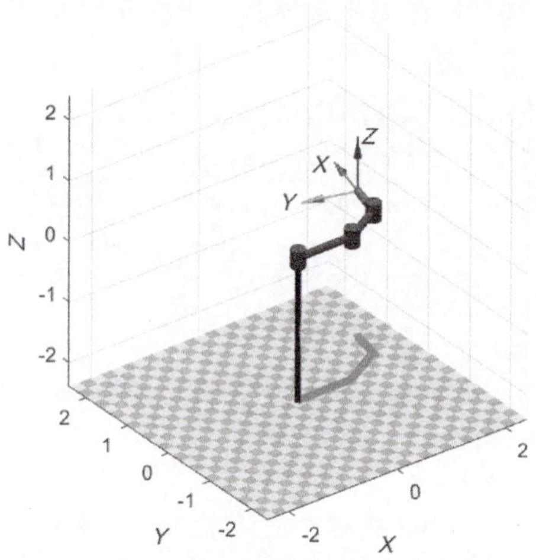

图 7-9　经过旋转变换的操作臂

7.3.3　操作臂逆运动学

1. 逆运动学理论基础

操作臂逆运动学的问题即已知操作臂末端的工具坐标系相对于基坐标系的位姿，计算所有能够到达给定位置和姿态的关节角，即已知变换矩阵${}^0_N\boldsymbol{T}$，计算出能够得到${}^0_N\boldsymbol{T}$ 的一系列关节角 q_1，q_2，…，q_N。

对于以上的问题，有以下几种情况：

(1) 不存在相应的解　当所期望的位姿离基坐标系太远，而操作臂不够长时，末端执行器无法达到该位姿；当操作臂的自由度少于 6 个时，它将不能达到三维空间的所有位姿；此外，对于实际中的操作臂，关节角不一定能到达 360°，使得它不能达到某些范围内的位姿。在以上情况中，操作臂都不能达到某些给定的位姿，因此不存在解。

(2) 存在唯一的解　当操作臂只能从一个方向达到期望的位姿时，只存在一组关节角使得它能到达这个位姿，即存在唯一的解。

(3) 存在多个解　当操作臂能从多个方向达到期望的位姿时，存在着多组关节角能使得它达到这个位姿，即存在多个解。此时，需要选择一组最合适的解：一是要考虑操作臂从初始位姿移动到期望位姿的“最短路径”，得到相应的解；二是要考虑在操作臂移动的过程中是否会遇到障碍，应选择无障碍的一组解。

对操作臂的运动学方程求解，是一个非线性问题。目前对这个问题的求解方法分为两种：封闭解法和数值解法。封闭解法不需要进行迭代，就可以对不高于四次项的多项式进行求解，存在代数法和几何法两种方法；数值解法的求解过程需要迭代，因此求解的速度较慢。

下面使用 MATLAB 机器人工具箱对封闭解和数值解进行介绍。

2. 实例

机器人工具箱中用 M 文件的形式存储了许多种类型机器人的 D-H 参数信息，如库卡（KUKA）KR5、PUMA560、Fanuc 10L。下面以 KUKA KR5 和 PUMA560 为例，对操作臂的逆运动学进行求解。

（1）封闭解方法　在封闭解方法中，使用 ikine6s（）求解逆运动学的问题，它只适用于关节数为 6，且腕部三个旋转关节的轴相交于一点的情况。这种解法使用显式控制的方法对操作臂运动学进行配置，使得在存在多解的情况下，能够指定一定的条件，得到唯一的解。

函数 ikine6s（）使用表 7-8 中标识符进行相应的条件。

表 7-8　ikine6s（）函数标识符

左旋	'l'	右旋	'r'
肘部向上	'u'	肘部向下	'd'
腕部翻转	'f'	腕部不翻转	'n'

下面以 KUKA KR5 操作臂为例，对机器人的逆运动学问题进行求解。

加载机器人 KR5 模型：mdl_KR5，并显示机器人的具体参数，输入命令：

```
>>mdl_KR5
>>KR5
```

运行结果为：

```
KR5 =

Kuka KR5(6 axis,RRRRRR,stdDH,slowRNE)

+---+-----------+-----------+-----------+-----------+-----------+
| j |     theta |         d |         a |     alpha |    offset |
+---+-----------+-----------+-----------+-----------+-----------+
| 1 |        q1 |       0.4 |      0.18 |     1.571 |         0 |
| 2 |        q2 |     0.135 |       0.6 |     3.142 |         0 |
| 3 |        q3 |     0.135 |      0.12 |    -1.571 |         0 |
| 4 |        q4 |      0.62 |         0 |     1.571 |         0 |
| 5 |        q5 |         0 |         0 |    -1.571 |         0 |
| 6 |        q6 |         0 |         0 |         0 |         0 |
+---+-----------+-----------+-----------+-----------+-----------+

grav=0 base=1  0  0  0     tool=1         0         0         0
       0   0  1  0  0          0         1         0         0
```

```
9.81    0  0  1  0          0           0           1          0.115
                0  0  0  1          0           0           0              1
```

首先，使用正运动学的方法，让 KR5 按下列关节角进行旋转，达到一定的位姿。输入命令：

```
>>qn=[0 0 pi/4 0 pi/6 pi/3]
T=KR5.fkine(qn)
```

运行结果为

```
qn=

       0         0    0.7854         0    0.5236    1.0472


T=

    0.1294   -0.2241   -0.9659    0.3154
   -0.8660   -0.5000    0.0000   -0.0000
   -0.4830   -0.8365   -0.2588   -0.1530
         0         0         0    1.0000
```

以 T 为已知条件，用封闭解的方法求出相应的旋转关节角。输入命令：

```
>>q1=KR5.ikine6s(T)
```

运行结果为

```
q1=
   3.1416  -3.3226  3.1775  3.1416  1.5259  1.0472
```

上述结果表明，得到的一组关节角与之前的关节角不一样，但这两组关节角显然都能够达到相同的末端执行器位姿。此时可以指定条件，得到一个目标解。

输入命令：`q2=KR5.ikine6s (T, 'run')`

运行结果为

```
q2=
-0.0000    0   0.7854   -0.0000   0.5236   1.0472
```

分别用 KR5. plot（q2）和 KR5. plot（q1）可以生成图形，如图 7-10 所示。从图中可以看出，虽然关节角不同，但末端执行器的位姿相同。

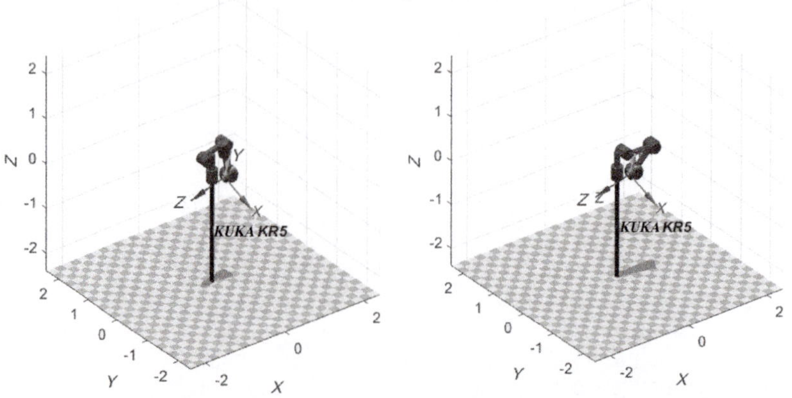

图 7-10　封闭解——两组不同的关节角使得末端执行器达到同样的位姿

（2）数值解方法　数值解方法使用 ikine（）求解逆运动学的问题，它可适用于各种关节数目的操作臂，通过设定初始的关节角坐标对操作臂运动学配置进行隐式控制。

以 PUMA560 机器人为例，对机器人的逆运动学问题进行数值解法的求解。

加载机器人模型，并输入一组关节角，输入命令：

```
>>mdl_puma560
qn=[0,pi/4,pi,0,pi/4,0]
T=p560.fkine(qn)

qn=

     0    0.7854    3.1416         0    0.7854         0

T=

  -0.0000    0.0000    1.0000    0.5963
  -0.0000    1.0000   -0.0000   -0.1501
  -1.0000   -0.0000   -0.0000   -0.0144
        0         0         0    1.0000
```

未设定初始关节角坐标，使用 ikine（）进行求解，输入命令：

```
>>q1=p560.ikine (T)
```

运行结果为

```
q1=
  -0.0000  -0.8335  0.0940  -1.2310  0.9498  2.2231
```

设定初始关节角坐标，使用 ikine（）进行求解，输入命令：

```
>>q2=p560.ikine (T,[0 0 3 0 0 0])
```

运行结果为

```
q2=


  -0.0000  0.7854  3.1416  -0.0000  0.7854  0.0000
```

同样地，采用 p560. plot（q2）和 p560. plot（q1）可以生成图形，如图 7-11 所示。可以看出，虽然关节角不同，但末端执行器的位姿相同。

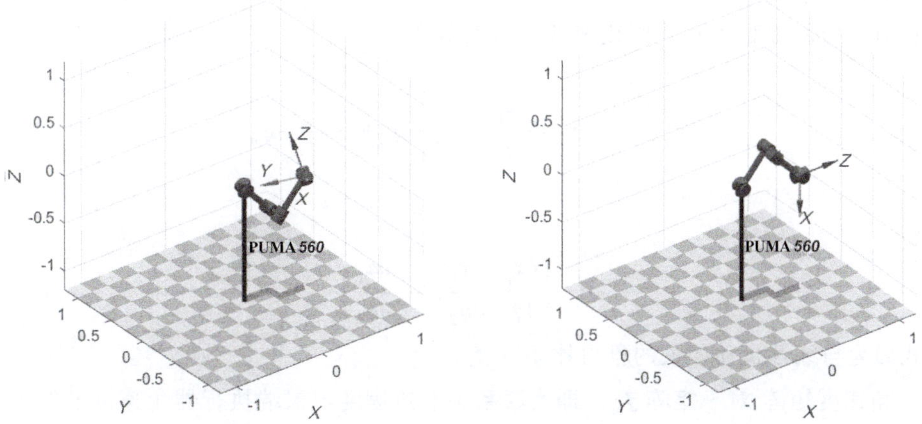

图 7-11　数值解——两组不同的关节角使得末端执行器达到同样的位姿

7.3.4 操作臂微分运动学

正运动学是研究如何定位末端执行器，即得到基坐标系中末端执行器的位姿描述。当操作臂开始运动时，其中各个关节上的编码器会即时记录并监控微分运动，如果在当前位姿下把末端执行器移动一段很小的位移，就会得到末端执行器一个特定的位姿。

1. 微分运动学理论基础

（1）雅可比矩阵　对于操作臂微分运动学：$\theta+\delta\theta\rightarrow x+\delta x$，需要解决的问题是 $\delta\theta\rightarrow\delta x$，即从关节角速度到线速度：$\dot{\theta}\rightarrow\dot{x}$。当采用雅可比矩阵来描述以上关系时，根据操作臂位姿与关节变量的函数映射关系 $x=f(q)$，有

$$\delta \boldsymbol{x}_{m\times1}=\begin{pmatrix}\frac{\partial f_1}{\partial q_1} & \frac{\partial f_1}{\partial q_2} & \cdots & \frac{\partial f_1}{\partial q_n}\\ \frac{\partial f_2}{\partial q_1} & \frac{\partial f_2}{\partial q_2} & \cdots & \frac{\partial f_2}{\partial q_n}\\ \vdots & \vdots & & \vdots\\ \frac{\partial f_n}{\partial q_1} & \frac{\partial f_n}{\partial q_2} & \cdots & \frac{\partial f_n}{\partial q_n}\end{pmatrix}_{m\times n},\ \delta \boldsymbol{q}_{n\times1}=\boldsymbol{J}(\boldsymbol{q})\,\delta \boldsymbol{q}_{n\times1}$$

式中，$\boldsymbol{J}(\boldsymbol{q})$ 为操作臂的雅可比矩阵，是一个 $m\times n$ 的偏导数矩阵。如需得到微分运动 $\delta\boldsymbol{x}$ 所对应的 $\delta\boldsymbol{q}$，可用下式：

$$\dot{\boldsymbol{q}}=\boldsymbol{J}(\boldsymbol{q})^{-1}\dot{\boldsymbol{x}}$$

雅可比矩阵建立了线速度和角速度与关节角速度之间的映射关系。根据这种关系也可将雅可比矩阵 $\boldsymbol{J}$ 分为两部分，即

$$\boldsymbol{J}=\begin{pmatrix}\boldsymbol{J}_v\\ \boldsymbol{J}_\omega\end{pmatrix}$$

（2）线速度矩阵　对于矩阵 $\boldsymbol{J}_v$，即为联系关节线速度和末端执行器线速度的矩阵。在笛卡儿坐标中，由前面齐次变换矩阵 $\boldsymbol{T}$ 可知，矩阵 $\boldsymbol{T}$ 的最后一列中的前三个变量（p_x，p_y，p_z）表示末端执行器或者操作臂最后一个关节坐标系相对于基坐标系的位置，将这三个变量统一表示为一个位置变量 $\boldsymbol{x}_p$，则线速度可以表示为

$$\boldsymbol{v}=\begin{pmatrix}\dot{x}\\ \dot{y}\\ \dot{z}\end{pmatrix}=\dot{\boldsymbol{x}}_p=\frac{\partial\boldsymbol{x}_p}{\partial\boldsymbol{q}_1}\dot{\boldsymbol{q}}_1+\frac{\partial\boldsymbol{x}_p}{\partial\boldsymbol{q}_2}\dot{\boldsymbol{q}}_2+\cdots+\frac{\partial\boldsymbol{x}_p}{\partial\boldsymbol{q}_n}\dot{\boldsymbol{q}}_n$$

可得

$$\boldsymbol{J}_v=\left(\frac{\partial\boldsymbol{x}_p}{\partial\boldsymbol{q}_1},\frac{\partial\boldsymbol{x}_p}{\partial\boldsymbol{q}_2},\cdots,\frac{\partial\boldsymbol{x}_p}{\partial\boldsymbol{q}_n}\right)$$

上式即为与线性运动相关的雅可比矩阵 $\boldsymbol{J}_v$。

（3）角速度矩阵 对于矩阵 $\boldsymbol{J}_\omega$，即为联系关节角速度与末端执行器角速度的矩阵。角速度可以表示为

$$\boldsymbol{\omega}=(z_1,z_2,\cdots,z_n)\begin{pmatrix}\dot{q}_1\\ \dot{q}_2\\ \vdots\\ \dot{q}_n\end{pmatrix}$$

可得

$$\boldsymbol{J}_{\omega}=(z_1,z_2,\cdots,z_n)$$

式中，z_i 表示齐次变换矩阵${}^0_n\boldsymbol{T}$ 中的关节旋转方向矢量。以上雅可比矩阵分析可详见第 4 章相关内容。

2. 雅可比矩阵计算

机器人工具箱中，可用函数 SerialLink. jacob0（）求出对应某个位姿下绝对坐标系中的雅可比矩阵，用 SerialLink. jacobn（）求出对应某个位姿下工具坐标系中的雅可比矩阵。

以 KUKA KR5 机器人为例，给定一组关节角为 $\boldsymbol{q}=\left(0,\frac{\pi}{4},\pi,0,\frac{\pi}{4},0\right)$，求在该位姿下的雅可比矩阵。

输入命令：

```
>> p560.plot(q1)
>> p560.plot(q2)
>> mdl_KR5
q=[0 pi/4 pi 0 pi/4 0]
J0=KR5.jacob0(q)

q=
                    0   0.7854   3.1416        0   0.7854        0
```

运行结果为

```
J0=

  -0.0000  -0.8928   0.4686   0.0000   0.1150        0
   0.0810  -0.0000   0.0000   0.0813  -0.0000        0
   0.0000  -0.0990   0.5233  -0.0000   0.0000        0
  -0.0000   0.0000   0.0000  -0.7071   0.0000  -0.0000
  -0.0000  -1.0000   1.0000   0.0000   1.0000   0.0000
   1.0000   0.0000  -0.0000   0.7071  -0.0000   1.0000
```

工具坐标系下的雅可比矩阵可键入命令：Jn=KR5. jacobn(q)，相应得出。

3. 雅可比矩阵参考坐标系的变换

已知坐标系$\{B\}$中 6×1 的笛卡儿速度矢量可以通过以下变换得到在坐标系$\{A\}$中的变换：

$${}^A\dot{\boldsymbol{x}}=\begin{pmatrix}{}^A\boldsymbol{v}\\ {}^A\boldsymbol{\omega}\end{pmatrix}=\begin{pmatrix}{}^A_B\boldsymbol{R} & \boldsymbol{0}\\ \boldsymbol{0} & {}^A_B\boldsymbol{R}\end{pmatrix}\begin{pmatrix}{}^B\boldsymbol{v}\\ {}^B\boldsymbol{\omega}\end{pmatrix}=\begin{pmatrix}{}^A_B\boldsymbol{R} & 0\\ 0 & {}^A_B\boldsymbol{R}\end{pmatrix}{}^B\dot{\boldsymbol{x}}$$

坐标系 $\{A\}$、$\{B\}$ 中的雅可比矩阵分别为

$$^{A}\dot{x} = {}^{A}J(q)\dot{q}, {}^{B}\dot{x} = {}^{B}J(q)\dot{q}$$

因此，可以得到雅可比矩阵参考坐标系的变换：

$$^{A}J(q) = \begin{pmatrix} {}^{A}_{B}R & 0 \\ 0 & {}^{A}_{B}R \end{pmatrix} {}^{B}J(q)$$

以上面的 KUKA KR5 机器人为例，输入命令：

```
>> T=KR5.fkine([0 0 0 0 0 0])
  R=[1 0 0 0 0 0;0 -1 0 0 0 0;0 0 -1 0 0 0;0 0 0 1 0 0;0 0 0 0 -1 0;0 0 0 0 0 -1]
  R*Jn


  q=

        0   0.7854   3.1416        0   0.7854        0
```

运行结果为

```
      ans=

          -0.0000   -0.8928    0.4686    0.0000    0.1150         0
           0.0810   -0.0000    0.0000    0.0813   -0.0000         0
           0.0000   -0.0990    0.5233   -0.0000    0.0000         0
          -0.0000    0.0000    0.0000   -0.7071    0.0000   -0.0000
          -0.0000   -1.0000    1.0000    0.0000    1.0000    0.0000
           1.0000    0.0000   -0.0000    0.7071   -0.0000    1.0000
```

可以看出，运行结果与上例中的 J0 值相同。

4. 速度的笛卡儿变换

机器人工具箱中，可用函数 tr2jac（）求出不同变换的雅可比矩阵。例如，{*B*}是通过{*A*}平移(2，4，0)，再旋转 45°得到，求速度变换矩阵 T_v。当{*A*}中 x 方向的线速度为 2m/s，求 {*B*} 中的速度。

输入命令：

```
>> T=transl(2,4,0)*troty(pi/4)
Tv=tr2jac(T)
vB=Tv*[2 0 0 0 0 0]'
vB'
```

旋转矩阵 T 可从运行结果得到，即

```
T=


    0.7071         0    0.7071    2.0000
         0    1.0000         0    4.0000
   -0.7071         0    0.7071         0
         0         0         0    1.0000
```

速度变换矩阵 T_v 为

```
Tv=


   0.7071         0   -0.7071   -2.8284    1.4142   -2.8284
```

```
         0    1.0000         0         0         0    2.0000
    0.7071         0    0.7071    2.8284   -1.4142   -2.8284
         0         0         0    0.7071         0   -0.7071
         0         0         0         0    1.0000         0
         0         0         0    0.7071         0    0.7071
```

$\{B\}$ 中的速度为

```
vB =

    1.4142
         0
    1.4142
         0
         0
         0


ans =

      1.4142         0    1.4142         0         0         0
```

可以得到，该速度在 $\{B\}$ 中 x 方向为 1.4142m/s、z 方向也为 1.4142m/s。

【例 7-6】　平面三连杆操作臂如图 7-12 所示。参考坐标系 {0} 代表基坐标系（世界坐标系），参考坐标系 $\{i\}$ $(i=1,2,3)$ 是一个与连杆 i 固接的坐标系，连杆的长度分别为 l_1、l_2 和 l_3。

计算可分为以下 3 个步骤：

(1) 计算相邻连杆之间的参考坐标系变换，即 ${}_1^0\boldsymbol{T}$、${}_2^1\boldsymbol{T}$、${}_3^2\boldsymbol{T}$，它们是关于 θ_1、θ_2 和 θ_3 的函数。

(2) 计算基坐标系中的连杆和操作臂末端的参考坐标系之间的变换。

(3) 假设各连杆的长度相等，将操作臂末端移动到由 $\begin{pmatrix} -1 & 0 & 0 & 0 \\ 0 & -1 & 0 & 1 \\ 0 & 0 & 1 & 0 \\ 0 & 0 & 0 & 1 \end{pmatrix}$ 给出的相对应的基坐标系位置，计算相应的 θ_1、θ_2 和 θ_3 的值。

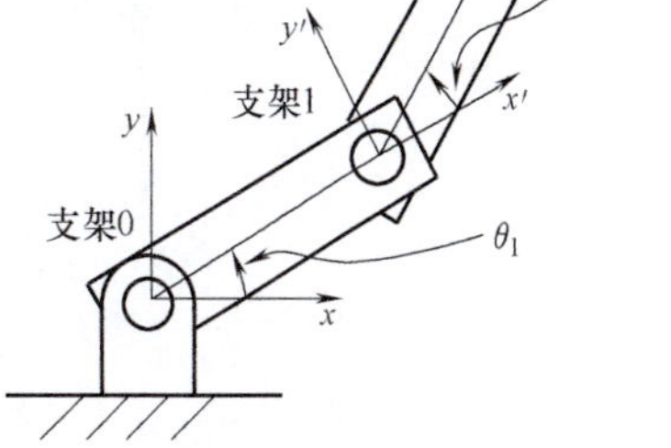

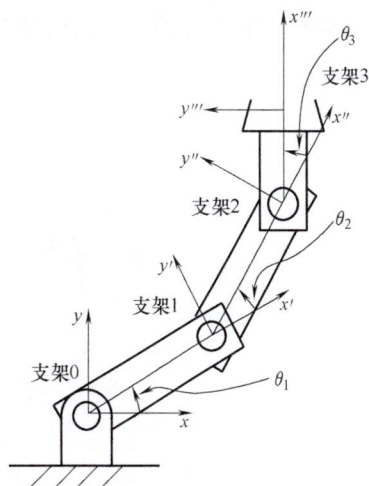

图 7-12　平面三连杆操作臂

解：(1) 相关代码如下：

```
>> a1 = sym('a1')
l1 = sym('l1')
a2 = sym('a2')
l2 = sym('l2')
```

```
a3=sym('a3')
13=sym('13')
T01=trotz(a1)*transl(11,0,0)
T12=trotz(a2)*transl(12,0,0)
T23=trotz(a3)*transl(13,0,0)
```

（2）相关代码如下：

```
>> T03=T01*T12*T23
L(1)=Link[(0 0 1 0)]
L(2)=Link[(0 0 1 0)]
L(3)=Link[(0 0 1 0)]
ThreeLink=SerialLink(L)
ThreeLink.name='Planar3R'
ThreeLink.plot([pi/4 pi/4 pi/4])
ThreeLink.fkine([pi/4 pi/4 pi/4])
```

以上程序运行结果如图 7-13a 所示。

（3）相关代码如下：

```
TL=[-1 0 0 0;0 -1 0 1;0 0 1 0;0 0 0 1]
theta_1=0
theta_2=pi
theta_3=pi
Q0=[0 -pi/2 pi/2]
QF=ThreeLink.ikine(TL,Q0,[1 1 0 0 0 1])
ThreeLink.plot(QF)
TRAJ=jtraj(Q0,QF,(0:.05:1))
ThreeLink.plot(TRAJ)
```

运行上面的代码，得到机器人的轨迹，如图 7-13b 所示。

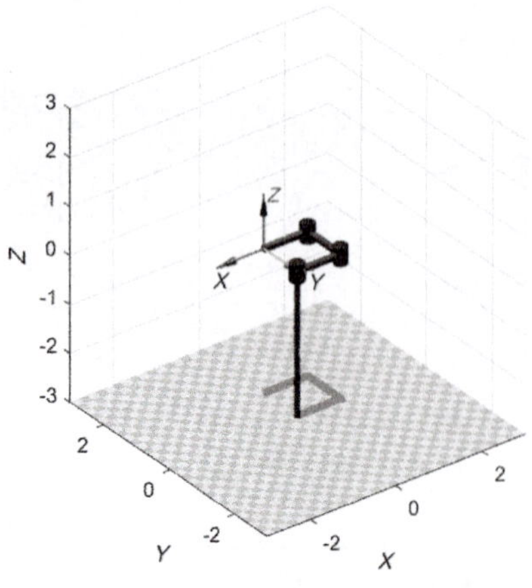

a) 使用机器人工具箱生成的平面操作臂

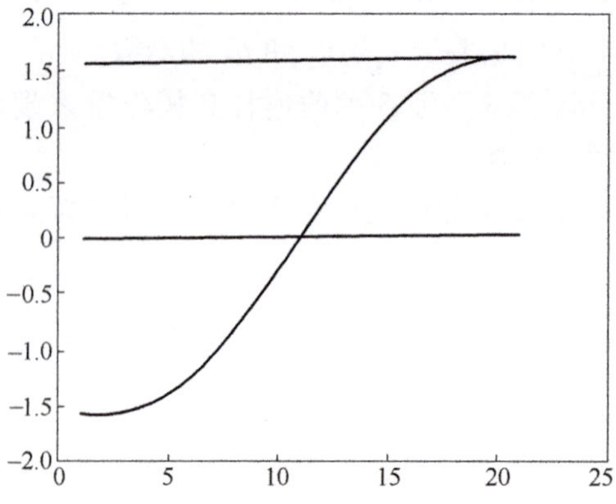

b) 操作臂运行轨迹

图 7-13　程序运行结果

7.4 操作臂动力学

动力学主要研究产生运动所需要的力。对于操作臂动力学分析，有两种经典的方法：牛顿-欧拉法和拉格朗日法。牛顿-欧拉法是通过基于牛顿定律和欧拉方程推导出作用在连杆上的力和力矩，从而得到操作臂动力学方程的方法；而拉格朗日法则从能量的角度来分析操作臂的动力学方程。与操作臂运动学相似，其动力学也有两个相反的问题：

(1) 动力学正问题　已知操作臂各关节的作用力或力矩，求各关节的位移、速度和加速度，即操作臂的运动轨迹（$\tau \to q$、$\dot{q}$、$\ddot{q}$），用于操作臂的仿真。

(2) 动力学逆问题　已知操作臂运动轨迹，即各关节的位移、速度和加速度，求各关节所需要的驱动力或力矩（q、$\dot{q}$、$\ddot{q} \to \tau$），用于对操作臂的控制。

7.4.1 操作臂正向动力学

1. 正向动力学理论基础

根据本书中第 5 章相关内容，可以采用下式（状态空间方程）表示操作臂动力学方程：

$$\boldsymbol{M}(\boldsymbol{q})\ddot{\boldsymbol{q}}+\boldsymbol{C}(\boldsymbol{q},\dot{\boldsymbol{q}})\dot{\boldsymbol{q}}+\boldsymbol{G}(\boldsymbol{q})+\boldsymbol{F}(\dot{\boldsymbol{q}})+\boldsymbol{J}^{\mathrm{T}}(\boldsymbol{q})f=\boldsymbol{\tau}$$

式中，$\boldsymbol{q}\in\mathbf{R}^n$ 为关节变量；$\boldsymbol{M}(\ddot{\boldsymbol{q}})\in\boldsymbol{R}^{n\times n}$ 是操作臂的惯性矩阵，该矩阵是一个对称矩阵，在这个 $n\times n$ 矩阵中，非零元素的大小取决于操作臂中各关节变量（q_1，q_2，…，q_n）的大小；$\boldsymbol{M}(\boldsymbol{q})\ddot{\boldsymbol{q}}$ 表示该操作臂受到的惯性力大小；$\boldsymbol{C}(\boldsymbol{q},\ \dot{\boldsymbol{q}})\in\mathbf{R}^n$ 为科氏矩阵，表示离心力和科氏力，$\boldsymbol{C}(\boldsymbol{q},\ \dot{\boldsymbol{q}})\dot{\boldsymbol{q}}$ 矩阵中非零元素的大小取决于两个因素，即操作臂中各关节的变量 $\boldsymbol{q}$ 以及关节速度 $\dot{\boldsymbol{q}}$；$\boldsymbol{G}(\boldsymbol{q})\in\mathbf{R}^n$ 表示重力矩阵，即操作臂上各连杆的重力因素，表示了该操作臂受到重力的大小，$\boldsymbol{G}(\boldsymbol{q})$ 中非零元素的大小与操作臂各关节变量 $\boldsymbol{q}$ 有关；$\boldsymbol{F}(\dot{\boldsymbol{q}})$ 为摩擦力矩；$\boldsymbol{J}^{\mathrm{T}}(\boldsymbol{q})f$ 表示关节力，由一个作用在末端执行器的扭力 f 产生；$\boldsymbol{\tau}\in\mathbf{R}^n$ 是操作臂的雅可比矩阵，是与关节变量 $\boldsymbol{q}$ 有关的广义驱动力矢量。

2. 实例

机器人工具箱中所提供的相关函数可以提取已定义的操作臂动力学参数。下面以 PUMA560 机器人为例，对动力学参数进行获取和分析（机器人工具箱，定义了许多机器人模型，其中只有 PUMA560 机器人的定义中涉及动力学参数）。

(1) 运动学和动力学参数　函数 SerialLink. dyn ( ) 可以显示机器人某个连杆的运动学参数和动力学参数。例如，显示 PUMA560 机器人第 6 个连杆的参数。

输入命令：

```
>> mdl_puma560
>> p560.links(6).dyn
```

运行结果为

```
theta=q, d=     0, a=       0, alpha=       0, offset=     0 (R, stdDH)
m  =       0.09
r  =          0           0          0.032
I  =|   0.00015           0           0|
    |         0     0.00015           0|
```

```
        |         0          0    4e-05|
Jm   =    3.3e-05
Bm   =    3.67e-05
Tc   =    0.00396 (+)       -0.0105 (-)
G    =      76.69
qlim=-4.642576 to 4.642576
```

运行结果可以得到以下信息：第 6 个连杆的运动学 D-H 参数、连杆质量、质心的坐标、惯性矩阵、电动机转动惯量、电动机摩擦力、库仑力和齿轮传动比。

(2) 惯性矩阵　当操作臂的关节变量为 $\boldsymbol{q}$ 时，可以采用函数 SerialLink. inertia ( ) 获取机器人的惯性矩阵。例如，当 $\boldsymbol{q}=(0,\ 0,\ 0,\ 0,\ 0,\ 0)$ 时，可按以下程序求出相应的惯性矩阵。

输入命令：

```
>>q=[0 0 0 0 0 0]
p560.inertia(q)
```

运行结果为

```
ans=

    3.9611  -0.1627  -0.1389   0.0016  -0.0004   0.0000
   -0.1627   4.4566   0.3727   0.0000   0.0019   0.0000
   -0.1389   0.3727   0.9387   0.0000   0.0019   0.0000
    0.0016   0.0000   0.0000   0.1924   0.0000   0.0000
   -0.0004   0.0019   0.0019   0.0000   0.1713   0.0000
    0.0000   0.0000   0.0000   0.0000   0.0000   0.1941
```

(3) 科氏矩阵　当机器人关节变量为 $\boldsymbol{q}$，关节速度为 $\dot{\boldsymbol{q}}$ 时，可通过函数 SerialLink. coriolis ( ) 获取机器人的科里奥利矩阵。

例如，当 $\boldsymbol{q}=(0,0,0,0,0,0)$，每个关节速度为 30°/s，$\dot{\boldsymbol{q}}=\left(\frac{\pi}{6}, \frac{\pi}{6}, \frac{\pi}{6}, \frac{\pi}{6}, \frac{\pi}{6}, \frac{\pi}{6}\right)$，求出相应的惯性矩阵。

输入命令：

```
>>q=[0 0 0 0 0 0]
qd=[pi/6 pi/6 pi/6 pi/6 pi/6 pi/6]
p560.coriolis(q,qd)
```

运行结果：

```
ans=

   -0.4206  -0.5773  -0.2121  -0.0007  -0.0014   0.0000
    0.2118  -0.2029  -0.4050  -0.0000  -0.0020        0
    0.2081   0.2021  -0.0000   0.0000  -0.0001        0
    0.0000   0.0000   0.0000        0        0        0
```

```
    0.0007    0.0007    0.0001         0         0         0
         0         0         0         0         0         0
```

（4）重力矩阵　当机器人关节变量为 $\boldsymbol{q}$ 时，可以通过函数 SerialLink. gravload（）获取机器人的重力矩阵。例如，当 $\boldsymbol{q}=(0,\ 0,\ 0,\ 0,\ 0,\ 0)$，得到相应的重力矩阵。

输入命令：

```
>>q=[0 0 0 0 0 0]
p560.gravload(q)
```

运行结果：

```
ans=

       0    37.4837    0.2489         0         0         0
```

（5）摩擦力矩　在机器人工具箱中没有对摩擦力矩进行直接计算的函数，从函数 SerialLink. dyn（）可以得到与摩擦力矩相关的黏性系数、库仑摩擦系数和传动比等参数。例如前述的 p560. links(6) . dyn 函数的返回值中：

1）Bm=3. 67e-05 为黏性摩擦系数。

2）Tc=0. 00396(+)-0. 0105(-) 为库仑摩擦系数。

3）G=76. 69 为齿轮传动比。

（6）MATLAB 计算正向动力学　机器人工具箱中提供了函数 SerialLink. fdyn（）计算正向动力学，主要的调用格式为

[T,q,qd] = SerialLink. fdyn(T,torqfun)

其中，T 表示时间间隔（采样时间）；torqfun 表示给定的力矩函数，根据力矩函数可以求出相对应的关节位置和关节速度。

此外，机器人工具箱中提供了函数 SerialLink. accel（），可以计算给定关节位置、速度和驱动力矩时，相对应的关节加速度。

例如，给定关节角 $\boldsymbol{q}=(0,\ 0,\ 0,\ 0,\ 0,\ 0)$、关节角速度 $\dot{\boldsymbol{q}}=(0,\ 0,\ 0,\ 0,\ 0,\ 0)$、关节角驱动力矩 $\boldsymbol{\tau}=(1,\ 1,\ 1,\ 1,\ 1,\ 1)$，计算关节角加速度，输入命令：

```
>>q=[0 0 0 0 0 0]
qd=[0 0 0 0 0 0]
t=[1 1 1 1 1 1]
qdd=p560.accel(q,qd,t)
```

运行结果：

```
qdd=


    0.0471
   -8.5372
    4.1854
    5.1952
    5.8841
    5.1508
```

(7) Simulink 计算正向动力学　MATLAB 机器人工具箱中提供了一些用于机器人仿真的 Simulink 文件。例如，我们可以输入语句：≫sl_ztorque，通过这个语句，即可加载工具箱中已创建的某个 Simulink 文件。调出文件后，可以对模型进行修改。

继续输入语句：≫r=sim('sl_ztorque') 可进行机器人仿真。仿真结果可以显示机器人在驱动力矩的作用下进行运动，并输出机器人运动过程中变化的时间和关节角。

继续输入语句：

```
≫t=r.find('tout');
≫q=r.find('yout');
≫plot(t,q(:,1:6))
```

可以获取时间与关节角，并绘制出关节角随时间变化的图形。

7.4.2 操作臂反向动力学

机器人工具箱中使用函数 SerialLink.rne () 计算操作臂反向动力学。该函数的参数主要为关节位置(q)、速度(qd)、加速度(qdd) 以及重力项(grav)。

以 PUMA560 机器人为例，设关节角为 q=[0　0　0　30°　30°　30°]，关节角速度为 qd=[0　0　0　10°　10°　10°]，角加速度为 qdd=[0　0　0　0　0　0]。

输入语句：

```
≫mdl_puma560
q=[0 0 0 pi/6 pi/6 pi/6]
qd=[0 0 0 pi/18 pi/18 pi/18]
qdd=[0 0 0 0 0 0]
t1=p560.rne(q,qd,qdd)
```

运行结果：

```
t1=

   -0.0000   37.4713   0.2366   0.9235   0.7265   0.3413
```

此时的驱动力矩为

```
≫tu=p560.rne(q,qd,qdd)

tu=

   -0.0000   37.4713   0.2366   0.9235   0.7265   0.3413
```

当忽略重力项，则有

```
≫ t2=p56.rne(q,qd,qdd,[0 0 0]')

t2=

   -0.0000   -0.0001   -0.0001   0.9235   0.7406   0.3413
```

此时驱动力矩为

```
≫ tr=p560.rne(q,qd,qdd,[0 0 0]')
```

```
tr=

    -0.0000  -0.0001  -0.0001  0.9235  0.7406  0.3413
```

此外，函数 SerialLink. rne ( ) 也可以计算机器人沿着一条轨迹运动时，每一个时刻下的驱动力矩。

输入语句：

```
>> T1=transl(0.3,0.1,0)*trotx(pi)
q1=p560.ikine6s(T1)
T2=transl(0.2,0,0.4)*trotx(pi/2)
q2=p560.ikine6s(T2)
t=[0:0.1:6]'
[q,qd,qdd]=jtraj(q1,q2,t)
tu=p560.rne(q,qd,qdd)
```

为了更直观地观察每个关节的驱动力矩随时间的变换，可以用图形表示，继续输入语句：

```
plot(t,tu(:,1))
hold on
plot(t,tu(:,2))
plot(t,tu(:,3))
plot(t,tu(:,4))
plot(t,tu(:,5))
plot(t,tu(:,6))
```

运行结果如图 7-14 所示。

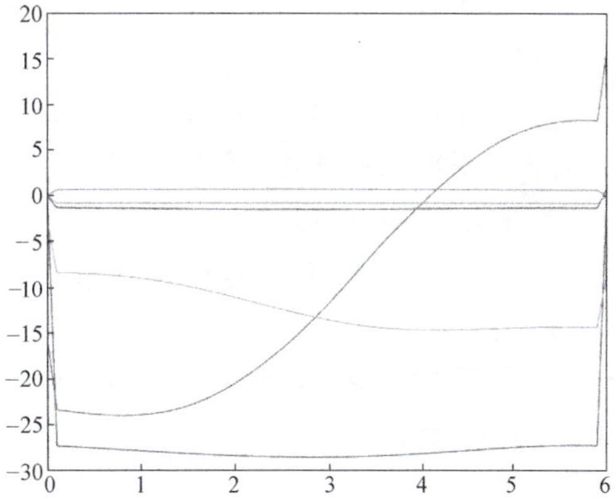

图 7-14　机器人的各个关节在力矩的驱动下运行的轨迹

7.5 运动轨迹规划

1. 轨迹规划理论基础

操作臂在三维空间中每个关节的位置、速度和加速度都是关于时间的函数，它们构成了操作臂的运动轨迹。关于操作臂的运动轨迹主要有 3 个问题：根据具体的操作任务给操作臂指定一条空间中的轨迹；描述一条规划好的轨迹；与轨迹生成相关的问题。

关于操作臂的位姿描述的方法，一共有 3 种：关节空间描述、驱动器空间描述和笛卡儿空间描述。确定一个 n 自由度操作臂的所有连杆位置，需要一组 n 个关节变量的关节矢量，所有的关节矢量组成了关节空间。将关节矢量表示成一组驱动器函数，称为驱动器矢量。所有的驱动器矢量组成了驱动器空间。当操作臂的位置是在空间相互正交的轴上测量，姿态按照欧拉角等规定测量时，称这个空间为笛卡儿空间。

相关的操作臂多项式轨迹规划方法详见本书中第 6 章内容。

2. 实例

机器人工具箱中提供的函数 tpoly ( ) 可以生成五次多项式轨迹。例如，生成一个初始位置为 0，最终位姿为 4，初速度为 2，最终速度为 0，最初加速度和最终加速度都为 0，时间长度为 20 的轨迹，输入命令：

```
≫[x v a]=tpoly(0,4,20,2,0)
plot(x)
```

生成的五次多项式轨迹如图 7-15 所示。

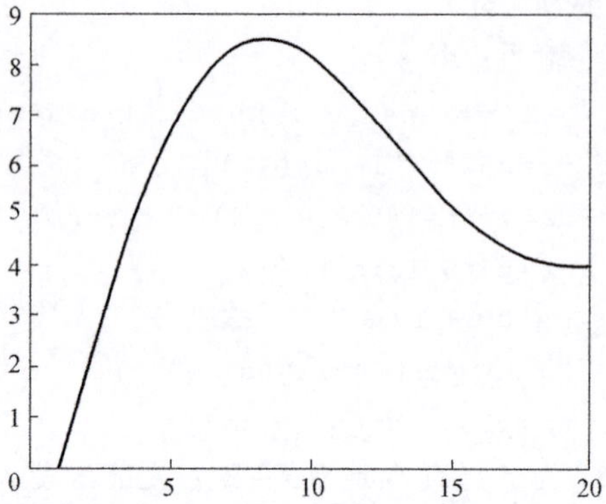

图 7-15 tpoly（）生成的五次多项式轨迹

（1）关节角空间的轨迹 以 KUKA KR5 机器人为例，对机器人末端执行器在关节角空间中的两个位姿之间移动的轨迹进行仿真。

初始位姿：

T1=transl(0.3,0.1,0) * trotx(pi)；

此时，对应的一组关节角为

q1=KR5.ikine6s(T1)；

最终位姿：

T2=transl(0.2,0.4,0) * trotx (pi)/2；

此时，对应的一组关节角为

q2=KR5.ikine6s(T2)；

设置机器人末端执行器从点 *A* 移动到点 *B*，用时 6s，每 100ms 计算一次关节角：t=[0：0.1：6]；

求解点 *A* 到点 *B*，6 个关节角在 6s 中的变换过程，MATLAB 机器人工具箱中可以用三条等价的语句计算：

语句 1：q=mtraj(@tpoly,q1,q2,t)；

语句 2：q=mtraj(@lspb,q1,q2,t)；

语句 3：q=jtraj(q1,q2,t)；

输入命令：

```
≫mdl_KR5
T1=transl(0.3,0.1,0)* trotx(pi)
q1=KR5.ikine6s(T1)
T2=transl(0.2,0.4,0)* trotx(pi/2)
q2=KR5.ikine6s(T2)
t=[0:0.1:6]'
q=mtraj(@ tpoly,q1,q2,t)
```

运行结果为

```
q=

    3.4633   -3.7572    2.7273    3.1416    0.2013    0.3218
    3.4634   -3.7572    2.7273    3.1416    0.2014    0.3218
    3.4637   -3.7571    2.7274    3.1414    0.2019    0.3221
    3.4644   -3.7569    2.7279    3.1411    0.2034    0.3230
    3.4657   -3.7565    2.7287    3.1405    0.2061    0.3246
```

```
  3.4678  -3.7559   2.7299   3.1395   0.2104   0.3272
                                ……
  4.3409  -3.4964   3.2499   2.7325   1.9985   1.3906
  4.3417  -3.4962   3.2503   2.7322    1.999   1.3915
  4.3419  -3.4961   3.2505   2.7320   2.0005   1.3918
  4.3420  -3.4961   3.2505   2.7320   2.0006   1.3919
```

生成了一个 61×6 的矩阵，可以看出从点 A 到点 B 的移动过程中，关节角由 q1 到 q2 逐渐逼近。此外，还可以通过可选参数求出从点 A 到点 B 移动过程中的速度和加速度。

语句：[q，v，a]=jtraj（q1，q2，t）；同样为速度 v、加速度 a 各自生成了一个 61×6 的矩阵。

输入命令：

```
>>[q,v,a]=jtraj(q1,q2,t)
```

运行结果：

```
v=

       0        0        0        0        0        0
  0.0012   0.0004   0.0007  -0.0006   0.0024   0.0014
  0.0046   0.0014   0.0027  -0.0021   0.0093   0.0056
  0.0099   0.0029   0.0059  -0.0046   0.0203   0.0121
  0.0170   0.0051   0.0101  -0.0079   0.0348   0.0207
                                ……
  0.0256  0. 0076   0.0153  -0.0119   0.0525   0.0312
  0.0170   0.0051   0.0101  -0.0079   0.0348   0.0207
  0.0099   0.0029   0.0059 -0. 0046   0.0203   0.0121
  0.0046   0.0014   0.0027  -0.0021   0.0093   0.0056
  0.0012   0.0004   0.0007  -0.0006   0.0024   0.0014
       0        0        0        0  -0.0000        0

a=

       0        0        0        0        0        0
  0.0232   0.0069   0.0138  -0.0108   0.0475   0.0283
  0.0440   0.0131   0.0262  -0.0205   0.0902   0.0536
  0.0626   0.0186   0.0373  -0.0292   0.1282   0.0762
  0.0790   0.0235   0.0470  -0.0368   0.1617   0.0962
  0.0932   0.0277   0.0555  -0.0435   0.1909   0.1135
```

```
                              ……
  -0.0790  -0.0235  -0.0470   0.0368  -0.1617  -0.9962
  -0.0626  -0.0186  -0.0373   0.0292  -0.1282  -0.0762
  -0.0440  -0.0131  -0.0262   0.0205  -0.0902  -0.0536
  -0.0232  -0.0069  -0.0138   0.0108  -0.0475  -0.0283
        0  -0.0000   0.0000        0  -0.0000   0.0000
```

下面将以动画、图形对操作臂的轨迹进行显示。

当用动画对该轨迹进行仿真时，可输入语句：KR5. plot(q)。

需要绘制所有关节角随时间变化的图形时，可输入语句：qplot(t, q)。当只需要绘制第 n 个关节角随时间变化的图形时，可输入语句：plot(t, q(:, n))。

演示如下，输入语句：

```
>> qplot(t,q)
>> plot(t,q(:,1))
```

运行结果如图 7-16 所示。

使用下列代码可以求出末端执行器在笛卡儿空间中的移动轨迹。输入命令：

```
>> T3=KR5.fkine(q)
p=transl(T3)
plot(p(:,1),p(:,2))
```

运行结果如图 7-17 所示。

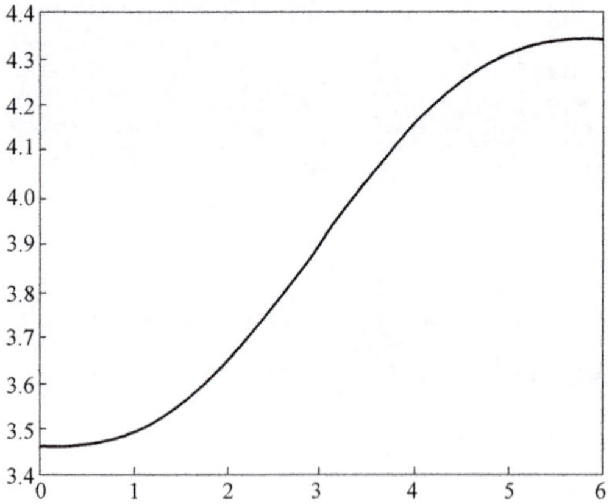

图 7-16 关节角 1 随时间变化图

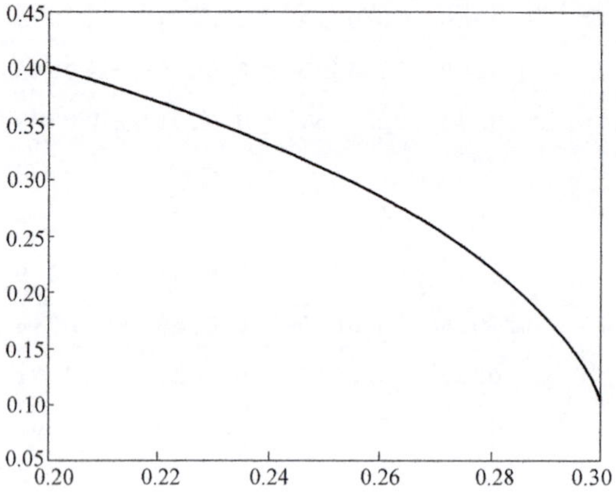

图 7-17 末端执行器在笛卡儿空间中的移动轨迹

(2) 笛卡儿空间的轨迹　绘制末端执行器在 xy 平面上的运动轨迹，输入命令：

```
>> Ts=ctraj(T1,T2,length(t))
plot(t,transl(Ts))
```

运行结果如图 7-18 所示。

绘制末端执行器在 xy 平面的指向轨迹，输入命令：

```
>> plot(t,tr2rpy(Ts))
```

运行结果如图 7-19 所示。

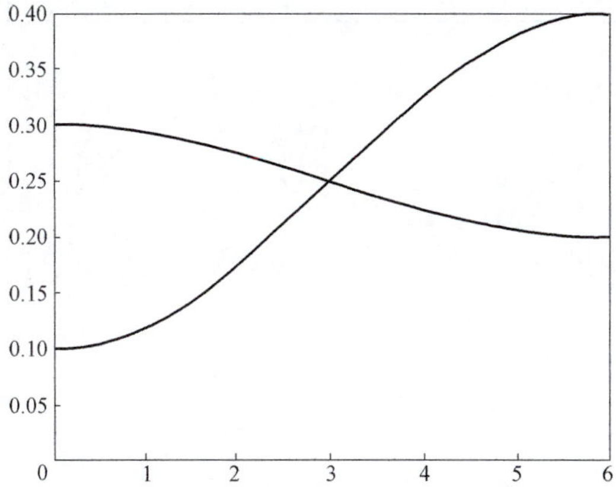

图 7-18　末端执行器在 *xy* 平面上的运动轨迹

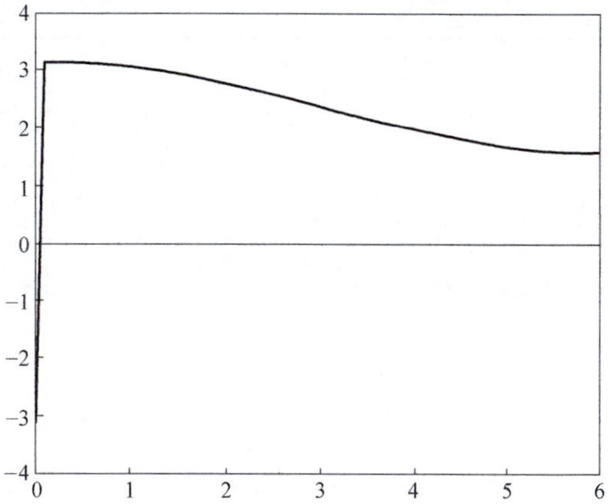

图 7-19　末端执行器在 *x-y* 平面上的指向轨迹

附　录

附录 A　线性代数

由于机器人的建模和控制需要广泛使用矩阵、向量[⊖]及其运算，本附录对线性代数相关内容进行复习。

A.1　基本概念

（1）矩阵　一个（$m\times n$）矩阵是由 $m\times n$ 个元素 a_{ij} 排列成 m 行 n 列得到的：

$$\boldsymbol{A}=(a_{ij})=\begin{pmatrix} a_{11} & a_{12} & \cdots & a_{1n} \\ a_{21} & a_{22} & \cdots & a_{2n} \\ \vdots & \vdots & & \vdots \\ a_{m1} & a_{m2} & \cdots & a_{mn} \end{pmatrix},\ i=1,2,\cdots,m;\ j=1,2,\cdots,n \tag{A-1}$$

（2）方阵　若一个矩阵行数与列数相同，即有 $m=n$，则称为（n 阶）方阵。

（3）向量与向量组　若矩阵列数 $n=1$，则称为 m 维（列）向量，记作 $\boldsymbol{a}$，向量集合 $\{\boldsymbol{a}_i\}$ 称为向量组。

（4）三角形矩阵　一个方阵若满足：当 $i>j$ 时，$a_{ij}=0$，则称其为上三角形矩阵：

$$\boldsymbol{A}=\begin{pmatrix} a_{11} & a_{12} & \cdots & a_{1n} \\ 0 & a_{22} & \cdots & a_{2n} \\ \vdots & \vdots & & \vdots \\ 0 & 0 & \cdots & a_{nn} \end{pmatrix} \tag{A-2}$$

若满足：当 $i<j$ 时，$a_{ij}=0$，则称其为下三角形矩阵。

（5）对角形矩阵　除对角线上的元素外全为零的方阵称为对角形矩阵。例如：

$$\boldsymbol{A}=\begin{pmatrix} a_{11} & 0 & \cdots & 0 \\ 0 & a_{22} & \cdots & 0 \\ \vdots & \vdots & & \vdots \\ 0 & 0 & \cdots & a_{nn} \end{pmatrix}=\mathrm{diag}\ (a_{11},\ a_{22},\ \cdots,\ a_{nn}) \tag{A-3}$$

⊖ 向量和矢量是同一概念，在数学范畴中通常采用向量。——编辑注

(6) 单位矩阵　若 n 阶对角矩阵对角线上的元素都是 1 ($a_{ii}=1$)，则称为单位矩阵，记作 $\boldsymbol{I}_{ii}$。

(7) 零矩阵和零向量　元素全为零的矩阵称为零矩阵，记作 $\boldsymbol{O}$，零向量记作 $\boldsymbol{0}$。

(8) 转置矩阵　将一个 ($m\times n$) 矩阵 $\boldsymbol{A}$ 互换行和列得到的 ($n\times m$) 矩阵称为矩阵 $\boldsymbol{A}$ 的转置矩阵，记作 $\boldsymbol{A}^{\mathrm{T}}$。

$$\boldsymbol{A}^{\mathrm{T}}=\begin{pmatrix} a_{11} & a_{21} & \cdots & a_{m1} \\ a_{12} & a_{22} & \cdots & a_{m2} \\ \vdots & \vdots & & \vdots \\ a_{1n} & a_{2n} & \cdots & a_{mn} \end{pmatrix} \tag{A-4}$$

列向量的转置矩阵是一个行向量。

(9) 对称矩阵　若 n 阶方阵 $\boldsymbol{A}$ 满足 $\boldsymbol{A}^{\mathrm{T}}=\boldsymbol{A}$，则称为对称矩阵，即有 $a_{ij}=a_{ji}$。

$$\boldsymbol{A}=\begin{pmatrix} a_{11} & a_{12} & \cdots & a_{1n} \\ a_{12} & a_{22} & \cdots & a_{2n} \\ \vdots & \vdots & & \vdots \\ a_{1n} & a_{2n} & \cdots & a_{mn} \end{pmatrix} \tag{A-5}$$

若 n 阶方阵 $\boldsymbol{A}$ 满足 $\boldsymbol{A}^{\mathrm{T}}=-\boldsymbol{A}$，则称为反对称矩阵，即有 $a_{ij}=-a_{ji}$。

$$\boldsymbol{A}=\begin{pmatrix} a_{11} & a_{12} & \cdots & a_{1n} \\ -a_{12} & a_{22} & \cdots & a_{2n} \\ \vdots & \vdots & & \vdots \\ -a_{1n} & -a_{2n} & \cdots & a_{mn} \end{pmatrix} \tag{A-6}$$

(10) 分块矩阵　以矩阵（块）为元素表示的矩阵称为分块矩阵：

$$\boldsymbol{A}=(\boldsymbol{A}_{ij})=\begin{pmatrix} \boldsymbol{A}_{11} & \boldsymbol{A}_{12} & \cdots & \boldsymbol{A}_{1n} \\ \boldsymbol{A}_{21} & \boldsymbol{A}_{22} & \cdots & \boldsymbol{A}_{2n} \\ \vdots & \vdots & & \vdots \\ \boldsymbol{A}_{m1} & \boldsymbol{A}_{m2} & \cdots & \boldsymbol{A}_{mn} \end{pmatrix} \tag{A-7}$$

(11) 特殊分块矩阵　分块矩阵也有分块三角形和分块对角形。对一个矩阵进行特殊分块还包括按列或行分块，形式如下：

$$\boldsymbol{A}=(\boldsymbol{a}_1,\ \boldsymbol{a}_2,\ \cdots,\ \boldsymbol{a}_n)\text{，或 }\boldsymbol{A}=\begin{pmatrix} \boldsymbol{a}_1^{\mathrm{T}} \\ \boldsymbol{a}_2^{\mathrm{T}} \\ \vdots \\ \boldsymbol{a}_n^{\mathrm{T}} \end{pmatrix} \tag{A-8}$$

(12) 代数余子矩阵　对任一 n 阶方阵 $\boldsymbol{A}$，元素 a_{ij} 的代数余子矩阵 $\boldsymbol{A}_{ij}$ 是 $\boldsymbol{A}$ 中去掉第 i 行和第 j 列后的 $n-1$ 阶子阵。

A.2 矩阵运算

(1) 矩阵的迹　n 阶方阵 $\boldsymbol{A}$ 对角线上的所有元素的和称为 $\boldsymbol{A}$ 的迹，用公式表示为

$$\mathrm{tr}(\boldsymbol{A}) = \sum_{i=1}^{n} a_{ii} \tag{A-9}$$

（2）矩阵相等　两个同型的（$m\times n$）矩阵 $\boldsymbol{A}$ 与 B 若所有对应元素相等（$a_{ij}=b_{ij}$），则称 $\boldsymbol{A}$ 与 $\boldsymbol{B}$ 相等。

（3）矩阵加法　两个同型的（$m\times n$）矩阵 $\boldsymbol{A}$ 与 $\boldsymbol{B}$ 的和仍为（$m\times n$）矩阵。

$$\boldsymbol{C}=\boldsymbol{A}+\boldsymbol{B} \tag{A-10}$$

式中，$c_{ij}=a_{ij}+b_{ij}$。矩阵加法具有如下性质：

$$\boldsymbol{A}+\boldsymbol{O}=\boldsymbol{A}$$
$$\boldsymbol{A}+\boldsymbol{B}=\boldsymbol{B}+\boldsymbol{A}$$
$$(\boldsymbol{A}+\boldsymbol{B})+\boldsymbol{C}=\boldsymbol{A}+(\boldsymbol{B}+\boldsymbol{C})$$

（4）分块矩阵加法　按同样方式进行分块的两个同型矩阵求和，可以参照上述加法运算规则以同一位置上的块为元素进行。

（5）矩阵的数量乘法　以一个数 α 乘（$m\times n$）矩阵 $\boldsymbol{A}$，结果仍为（$m\times n$）矩阵，元素为 αa_{ij}。如果 $\boldsymbol{A}$ 是对角形矩阵且对角线上的元素都相同（$a_{ij}=\alpha$），则 $\boldsymbol{A}$ 称为数量矩阵，记为 $\boldsymbol{A}=\alpha\boldsymbol{I}$。

利用上面提到的矩阵运算及特殊矩阵，可以将任意方阵进行如下分解：

$$\boldsymbol{A}=\boldsymbol{A}_s+\boldsymbol{A}_a \tag{A-11}$$

式中，

$$\boldsymbol{A}_s=\frac{1}{2}(\boldsymbol{A}+\boldsymbol{A}^{\mathrm{T}})$$

是一个对称矩阵，而

$$\boldsymbol{A}_a=\frac{1}{2}(\boldsymbol{A}-\boldsymbol{A}^{\mathrm{T}})$$

是一个反对称矩阵。

（6）矩阵乘法　一个（$m\times p$）矩阵 $\boldsymbol{A}$ 乘以一个（$p\times n$）矩阵 $\boldsymbol{B}$，结果为（$m\times n$）矩阵

$$\boldsymbol{C}=\boldsymbol{A}\boldsymbol{B} \tag{A-12}$$

式中，元素 $c_{ij}=\sum_{k=1}^{p} a_{ik}b_{kj}$。矩阵乘法具有以下性质：

$$\boldsymbol{A}=\boldsymbol{A}\boldsymbol{I}_p=\boldsymbol{I}_m\boldsymbol{A}$$
$$\boldsymbol{A}(\boldsymbol{B}\boldsymbol{C})=(\boldsymbol{A}\boldsymbol{B})\boldsymbol{C}$$
$$\boldsymbol{A}(\boldsymbol{B}+\boldsymbol{C})=\boldsymbol{A}\boldsymbol{B}+\boldsymbol{A}\boldsymbol{C}$$
$$(\boldsymbol{A}+\boldsymbol{B})\boldsymbol{C}=\boldsymbol{A}\boldsymbol{C}+\boldsymbol{B}\boldsymbol{C}$$
$$(\boldsymbol{A}\boldsymbol{B})^{\mathrm{T}}=\boldsymbol{B}^{\mathrm{T}}\boldsymbol{A}^{\mathrm{T}}$$

注意，矩阵乘法不满足交换律和消除律，即通常：$\boldsymbol{A}\boldsymbol{B}\neq\boldsymbol{B}\boldsymbol{A}$，$\boldsymbol{A}\boldsymbol{B}=\boldsymbol{O}$ 也不意味着 $\boldsymbol{A}=\boldsymbol{O}$ 或 $\boldsymbol{B}=\boldsymbol{O}$，而由 $\boldsymbol{A}\boldsymbol{C}=\boldsymbol{B}\boldsymbol{C}$ 也不能通过简单消除得到 $\boldsymbol{A}=\boldsymbol{B}$。

（7）分块矩阵乘法　如果一个（$m\times p$）矩阵 $\boldsymbol{A}$ 和一个（$p\times n$）矩阵 $\boldsymbol{B}$ 分块满足如下要求：$\boldsymbol{A}$ 按行的分块数目与 $\boldsymbol{B}$ 按列的分块数目相同且对应分块 $\boldsymbol{A}_{ik}$ 和 $\boldsymbol{B}_{kj}$ 满足矩阵乘法的要求，则矩阵乘积 $\boldsymbol{A}\boldsymbol{B}$ 可参照矩阵乘积规则以各分块矩阵为元素进行运算获得。

（8）矩阵的行列式　对 n 阶方阵 $\boldsymbol{A}$，其行列式可以按任意行展开得到

$$\det(\boldsymbol{A}) = \sum_{j=1}^{n} a_{ij}(-1)^{i+j}\det(\boldsymbol{A}_{ij}) \tag{A-13}$$

同样的结果也可以按任意列进行展开而得到。若 $n=1$，则 $\det(a_{11})=a_{11}$。矩阵的行列式运算具有如下性质：

性质 1：$\det(\boldsymbol{A})=\det(\boldsymbol{A}^{\mathrm{T}})$；

性质 2：互换行列式中的两列（行），则行列式值相反，即有

$$\det((\boldsymbol{a}_1,\cdots,\boldsymbol{a}_p,\cdots,\boldsymbol{a}_q,\cdots,\boldsymbol{a}_n))=-\det((\boldsymbol{a}_1,\cdots,\boldsymbol{a}_p,\cdots,\boldsymbol{a}_q,\cdots,\boldsymbol{a}_n))$$

推论：若 n 阶方阵 $\boldsymbol{A}$ 有两列（行）对应元素相同，则其行列式值为 0。

性质 3：$\det(\alpha\boldsymbol{A})=\alpha^n\det(\boldsymbol{A})$。

对（$m\times n$）矩阵 $\boldsymbol{A}$，任取其中的 k 行 k 列交叉位置处的元素得到的行列式称为 $\boldsymbol{A}$ 的一个 k 阶子式；取前 k 行 k 列交叉位置处的元素得到的方块称为 $\boldsymbol{A}$ 的 k 阶主子式。

性质 4：若 $\boldsymbol{A}$ 与 $\boldsymbol{B}$ 均为 n 阶方阵，则

$$\det(\boldsymbol{AB})=\det(\boldsymbol{A})\det(\boldsymbol{B})$$

性质 5：若 $\boldsymbol{A}$ 是 n 阶三角形矩阵（特殊情况下是对角形矩阵），则

$$\det(\boldsymbol{A})=\prod_{i=1}^{n}a_{ii}$$

更一般地，如果 $\boldsymbol{A}$ 是一个分块三角形矩阵，对角线上的 m 个分块为 $\boldsymbol{A}_{ii}$，则

$$\det(\boldsymbol{A})=\prod_{i=1}^{m}\boldsymbol{A}_{ii}$$

(9) 奇异矩阵　若 n 阶方阵 $\boldsymbol{A}$ 满足 $\det(\boldsymbol{A})=0$，则称为奇异矩阵。

(10) 矩阵的秩　矩阵 $\boldsymbol{A}$ 中最高阶非零子式的阶数称为 $\boldsymbol{A}$ 的秩，记为 $r(\boldsymbol{A})$。具有以下性质：

性质 1：$r(\boldsymbol{A})\leqslant\min\{m,n\}$；

性质 2：$r(\boldsymbol{A})=r(\boldsymbol{A}^{\mathrm{T}})$；

性质 3：$r(\boldsymbol{A}^{\mathrm{T}}\boldsymbol{A})=r(\boldsymbol{A})$；

性质 4：$r(\boldsymbol{AB})\leqslant\min\{r(\boldsymbol{A}),\ r(\boldsymbol{B})\}$；

若有 $r(\boldsymbol{A})=\min\{m,\ n\}$，则称 $\boldsymbol{A}$ 为满秩矩阵。

(11) 伴随矩阵　n 阶方阵 $\boldsymbol{A}$ 的伴随矩阵 $\mathrm{Adj}(\boldsymbol{A})$ 由下式给出：

$$\mathrm{Adj}(\boldsymbol{A})=[(-1)^{i+j}\det(\boldsymbol{A}_{ij})]^{\mathrm{T}}_{i=1,2,\cdots n,j=1,2,\cdots n} \tag{A-14}$$

(12) 逆矩阵　对 n 阶方阵 A，若有矩阵 $\boldsymbol{A}^{-1}$ 使得 $\boldsymbol{A}^{-1}\boldsymbol{A}=\boldsymbol{AA}^{-1}=\boldsymbol{I}$，则称 $\boldsymbol{A}$ 可逆，$\boldsymbol{A}^{-1}$ 称为 $\boldsymbol{A}$ 的逆矩阵。

1）矩阵可逆的充分必要条件是：

$$r(\boldsymbol{A})=n \text{ 或 } \det(\boldsymbol{A})\neq 0$$

2）逆矩阵的计算公式

$$\boldsymbol{A}^{-1}=\frac{1}{\det(\boldsymbol{A})}\mathrm{Adj}(\boldsymbol{A}) \tag{A-15}$$

3）逆矩阵具有以下性质：

性质 1：$(\boldsymbol{A}^{-1})^{-1}=\boldsymbol{A}$；

性质 2：$(\boldsymbol{A}^{\mathrm{T}})^{-1}=(\boldsymbol{A}^{-1})^{\mathrm{T}}$；

性质 3：若 n 阶方阵 $\boldsymbol{A}$ 和 $\boldsymbol{B}$ 均为可逆矩阵，则

$$(\boldsymbol{AB})^{-1}=\boldsymbol{B}^{-1}\boldsymbol{A}^{-1}$$

性质 4：若 n 个矩阵 $\boldsymbol{A}_{ii}$ 均可逆，则

$$(\mathrm{diag}(\boldsymbol{A}_{11},\boldsymbol{A}_{22},\cdots,\boldsymbol{A}_{nn}))^{-1}=\mathrm{diag}(\boldsymbol{A}_{11}^{-1},\boldsymbol{A}_{22}^{-1},\cdots,\boldsymbol{A}_{nn}^{-1})$$

性质 5：设 $\boldsymbol{A}$ 与 $\boldsymbol{C}$ 均为可逆矩阵，则

$$(\boldsymbol{A}+\boldsymbol{BCD})^{-1}=\boldsymbol{A}^{-1}-\boldsymbol{A}^{-1}\boldsymbol{B}(\boldsymbol{DA}^{-1}\boldsymbol{B}+\boldsymbol{C}^{-1})^{-1}\boldsymbol{DA}^{-1}$$

式中，$\boldsymbol{DA}^{-1}\boldsymbol{B}+\boldsymbol{C}^{-1}$ 必须是可逆的。

性质 6：如果分块矩阵是可逆的，则其逆矩阵可由下式给出：

$$\begin{pmatrix}\boldsymbol{A} & \boldsymbol{D}\\ \boldsymbol{C} & \boldsymbol{B}\end{pmatrix}^{-1}=\begin{pmatrix}\boldsymbol{A}^{-1}+\boldsymbol{E}\boldsymbol{\Delta}^{-1}\boldsymbol{F} & -\boldsymbol{E}\boldsymbol{\Delta}^{-1}\\ -\boldsymbol{\Delta}^{-1}\boldsymbol{F} & \boldsymbol{\Delta}^{-1}\end{pmatrix}$$

式中，$\boldsymbol{\Delta}=\boldsymbol{B}-\boldsymbol{CA}^{-1}\boldsymbol{D}$；$\boldsymbol{E}=\boldsymbol{A}^{-1}\boldsymbol{D}$；$\boldsymbol{F}=\boldsymbol{CA}^{-1}$；前提是矩阵 $\boldsymbol{A}$ 和 $\boldsymbol{\Delta}$ 可逆。特殊情况下，对分块三角形矩阵

$$\begin{pmatrix}\boldsymbol{A} & \boldsymbol{D}\\ \boldsymbol{C} & \boldsymbol{B}\end{pmatrix}^{-1}=\begin{pmatrix}\boldsymbol{A}^{-1} & \boldsymbol{O}\\ -\boldsymbol{B}^{-1}\boldsymbol{CA}^{-1} & \boldsymbol{B}^{-1}\end{pmatrix},\begin{pmatrix}\boldsymbol{A} & \boldsymbol{D}\\ \boldsymbol{O} & \boldsymbol{B}\end{pmatrix}^{-1}=\begin{pmatrix}\boldsymbol{A}^{-1} & -\boldsymbol{A}^{-1}\boldsymbol{DB}^{-1}\\ \boldsymbol{O} & \boldsymbol{B}^{-1}\end{pmatrix}$$

（13）正交矩阵　若 n 阶方阵 $\boldsymbol{A}$ 的逆矩阵与其转置矩阵相同，即有

$$\dot{\boldsymbol{A}}=\frac{\mathrm{d}}{\mathrm{d}t}\boldsymbol{A}(t)=\left[\frac{\mathrm{d}}{\mathrm{d}t}a_{ij}(t)\right]_{i=1,2,\cdots m;j=1,2,\cdots n}\tag{A-16}$$

若方阵 $\boldsymbol{A}(t)$ 对任意的 t 都是满秩的，且其元素 $a_{ij}(t)$ 都是可微函数，则其逆矩阵的微分为

$$\frac{\mathrm{d}}{\mathrm{d}t}\boldsymbol{A}^{-1}(t)=-\boldsymbol{A}^{-1}(t)\dot{\boldsymbol{A}}(t)\boldsymbol{A}^{-1}(t)\tag{A-17}$$

对给定多元函数 $f(\boldsymbol{x})$，其中 $\boldsymbol{x}=(x_1,\ x_2,\ \cdots,\ x_n)$，$f(\boldsymbol{x})$ 的梯度为一个 n 维向量

$$\boldsymbol{\nabla}_x f(\boldsymbol{x})=\left(\frac{\partial f}{\partial \boldsymbol{x}}\right)^{\mathrm{T}}=\left(\frac{\partial f}{\partial x_1},\frac{\partial f}{\partial x_2},\cdots,\frac{\partial f}{\partial x_n}\right)^{\mathrm{T}}\tag{A-18}$$

更进一步，若 $\boldsymbol{x}=\boldsymbol{x}(t)$ 是关于 t 的可微函数，则

$$\dot{f}(\boldsymbol{x})=\frac{\mathrm{d}}{\mathrm{d}t}f(\boldsymbol{x}(t))=\frac{\partial \mathrm{f}}{\partial \boldsymbol{x}}\dot{\boldsymbol{x}}=\boldsymbol{\nabla}_x^{\mathrm{T}}f(\boldsymbol{x})\dot{\boldsymbol{x}}\tag{A-19}$$

对给定向量函数 $\boldsymbol{g}(\boldsymbol{x})=(g_1(\boldsymbol{x}),g_2(\boldsymbol{x}),\cdots,g_n(\boldsymbol{x}))^{\mathrm{T}}$，其中 $x=(x_1,x_2,\cdots,x_n)$，$g_1(\boldsymbol{x})$ 关于 $\boldsymbol{x}$ 是可微的，则该函数的雅可比矩阵为

$$\boldsymbol{J}_g(\boldsymbol{x})=\frac{\partial \boldsymbol{g}(\boldsymbol{x})}{\partial \boldsymbol{x}}=\begin{pmatrix}\dfrac{\partial g_1(\boldsymbol{x})}{\partial \boldsymbol{x}}\\ \dfrac{\partial g_2(\boldsymbol{x})}{\partial \boldsymbol{x}}\\ \vdots\\ \dfrac{\partial g_n(\boldsymbol{x})}{\partial \boldsymbol{x}}\end{pmatrix}\tag{A-20}$$

若 $\boldsymbol{x}=\boldsymbol{x}(t)$ 是关于 t 的可微函数，则

$$\dot{g}(\boldsymbol{x})=\frac{\mathrm{d}}{\mathrm{d}t}\boldsymbol{g}(\boldsymbol{x}(t))=\frac{\partial \boldsymbol{g}}{\partial \boldsymbol{x}}\dot{\boldsymbol{x}}=\boldsymbol{J}_g(\boldsymbol{x})\dot{\boldsymbol{x}}\tag{A-21}$$

A.3 向量运算

(1) 向量的线性相关性　对 n 个 m 维向量 $\boldsymbol{x}_i$，若仅当所有 k_i 都等于零时才有

$$k_1\boldsymbol{x}_1+k_2\boldsymbol{x}_2+\cdots+k_n\boldsymbol{x}_n=\boldsymbol{0} \tag{A-22}$$

成立，则称向量组 $\boldsymbol{x}_i$ 线性无关。向量组 $\boldsymbol{x}_1$，$\boldsymbol{x}_2$，…，$\boldsymbol{x}_n$ 线性无关的充分必要条件之一是

$$\boldsymbol{A}=(\boldsymbol{x}_1,\boldsymbol{x}_2,\cdots,\boldsymbol{x}_n)$$

且其秩为 n。这意味着线性无关的必要条件是 $n\leqslant m$。若 $r(\boldsymbol{A})=r<n$，就只有 r 个向量是线性无关的，而其他 $n-r$ 个向量可以由它们线性表示。

(2) 向量空间　由定义在实数域向量构成的一个系统 $\boldsymbol{\chi}$，若 $\boldsymbol{\chi}$ 中任意两个向量相加或任意一个向量进行数乘后结果向量仍属于 $\boldsymbol{\chi}$ 且满足如下性质，则称 $\boldsymbol{\chi}$ 是一个向量空间：

$$\boldsymbol{x}+\boldsymbol{y}=\boldsymbol{y}+\boldsymbol{x},\ \forall\,\boldsymbol{x},\boldsymbol{y}\in\boldsymbol{\chi}$$

$$(\boldsymbol{x}+\boldsymbol{y})+\boldsymbol{z}=\boldsymbol{x}+(\boldsymbol{y}+\boldsymbol{z}),\ \forall\,\boldsymbol{x},\boldsymbol{y}\in\boldsymbol{\chi}$$

$$\exists\,\boldsymbol{0}\in\boldsymbol{\chi},\boldsymbol{x}+\boldsymbol{0}=\boldsymbol{x},\ \forall\,\boldsymbol{x}\in\boldsymbol{\chi}$$

$$\exists\,\boldsymbol{x}\in\boldsymbol{\chi},\ \exists\,(-\boldsymbol{x})\in\boldsymbol{\chi},\boldsymbol{x}+(-\boldsymbol{x})=\boldsymbol{0}$$

$$\alpha(\beta\boldsymbol{x})=(\alpha\beta)\boldsymbol{x},\ \forall\,\alpha,\beta\in\mathbf{R}\quad\forall\,\boldsymbol{x}\in\boldsymbol{\chi}$$

$$(\alpha+\beta)\boldsymbol{x}=\alpha\boldsymbol{x}+\beta\boldsymbol{x}\quad\forall\,\alpha,\beta\in\mathbf{R}\quad\forall\,\boldsymbol{x}\in\boldsymbol{\chi}$$

$$\alpha(\boldsymbol{x}+\boldsymbol{y})=\alpha\boldsymbol{x}+\alpha\boldsymbol{y}\quad\forall\,\alpha,\beta\in\mathbf{R}\quad\forall\,\boldsymbol{x},\boldsymbol{y}\in\boldsymbol{\chi}$$

(3) 向量空间的基与维数　向量空间 $\boldsymbol{\chi}$ 中一个最大线性无关向量组 $\{\boldsymbol{x}_1,\ \boldsymbol{x}_2,\ \cdots,\ \boldsymbol{x}_n\}$ 称为 $\boldsymbol{\chi}$ 的一组基，基中向量个数称为 $\boldsymbol{\chi}$ 的维数，记为 dim（$\boldsymbol{\chi}$），该向量空间中的任一向量 $\boldsymbol{y}$ 可由这组基唯一线性表示为

$$\boldsymbol{y}=c_1\boldsymbol{x}_1+c_2\boldsymbol{x}_2+\cdots+c_n\boldsymbol{x}_n \tag{A-23}$$

式中，c_1，c_2，…，c_n 称为向量 $\boldsymbol{y}$ 在基 $\{\boldsymbol{x}_1,\ \boldsymbol{x}_2,\ \cdots,\ \boldsymbol{x}_n\}$ 下的坐标。

(4) 子空间　设 w 为数域 F 上的 n 维线性空间 V 的子集合（即 $w\in V$），若 w 中的元素满足①若任意的 α、$\beta\in w$，则 $\alpha+\beta\in w$；②若任意的 $\alpha\in w$，$\lambda\in F$，则 $\lambda\alpha\in w$。称 w 是线性空间 V 的一个线性子空间，简称子空间。

(5) 向量的内积　两个 m 维向量的内积（数量积）$(\boldsymbol{x},\ \boldsymbol{y})$ 由在给定基下对应坐标分量乘积求和得到，即

$$(x,y)=x_1y_1+x_2y_2+\cdots+x_my_m=\boldsymbol{x}^{\mathrm{T}}\boldsymbol{y}=\boldsymbol{y}^{\mathrm{T}}\boldsymbol{x} \tag{A-24}$$

(6) 向量正交　若两个向量的内积为零，则称这两个向量正交：

$$\boldsymbol{x}^{\mathrm{T}}\boldsymbol{y}=0 \tag{A-25}$$

(7) 向量的范数　向量的范数定义为

$$\|\boldsymbol{x}\|=\sqrt{\boldsymbol{x}^{\mathrm{T}}\boldsymbol{x}} \tag{A-26}$$

可以证明向量的范数满足如下的三角不等式：

$$\|\boldsymbol{x}+\boldsymbol{y}\|\leqslant\|\boldsymbol{x}\|+\|\boldsymbol{y}\| \tag{A-27}$$

和施瓦茨（Schwarz）不等式：

$$\|\boldsymbol{x}^{\mathrm{T}}\boldsymbol{y}\|\leqslant\|\boldsymbol{x}\|\|\boldsymbol{y}\| \tag{A-28}$$

范数为 1 的向量 $\hat{\boldsymbol{x}}$ 称为单位向量，即 $\hat{\boldsymbol{x}}^{\mathrm{T}}\hat{\boldsymbol{x}}$。对任意给定的向量 $\boldsymbol{x}$，可以通过将其每个分量除以向量的范数得到相应的单位向量：

$$\hat{\boldsymbol{x}}=\frac{1}{\|\boldsymbol{x}\|}\boldsymbol{x} \tag{A-29}$$

向量空间的一个典型例子是三维欧几里得空间，此时基由各坐标方向上的单位向量构成。

(8) 向量积　在欧几里得空间中，两个向量 $\boldsymbol{x}$ 与 $\boldsymbol{y}$ 的向量积是向量

$$\boldsymbol{x}\times\boldsymbol{y}=\begin{pmatrix} x_2y_3-x_3y_2 \\ x_3y_1-x_1y_3 \\ x_3y_2-x_2y_1 \end{pmatrix} \tag{A-30}$$

向量积运算具有如下性质：

$$\boldsymbol{x}\times\boldsymbol{x}=\boldsymbol{0}$$

$$\boldsymbol{x}\times\boldsymbol{y}=-\boldsymbol{y}\times\boldsymbol{x}$$

$$\boldsymbol{x}\times(\boldsymbol{y}+\boldsymbol{z})=\boldsymbol{x}\times\boldsymbol{y}+\boldsymbol{x}\times\boldsymbol{z}$$

两个向量 $\boldsymbol{x}$ 与 $\boldsymbol{y}$ 的向量积也可以用矩阵算子 $\boldsymbol{S}(\boldsymbol{x})$ 与向量 $\boldsymbol{y}$ 的乘积来表示。事实上，通过引入由向量 $\boldsymbol{x}$ 的各分量构建的反对称矩阵：

$$\boldsymbol{S}(\boldsymbol{x})=\begin{pmatrix} 0 & -x_3 & x_2 \\ x_3 & 0 & -x_1 \\ -x_2 & x_1 & 0 \end{pmatrix} \tag{A-31}$$

容易证明，向量积 $\boldsymbol{x}\times\boldsymbol{y}$ 可以写成

$$\boldsymbol{x}\times\boldsymbol{y}=\boldsymbol{S}(\boldsymbol{x})\boldsymbol{y}=-\boldsymbol{S}(\boldsymbol{y})\boldsymbol{x} \tag{A-32}$$

该运算还具有如下性质：

$$\boldsymbol{S}(\boldsymbol{x})\boldsymbol{x}=\boldsymbol{S}^{\mathrm{T}}(\boldsymbol{x})\boldsymbol{x}=0$$

$$\boldsymbol{S}(\alpha\boldsymbol{x}+\beta\boldsymbol{y})=\alpha\boldsymbol{S}(\boldsymbol{x})+\beta\boldsymbol{S}(\boldsymbol{y})$$

对欧几里得空间中的三个向量 $\boldsymbol{x}$、$\boldsymbol{y}$、$\boldsymbol{z}$，有以下等式

$$\boldsymbol{x}^{\mathrm{T}}(\boldsymbol{y}\times\boldsymbol{z})=\boldsymbol{y}^{\mathrm{T}}(\boldsymbol{z}\times\boldsymbol{x})=\boldsymbol{z}^{T}(\boldsymbol{x}\times\boldsymbol{y}) \tag{A-33}$$

若其中任意两个向量相同，则式（A-33）为零，比如：

$$\boldsymbol{x}^{\mathrm{T}}(\boldsymbol{x}\times\boldsymbol{y})=0 \tag{A-34}$$

A.4 广义逆

仅当一个矩阵是非奇异方阵时才有逆矩阵的定义，该定义也可以扩展到非方阵。考虑如下情形：$m\times n$ 矩阵 $\boldsymbol{A}$ 的秩 $r(\boldsymbol{A})=\min\{m, n\}$。

若 $m<n$，$\boldsymbol{A}$ 的一个右逆可以定义为 $n\times m$ 矩阵 $\boldsymbol{A}_r$，满足等式

$$\boldsymbol{A}\boldsymbol{A}_r=\boldsymbol{I}_m \tag{A-35}$$

若 $m>n$，$\boldsymbol{A}$ 的一个左逆可以定义为 $n\times m$ 矩阵 $\boldsymbol{A}_l$，满足等式

$$A_lA=I_n \tag{A-36}$$

如果矩阵 $\boldsymbol{A}$ 列数大于行数($m<n$)且秩为 m，一个特殊的右逆是

$$\boldsymbol{A}_r^{\dagger}=\boldsymbol{A}^{\mathrm{T}}(\boldsymbol{A}\boldsymbol{A}^{\mathrm{T}})^{-1} \tag{A-37}$$

称为右广义逆，有 $\boldsymbol{A}\boldsymbol{A}_r^{\dagger}=\boldsymbol{I}_m$。如果 $\boldsymbol{W}_r$ 是 n 阶正定矩阵，还可给出矩阵 $\boldsymbol{A}$ 的加权右广义逆如下：

$$\boldsymbol{A}_r^{\dagger}=\boldsymbol{W}_r^{-1}\boldsymbol{A}^{\mathrm{T}}(\boldsymbol{A}\boldsymbol{W}_r^{-1}\boldsymbol{A}^{\mathrm{T}})^{-1} \tag{A-38}$$

如果矩阵 $\boldsymbol{A}$ 行数大于列数($m>n$)且秩为 n，一个特殊的左逆是

$$\boldsymbol{A}_l^{\dagger}=(\boldsymbol{A}^{\mathrm{T}}\boldsymbol{A})^{-1}\boldsymbol{A}^{\mathrm{T}} \tag{A-39}$$

称为左广义逆，有 $\boldsymbol{A}_l^{\dagger}\boldsymbol{A}=\boldsymbol{I}_n$，如果 $\boldsymbol{W}_l$ 是 m 阶正定矩阵，还可给出矩阵 $\boldsymbol{A}$ 的加权左广义逆如下：

$$\boldsymbol{A}_l^{\dagger}=(\boldsymbol{A}^{\mathrm{T}}\boldsymbol{W}_l\boldsymbol{A})^{-1}\boldsymbol{A}^{\mathrm{T}}\boldsymbol{W}_l \tag{A-40}$$

广义逆在对满秩矩阵 $\boldsymbol{A}$ 对应的线性变换 $\boldsymbol{y}=\boldsymbol{A}\boldsymbol{x}$ 求逆变换时非常有用。如果 $\boldsymbol{A}$ 是非奇异方阵，则显然有 $\boldsymbol{x}=\boldsymbol{A}^{-1}$，于是 $\boldsymbol{A}_r^{\dagger}=\boldsymbol{A}_l^{\dagger}=\boldsymbol{A}^{-1}$。

如果矩阵 $\boldsymbol{A}$ 列数大于行数($m<n$)且秩为 r，对给定的 x，其解 $\boldsymbol{x}$ 不唯一。这一点可从下式中看出：

$$\boldsymbol{x}=\boldsymbol{A}^{\dagger}\boldsymbol{y}+(\boldsymbol{I}-\boldsymbol{A}^{\dagger}\boldsymbol{A})\boldsymbol{k} \tag{A-41}$$

其中 $\boldsymbol{k}$ 是任意一个 n 维向量，而 $\boldsymbol{A}^{\dagger}$ 由式（A-37）给出。式（A-41）给出了 $\boldsymbol{y}=\boldsymbol{A}\boldsymbol{x}$ 的解。其中第一部分 $\boldsymbol{A}^{\dagger}\boldsymbol{y}\in N^{\perp}(\boldsymbol{A})=\mathbf{R}(\boldsymbol{A}^{\dagger})$ 使得解 $\boldsymbol{x}$ 的范数 $\|\boldsymbol{x}\|$ 最小化；而第二部分 $(\boldsymbol{I}-\boldsymbol{A}^{\dagger}\boldsymbol{A})\boldsymbol{k}$ 是 $\boldsymbol{k}$ 在 $N(\boldsymbol{A})$ 中的投影，称为相似解；当 $\boldsymbol{k}$ 变化时，就能给出 $\boldsymbol{y}=\boldsymbol{A}\boldsymbol{x}$ 相应方程的所有解。

另一方面，如果矩阵 $\boldsymbol{A}$ 行数大于列数（$m>n$），方程 $\boldsymbol{y}=\boldsymbol{A}\boldsymbol{x}$ 无解，可以证明其近似解表示为

$$\boldsymbol{x}=\boldsymbol{A}^{\dagger}\boldsymbol{y} \tag{A-42}$$

其中 $\boldsymbol{A}^{\dagger}$ 见式（A-39），作用是最小化 $\|\boldsymbol{y}-\boldsymbol{A}\boldsymbol{x}\|$。若 $\boldsymbol{y}\in\mathbf{R}(\boldsymbol{A})$，则式（A-42）得到实数解。

注意，使用加权（左或右）广义逆求解线性方程组时，会导致类似的结论：最小化的范数被赋予由矩阵 $\boldsymbol{W}_r$ 和 $\boldsymbol{W}_l$ 确定的权值。

附录 B 机器人工具箱

B.1 Link 类

机器人工具箱中的 Link 对象保存了机器人连杆相关的所有信息，如运动学参数、刚体惯性参数、电动机和传动参数等。

与 Link 对象有关的参数见表 B-1。

表 B-1 与 Link 对象有关的参数

参数	意义	参数	意义
A	连杆变换矩阵	islimit	测试关节是否超过软限制
RP	RP 关节类型	isrevolute	测试是否旋转关节
friction	摩擦力	isprismatic	测试是否移动关节
nofriction	将摩擦力参数设置为零	display	以可读的形式打印连杆参数
dyn	显示连杆动态参数	char	转换为字符串

写入/读取 Link 的参数见表 B-2。

表 B-2 写入/读取 Link 的参数

参数	意义	参数	意义
theta	运动学:关节角度	m	动力学:连杆质量
d	运动学:连杆偏移	r	动力学:连杆的重心
a	运动学:连杆长度	l	动力学:连杆的惯性矩阵
alpha	运动学:连杆扭转角	B	动力学:连杆黏性摩擦
sigma	运动学:0 表示旋转,1 表示移动	Tc	动力学:连杆的库仑摩擦
mdh	运动学:0 为标准 D-H,其他为 1	g	执行器:齿轮比
offset	运动学:关节变量偏移	Jm	执行器:电动机惯量(电动机参考)
qlim	运动学:关节变量极限[min max]		

注:连杆对象是一个引用类对象,可以在向量和数组中使用。

(1) Link 创建机器人的连杆对象,是具有几个调用名的类构造函数,有如下三种形式:

1) L=Link( ) 是具有默认参数的 Link 对象。

2) L=Link(lnk) 是一个 Link 对象,它是连杆对象 link 的副本。

3) L=Link(options) 是指定了运动和动态参数的连杆对象。

该函数的相关参数见表 B-3。

表 B-3 Link 函数的相关参数

参数	意义	参数	意义
'theta'、TH	关节角度,如果没有指定,则默认的关节是旋转关节	'r'、R	求出重心(3×1 的矩阵)
'd'、D	关节延伸,如果没有指定,则默认的关节是移动关节	'G'、G	设置电动机齿轮比(默认值为 1)
'a'、A	关节偏移(默认为 0)	'B'、B	关节摩擦(默认为 0)
'alpha'、A	关节扭转角(默认为 0)	'Jm'、J	电动机惯量(默认为 0)
'standard'	使用标准的 D-H 参数法(默认)定义	'Tc'、T	库仑摩擦(1×1 或 2×1)(默认值 0×0)
'modified'	使用修改的 D-H 参数定义	'revolute'	设置为旋转关节(默认)
'offset'、O	关节变量 offset(默认为 0)	'prismatic'	设置移动关节'p'
'qlim'、L	关节限制	'm'、M	与连杆的质量相关
'I'、I	连杆惯性矩阵(3×1,6×1 或者 3×3 的矩阵)	'sym'	将所有参数值视为符号而非数字

该函数使用时要注意以下几个问题:

1) 同时指定' theta '和' d '是错误的。

2) 连杆的惯性矩阵 (3×3) 是对称的,可以通过给定一个 (3×3) 的矩阵 (对角元素) 或矩阵的矩和乘积来指定。

3) 所有摩擦量均以电动机而不是负载为参考。

4) 齿轮比仅用于转换电动机参考量。

(2) Link. A 该函数用于计算连杆的变换矩阵。T=L. A(q) 是用来求对应于连杆变量 q

的连杆均匀变换矩阵（4×4），连杆变量 q 是 D-H 参数' theta '（转动）或' d '（移动）。

该函数使用时要注意以下几个问题：

1）对于旋转关节，忽略连杆的' theta '参数，而改为使用 q。

2）对于移动关节，忽略连杆的' d '参数，而改为使用 q。

3）在计算变换矩阵之前，将连杆偏移参数添加到 q。

4）Link. char 用于转换为字符串。s=L. char( ) 是一个以紧凑单行格式显示连杆参数的字符串。如果 L 是一个 Link 对象的向量，则返回每个连杆一行的字符串。

（3）Link. display 显示连杆的参数。L. display( ) 以紧凑单行格式显示连杆参数。如果 L 是连杆对象的向量，则每个元素显示一行。注意：当表达式的结果是 Link 对象并且命令没有尾部分号时，在命令行中隐式调用此方法。

（4）Link. dyn 显示连杆的惯性属性。L. dyn( ) 以多行格式显示连杆对象的惯性属性，包括质量、质心、惯性、摩擦、传动比和电动机性能。如果 L 是连杆对象的向量，则显示每个连杆的属性。

（5）Link. friction 关节摩擦力。f = L. friction (qd) 是利用连杆速度 qd 的关节摩擦力/扭矩。

该函数使用中注意：

1）返回的摩擦值被称为齿轮箱的输出。

2）Link 对象中的摩擦参数以电动机为参考。

3）电动机黏性摩擦力按 G2 放大。

4）电动机库仑摩擦由 G 放大。

5）在非对称情况下使用适当的库仑摩擦值取决于对关节速度的符号，而不是电动机速度。

（6）Link. islimit 测试关节极限。如果 q 超出该关节的软限制，则 L. islimit(q) 为 1。任何工具箱函数目前都不使用这些限制。

（7）Link. isprismatic 测试关节是否为移动关节。如果关节是移动的，则 L. isprismatic( ) 为 1；如果关节是转动的，则 L. isprismatic( ) 为 0。

（8）Link. isrevolute 测试关节是否为转动关节。

（9）Link. issym 检查连杆是否是符号模型。如果连杆 L 具有符号参数，则 res=L. issym ( ) 为真。

（10）Link. nofriction 清除连杆的摩擦。ln = L. nofriction ( ) 是除了非线性之外具有与 L 相同参数的连杆对象，使得它的（库仑）摩擦系数为零。

1）ln=L. nofriciton(' all ')，除了黏性和库仑摩擦，其他的参数设置为零。

2）ln=L. nofriciton(' coulomb ')：除了库仑摩擦，其他的参数设置为零。

3）ln=L. nofriciton(' viscous ')：除了黏性摩擦，其他的参数设置为零。

注意：有限库仑摩擦的前向动力学仿真可能很慢。

（11）Link. RP 获取关节类型。c=L. RP( ) 返回一个字符' R '或' p '，代表关节是旋转还是移动。如果 L 是一个 Link 对象的矢量，则以联合顺序返回一个字符串。

（12）三项参数的设置 连杆惯量、连杆重心、库仑摩擦的参数设置如下：

1）Link. set. I：设置连杆惯量。

L. I=[Ixx Iyy Izz] 将连杆惯量设置为对角矩阵。

L. I=[Ixx Iyy Izz Ixy Iyz Ixz] 将连杆惯量设置为具有指定惯性和惯性元素乘积的对称矩阵。

L. I=M 设置连杆的惯性矩阵为 M(3×3)，它必须是对称的。

2）Link. set. r：设置重心。L. r=R 将连杆重心（COG）设置为 $R(3\times1)$ 矢量。

3）Link. set. Tc：设置库仑摩擦。

L. Tc=F 将库仑摩擦参数设置为［F −F］，用于对称库仑摩擦模型。

L. Tc=[FP FM] 将库仑摩擦设置为［FP FM］，用于非对称库仑摩擦模型。FP>0 和 FM<0。其中，FP 用于正关节速度，FM 用于负关节速度。

注意：摩擦参数被定义为对于正关节速度是正的，通过 Link. friction 计算的摩擦力使用摩擦系数的负数，即与关节的运动相反的力。

B. 2 SerialLink I 类

机器人工具箱中的 SerialLink 表示串联操作臂型机器人的具体类。该类使用 D-H 参数描述，每个关节一组。SerialLink I 类包含的参数见表 B-4。

表 B-4 SerialLink I 类包含的参数

参 数	意 义	参 数	意 义
plot	显示机器人的图形	jacobn	工具坐标系中的雅可比矩阵
plot3D	显示机器人 3D 图形模型	Jacob_dot	雅可比衍生物
teach	驱动一个图形化机器人	maniplty	可操作性
getpos	获取一个图形化机器人的位置	vellipse	显示速度椭圆体
jtraj	关节空间轨迹	fellipse	显示力椭圆体
edit	显示、编辑运动和动态参数	qmincon	零空间运动到界限之间的中心关节
isspherical	测试机器人是否具有球形手腕	accel	关节加速度
islimit	测试机器人是否存在关节限制	rne	逆动力学
Jacob0	世界坐标系中的雅可比矩阵	fdyn	正向动力学
payload	在末端执行器的坐标中添加有效载荷	perturb	象征性地得到的 ikine 对称分析逆运动学
gravjac	重力载荷和雅可比矩阵	paycap	有效载荷能力
pay	有效载荷效应	sym	对象的符号版本
isconfig	测试机器人关节配置	fkinec	正向运动学
trchain	正向运动学作为一个基本变换	ikine6s	6 轴球形手腕旋转机器人的逆运动学
ikine	使用迭代数值方法的逆运动学	ikunc	使用优化方法的逆运动学
ikcon	使用关节限制优化的逆运动学	coriolis	科氏关节力
dyn	显示连杆的动态属性	friction	摩擦力
gravload	连杆重力	inertia	关节惯性矩阵
cinertia	笛卡儿惯性矩阵	nofriction	将摩擦参数设置为零
gencoords	符号广义坐标	genforces	符号广义力
ikine sym	象征性地获得分析逆运动学	issym	测试对象是否是符号
A	连杆的变换矩阵		

写入/读取 SerialLink I 类的参数见表 B-5。

表 B-5 写入/读取 SerialLink I 类参数

参 数	意 义	参 数	意 义
links	连杆对象的矢量(1×N 的矩阵)	comment	注释
gravity	重力方向[gx gy gz]	plotopt	plot( )方法的选项(单元数组)
base	机器人齐次变换矩阵(4×4)	fast	使用 MEX 版本的 RNE,只有在 mex 文件存在时才能设置为 true,默认值为 true
tool	机器人的工具变换,T6 到工具的末端(4×4 的矩阵)	n	关节数量(只读)
qlim	关节极限,[qmin qmax](N×2 的矩阵)	config	关节配置字符串
offset	运动学关节坐标偏移(N×1 的矩阵)	mdh	运动学约定(0 = DH,1 = MDH)(只读)
name	机器人的名称,用于图形显示	theta	运动学:关节角度(1×N 的矩阵)(只读)
manuf	注释	d	运动学:连杆偏移(1×N 的矩阵)(只读)
a	运动学:连杆长度(1×N 的矩阵)	alpha	运动学:连杆扭角(1×N 的矩阵)(只读)

注：SerialLink 是一个引用对象，可以在矢量和数组中使用。

(1) SerialLink 创建一个 SerialLink 机器人对象。

1) R=SerialLink(links, options) 是一个由 link 类对象定义的机器人对象，它可以是 Link、Revolute、Prismatic、RevoluteMDH 或 Prismatic MDH 的实例。

2) R=SerialLink(options) 是一个没有连杆的空机器人对象。

3) R=SerialLink([R1 R2 …], 选项) 表示连接机器人，R2 的基座连接到 R1 的末端。也可写成 R1 * R2。

4) R=SerialLink(R1, 选项) 是机器人对象 R1 的深层副本，具有所有相同的属性。

5) R=SerialLink(dh, options)，矩阵 dh 的构成：每个关节一行，每一行为 [theta d a alpha]（默认为旋转关节），第五列（sigma）为可选列，sigma=0（默认）为旋转关节，sigma = 1 为移动关节。

实例：

① 创建一个两连杆的机器人，可输入命令：

```
L(1)=Link([0 0 a1 pi/2],'standard');
L(2)=Link([0 0 a2 0],'standard');
twolink=SerialLink(L,'name','two link');
```

② 创建一个两连杆的机器人（最具描述性），可输入命令：

```
L(1)=Revolute('d',0,'a',a1,'alpha',pi/2);
L(2)=Revolute('d',0,'a',a2,'alpha',0);
twolink=SerialLink(L,'name','two link');
```

③ 创建一个两连杆的机器人（最少描述性），可输入命令：

```
twolink=SerialLink([0 0 a1 0; 0 0 a2 0],'name','two link');
```

④ 机器人对象可以以两种方式连接，输入命令：

```
R=R1* R2;
R=SerialLink([R1 R2]);
```

（2）SerialLink. A 连杆的变换矩阵。

1）s=R. A(J，qj）是从连杆帧 fJ-1g 变换到作为第 J 个联合变量 qj 的函数帧 fJg 的 SE（3）均匀变换（4×4）。

2）s=R. A(jlist，q)，是在列表 JLIST 中给出的连杆变换矩阵的组合，并且联合变量取自 q 的相应元素。

（3）SerialLink. accel 操作臂正向动力学。

1）qdd=R. accel(q，qd，torque）是在状态 q 和 qd 下将驱动器力/转矩施加到操作臂 R 而产生的关节加速度矢量（$N \geqslant 1$），N 是机器人的关节数量。

2）qdd=R. accel（x），其中 x=[q，qd，torque]。

该函数使用时应注意以下几点：

1）用于仿真操作臂动力学，结合数值积分函数；

2）使用 Walker 和 Orin 的方法 1 计算正向动力学；

3）Featherstone 的方法对于具有大量关节的机器人更有效；

4）应当考虑关节摩擦。

（4）SerialLink. animate 更新机器人动画。R. animate(q）更新机器人 R 的现有动画。

注意：

1）由 plot(）和 plot3d(）调用实际移动手臂模型；

2）用于 Simulink 机器人动画。

（5）SerialLink. char 转换为字符串。s = R. char(）是机器人运动参数的字符串表示，显示 D-H 参数、关节结构、注释、重力矢量、基准和工具变换。

（6）SerialLink. edit(）编辑 SerialLink 操作臂的运动参数和动态参数。

1）R. edit 在新的图形界面中将机器人的运动参数显示为可编辑的表；

2）R. edit（'dyn'）与 R. edit 类似，但可以显示动态参数。

注意，“保存”按钮将值从表中复制到 SerialLink 操纵器对象；要退出编辑器而不更新对象时，只需关闭图形窗口。

（7）SerialLink. fkine 用于计算机器人的正向运动学。

1）T = R. fkine(q，options）是机器人末端执行器的姿态，表示为关节变量 q 的连续齐次变换所得到的机器人末端执行器位姿。

如果 $\boldsymbol{q}$ 是矩阵（$K \times N$），则行被解释为沿着轨迹的点序列的广义关联坐标。$q(i, j)$ 是第 i 个轨迹点的第 j 个关联参数。在这种情况下，$\boldsymbol{T}$ 是一个三维（$4 \times 4 \times K$）矩阵，其中最后一个下标是沿着路径的索引。

2）[T，all]=R. fkine(q)，所有的（$4 \times 4 \times K$）矩阵是连杆坐标系｛1｝到｛N｝的姿态变换。

（8）SerialLink. ikcon。

1）具有关节限制的数值逆运动学。q=R. ikcon（T）是对应于机器人末端执行器齐次变换矩阵 T(4×4）的关节坐标（1×N）。

[q, err]=robot.ikcon (T)，如上所述，返回 err，它是目标函数的标量最终值。

[q, err, exitflag]=robot.ikcon (T)，返回 fmincon 的状态 exitflag。

[q, err, exitflag]=robot.ikcon (T, q0)，指定用于最小化的初始关节坐标 q0。

[q, err, exitflag]=robot.ikcon (T, q0, options)，指定 fmincon 使用的选项。

2）轨迹操作。在所有情况下，如果 ***T*** 是（4×4×*M*）矩阵作为变换序列，并且 R. ikcon( ) 返回与序列中的每个变换相对应的关联坐标。***q*** 是 *M*×*N* 矩阵，其中 *N* 是机器人关节的数量。采取每个时间步长的 ***q*** 的初始估计作为初始条件。err 和 exitflag 也是 *M*×*N* 矩阵，对应轨迹步长的优化结果。

注意：需要优化工具中的 fmincon；需综合考虑限制条件；可用于具有任意自由度的机器人；在多个可行解的情况下，返回的最终解取决于 q0 的初始条件；将正向运动学中关节角度最小解和末端执行器位置之间的误差作为优化目标。

(9) SerialLink. ikine。

1）数值逆运动学。q=R. kinine(T) 是与作为齐次变换的机器人末端执行器 T(4×4) 对应的关节坐标 (1×*N*)。

q=R. ikine(T, q0, options) 指定关节坐标的初始估计。该方法可用于具有 6 个或更多个自由度的机器人。

2）欠驱动机器人。对于操作臂具有比驱动器数量更多的自由度情况，解空间更具有灵活性。

q=R. ikine(T, q0, m, options)，其中 m 是（1×6）的矩阵。在 x、y 和 z 轴中，分别对应着旋转和平移。

3）轨迹操作

在所有情况下，如果 ***T***(4×4) 作为齐次变换序列，且 R. ikine( ) 返回与序列中的每个变换对应的关联坐标。***q*** 是 *m*×1×*N* 三维矩阵，其中 *N* 是机器人关节的数量。

B. 3 SerialLink II 类

(1) SerialLink. cinertia 笛卡儿惯性矩阵。m=R. cinertia(q) 是笛卡儿（操作空间）惯性矩阵，将力/力矩与关节配置 q 处的加速度相关联。

(2) SerialLink. collisions 执行碰撞检查。如果姿态 q(1×*N*) 下的 Serial Link 对象 R 与属于 CollisionModel 类的实体模型相交，则 C=R. collisions(q, model) 为真。该模型包括多个几何基元和相关位姿。

1）C=R. collisions(q, model, dynmodel, tdyn)，检查其元素处于位姿 tdyn 的动态碰撞模型 dynmodel。Tdyn 是一个变换矩阵（4×4×*P*）的数组，其中 *P* 为长度。

2）C=R. collisions(q, model, dynmodel) 如上所述，假设 tdyn 是机器人的工具坐标系，如果 q 是（*M*×*N*）的位姿序列，C 为(*M*×1)，且冲突值与矩阵 q 相对应的位姿 tdyn 是（4×4×*M*×*P*）。

(3) SerialLink. dyn 显示惯性属性。R. dyn( ) 以多行格式显示 SerialLink 对象的惯性属性。所示的属性是质量、质心、惯性、齿轮比、电动机惯量和电动机摩擦。

R. dyn(J) 仅显示关节 J 的参数。

(4) SerialLink. fdyn 用于计算机器人的正向运动学。

1）[T, q, qd]=R. fdyn(T, torqfun) 是在 0 到 T 的时间间隔上对机器人的动力学进行积分，并返回时间 T、关节位置 q 和关节速度 qd 的矢量。初始关节位置和速度为零，施加到关节的力矩由用户提供的控制函数 torqfun 计算。

2）[ti, q, qd] = R. fdyn(T, torqfun, q0, qd0) 允许指定初始关节位置和速度。

3）[T, q, qd] = R. fdyn(T1, torqfun, q0, qd0, ARG1, ARG2, …) 允许将可选参数传递给用户提供的控制函数。

注意，此函数对非线性关节摩擦（如库仑摩擦）执行效果较差。R. nofriction 方法可用于将此摩擦设置为零；如果未指定 torqfun，或给定为 0，则无力矩施加到操作臂关节；使用内置积分函数 ode45()。

（5）SerialLink. friction 摩擦力。它是机器人以关节速度 qd 移动的关节摩擦力/力矩的矢量。摩擦模型包括：

1）速度线性函数的黏性摩擦力；

2）与 qd 成比例的库仑摩擦。

（6）SerialLink. gencoords 符号广义坐标矢量。

1）q = R. gencoords( ) 是符号 [q1 q2 …. qN] 的矢量（1×N）；

2）[q, qd] = R. gencoords ( )，qd 是符号 [qd1 qd2 …qdN] 的矢量（1×N）；

3）[q, qd, qdd] = R. gencoords ( )，qdd 是符号 [qdd1 qdd2 …qddN] 的矢量（1×N）。

（7）SerialLink. genforces 矢量符号广义力。q = R. genforces ( ) 是符号 [Q1 Q2 …QN] 的矢量（1×N）。

（8）SerialLink. getpos 从图形显示获取关节坐标。q = R. getpos ( ) 返回图形机器人上的最后一个绘图或给出操作设置的关节坐标。

（9）SerialLink. gravjac ( )。

1）快速重力载荷和雅可比。

[tau, jac0] = R. gravjac(q) 由机器人处于位姿 q(1×N) 时，由于重力（1×N）和操作臂的雅可比产生的广义力/力矩，其中 N 是机器人关节数量。

[ga, jac0] = R. gravjac(q, grav) 与上面相似，但重力由 grav(3×1) 明确给出。

2）轨迹操作。如果 q 是（M×N），其中 N 是机器人的关机数量，则 q 的每一行对应于假定轨迹的位姿。tau（M×N）是广义关节力矩，每行对应于输入姿态，jac0(6×M×N)。

注意，如果没有明确给出，重力矢量由 SerialLink 属性定义；不使用逆动力学函数 RNE；比分别计算重力和雅可比速度更快。

（10）SerialLink. gravload 关节重力负载。

1）taug = R. gravload(q) 对关节配置 q(1×N) 中机器人 R 的关节重力加载（1×N），其中 N 是机器人关节数量。重力加速度是机器人对象的属性。

如果 q 是（M×N），则每行被解释为关联配置矢量，每行对应关节力矩的（M×N）矩阵。

2）taug = R. gravload(q, grav) 如上所述，但重力加速度矢量 grav 明确给出。

附录 C 算法程序实例

选择顺应性装配操作臂（Selective Compliance Assembly Robot Arm，SCARA）是一种常见的工业机器人类型，广泛应用于塑料工业、汽车工业、电子产品工业、药品工业和食品工业等领域中，承担搬运、码垛、上下料、装配、锡焊、插件、螺钉锁紧等工作。常见的 SCARA 机器人构型主要包括 3 个轴线相互平行的水平旋转关节和一个垂直移动关节。旋转关节 1 和关节 2 决定机器人末端的（x，y）坐标，移动关节 3 决定机器人末端的 z 坐标，旋转关节 4 决定机器人末端的姿态。SCARA 机器人独特的构型使其在 x、y 方向上具有良好的顺应性，在 z 轴方向具有良好的刚度，具备结构轻便，占地面积小，响应性快等特点。

下面主要以深圳众为兴技术股份有限公司的 SCARA 机器人 AR4215 为例，介绍 SCARA 机器人运动学和动力学的建模及编程。

C.1 机器人运动学

1. 运动学正解

SCARA 机器人 AR4215 的 D-H 参数见表 C-1。在连杆参数表的基础上可求得各变换矩阵：

表 C-1 连杆 D-H 参数表

i	α	a	d	θ
1	0	0	0	θ_1
2	0	200	0	θ_2
3	0	200	d_3	0
4	0	0	0	θ_4

$$
{}^0_1\boldsymbol{T}=\begin{pmatrix}\cos\theta_1 & -\sin\theta_1 & 0 & 0\\ \sin\theta_1 & \cos\theta_1 & 0 & 0\\ 0 & 0 & 1 & 0\\ 0 & 0 & 0 & 1\end{pmatrix},\quad
{}^1_2\boldsymbol{T}=\begin{pmatrix}\cos\theta_2 & -\sin\theta_2 & 0 & 200\\ \sin\theta_2 & \cos\theta_2 & 0 & 0\\ 0 & 0 & 1 & 0\\ 0 & 0 & 0 & 1\end{pmatrix},\quad
{}^2_3\boldsymbol{T}=\begin{pmatrix}1 & 0 & 0 & 200\\ 0 & 1 & 0 & 0\\ 0 & 0 & 1 & d_3\\ 0 & 0 & 0 & 1\end{pmatrix}
$$

$$
{}^3_4\boldsymbol{T}=\begin{pmatrix}\cos\theta_4 & -\sin\theta_4 & 0 & 0\\ \sin\theta_4 & \cos\theta_4 & 0 & 0\\ 0 & 0 & 1 & 0\\ 0 & 0 & 0 & 1\end{pmatrix},
$$

$$
{}^0_4\boldsymbol{T}={}^0_1\boldsymbol{T}{}^1_2\boldsymbol{T}{}^2_3\boldsymbol{T}{}^3_4\boldsymbol{T}=\begin{pmatrix}\cos(\theta_1+\theta_2+\theta_4) & -\sin(\theta_1+\theta_2+\theta_4) & 0 & 200\cos(\theta_1+\theta_2)+200\cos\theta_1\\ \sin(\theta_1+\theta_2+\theta_4) & \cos(\theta_1+\theta_2+\theta_4) & 0 & 200\sin(\theta_1+\theta_2)+200\sin\theta_1\\ 0 & 0 & 1 & d_3\\ 0 & 0 & 0 & 1\end{pmatrix}
$$

根据上式可以编写 SCARA 机器人运动学正解程序如下：

```
% AR4215SCARA 机器人正解程序
% 输入参数：关节位置、大臂杆长、小臂杆长
%返回值：机器人末端位置和姿态
function point=AR4215_FKine(joint,l1,l2)
    point.x=l1 * cos(joint(1)) + l2 * cos(joint(1) + joint(2));
    point.y=l1 * sin(joint(1)) + l2 * sin(joint(1) + joint(2));
    point.z=joint(3);
    point.c=joint(1) + joint(2) + joint(4);
```

```
end
```

2. 运动学逆解

机器人末端变换矩阵如下：

$$T=\begin{pmatrix} r_{11} & r_{12} & r_{13} & p_x \\ r_{21} & r_{22} & r_{23} & p_y \\ r_{31} & r_{32} & r_{33} & p_z \\ 0 & 0 & 0 & 1 \end{pmatrix}$$

令 $T={}_4^0T$，则有

$$\begin{cases} p_x=200\cos(\theta_1+\theta_2)+200\cos\theta_1 \\ p_y=200\sin(\theta_1+\theta_2)+200\sin\theta_1 \\ p_z=\theta_3 \end{cases}$$

整理得

$$\cos\theta_2=\frac{p_x{}^2+p_y{}^2-80000}{80000}$$

令 $({}_1^0T)^{-1}T={}_4^1T$，有

$$\begin{cases} -p_x\sin\theta_1+p_y\cos\theta_1=200\sin\theta_2 \\ p_y\sin\theta_1+p_x\cos\theta_1=200\cos\theta_2+200 \end{cases}$$

令

$$\begin{cases} p_x=\rho\cos\phi \\ p_y=\rho\sin\phi \end{cases}$$

式中，$\rho=\sqrt{p_x^2+p_y^2}$；$\phi=\mathrm{Atan2}\ (p_y,\ p_x)$

从而解得 $\theta_1=\mathrm{Atan2}(p_y,p_x)-\mathrm{Atan2}(200\sin\theta_2,(200\cos\theta_2+200))$

根据以上推导过程可以编写 SCARA 机器人运动学逆解程序如下：

% AR4215SCARA 机器人逆解程序

% 输入参数：末端位置和姿态、大臂杆长、小臂杆长、手系标志

% 返回值：机器人关节转角

```
function Joint=AR4215_IKine(point,l1,l2,flag)
    m=(point.x^2+point.y^2-l1^2-l2^2) / (2* l1* l2);
    n=sqrt(1-m^2);
    if flag==1 then
        Joint(2)=atan2(n/m);
    else
        Joint(2)=atan2((-n)/m);
    end
    j=atan2(point.y/point.x);
    k=atan2(l2* sin(joint(2))/(l2* cos(joint(2))+l1));

    Joint(1)=rad2deg(j-k);
```

```
    Joint(2)=rad2deg(Joint(2));
    Joint(3)=point.z;
    Joint(4)=point.c-Joint(1)-Joint(2);

    return joint
End
```

C.2 速度与雅可比矩阵

1. SCARA 机器人

对于 SCARA 机器人来说，有

$$J=\begin{pmatrix} z_0\times(o_4-o_0) & z_1\times(o_4-o_{1'}) & z_2 & z_3\times(o_4-o_3) \\ z_0 & z_1 & 0 & z_3 \end{pmatrix}$$

进一步整理可得

$$J=\begin{pmatrix} -200\sin\theta_1-200\sin(\theta_1+\theta_2) & -200\sin\theta_{12} & 0 & 0 \\ 200\cos\theta_1+200\cos(\theta_1+\theta_2) & 200\cos\theta_{12} & 0 & 0 \\ 0 & 0 & -1 & 0 \\ 0 & 0 & 0 & 0 \\ 0 & 0 & 0 & 0 \\ 1 & 1 & 0 & -1 \end{pmatrix}$$

根据以上推导过程可以编写 SCARA 机器人雅可比矩阵程序如下：

```
% AR4215SCARA 机器人雅可比矩阵程序
% 输入参数：机器人关节转角、大臂杆长、小臂杆长
% 返回值：机器人雅可比矩阵
function J=AR4215_Jacobi(point,l1,l2)
    J = zeros(6,4);
    J(1,1)=-l1* sin(q(1))-l2* sin(q(1)+q(2));
    J(1,2)=-l2* sin(q(1)+q(2));
    J(2,1)=l1* cos(q(1))+l2* cos(q(1)+q(2));
    J(2,2)=l2* cos(q(1)+q(2));
    J(3,3)=-1;
    J(6,1)=1;
    J(6,2)=1;
    J(6,4)=-1;
end
```

2. IRB 机器人

下面以 ABB 公司的 IRB120 系列机器人为例，介绍雅可比矩阵的计算与编程。

```
% IRB120 机器人雅可比矩阵程序
% 输入参数：机器人关节转角、连杆偏置、杆长
% 返回值：机器人雅可比矩阵
```

```
function J= IRB120_Jacobi(q, d1, a2, a3, d4)
J = zeros(6,6);
J(1,1)=-a2* sin(q(1))* cos(q(2))-a3* sin(q(1))* cos(q(2)+q(3))+d4* sin(q(1))*
sin(q(2)+q(3));
J(1,2)= -a2* cos(q(1))* sin(q(2))-a3* cos(q(1))* sin(q(2)+q(3))-d4* cos(q(1))*
cos(q(2)+q(3));
J(1,3)= -d4* cos(q(1))* cos(q(2)+q(3))-a3* cos(q(1))* sin(q(2)+q(3));
J(2,1)=a2* cos(q(1))* cos(q(2))+a3* cos(q(1))* cos(q(2)+q(3))-d4* cos(q(1))*
sin(q(2)+q(3));
J(2,2)=-a2* sin(q(1))* sin(q(2))-a3* sin(q(1))* sin(q(2)+q(3))-d4* sin(q(1))*
cos(q(2)+q(3));
J(2,3)= -d4* sin(q(1))* cos(q(2)+q(3))-a3* sin(q(1))* sin(q(2)+q(3));
J(3,2)= -a2* cos(q(2))-a3* cos(q(2)+q(3))+d4* sin(q(2)+q(3));
J(3,3)= d4* sin(q(2)+q(3))-a3* cos(q(2)+q(3));
J(4,2)= -sin(q(1));
J(4,3)= -sin(q(1));
J(4,4)= -cos(q(1))* sin(q(2)+q(3));
J(4,5)= cos(q(1))* cos(q(2)+q(3))* sin(q(4))-sin(q(1))* cos(q(4));
J(4,6)= -sin(q(1))* sin(q(4))* sin(q(5))-cos(q(1))* cos(q(4))* cos(q(2)+q(3))*
sin(q(5))-cos(q(1))* sin(q(2)+q(3))* cos(q(5));
J(5,2)= cos(q(1));
J(5,3)= cos(q(1));
J(5,4)= -sin(q(1))* sin(q(2)+q(3));
J(5,5)= cos(q(1))* cos(q(4))+sin(q(1))* cos(q(2)+q(3))* sin(q(4));
J(5,6)= cos(q(1))* sin(q(4))* sin(q(5))-sin(q(1))* cos(q(2)+q(3))* cos(q(4))*
sin(q(5))-sin(q(1))* sin(q(2)+q(3))* cos(q(5));
J(6,1)=1;
J(6,4)= -cos(q(2)+q(3));
J(6,5)= -sin(q(2)+q(3))* sin(q(4));
J(6,6)= sin(q(2)+q(3))* cos(q(4))* sin(q(5))-cos(q(2)+q(3))* cos(q(5));
end
```

C.3 机器人动力学

1. 拉格朗日法（SCARA 机器人）

以 SCARA 机器人前两轴为例，采用 MATLAB 作为编程平台进行机器人动力学建模编程。SCARA 机器人前两轴可以视作平面二连杆机器人，使用拉格朗日法建立其动力学方程，建模程序如下：

```
syms m1 m2  % 连杆 1 和连杆 2 的质量
syms q1 q2  % 连杆 1 和连杆 2 的转角
syms dq1 dq2 % 连杆 1 和连杆 2 的角速度
syms ddq1 ddq2 % 连杆 1 和连杆 2 的角加速度
syms x1 x2  % 连杆 1 和连杆 2 的质心到旋转中心的距离
```

```
syms L1 L2  % 连杆 1 和连杆 2 的杆长
syms I1 I2  % 连杆 1 和连杆 2 的转动惯量

% 连杆 1 和连杆 2 的质心雅可比矩阵
Jvc1=[-x1* sin(q1) 0 ;
       x1* cos(q1) 0 ;
       0 0];
Jvc2=[-L1* sin(q1)-x2* sin(q1+q2)  -x2* sin(q1+q2);
     L1* cos(q1)+x2* cos(q1+q2)  x2* cos(q1+q2);
     0 0];

% 惯性矩阵
D=simplify(m1* Jvc1'* Jvc1 + m2* Jvc2'* Jvc2 + I1* [1 0;0 0] + I2* [1 1;1 1])
d11=D(1,1);
d12=D(1,2);
d21=D(2,1);
d22=D(2,2);

%  科氏矩阵
c11=((diff(d11,q1)+diff(d11,q1)-diff(d11,q1))* dq1+(diff(d11,q2)+diff(d12,q1)-diff(d21,q1))* dq2)/2;
c12=((diff(d12,q1)+diff(d11,q2)-diff(d12,q1))* dq1+(diff(d12,q2)+diff(d12,q2)-diff(d22,q1))* dq2)/2;
c21=((diff(d21,q1)+diff(d21,q1)-diff(d11,q2))* dq1+(diff(d21,q2)+diff(d22,q1)-diff(d21,q2))* dq2)/2;
c22=((diff(d22,q1)+diff(d21,q2)-diff(d12,q2))* dq1+(diff(d22,q2)+diff(d22,q2)-diff(d22,q2))* dq2)/2;

C=simplify([c11 c12 ;c21 c22 ])

% 动力学模型
Tor=simplify(D* [ddq1;ddq2]+C* [dq1;dq2])
```

程序运算结果如下：

```
Tor=
[-L1* m2* x2* sin(q2)* dq2^2-2* L1* dq1* m2* x2* sin(q2)* dq2+ddq2* (m2* x2^2+L1* m2* cos(q2)* x2+I2)+ddq1* (m2* L1^2+2* m2* cos(q2)* L1* x2+m1* x1^2+m2* x2^2+I1+I2);L1* m2* x2* sin(q2)* dq1^2+ddq2* (m2* x2^2+I2)+ddq1* (m2* x2^2+L1* m2* cos(q2)* x2+I2)]
```

2. 拉格朗日法（IRB 机器人）

同理，IRB129 机器人的动力学方程建模与编程如下：

```
clear
clc
close all

% 连杆参数
syms d1 a2 a3 d4 real

% 关节位置、速度、加速度
syms q1 q2 q3 q4 q5 q6  real
syms q1d q2d q3d q4d q5d q6d  real
syms q1dd q2dd q3dd q4dd q5dd q6dd  real
q=[q1 q2 q3 q4 q5 q6]';
qd=[q1d q2d q3d q4d q5d q6d]';
qdd=[q1dd q2dd q3dd q4dd q5dd q6dd]';

% 连杆质量
syms m1 m2 m3 m4 m5 m6 real
m=[m1 m2 m3 m4 m5 m6]';

% 连杆质心
syms Lc1x Lc1y Lc1z real
syms Lc2x Lc2y Lc2z real
syms Lc3x Lc3y Lc3z real
syms Lc4x Lc4y Lc4z real
syms Lc5x Lc5y Lc5z real
syms Lc6x Lc6y Lc6z real

P1c1=[Lc1x Lc1y Lc1z]';
P2c2=[Lc2x Lc2y Lc2z]';
P3c3=[Lc3x Lc3y Lc3z]';
P4c4=[Lc4x Lc4y Lc4z]';
P5c5=[Lc5x Lc5y Lc5z]';
P6c6=[Lc6x Lc6y Lc6z]';
Pc={P1c1,P2c2,P3c3,P4c4,P5c5,P6c6};

% 连杆惯量
syms Ixx1 Iyy1 Izz1 Ixy1 Ixz1 Iyz1 real
syms Ixx2 Iyy2 Izz2 Ixy2 Ixz2 Iyz2 real
syms Ixx3 Iyy3 Izz3 Ixy3 Ixz3 Iyz3 real
syms Ixx4 Iyy4 Izz4 Ixy4 Ixz4 Iyz4 real
syms Ixx5 Iyy5 Izz5 Ixy5 Ixz5 Iyz5 real
syms Ixx6 Iyy6 Izz6 Ixy6 Ixz6 Iyz6 real
I1=[Ixx1 Ixy1 Ixz1;Ixy1 Iyy1 Iyz1;Ixz1 Iyz1 Izz1];
```

```
I2=[Ixx2 Ixy2 Ixz2;Ixy2 Iyy2 Iyz2;Ixz2 Iyz2 Izz2];
I3=[Ixx3 Ixy3 Ixz3;Ixy3 Iyy3 Iyz3;Ixz3 Iyz3 Izz3];
I4=[Ixx4 Ixy4 Ixz4;Ixy4 Iyy4 Iyz4;Ixz4 Iyz4 Izz4];
I5=[Ixx5 Ixy5 Ixz5;Ixy5 Iyy5 Iyz5;Ixz5 Iyz5 Izz5];
I6=[Ixx6 Ixy6 Ixz6;Ixy6 Iyy6 Iyz6;Ixz6 Iyz6 Izz6];
I={I1,I2,I3,I4,I5,I6};

% 重力
syms g real
g0=[0 0 g]';

% 关节之间齐次变换
T01=[cos(q1),-sin(q1), 0,  0;
        sin(q1),  cos(q1), 0,  0;
              0,        0, 1, d1;
              0,        0, 0,  1];

T12=[cos(q2),-sin(q2), 0,  0;.
              0,        0, 1,  0;
        -sin(q2),-cos(q2), 0,  0;
              0,        0, 0,  1];

T23=[cos(q3),-sin(q3), 0, a2;
        sin(q3),  cos(q3), 0,  0;
              0,        0, 1,  0;
              0,        0, 0,  1];

T34=[cos(q4),-sin(q4), 0, a3;
              0,        0, 1, d4;
        -sin(q4),-cos(q4), 0,  0;.
              0,        0, 0,  1];

T45=[cos(q5),-sin(q5), 0,  0;
              0,        0,-1,  0;
        sin(q5),  cos(q5), 0,  0;
              0,        0, 0,  1];

T56=[cos(q6),-sin(q6), 0,  0;.
              0,        0, 1,  0;.
        -sin(q6),-cos(q6), 0,  0;.
              0,        0, 0,  1];

T02=T01* T12;
```

```
T03=T02* T23;
T04=T03* T34;
T05=T04* T45;
T06=T05* T56;

r01=T01(1:3,1:3);
r02=T02(1:3,1:3);
r03=T03(1:3,1:3);
r04=T04(1:3,1:3);
r05=T05(1:3,1:3);
r06=T06(1:3,1:3);

R={r01,r02,r03,r04,r05,r06};
T={T01,T02,T03,T04,T05,T06};

% 关节雅可比矩阵
J1=sym(zeros(6,6))
J1(6,1)=1

J2=sym(zeros(6,6))
J2(4,2)=-sin(q1);
J2(5,2)=cos(q1);
J2(6,1)=1

J3=sym(zeros(6,6))
J3(1,1)=-a2* sin(q1)* cos(q2)
J3(1,2)=-a2* cos(q1)* sin(q2)
J3(2,1)=a2* cos(q1)* cos(q2)
J3(2,2)=-a2* sin(q1)* sin(q2)
J3(3,2)=-a2* cos(q2)
J3(4:6,:)=J2(4:6,:)
J3(4,3)=-sin(q1)
J3(5,3)=cos(q1)

J4=sym(zeros(6,6))
J4(1,1)=-a2* sin(q1)* cos(q2)-a3* sin(q1)* cos(q2+q3)+d4* sin(q1)* sin(q2+q3)
J4(1,2)=-a2* cos(q1)* sin(q2)-a3* cos(q1)* sin(q2+q3)-d4* cos(q1)* cos(q2+q3)
J4(1,3)=-d4* cos(q1)* cos(q2+q3)-a3* cos(q1)* sin(q2+q3)
J4(2,1)=a2* cos(q1)* cos(q2)+a3* cos(q1)* cos(q2+q3)-d4* cos(q1)* sin(q2+q3)
J4(2,2)=-a2* sin(q1)* sin(q2)-a3* sin(q1)* sin(q2+q3)-d4* sin(q1)* cos(q2+q3)
J4(2,3)=-d4* sin(q1)* cos(q2+q3)-a3* sin(q1)* sin(q2+q3)
J4(3,2)=-a2* cos(q2)-a3* cos(q2+q3)+d4* sin(q2+q3)
J4(3,3)=d4* sin(q2+q3)-a3* cos(q2+q3)
```

```
J4(4:6,:)=J3(4:6,:)
J4(4,4)=-cos(q1)* sin(q2+q3)
J4(5,4)=-sin(q1)* sin(q2+q3)
J4(6,4)=-cos(q2+q3)


J5=sym(zeros(6,6))
J5(1:3,:)=J4(1:3,:)
J5(4:6,:)=J4(4:6,:)
J5(4,5)=cos(q1)* cos(q2+q3)* sin(q4)-sin(q1)* cos(q4)
J5(5,5)=cos(q1)* cos(q4)+sin(q1)* cos(q2+q3)* sin(q4)
J5(6,5)=-sin(q2+q3)* sin(q4)

J6=sym(zeros(6,6))
J6(1:3,:)=J5(1:3,:)
J6(4:6,:)=J5(4:6,:)
J6(4,6)=-sin(q1)* sin(q4)* sin(q5)-cos(q1)* cos(q4)* cos(q2+q3)* sin(q5)-cos(q1)* sin(q2+q3)* cos(q5)
J6(5,6)=cos(q1)* sin(q4)* sin(q5)-sin(q1)* cos(q2+q3)* cos(q4)* sin(q5)-sin(q1)* sin(q2+q3)* cos(q5)
J6(6,6)=sin(q2+q3)* cos(q4)* sin(q5)-cos(q2+q3)* cos(q5)


Jv={J1(1:3,:),J2(1:3,:),J3(1:3,:),J4(1:3,:),J5(1:3,:),J6(1:3,:)}
Jw={J1(4:6,:),J2(4:6,:),J3(4:6,:),J4(4:6,:),J5(4:6,:),J6(4:6,:)}

% 质心线速度雅可比矩阵
for i=1:6
Jvc(i)={Jv{i}-skew(R{i}* Pc{i})* Jw{i}}
end

% 惯性矩阵
D=sym(zeros(6,6))
disp('Calculating inertia matrix')
for i=1:6
D=D+m(i)* Jvc{i}'* Jvc{i} +Jw{i}'* R{i}* I{i}* R{i}'* Jw{i};
end

% 总势能
disp('Calculating total potential energy')
P=0;
for i=1:6
```

```
        temp=T{i}* [Pc{i};1];
        P=P+m(i)* g0'* temp(1:3);
    end

    % 科氏矩阵
    disp('Calculating Centrifugal and Coriolis matrix')
    C=sym(zeros(6,6));
    for k=1:6
        for j=1:6
          for i=1:6
            C(k,j) =  C(k,j)+
0.5* (diff(D(k,j),q(i))+diff(D(k,i),q(j))-diff(D(i,j),q(k)))* qd(i);
          end
        end
    end

    % 重力
    disp('Calculating gravity vector')
    for i=1:6
        G(i) =  diff(P,q(i));
    end
    G=G';

    % 关节力矩
    tau = D* qdd + C* qd + G;
    disp('Done')
```

3. 牛顿-欧拉迭代法（6 自由度工业机器人）

对于 6 自由度工业机器人模型，也可以采用牛顿-欧拉迭代动力学方程进行建模，得到机器人的动力学模型。已知机器人动力学参数见表 C-2。

表 C-2　6 自由度工业机器人动力学参数

杆件号	m/kg	I_{xx}/(kg · m^2)	I_{yy}/(kg · m^2)	I_{zz}/(kg · m^2)	p_{Cx}/m	p_{Cy}/m	p_{Cz}/m
1	65.0	1.3	0.9	0.8	−0.028	−0.014	−0.093
2	50.0	2.9	2.8	0.2	0.281	−0.023	0.121
3	20.0	0.22	0.22	0.8	0.0	−0.049	−0.014
4	10.5	0.32	0.32	0.02	0.002	0.006	−0.254
5	3.5	0.002	0.002	0.002	−0.001	−0.047	0.005
6	1.0	0.002	0.002	0.0004	0.0001	0.004	0.130

其中 m 为杆件质量，I_{xx}、I_{yy}、I_{zz} 分别为杆件 x、y、z 三方向的主惯量矩，p_{Cx}、p_{Cy}、p_{Cz} 分别为杆件质心在杆件坐标系下的表示。

依据牛顿-欧拉迭代动力学算法，结合上述参数，编写 6 自由度工业机器人动力学的求解实例，利用此程序可以根据关节位置、速度、加速度计算出各关节为保持当前状态需要的输出力矩。

```
function Torque=dynamics(angle,angluar_v,angluar_a)
% 质量矩阵,unit:kg
mass=[65.0,50.0,20.0,10.5,3.5,1.0]

% 杆件参数,unit:m
P1=0.43
P2=0.0996
P4=0.6507
P5=0.0011
P6=0.7002

% 质心在杆件坐标系下的表示,unit:m
PC=[-0.028,-0.014,-0.093;
    0.281,-0.023,0.121;
    0.0,-0.049,-0.014;
    0.002,0.006,-0.254;
    -0.001,-0.047,0.005;
    0.0001,0.004,0.130;]

% 下一个坐标系在上一个坐标系下的表示
P=[0.0,0.0,P1;
    -P2,0.0,0.0;
    P4,0.0,0.0;
    P5,-P6,0.0;
    0.0,0.0,0.0;
    0.0,0.0,0.0;]

% 杆件在质心坐标系下的惯性张量 unit:kg* m^2
IC(:,:,1)=[1.3,0.0,0.0;
           0.0,0.9,0.0;
           0.0,0.0,0.8]
IC(:,:,2)=[2.9,0.0,0.0;
           0.0,2.8,0.0;
           0.0,0.0,0.2]
IC(:,:,3)=[0.22,0.0,0.0;
           0.0,0.22,0.0;
           0.0,0.0,0.17]
IC(:,:,4)=[0.32,0.0,0.0;
           0.0,0.32,0.0;
           0.0,0.0,0.02]
IC(:,:,5)=[0.002,0.0,0.0;
```

```
                0.0,0.002,0.0;
                0.0,0.0,0.002]
IC(:,:,6)=[0.002,0.0,0.0;
                0.0,0.002,0.0;
                0.0,0.0,0.0004]

% 获取杆件间的旋转矩阵(i+1 在 i 下的表示)
R(:,:,1)=[cos(angle(1)),-sin(angle(1)),0,0;
                sin(angle(1)),cos(angle(1)),0.0;
                0.0,0.0,1.0]
R(:,:,2)=[sin(angle(2)),cos(angle(2)),0,0;
                0.0,0.0,1.0;
                cos(angle(2)),-sin(angle(2)),0.0]
R(:,:,3)=[cos(angle(3)),-sin(angle(3)),0,0;
                sin(angle(3)),cos(angle(3)),0.0;
                0.0,0.0,1.0]
R(:,:,4)=[cos(angle(4)),-sin(angle(4)),0,0;
                0.0,0.0,-1.0;
                sin(angle(4)),cos(angle(4)),0.0]
R(:,:,5)=[cos(angle(5)),-sin(angle(5)),0,0;
                0.0,0.0,1.0;
                -sin(angle(5)),-cos(angle(5)),0.0]
R(:,:,6)=[cos(angle(6)),-sin(angle(6)),0,0;
                0.0,0.0,-1.0;
                sin(angle(6)),cos(angle(6)),0.0]

% 获取杆件间的旋转逆矩阵(i 在 i+1 下的表示)
for i1=1:6
inR(:,:,i1)=inv(R(:,:,i1))
end

% 迭代初始化
% 基座角速度为 0
omiga_v0=[0;0;0]
% 基座角加速度为 0
omiga_a0=[0;0;0]
% 基座线加速度为 0
acc0=[0;0;0]

% 外推,求杆件 1~6 的角速度、线加速度、角加速度
for i=1:6
    if(i==1)
        % 求杆件 1 的角速度
```

```
z=[0;0;angluar_v(i)]
omiga_v(:,i)=ones(3,3)* omiga_v0+z
% 求杆件 1 的角加速度
za=[0;0;angluar_a(i)]
```

C.4 轨迹规划

对于工业机器人而言，其运动的平稳性十分重要。为了保证轨迹数据的平滑，通常对其设置两重轨迹插补，分别是粗插补与精插补。粗插补在任务层面规划得到操作臂为完成预定任务需要经过的轨迹点；精插补以粗插补得到的数据点作为输入，实现数据点间的轨迹平滑运动。因为操作臂在运动过程中，粗插补的值是不断更新的，因此精插补的轨迹规划是典型的具有中间点的路径规划。为了保证运动的平稳，常采用三次多项式作为轨迹规划的方法。

假定某工业机器人具有 6 个自由度，各关节初始关节角均为 0rad，各关节做幅值为 1rad、周期为 10s 的正弦运动，正弦运动时间为 15s。粗插补的规划时间为 0.1s，精插补的规划时间与进行伺服控制的时间相同，均为 0.01s。依据上述已知条件，可以采用三次多项式作为轨迹规划方法实现正弦路径的连续规划。程序共包含 1 个主程序与 2 个子程序，轨迹规划程序包括主程序文件 cubicbook.m 以及子函数文件 cubicAddPoint.m 与 cubicInterpolate.m。cubicAddPoint.m 用于添加新的规划点到规划器中，cubicInterpolate.m 用于计算当前的规划运动角度值。

```
主程序 Cubicbook.m
clear
close all
clc

global cubic
TrajTime=0.1      % 规划关节运动的周期 100ms
ServoTime=0.01    % 伺服周期,每隔 10ms 给机器人发送一个控制指令
deltaT=0.01      % 任务配置 PLC10ms(周期)

for i=1:6
    % 初始状态规划器数据不满,因此为 0
    cubic(i).filled=0
    % 表示需要新的规划点
    cubic(i).needNextPoint=1
    % 任务规划周期
    cubic(i).sTime=TrajTime
    % 计算每次规划点数
    cubic(i).Rate=TrajTime/ServoTime+1
    % 当前规划器时间设为 0
    cubic(i).interpolationTime=0
    % 计算规划器时间增量
    cubic(i).Inc=cubic(i).sTime/(cubic(i).Rate-1)
```

```
    % 清空规划器所有点
    cubic(i).x0=0
    cubic(i).x1=0
    cubic(i).x2=0
    cubic(i).x3=0
    % 清空规划器系数
    cubic(i).a=0
    cubic(i).b=0
    cubic(i).c=0
    cubic(i).d=0
end
index=1 % 输出关节角度个数
sinT=0  % 正弦规划时间
AngleInit=[0 0 0 0 0 0] % 初始关节角

% 压入初始角度进入规划器
for i=1:6
    cubicAddPoint(i,AngleInit(i))
    cubic(i).needNextPoint=1
end
% 初始时开启插值
on=1
num=1
% 总规划时间
for t=0:deltaT:16
    % 如果需要则往规划器添加期望点
    while cubic(i).needNextPoint
        % 开启控制时添加正弦运动曲线点
        if on
            for i=1:6
                point(i,num)=1* sin(2* pi* sinT/10)+AngleInit(i)
                cubicAddPoint(i,point(i,num))
            end
        % 关闭控制时添加上次期望点
        else
             for i=1:6
                 cubicAddPoint(i,cubic(i).x3)
                 point(i,num)=point(i,num-1)
             end
        end
        sinT=sinT+TrajTime
        num=num+1
    end
```

```
    % 各关节角度规划
    for i=1:6
        Joint(i,index)=cubicInterpolate(i)
    end
    index=index+1
    % 如果时间大于 15s 则停止运动控制
    if t>15
        on=0
    end
end
% 绘制关节 1 的规划与期望轨迹
time=0:(index-2)
time=time* deltaT
plot(time,Joint(1,:),'b-')
grid on
hold on
time=0:(num-2)
time=time* TrajTime
plot(time,point(1,:),'r* ')
ylim([-1.5 1.5])
xlabel('time(s)')
ylabel('angle(rad)')
title('关节 1 期望轨迹与实际规划轨迹曲线')
legend('规划轨迹','期望轨迹')
```

子函数 1:cubicAddPoint.m

```
% 功能:向关节规划器中添加期望运动点
% 输入:i------------规划关节序号
%        point----关节期望运动点
% 输出:out---------规划器添加点成功标志
function out=cubicAddPoint(i,point)

global cubic
% 判断是否需要加入新点
if cubic(i).needNextPoint==0
        out=-1
        return
end

% 如果规划器没有满,则补满规划器
if cubic(i).filled==0
      cubic(i).x0=point
      cubic(i).x1=point
```

```
        cubic(i).x2=point
        cubic(i).x3=point
        cubic(i).filled=1
% 如果规划器已满,则替换最后一点
else
        cubic(i).x0=cubic(i).x1
        cubic(i).x1=cubic(i).x2
        cubic(i).x2=cubic(i).x3
        cubic(i).x3=point
end

    % 计算两个拟合点的位置
    wp0=(cubic(i).x0+4* cubic(i).x1+cubic(i).x2)/6.0
    wp1=(cubic(i).x1+4* cubic(i).x2+cubic(i).x3)/6.0
    % 计算两个拟合点的速度
    vel0=(cubic(i).x2-cubic(i).x0)/(2.0* cubic(i).sTime)
    vel1=(cubic(i).x3-cubic(i).x1)/(2.0* cubic(i).sTime)
    % 计算规划器参数
    cubic(i).d=wp0
    cubic(i).c=vel0
    cubic(i).b=3*(wp1-wp0)/cubic(i).sTime^2-(2* vel0+vel1)/cubic(i).sTime
    cubic(i).a=-2*(wp1-wp0)/cubic(i).sTime^3+(vel0+vel1)/cubic(i).sTime^2

    % 更新状态
    cubic(i).Tnow=0
    cubic(i).needNextPoint=0
    out=0
end
```

子函数 2:cubicInterpolate.m

```
% 功能:计算下一个规划点的值
% 输入:i------------规划关节序号
% 输出:out--------下一步的规划角度
function out=cubicInterpolate(i)
    global cubic
    % 如果上次规划已完成,则添加新点
    if cubic(i).needNextPoint
        cubicAddPoint(i,cubic(i).x3)
    end

    % 计算规划器时间
    cubic(i).Tnow=cubic(i).Tnow+cubic(i).Inc
```

```
    % 判断此次规划是否结束
    if abs(cubic(i).sTime-cubic(i).Tnow)<0.5* cubic(i).Inc
        cubic(i).needNextPoint=1
    end

    % 计算下一步规划值
    out=cubic(i).a* cubic(i).Tnow^3+cubic(i).b* cubic(i).Tnow^2
        +cubic(i).c* cubic(i).Tnow+cubic(i).d
end
```

参考文献

[1] 熊有伦，李文龙，陈文斌，等. 机器人学：建模、控制与视觉［M］. 武汉：华中科技大学出版社，2018.

[2] 于靖军. 机器人机构学的数学基础［M］. 北京：机械工业出版社，2008.

[3] CRAIG J J. 机器人学导论：第4版［M］. 负超，王伟，译. 北京：机械工业出版社，2018.

[4] 蒋志宏. 机器人学基础［M］. 北京：北京理工大学出版社，2018.

[5] 杨辰光，李智军，许扬. 机器人仿真与编程技术［M］. 北京：清华大学出版社，2018.

[6] 刘辛军，谢福贵，汪劲松. 并联机器人机构学基础［M］. 北京：高等教育出版社，2018.

[7] 蔡自兴，谢斌. 机器人学［M］. 3版. 北京：清华大学出版社，2015.

[8] 孔建益，廖汉元. 机构综合与优化［M］. 北京：机械工业出版社，2013.

[9] JAEAR R N. 应用机器人学：运动学、动力学与控制技术［M］. 周高峰，译. 北京：机械工业出版社，2018.

[10] SPONG M W. HUTCHINSON S. VIDYASAGAR M. 机器人建模和控制［M］. 贾振中，等译. 北京：机械工业出版社，2016.

[11] SICILIANO B，SCIAVICCO L，VILLANI L，et al. 机器人学：建模、规划与控制［M］. 张国良，曾静，陈励华，等译. 西安：西安交通大学出版社，2015.

[12] CORKE P. 机器人学、机器视觉与控制：MATLAB算法基础［M］. 刘荣，等译. 北京：电子工业出版社，2016.

[13] MASON M T. 机器人操作中的力学原理［M］. 贾振中，万伟伟，译. 北京：机械工业出版社，2018.